Tränen der Götter

Chris Morton • Ceri Louise Thomas

Tränen der Götter

Die Prophezeiung der 13 Kristallschädel

Aus dem Englischen von
Anneli von Könemann

Scherz

Die Originalausgabe erschien unter dem Titel
«The Mystery of the Crystal Skulls» bei Thorsons, London
Einzig berechtigte Übersetzung aus dem Englischen
von Anneli von Könemann

Erste Auflage 1998

DER ERDE UND ALL IHREN KINDERN

Es gibt mehr Ding' im Himmel und auf Erden,
Als Eure Schulweisheit sich träumt, Horatio.

William Shakespeare, *Hamlet*

Inhalt

1

Die Legende

Es war kurz vor Sonnenaufgang, und wir kämpften uns gerade durch das dichte Unterholz des Dschungels, um zu der einstmals bedeutenden Stadt der Maya zu gelangen, deren Ruinen jetzt tief im Urwald verborgen liegen. In der Dunkelheit des Regenwaldes spielt einem der Verstand merkwürdige Streiche. Irgendwann sieht und hört man alle möglichen sonderbaren Dinge – Lebewesen, Geister, Schatten des Unbekannten. In einem solchen Augenblick hörten wir das furchterregende Brüllen eines Jaguars. Im Bruchteil einer Sekunde zerstörte jener Laut, der die Hintergrundgeräusche des Dschungels durchschnitt, all unsere Illusion der Stärke und erinnerte uns plötzlich wieder an unsere eigene Sterblichkeit. Wir blieben stehen, einen Augenblick lang vor Angst wie gelähmt, dann kehrten wir um und stolperten so schnell wir konnten fort, hinein in die unermeßliche Dunkelheit des Unbekannten.

Wir befanden uns in einer der schönsten Gegenden der Welt, in Mittelamerika, und verbrachten den herrlichsten Urlaub unseres Lebens mit einem Besuch der uralten Ruinen der Maya von Tikal in Guatemala. Wir versuchten gerade, noch vor Tagesanbruch zu den verfallenen Tempeln, Palästen und Pyramiden zu gelangen. Dort wollten wir warten, bis die Sonne langsam aus dem umgebenden Grün aufsteigen und einen Schimmer gelbgoldenen Lichts über die zerfallenen Überreste dieser einstmals großartigen Zivilisation werfen würde, als wolle sie die Ruinen wieder zum Leben erwecken. Die Wipfel des Dschungels sind über 60 m hoch, und dennoch ragen die alten Pyramiden, die zum Teil von Schlingpflan-

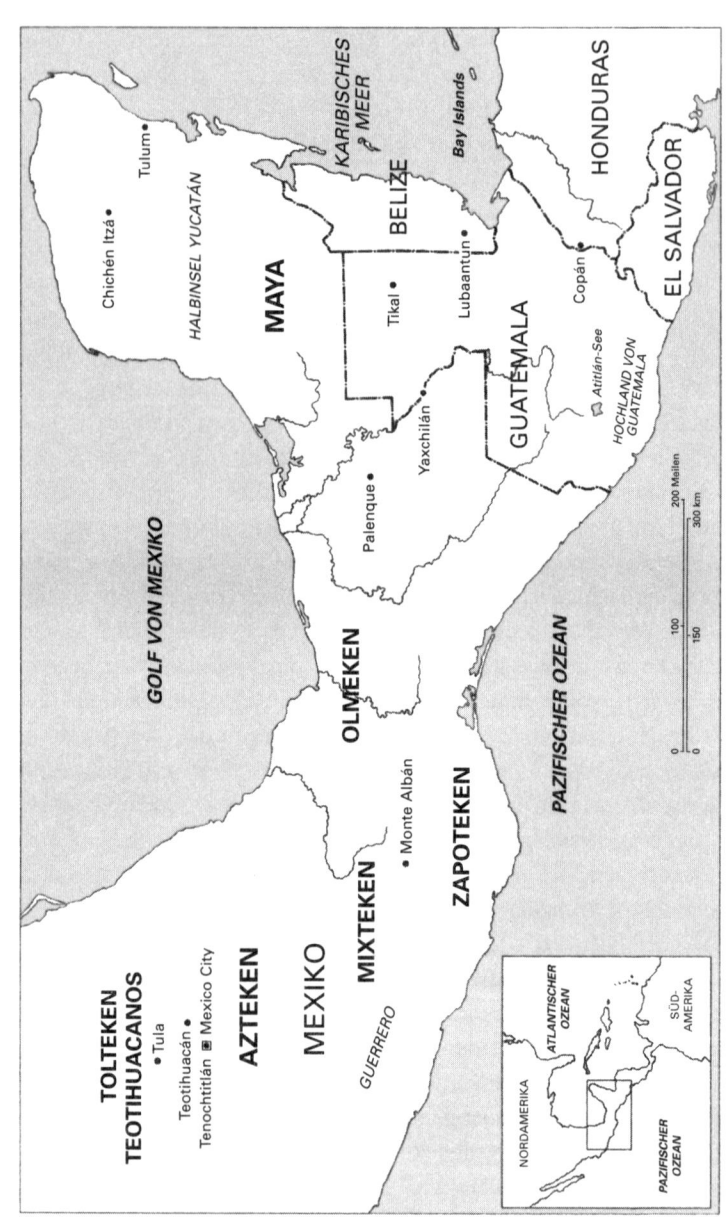

Bild 1: Karte von Mesoamerika (dem alten Mittelamerika)

zen und Weinranken bedeckt sind, durch sie hindurch direkt in den Himmel. Ganz gleich, in welche Richtung man sich auf dem Dach dieser großartigen Bauwerke dreht, überall erstreckt sich, so weit das Auge reicht, der Regenwald wie eine Wolkendecke oder ein riesiger Ozean, ein wunderschönes grünes Meer, wo farbenfrohe Aras und Tukane über die goldenen Pyramiden dahinschweben, die sich wie Felsen vor der Küste erheben.

In ebendieser vergessenen Stadt sahen wir unseren ersten Totenschädel, dieses Symbol des Todes, das normalerweise das Herz des modernen Menschen mit Angst erfüllt. Für uns war es ein erschreckender Anblick. Doch unser Führer Carlos erklärte uns, daß der Schädel für die Menschen, die ihn angefertigt hatten, eine ganz andere Bedeutung gehabt habe. Die Maya und andere alte Stämme Mittelamerikas hatten ein anderes Verständnis vom Tod als wir. Für sie bedeutete der Tod nicht das Ende. Man brauchte keine Angst davor zu haben, er war eher etwas, worauf man sich freute, der große Schritt in eine andere Dimension, eine Chance, sich mit der Welt der Geister und der Vorfahren zu vereinen. Für diese alten Völker war der Tod Teil des Gleichgewichts der Natur, mit dem man Mutter Erde zurückgab, was sie gegeben hatte. Der Schädel, so schien es, symbolisierte diese Sichtweise. Und dann erzählte uns Carlos die Legende von den Kristallschädeln...

Nach einer alten Legende der Indianer gibt es 13 Kristallschädel in der Größe menschlicher Schädel, jeder mit beweglichem Kiefer, die angeblich sprechen oder singen können. Es heißt, daß diese Schädel wichtige Informationen über den Ursprung, den Zweck und das Ziel der Menschheit bewahren sowie Antworten auf die größten Geheimnisse des Lebens und des Universums. Diese Informationen, so heißt es, seien nicht nur für die Zukunft unseres Planeten wichtig, sondern auch von allergrößter Bedeutung für das Überleben der menschlichen Rasse. Eines Tages, so prophezeit die Legende, werden alle Kristallschädel wieder auftauchen und zusammengebracht werden, damit aus ihrem gemeinsamen Wissen geschöpft werden kann. Doch zuerst muß die menschliche Rasse moralisch und spirituell dieses Augenblickes würdig sein, damit die neu geschenkte Weisheit nicht mißbraucht wird.

Diese Legende, so erzählte Carlos, war von Generation zu Generation von den Indianern weitergegeben worden, von der Großmutter an die

Mutter und ihre Tochter, vom Großvater zum Vater und dessen Sohn, über Tausende von Jahren. Und tatsächlich sollten wir bald entdecken, daß verschiedene Versionen dieser Legende bei den unterschiedlichsten Indianerstämmen Amerikas zu finden sind, von den Nachkommen der Maya und Azteken in Mittelamerika über die Pueblo- und Navajoindianer im heutigen Südwesten der Vereinigten Staaten bis hin zu den Cherokee- und Senecaindianern im Nordosten der USA. Die Version der Cherokee beispielsweise besagt, daß es im Kosmos zwölf Planeten gibt, die von menschlichen Wesen bewohnt werden, und daß es für jeden dieser Planeten einen Schädel gibt sowie noch zusätzlich einen dreizehnten, der für jede dieser Welten von allerhöchster Bedeutung ist.

Als wir auf den Stufen der Pyramiden von Tikal standen und zum allerersten Mal Carlos' Worte hörten, hielten wir die Legende natürlich für eine faszinierende Geschichte – für ein Stück uralter Mythologie, eine wunderschöne, bunte Geschichte, aber eben nur für eine Geschichte, nicht mehr. Eine interessante Kuriosität, von der wir unseren Freunden berichten konnten, wenn wir wieder nach Hause kamen.

Damals wußten wir noch nicht, daß wir etwas entdecken sollten, das unsere Meinung über die Legende drastisch verändern würde, etwas, das uns in ein Abenteuer führen würde, auf eine Reise zu Geheimnissen, Intrigen und Wundern. Es sollte eine Suche werden, die uns über zwei Kontinente führte, vom Dschungel und von den uralten Ruinen Mittelamerikas zu den abgelegenen, palmenumsäumten Inseln von Belize und vom kalten Schnee Kanadas in die Wüsten der USA. Es wurde eine Reise, die uns aus den Fluren des Britischen Museums in London und aus den Labors einer der führenden Computerfirmen der Welt in Kalifornien zu einer Zusammenkunft an einem geheimen Ort tief in den Bergen von Guatemala führte. Wir trafen die führenden Wissenschaftler und Archäologen der Welt, kamen mit UFO-Forschern zusammen, mit Hellsehern und Mystikern, und wir hörten Worte großer Weisheit von den eingeborenen Ältesten, Schamanen und Medizinmännern. Wir sollten sonderbare Fakten aufdecken, bahnbrechende neue wissenschaftliche Theorien hören und von uralten Lehren erfahren, die seit Tausenden von Jahren geheimgehalten worden waren. Es sollte eine Reise werden, auf der wir lernten, daß die Dinge nicht immer sind, was sie zu sein scheinen, und daß die Wahrheit sonderbarer sein kann als die Fiktion. Es wurde außerdem eine

14

persönliche Reise, auf der wir unsere Einstellung zum Leben, zum Tod und zu unserem Platz im Universum hinterfragen konnten, eine innere Reise, die uns in die dunkelsten Abgründe der menschlichen Seele führte.

Bevor wir die Ruinen von Tikal wieder verließen, erzählte uns Carlos von der uralten Zivilisation der Maya, die diese großartige Stadt erbaut hatten, welche nun unter den Ruinen vor uns lag. Es war eine Zivilisation, die sich über ein riesiges Gebiet von Mittelamerika erstreckte, vom heutigen Mexiko im Norden bis nach Honduras im Süden, von der Pazifikküste Guatemalas im Westen zum Atlantik und zur karibischen Küste von Belize im Osten. Dieses Gebiet umfaßte die tropischen Wälder von Chiapas, das Hochland und die dampfende Ebene von Guatemala sowie die riesige Weite der niedrigen Savanne, die sich bis zum Atlantik ausdehnt und als Halbinsel Yucatán bekannt ist.

Die alten Maya haben eine der fortschrittlichsten und kultiviertesten Zivilisationen aufgebaut, die die Welt je kannte. Zu den noch bestehenden Städten gehören das große, kühne und militaristische Chichén Itzá, Uxmal mit seiner monumentalen Architektur, den geschnitzten Schlangen und unheimlichen «Chac-mool»-Figuren, das überaus ästhetische und wundervoll proportionierte Palenque, Tulum vor den weißen, sandigen Stränden und dem azurblauen Wasser der Karibik und die einstmals blühende Metropole Tikal, die nun zerfallen vor uns lag und doch einmal das Zuhause von 50 000 Einwohnern gewesen war.

Kurz vor Einbruch der Nacht wanderten wir noch immer durch die Ruinen von Tikal und dachten über dieses heute fast vergessene Volk nach. Unser Führer und die weiteren Touristen waren verschwunden, und gerade als die Sonne unterging, fanden wir uns allein auf dem Großen Platz der alten Stadt wieder. Dieser Platz ist ein ungewöhnlicher und irgendwie unheimlicher Ort, der versteckt auf einer kleinen Lichtung des Dschungels liegt. Gen Norden befinden sich die zwölf verfallenen Tempel der Nord-Akropolis, im Süden der Palast der Zentral-Akropolis. Nach Westen und Osten erheben sich zwei prächtige Pyramiden, bekannt als Tempel des Jaguars und Tempel der Masken (*siehe Bildtafel Nr. 3*).

Als erstes fiel mir auf, wie steil diese Pyramiden sind. Vom Aufbau her ähneln sie sehr den Bauwerken, die jeder aus Ägypten kennt, aber sie sind kleiner als die berühmten Pyramiden von Gizeh, weitaus steiler und haben keine glatten Seiten. Statt dessen sind sie in riesigen Lagen oder Stufen angeordnet, und jede Pyramide wird von einem Tempel gekrönt. Jeder einzelne Teil im Aufbau der Pyramide war für ihre Erbauer heilig. Die ersten neun Stufen repräsentieren die «untere Welt», die Wände und die Tempelkrone ergeben insgesamt 13 Stufen, ganz genau die Anzahl der Götter der Maya in der «oberen Welt». Die krönenden Bildhauereien ganz oben stellen die dreizehnte und letzte Stufe dar. Man kann diese Tempel nur auf einem Weg auf einer Seite erklimmen, wo es kleinere Stufen gibt. Die Anzahl der für die Menschen zugänglichen Stufen ist stets bedeutsam. In diesem Fall waren es 52. Wie die 13 ist auch diese Zahl im komplizierten heiligen und prophetischen Kalender der Maya sehr wichtig.

Während wir im schnell schwindenden Licht diese prächtigen Tempel betrachteten, verspürte ich plötzlich den Drang, den steilen Aufstieg über die Ostseite des Tempels des Jaguars zu wagen. Während Ceri unten herumlief und Fotos machte, erreichte ich ziemlich außer Atem die Spitze der Pyramide, als das Abendlicht sich gerade in flüssiges Gold verwandelte. Durch die Tür des Tempels knapp unterhalb der dreizehnten Stufe gesehen, blickte mich die überragende Pyramide des Tempels der Masken geradewegs über den Platz hinweg an, als spiegele sie meinen Blick. Ihre Vorderseite wurde von der Sonne golden beleuchtet, und dahinter lag ein tiefgrünes Meer vor dem immer dunkler werdenden Himmel. Es war die schönste Aussicht, die ich je gesehen hatte.

Da schob sich eine andere Vision vor meinen Blick. Es war, als dringe das Bild von außen in mich hinein und fließe durch meine Adern. Natürlich war das nur Einbildung, und doch konnte ich mich dagegen nicht wehren. Obwohl ich allein hier stand, hatte ich ganz deutlich das sonderbare Gefühl, daß andere Menschen die Stufen hinter mir erklommen, um sich neben mir aufzustellen. Ich hatte das Gefühl, von einer Gruppe alter Priester in ihrer zeremoniellen Kleidung, in langen, fließenden Gewändern und kunstvoll gearbeitetem Federkopfschmuck umgeben zu sein. Es schien, als führten sie irgendeine Zeremonie durch, wie sie es schon viele Male zuvor getan hatten. Es war, als feierten und würdigten sie eine größere Macht, aber es lag auch eine Vorahnung der Dinge, die da kommen würden, in der Luft. Es war beinahe so, als könne ich zwei Töne hören, einen tiefen und einen hohen. Dann war alles so plötzlich wieder verschwunden, wie es gekommen war.

16

Natürlich wirkte das bei nüchternem Tageslicht betrachtet alles verrückt, doch während unserer weiteren Reise wurde ich dieses seltsame Produkt meiner Fantasie nicht wieder los.

Am nächsten Morgen stiegen wir in einen schrottreifen alten Schulbus und fuhren nach Belize, das Nachbarland von Guatemala, begleitet von der Warnung, wir könnten auf dem Weg zur Küste von Banditen ausgeraubt werden. Belize ist ein kleines Land, das eingezwängt zwischen Guatemala und dem Karibischen Meer liegt, aber die Natur dort ist äußerst abwechslungsreich. Es gibt türkisfarbene Korallenriffe vor der Küste, zwischen denen kleine Inseln oder Atolle liegen, Mangrovensümpfe und palmengesäumte Strände, Berge, von dichtem Dschungel überwachsen. Belize bietet Menschen verschiedenster Rassen eine Heimat, von denen viele Flüchtlinge aus der einen oder anderen schwierigen Zeit der Geschichte sind. Bis vor gar nicht langer Zeit war das Land auch Stützpunkt für Piraten.

Als wir in einer der vielen Bars der kleinen Insel Caye Caulker saßen, zog unser Gastgeber hinter der Theke offenbar größtes Vergnügen daraus, uns die grausliche Geschichte dieses Landesteils zu erzählen. Er wußte nicht nur alles über Piraten, er sah sogar aus wie einer, während er erklärte, daß Belize einmal ein Paradies für diese Räuber gewesen war. Die alten Handelsrouten nach Afrika und in die Neue Welt lagen ganz in der Nähe, aber die Küste hatte noch einen anderen Vorteil. In den alten Tagen der Seefahrt war das Korallenriff eine große Gefahr für die Schiffe gewesen. Viele Schiffe hatten dort Schiffbruch erlitten und waren so eine leichte Beute für die Piraten geworden. Es war zwar möglich, sicher am Riff vorbei zum Strand zu segeln, doch nur wenn man den Weg so genau kannte wie «die Tätowierung auf der eigenen Hand». Das bedeutete, daß es sich die Piraten an der Küste, geschützt vom Riff, ziemlich gemütlich machen konnten, ohne Angst, daß sie jemals von den Marinebehörden geschnappt werden würden.

Viele der Piraten freundeten sich mit den eingeborenen Maya an und übernahmen sogar einige ihrer Sitten. Das deutlichste Beispiel dafür ist die berühmte Piratenflagge, der Totenschädel mit den gekreuzten Knochen. Für die Maya ursprünglich ein positives religiöses Symbol, wurde es für den durchschnittlichen Seefahrer nun zu einem Symbol der Angst, aber es ist gar nicht mal so sicher, ob die Piraten dies beabsichtigten, wenn die Angst auch gewiß eine Folge ihrer Taten war. In der Bar kam das Gespräch unweigerlich auf das Thema vergrabene Schätze. Hatte man schon einmal einen gefunden? Unser Barkeeper wußte nichts davon, ob je eine Schatztruhe an den Strand gespült worden war, aber es gab da etwas, das man vielleicht als vergrabenen Schatz betrachten konnte: Es war in den zwanziger Jahren bei einer archäologischen Ausgrabung gefunden worden. Zu unserem Erstaunen stellte sich heraus, daß dieser Schatz tatsächlich ein Kristallschädel war. Dieser Schädel sei in der versunkenen Stadt Lubaantun gefunden worden, ein Mayawort für «die Stadt der gefallenen Steine», die im Dschungel von Belize liegt. Wir waren sprachlos. Wir hatten kaum noch an die Legende von den Totenschädeln gedacht. Es kam uns unglaublich vor, daß man tatsächlich einen dieser Kristallschädel gefunden haben sollte. Darüber mußten wir mehr herausfinden.

Ich fragte unseren Gastgeber, ob der Schädel irgend etwas mit der Legende zu tun habe. Er wußte es nicht. Aber er hatte seit der Entdeckung des Schädels ein paar wirklich unglaubliche Geschichten gehört. Offenbar hatten viele Leute, die mit dem Schädel allein gewesen waren, in seiner Gegenwart Dinge gehört oder gesehen. Es hieß, der Schädel zeige ein ganz unverwechselbares Leuchten, wie eine Aura, und alle, die tief in sein Inneres geblickt hatten, wollten dort Bilder gesehen haben. Viele sagten, sie hätten die Vergangenheit oder die Zukunft in ihm sehen können, und er habe sogar die Fähigkeit, zukünftige Ereignisse zu beeinflussen.

Andere behaupteten, sie hätten Geräusche gehört, wie beispielsweise das leise Singen menschlicher Stimmen, das aus dem Schädel drang. Tatsächlich hatten so viele Menschen den Schädel sprechen oder singen hören, daß er jetzt weithin als «sprechender Schädel» oder «singender Schädel» bekannt war, genau wie in der alten Legende.

Die Herkunft des Schädels war rätselhaft. Es gab alle möglichen Theorien darüber, woher er stammen könnte, erzählte unser Barkeeper, einschließlich der, er sei von Außerirdischen mitgebracht worden. Er hatte gehört, daß es sogar unglaubliche Fotos gab, die das «bewiesen». Ob sie tatsächlich mit der alten Legende zu tun hatten, wußte er nicht.

Doch er hatte auch gehört, daß der Schädel einer der größten Edelsteine der Welt sein sollte. Allein als Juwel sollte er Millionen von Dollar wert sein!

Wir waren fasziniert – und als Filmemacher dachten wir natürlich, daß ein echter Kristallschädel das ideale Thema für eine Dokumentation sei. Also fragten wir den Barkeeper, ob er noch mehr wisse. Wer hatte den Kristallschädel gefunden? Wo war er jetzt? Ob wir ihn wohl filmen konnten?

Er sagte, eine junge Frau habe den Schädel bei archäologischen Ausgrabungen in den zwanziger Jahren gefunden, aber jetzt sei er irgendwo in Kanada. Viel mehr konnte er uns nicht sagen. Aber er fügte hinzu – und das war wahrscheinlich unvermeidbar –, daß er für uns einen Besuch am Ausgrabungsort arrangieren könne, falls wir wirklich interessiert seien. Er kannte «zufällig einen Mann», der einen Mann kannte, der uns dorthin bringen konnte. Aber das würde uns natürlich «ein oder zwei Dollar kosten».

Obwohl einige Behauptungen über den Schädel ein wenig weit hergeholt klangen, sah es doch zumindest so aus, als gebe es einen echten Kristallschädel, und das war auf jeden Fall faszinierend. Also feilschten wir ein wenig um den Preis und baten den Barkeeper schließlich, die nötigen Vorbereitungen für die Fahrt am nächsten Tag zu treffen.

Und so begann unsere Entdeckungsreise, unsere Suche nach der Wahrheit über die Kristallschädel. Damals wußten wir noch nicht, daß unsere Nachforschungen uns sowohl den neuesten Stand der modernen Wissenschaft nahebringen als auch zur Erkundung uralter Traditionen führen würden, die weit in die Nebel der Zeit zurückreichen.

Stück für Stück entdeckten wir Ideen, die viele unserer Grundannahmen über die Vergangenheit dieses Planeten und die Evolution des Menschen in Frage stellten. Was wir erfuhren, brachte uns dazu, unsere Sicht über die Welt, das Universum und unseren Platz darin in Zweifel zu ziehen. Wir begannen, wieder darüber nachzudenken, wo wir als Individuen und als Gesellschaft herkommen, wo wir hingehören und wohin wir gehen. Unser gesamtes Weltbild sollte sich dramatisch verändern. Und schließlich sollten wir verwirrende Prophezeiungen über die unmittelbare Zukunft der Menschheit auf diesem kleinen Planeten hören und von den Ältesten erfahren, daß wir jetzt, wo wir «die Schlüssel zur Zukunft» in Händen hielten, «der Welt davon erzählen» sollten.

Doch bis es soweit war, machten wir uns auf unsere Reise, um das Geheimnis der Kristallschädel zu lüften…

2

Die Entdeckung

Am nächsten Morgen machten wir uns bei Sonnenaufgang auf den Weg zur versunkenen Stadt Lubaantun. Wir fanden uns in einem kleinen Motorboot wieder, das sich durch die morastigen Wasserwege an der Küste von Belize kämpfte. Nach der unvermeidlichen Wartezeit von zwei Stunden, bis unser Jeep an der Mole der Bananenplantage auftauchte, befanden wir uns auf einer unruhigen Fahrt über rauhe Dschungelwege tief hinein ins Landesinnere. Die Dörfer, an denen wir vorbeikamen, hatten etwas Zeitloses – die Holzhütten, das Gackern der Hühner, die lachenden, spielenden Kinder und die Frauen, die im Fluß die Kleider wuschen. Es war, als hätten wir eine andere Welt betreten.

Am frühen Nachmittag erreichten wir schließlich unser Ziel, nur um eine erbärmlich aussehende Ausgrabungsstätte vorzufinden. Doch es gab einen Führer, der an diesem fast vergessenen Ort beschäftigt war. Er war eingeborener Maya und hieß Catarino Cal. Er war mit Schaftstiefeln und der üblichen beigefarbenen Uniform des Parkwächters bekleidet und begrüßte uns herzlich in ausgezeichnetem Englisch. Es stellte sich heraus, daß wir seit Tagen die ersten Touristen an diesem abgelegenen Ort waren.

Catarino führte Chris und mich herum. Er erklärte, die Stätte sei ursprünglich im Jahr 1924 von einem britischen Archäologen namens Frederick Mitchell-Hedges entdeckt worden. Zwar wurde sie damals freigelegt, doch nach jahrzehntelanger Vernachlässigung hatte der Dschungel seine frühere Gefangene wieder zurückgefordert, und inzwischen waren die uralten Pyramiden kaum noch zu erkennen. Dennoch blieb uns nicht verborgen, daß die einzelnen Steine, aus denen die Bauten bestanden, nicht den einfachen rechteckigen Blöcken ähnelten, die in Tikal benutzt worden waren. Statt dessen war jeder Stein ein wenig anders, leicht abgerundet oder gebogen, und jeweils so verwendet, daß er mit den anderen Steinen zusammenpaßte. Daher gab es keine einfachen, glatten Linien, keine horizontalen oder vertikalen Schichten. Statt dessen wirkte jedes Gebäude fließend und geschwungen, beinahe wie ein lebendiges Stück Kunst, und an manchen Stellen stand die Struktur hervor oder zog sich zurück, als atme sie. Tatsächlich wirkte jedes einzelne Stück beinahe organisch, so daß es schien, als hätten die Erbauer weder Zement noch anderes Bindematerial benötigt.

Doch inzwischen waren diese wunderschönen Pyramiden stark verfallen. Das lag laut Catarino daran, daß eine Gruppe von Entdeckern in den dreißiger Jahren versucht hatte herauszufinden, was sich im Inneren befand. Dabei hatte man die schnellste und modernste Methode angewendet, die damals zur Verfügung stand – Dynamit –, womit man dem Namen «Stadt der gefallenen Steine» gleichzeitig eine völlig neue Bedeutung gab!

Als Folge davon war die Stadt nicht mehr eines der besten Beispiele für die Errungenschaften der alten Maya, über die er uns nun ein wenig mehr erzählte. Ihre Zivilisation war, so scheint es, äußerst fortgeschritten. Zwar waren diese Menschen als Bauern eng mit dem Land verbunden und besaßen nur wenige Besitztümer oder technische Instrumente; dennoch waren sie hervorragende Architekten, Astronomen, Wissenschaftler und Mathematiker. Sie verfügten über ein kompliziertes System aus Hieroglyphen und Zahlen. Außerdem bauten sie ein riesiges Netz unabhängiger Stadtstaaten auf, die durch Straßen verbunden waren und einige der wundervollsten Städte vorzuweisen hatten, die die Welt je gesehen hat: mit hoch aufragenden Pyramiden, erlesenen Palästen, Tempeln und Schreinen, die allesamt mit kunstvoll gemeißelten Steinstelen verziert waren. Jede Stadt war ein unverwechselbares Kunstwerk, fachmännisch geplant, entworfen und ausgeführt, mit vielen Gebäuden einschließlich astronomischer Observatorien, die sorgfältig auf Sonne, Mond und Sterne ausgerichtet waren.

Das ganze System hatte seine eigene Regierungsform, Politiker und Verwaltung, eine eigene Wissenschaft, die auf den Bewegungen der Planeten und Sterne beruhte, und eine Religion, die sich auf die Rhythmen und den Jahreskreislauf der Natur bezog. Die alten Maya glaubten an einen Himmel voller Götter und Superhelden, die einen regelmäßigen Tribut an Zeremonien, religiösen Ritualen und gelegentlichen Menschenopfern forderten. Außerdem glaubten sie fest an das zweite Gesicht und Prophezeiungen. Begeistert beobachteten sie den Himmel und die Bewegungen der Himmelskörper. Mittels ihrer komplexen Kalender konnten sie sogar den Verlauf ekliptischer Bahnen exakt voraussagen.

Die Zivilisation der Maya blühte seit ungefähr 300 vor Christi Geburt über tausend Jahre lang. Dynastien stiegen auf, königliche Führer wurden mit kunstvollen Roben geschmückt, Priester boten spirituelle Führung und leiteten die religiösen Zeremonien und Rituale, lokale Kriege wurden ausgefochten und Frieden verhandelt. Und dann wurden die Städte plötzlich aufgegeben. Um das Jahr 830 herum, lange vor dem Eintreffen der Europäer auf dem amerikanischen Kontinent, haben die «klassischen» Maya ihre Städte einfach dem Dschungel überlassen, wo sie langsam verfielen. Soweit man von den Überresten ableiten konnte, hatte weder eine Hungersnot noch eine Dürre stattgefunden, weder Krankheit noch Krieg waren ausgebrochen. Es bleibt ein Rätsel – über tausend Jahre der Entwicklung und des Wachstums, eine Kultur, die außerordentliche spirituelle, wissenschaftliche und künstlerische Höhen erreicht hatte… und dann nichts mehr, ohne jegliche Erklärung.

Auch ist unbekannt, woher die Maya ursprünglich kamen und woher sie das fortschrittliche Wissen hatten, das nötig war, um in so kurzer Zeit eine großartige Zivilisation aufzubauen. Auch die Antworten auf diese Fragen blieben ein Geheimnis der alten Maya.

Als wir die verfallenen Pyramiden besichtigten und darüber nachsannen, warum die alte Mayazivilisation wohl einfach so verschwunden war, erzählte Catarino weiter. «Eines der merkwürdigsten Dinge, die die Maya hinterlassen haben, wurde direkt hier in Lubaantun gefunden.»

Er zog etwas aus seiner Hosentasche. Es war eine alte Schwarzweißfotografie, die auch schon einmal bessere Tage gesehen hatte.

«Das hier hat in den zwanziger Jahren Anna, die Tochter von Mr. Mitchell-Hedges entdeckt, als sie 17 Jahre alt war.»

Er reichte uns das Foto, das inzwischen Eselsohren hatte.

Meine Augen konnten sich kaum von dem Bild lösen. Es war ganz unmißverständlich das Foto eines Kristallschädels. Es war ein außergewöhnlicher Gegenstand, gleichzeitig erschreckend und dennoch wunderschön. Selbst auf dem zerknitterten alten Foto hatte der Schädel etwas Eigenartiges, Fesselndes. Ich war ganz bezaubert, als ich in diese hohlen Kristallaugen blickte.

Als Chris das Foto zurückgab, wollte ich mehr wissen. Das Bild des Schädels hatte uns tiefer in diese Welt hineingezogen und Fragen aufgeworfen, die nach Antworten verlangten. Wer hatte einen solchen Gegenstand erschaffen und warum? Wo war er jetzt? Gab es noch mehr dieser Schädel, und wenn ja, wo? War dies einer der 13 Schädel aus der Legende? Die Fragen drehten sich in meinem Kopf. Jetzt wußten wir ganz sicher, daß es einen echten Kristallschädel gab, und wir fühlten uns geradezu genötigt, mehr darüber herauszufinden.

Die erste Frage lautete: Woher hatte Catarino dieses Foto? Wir waren ein wenig überrascht, als er sagte, Anna Mitchell-Hedges habe es ihm selbst gegeben. Schließlich war dies die Frau, die den Schädel in den zwanziger Jahren entdeckt hatte. Wie konnte das sein?

Catarino erklärte, daß Anna Mitchell-Hedges danach noch mehrere Male an den Ort der Entdeckung zurückgekehrt war, zum letzten Mal im Jahr 1987. Wir rechneten nach, daß Anna heute Ende Achtzig sein mußte, wenn sie den Schädel in den zwanziger Jahren als Teenager entdeckt hatte. Aber ob sie noch lebte?

Laut Catarino war Anna Mitchell-Hedges eine sehr alte Frau gewesen, als er sie das letzte Mal gesehen hatte. Er hatte den Eindruck gehabt, daß sie gekommen war, um diesen Ort noch ein letztes Mal vor ihrem Tod zu sehen. Nach diesen Worten schien es höchst unwahrscheinlich, daß sie noch lebte, um ihre Geschichte selbst zu erzählen.

Während Catarino weitersprach, wurden die Schatten über den alten Ruinen immer länger, es war Zeit, zu gehen. Wir dankten Catarino für seine Geduld, wanderten zurück zu unserem Auto und fragten uns, wie wir die alte Frau finden könnten. Wir kletterten gerade in den Wagen, als Catarino uns nachgeeilt kam.

«Warten Sie, warten Sie», rief er. «Anna Mitchell-Hedges hat mir ihre Adresse gegeben, aber das ist lange her, und ich weiß nicht, ob ich sie noch habe.»

Doch wir mußten los. Unser Fahrer wurde ungeduldig. Also tauschten wir mit Catarino unsere Adressen, und er versicherte uns, daß er nach Annas Adresse suchen und sie uns schicken würde, falls er sie fand.

Als wir zurück zur Küste fuhren, um die letzten Tage unseres Urlaubs anzutreten, kam uns die ganze Geschichte allmählich unwirklich vor. Ein junges Mädchen, das bei einer archäologischen Ausgrabung ein Artefakt findet, das nur aus einer Legende bekannt ist, wirkte so unwahrscheinlich, so romantisch. Auf jeden Fall rechneten wir nicht damit, noch einmal von Catarino zu hören, und schon bald mußten wir den Gedanken an Kristallschädel beiseite schieben, da wir wieder in unser alltägliches Leben in Großbritannien zurückkehrten.

Aber wir waren erst wenige Wochen wieder zu Hause, als wir einen Brief aus Belize bekamen. Er war von Catarino. Er hatte Anna Mitchell-Hedges' Adresse gefunden. Sie lebte in Kanada. Wir waren entzückt und schrieben ihr, wenn auch voll ängstlicher Erwartung. Wir waren uns nicht sicher, ob wir überhaupt eine Antwort bekommen würden, und für den Fall, daß man doch antwortete, erwarteten wir fast, daß man uns mitteilte, Anna sei gestorben. Als dann ein Brief aus Kanada kam, waren wir richtig nervös. Und wir waren ganz aufgeregt, als wir erfuhren, daß Anna Mitchell-Hedges, inzwischen 88, noch froh und gesund lebte – und den Kristallschädel in ihrem Besitz hatte. Doch nicht nur das: Sie war erfreut, uns die Geschichte seiner Entdeckung erzählen zu dürfen.

Anna hatte ein Exemplar der Autobiografie ihres Vaters beigelegt – *Danger, My Ally* war der Titel –, und anhand des Buches und einiger Telefongespräche mit Anna konnten wir die bemerkenswerte Geschichte Stück für Stück zusammensetzen.

Sie beginnt im Großbritannien der zwanziger Jahre mit Annas Vater Frederick Albert, oder auch «Mike», Mitchell-Hedges (1882–1959), einem echten Indiana-Jones-Typen. Er hatte Anna, eine kleine Waise, adoptiert. Viele Jahre lang blieb Annas Leben untrennbar mit dem ihres Vaters verbunden. Sie hat nie geheiratet und ihn auf vielen seiner Reisen ins Ausland begleitet.

«Die große Liebe meines Vaters war die Archäologie», erklärte sie. «Er war sehr wißbegierig. Er wollte mehr über die Vergangenheit wissen und war ein Mensch, der gern etwas über sich selbst herausfand. Er stellte die Dinge in Frage und akzeptierte nicht gern einfach, was andere ihm sagten.» Tatsächlich war Frederick Mitchell-Hedges laut Anna zu seiner Zeit so etwas wie eine Legende. Er war der Archetyp des britischen Abenteurers und Entdeckers, entschlossen, seine Prägung im Zwielicht des Britischen Empire zu hinterlassen. Er war extravagant, charismatisch und unkonventionell und hatte keine Zeit für die unbedeutenden Annehmlichkeiten des städtischen englischen Mittelklasselebens, und ganz sicher keine Zeit für das, was er als die langweilige Existenz zwischen neun und siebzehn Uhr betrachtete, die verschiedene Bürojobs mit sich brachten, in der Bank oder an der Börse, die er alle in seinen frühen Jahren ausprobiert hatte.

Statt dessen wandte er sich einem Leben voller Abenteuer und Entdeckungen zu. Sein Motto «Ein Leben, das ohne Begeisterung und Abenteuer gelebt wird, ist überhaupt kein Leben» spornte ihn bei seinen verschiedenen Missionen im Ausland an, «Teile der Welt zu sehen, die kein weißer Mensch je zuvor betreten hatte». Seine Reisen finanzierte er vorwiegend durch den Handel mit Silber und durch Vorlesungen. Er spielte gern und gönnte sich zwischendurch immer wieder Zeit für seine große Liebe, das Hochseeangeln. Er war ein Mann, der die Gefahr zu suchen schien, und einmal fand er sich sogar im Kampf an der Seite des berühmten mexikanischen Banditen wieder, der zum Nationalhelden Pancho Villa werden sollte. Er unternahm ausgedehnte Reisen, und seine Leidenschaft für Abenteuer fand ihre größte Erfüllung darin, großartige Entdeckungsreisen an weitentlegene Orte zu organisieren, Reisen, auf denen er von der Besessenheit getrieben wurde, Schätze vergangener Zivilisationen zu finden.

Frederick Mitchell-Hedges war außerdem Mitglied des Maya-Komitees des Britischen Museums in London. Er glaubte, daß die Wiege der Zivilisation nicht, wie allgemein angenommen, im Nahen Osten lag, sondern auf dem legendären verlorenen Kontinent Atlantis. Er war davon überzeugt, daß es sich dabei um eine echte Zivilisation gehandelt hatte, die nach Ausbruch einer Naturkatastrophe verschwunden war, und daß man ihre Überreste in Mittelamerika finden würde. Und er war entschlossen, es zu beweisen.

Zu diesem Zweck sammelte er eine Gruppe von Entdeckern um sich, die 1924[1] in Liverpool in See stachen, um nach Britisch-Honduras (heute Belize) zu reisen. Als sie in Amerika ankamen, machten sie in dem kleinen Hafen von Punta Gorda fest, wo Gerüchte kursierten, daß es tief im Dschungel eine verlorene Stadt gebe. Zunächst versuchten sie ohne Erfolg, über den von Krokodilen bevölkerten Rio Grande ins Landesinnere vorzudringen, eine Reise, die in einer Katastrophe endete und bei der die gesamte medizinische Ausrüstung verlorenging, als ein selbstgebautes Kanu kenterte und sank. Als Folge davon zog sich ein Mitglied der Gruppe die Malaria zu und starb. Nur mit Hilfe der eingeborenen Kekchi-Maya, direkten Nachkommen der alten Maya, gelang es der Gruppe schließlich, in den dichten tropischen Regenwald einzudringen und ihre Suche weiterzuführen.

Eines Tages stolperten sie tief im Dschungel über ein paar Steinhügel, die unter Moosen und Blättern verborgen lagen und von Wurzeln und Schlingpflanzen überwuchert waren. Das war es, wonach sie Ausschau gehalten hatten.

Die ernsthafte Arbeit begann, als die Gruppe und eingeborene Mayahelfer sich in der Hitze des Dschungels abplagten, um den Platz zu säubern. Es war eine zermürbende Arbeit, das Unterholz abzuhacken und riesige Bäume wegzuschleppen, die über den alten Steinen lagen. Es dauerte beinahe ein Jahr, den Ruinenplatz freizulegen. Als die Arbeit getan war, lagen die Bäume wie ein Berg aus verschlungenen Ästen da. Es wurde Zeit, das, was vom Wald noch übrig war, in Brand zu setzen. Das Feuer züngelte tagelang heiß gen Himmel unter einer stechenden Sonne. Es brannte wie «ein riesiger Hochofen» und spuckte weiße heiße Asche und glühende rote Funken um sich. Es trocknete die Lippen aus, ließ die Augen erröten und nahm der Gruppe beinahe den Atem zum Leben. Aber als die Flammen sich zurückzogen, kamen langsam die Ruinen einer ehemals prächtigen Stadt zwischen Rauch und Asche zum Vorschein. Frederick Mitchell-Hedges erinnerte sich in seiner Autobiografie, die 1954 veröffentlicht wurde:

«Wir waren erstaunt, wie riesig die Ruinen waren. Mauern, Terrassen und Hügel kamen in Sicht … in der Mitte stand eine mächtige Zitadelle.

… Die Zitadelle stand höher als das sie umgebende Land, und als sie gebaut wurde, muß sie wie eine funkelnde weiße Insel ausgesehen haben, einhundertfünfzig Fuß hoch. Um sie herum erstreckten sich die weniger vornehmen Behausungen und Grabhügel der einfachen Leute sowie weiter draußen Tausende von Morgen grünes Land, wogender Mais, der dazu gedient haben muß, die große Bevölkerung zu ernähren.»[2]

Als das Feuer erstarb, konnten Mitchell-Hedges und sein Team die prächtige Stadt erkunden:

«Ein Gesamtgebiet von ungefähr sechs Quadratmeilen war überzogen von Pyramiden, Palästen, Terrassen, Hügeln, Mauern, Häusern, unterirdischen Kammern, [sogar] mit einem riesigen Amphitheater, das mehr als 10 000 Menschen Platz bieten konnte und das über zwei prächtige Treppen zugänglich war. Die Zitadelle nahm mehr als siebeneinhalb Morgen ein, und ursprünglich war jeder Zoll mit geschnittenen weißen Steinen gepflastert gewesen…»[3]

Mitchell-Hedges war erstaunt über die Handwerkskunst, die in diesen Bau geflossen war:

«Die Größe ihrer Arbeit läßt sich kaum einschätzen, denn ihre einzigen Werkzeuge waren Äxte aus Feuerstein und Meißel. Ich versuchte, einen ähnlichen Steinblock mit einem dieser Werkzeuge zu formen, von denen ich viele fand. Dafür brauchte ich einen ganzen Tag.»[4]

Frederick Mitchell-Hedges sollte mehrere Jahre damit verbringen, die Geheimnisse der Vergangenheit zu lüften, die in dieser verlorenen Stadt verborgen lagen. Während der langen Ausgrabungszeit gesellte sich Anna zu ihm, von ihrem Vater auch liebevoll «Sammy» genannt *(siehe Bildtafeln Nr. 32 und 33)*. Sie kam frisch aus dem einengenden Mädchenpensionat und gewöhnte sich sofort an das Leben im Dschungel, als wäre sie dort zur Welt gekommen. Anna teilte den rebellischen Abenteuergeist ihres Vaters und hatte ein starkes, neugieriges Wesen. Genau das führte sie auch zu ihrer dramatischen Entdeckung.

Es war mitten in der heißesten Jahreszeit, ein Nachmittag, an dem die Luft in der schwülen Hitze stillzustehen schien. Der Ort der archäologischen Ausgrabung, bei der es sonst ungewöhnlich geschäftig voranging, lag sonderbar still da. «Alle hatten sich schlafen gelegt. Man war erschöpft von der Hitze des Tages», erinnert sich Anna. Es war ihr siebzehnter Geburtstag. Sie war allein in ihrer Hütte und von einer inneren Unruhe getrieben. Plötzlich kam ihr in den Sinn, daß sie schon seit langer Zeit etwas Bestimmtes tun wollte.

«Ich dachte, das ist meine Chance, hinaufzugehen und herauszufinden, wie weit ich vom höchsten Gebäude aus sehen konnte. Natürlich hatte man mir strikt verboten, dort hinaufzuklettern, weil die Steine lose und gefährlich waren. Aber ich hatte gehört, daß man von einer der Pyramiden meilenweit sehen konnte, und das faszinierte mich.»

Also lief Anna zur Ausgrabungsstätte, denn sie wußte, daß die Leute des Grabungsteams fest auf ihrem Lager schliefen. Sie erklomm die höchste der Pyramiden. In den Bäumen in der Ferne kreischten Affen, und Insekten summten laut um sie herum, als sie sich vorsichtig ihren Weg über lockere Steine bahnte, bis sie endlich die Spitze erreichte. Es war die Mühe wert gewesen:

«Als ich erst einmal dort oben war, konnte ich meilenweit sehen, und es war wunderschön. Ich wäre am liebsten sehr lange dort oben geblieben, aber die Sonne brannte, und irgend etwas leuchtete mir ins Gesicht. Ganz weit unten konnte ich durch einen Spalt etwas sehen, das mich anleuchtete. Aufregung packte mich. Ich weiß nicht mehr, wie ich so schnell von dort oben heruntergekommen bin, aber als ich wieder unten war, weckte ich meinen Vater und erzählte ihm, was ich gesehen hatte. Natürlich wurde ich da heftig ausgescholten, weil ich nicht auf die Pyramide hätte steigen dürfen.»

Annas Vater verspürte keinerlei Neigung zu glauben, daß sie überhaupt etwas gesehen hatte.

«‹Das hast du dir eingebildet›, sagte er.

Doch am folgenden Morgen rief er all seine Männer zusammen. Bevor ich aufstand, ließ er sämtliche Steine von der Pyramide abtragen, weil es sonst keine Möglichkeit gab, in das Innere hineinzugelangen. Es dauerte mehrere Wochen, bis das Loch groß genug war.»

Anna meldete sich freiwillig, um hinabzusteigen. Langsam wurde sie von ihrem Vater und seinen Helfern in die schmale Lücke zwischen den Steinen hinuntergelassen.

«Zwei Seile waren um meinen Körper geschlungen, an meinem Kopf war eine Lampe befestigt. Als ich in die Dunkelheit hinunterglitt, bekam ich es mit der Angst zu tun, denn dort konnte es ja auch Schlangen und Skorpione geben. Als ich unten ankam, konnte ich immer noch etwas leuchten sehen; es reflektierte das Licht auf meinem Kopf. Also hob ich es auf und schlug es in mein Hemd ein, damit es keinen Schaden nahm. Dann rief ich, sie sollten mich so schnell wie möglich wieder hochziehen.»

Als Anna aus dem Tempel wieder in das helle Tageslicht kam, wischte sie den Schmutz von der Oberfläche des Gegenstands ab und starrte ihn verzaubert an. «Es war das schönste Ding, das ich je gesehen hatte.» Da erkannte sie, daß ihr Fund ein kristallener Schädel war.

Der Gegenstand war wirklich bemerkenswert. Er hatte die Größe und sah aus wie ein echter menschlicher Schädel, nur war er durchsichtig. Anna hielt ihn gegen das Licht. Er war aus einem wunderbaren Stück klaren Bergkristalls gefertigt, fing das Licht ein und reflektierte es auf verzaubernde Weise. Und, Wunder über Wunder, er war offenbar völlig unbeschädigt.

Es folgte ein Moment des Schweigens, als die kleine Gruppe des Ausgrabungsteams diesen sonderbaren Gegenstand betrachtete, völlig in Bann geschlagen von der Art, wie er das Sonnenlicht einfing, reflektierte und zu einem blendenden Strahl zusammenfaßte. Annas Vater nahm ihr den Schädel ab und hielt ihn hoch, damit alle ihn sehen konnten. Da brachen plötzlich alle in wildes Freudengeheul aus. «Alle Mayahelfer begannen zu lachen und zu weinen. Sie küßten den Boden und umarmten einander», erzählt Anna. Es war ein magischer Augenblick, erinnert sie sich, vielleicht der großartigste Moment in ihrem langen Leben. Es war, «als sei eine uralte und mächtige Kraft zu den Lebenden dieser Zeit zurückgekehrt».

Als der Abend hereinbrach und die ersten Sterne am Himmel leuchteten, setzte Frederick Mitchell-Hedges den Schädel auf einen Altar, den die Maya gebaut hatten. Während er und Anna den Schädel betrachteten, wurden um ihn herum Feuer entzündet, und im Licht des Feuerscheins konnten sie sehen, wie die Maya den Schädel segneten. Schließlich begann das Trommeln. Mayatänzer erschienen aus den Schatten, geschmückt mit den Federn von Dschungelvögeln und den Fellen von Jaguaren. Sie bewegten sich geschickt und anmutig zum Rhythmus der Trommeln. Sie sangen und tanzten. Es war eine Nacht des Feierns, erinnert sich Anna. «Sie führten vor dem Schädel im Licht des Feuers Zeremonien durch, Rituale und Tänze.»

Aus den Tiefen des Dschungels tauchten Menschen auf, als habe irgend etwas sie über den Wald hinweg gerufen.

«Es war, als habe man eine Botschaft der Freude über das Land der Maya geschickt. Viele Maya kamen, die wir noch nicht kannten, und sie kamen so schnell und von so weit her, daß ich nicht weiß, wie sie in so kurzer Zeit von dem Schädel gehört haben konnten. Aber sie wußten davon.»

Die Feiern um den Schädel setzten sich mehrere Tage fort, und unter jenen, die gekommen waren, ihn anzusehen, war ein sehr alter Maya aus einem benachbarten Dorf. Er sah den Schädel an und sagte zu Anna und ihrem Vater, er sei «sehr, sehr alt».

«Er sagte, er sei über 100 000 Jahre alt. Der Schädel sei vor vielen Tausenden von Jahren nach dem Kopf eines verehrten Priesters geformt worden, seine Weisheit auf ewig zu bewahren. Der alte Mann sagte, der Schädel könne zum Sprechen gebracht werden, aber er wollte nicht sagen, wie das funktionierte.»

Sowohl Anna als auch ihr Vater waren von dieser Entdeckung verwirrt. Damals wußten sie noch nicht, daß der Gegenstand sich als einer der geheimnisvollsten erweisen sollte, die je gefunden worden waren, daß er Annas Leben und das Leben vieler anderer Menschen, die seitdem mit ihm in Berührung gekommen sind, verändern sollte. Immer wieder hörten wir, der Schädel habe magische und geheimnisvolle Kräfte. Einige behaupten wie in der Legende, daß er mit geheimem Wissen betraut sei, das es uns ermöglicht, die Geheimnisse der Vergangenheit und vielleicht auch der Zukunft zu entschlüsseln. Viele andere glauben einfach, daß der Schädel die Fähigkeit besitzt, Denken und Fühlen der Menschen stark zu beeinflussen.

Obwohl Frederick Mitchell-Hedges keine Ahnung von den unglaublichen Behauptungen hatte, die mit dem Schädel zusammenhingen, berührte ihn die Verehrung der Einheimischen offenbar tief. Er machte sich außerdem Sorgen, weil die Mayahelfer seit der Entdeckung des Schädels sehr viel weniger bereit waren, ihre Tage an der Ausgrabungsstätte zu verbringen. Er dachte viel darüber nach und sprach schließlich mit Dr. Thomas Gann darüber, dem beratenden Anthropologen der Expedition. Anna berichtet: «Mein Vater entschied, daß der Schädel offenbar so heilig und so wichtig für die Maya war, daß wir ihn nicht behalten durften. Mein Vater sagte: ‹Wir können diesen armen Menschen diesen Schädel nicht einfach wegnehmen.›»

Also übergab er ihn den Maya in einem festlichen Ritual. «Sie waren sehr, sehr glücklich», erinnert sich Anna, die von der Großzügigkeit ihres Vaters nicht sehr begeistert war, nachdem sie so viele Gefahren durchgestanden hatte, um den Schädel zu bergen. «Ich war sehr wütend, weil ich mein Leben riskiert hatte, um dort hinunter zu gelangen und ihn zu holen.»

Doch nach dem Geschenkakt wurden die Grabungen wieder aufgenommen. Die Pyramide, in der Anna den Schädel gefunden hatte, war Teil weiterer Erkundungen, und drei Monate später fand man den abnehmbaren Unterkiefer des Schädels unter einem Altar in der Hauptkammer der Pyramide. Anna hatte nur den oberen Teil des Schädels gefunden. Als die Maya den Unterkiefer in den Schädel einfügten, war das Meisterstück vollständig. Danach, erinnert sich Anna, «behielten sie ihn beinahe drei Jahre lang und ließen Feuer um ihn herum brennen».

Im Jahr 1927 gingen die Ausgrabungen in Lubaantun ihrem Ende zu.

Die letzten Fundstücke wurden katalogisiert und an Museen geschickt. Mitchell-Hedges und sein Team hatten Hunderte von seltenen und wunderschönen Artefakten ans Licht gebracht, aber keines konnte neben der Schönheit des Kristallschädels bestehen.

Es war ein trauriger Moment für Anna, als sich die Gruppe auf die Abreise vorbereitete. Sie hatte bei einer Mayafamilie gelebt, die sie «wie eine eigene Tochter» behandelt hatte, und sie hatte mit diesen Menschen «in all den Jahren Freud und Leid geteilt». Als Anna und ihr Vater ihren Maya-Freunden Lebewohl sagten, trat der Häuptling der Maya vor und drückte Frederick Mitchell-Hedges ein Bündel in die Hand. Als dieser das Bündel aufschnürte, fand er zu Annas Entzücken den Schädel darin.

«Die Maya schenkten meinem Vater den Schädel für die gute Arbeit, die er für ihr Volk geleistet hatte, für die medizinischen Artikel und die Arbeit und die Werkzeuge und all das. Deshalb gaben sie ihn uns zurück. Es war ein Geschenk vom Volk der Maya.»

So wollte es das Schicksal, daß der Schädel Frederick Mitchell-Hedges begleitete, als dieser von Lubaantun wieder nach England fuhr.

Mitchell-Hedges unternahm keine weiteren Abenteuer in Übersee und ließ sich 1951 schließlich in Berkshire in dem eleganten Farley Castle aus dem siebzehnten Jahrhundert nieder. Dort hielt er extravagante Dinnerpartys ab, bei denen er die Mitglieder der Aristokratie unterhielt. Es geht das Gerücht, daß er seinen Gästen dabei in seinem von Kerzenlicht erleuchteten Speisesaal den Kristallschädel zeigte. Lords und Ladies schnappten beim Anblick des Schädels entsetzt nach Luft.

Mitchell-Hedges war fasziniert von der ängstlichen Reaktion seiner Gäste. Ihre Reaktion war so völlig anders als die der Maya, die ihm geholfen hatten, den Schädel aus der Dunkelheit seines Grabes zu holen. Die reichen, gebildeten Europäer sahen nur Schrecken, wo die armen, einfachen Maya Freude gesehen hatten. Lag das daran, daß in jenen letzten Tagen des Britischen Empire der Schädel allzu stark daran erinnerte, daß niemand seinem Schicksal entgehen konnte?

Frederick Mitchell-Hedges nannte ihn den «Schädel des Verhängnisses» und beschrieb ihn als «Verkörperung alles Bösen». Nach seinen

Worten war er benutzt worden, um «willentlich den Tod hervorzurufen»: «Es heißt, daß der Tod, wenn [die Maya] ihn mit Hilfe des Schädels herbeigerufen hatten, unausweichlich folgte.»[5]

Doch trotz ihres anfänglichen Entsetzens hielt der Kristallschädel die Gäste von Mitchell-Hedges gefangen. Sie bewunderten, wie kunstvoll er gefertigt war, und waren verzaubert von seiner Schönheit. Sie sahen voller Ehrfurcht die perfekt gemeißelte Schönheit seiner Zähne, die weichen Konturen seiner Wangenknochen und wie glatt sich der Unterkiefer in den Schädel einfügte. Alle wollten mehr darüber wissen. Die Frage, die sie bewegte, lautete: Wie konnten solch «einfache, primitive» Menschen, die all die Jahre tief im Dschungel gelebt hatten, etwas so Vollkommenes, so Perfektes erschaffen?

Immer wieder waren die Menschen ganz besonders von der Art gefesselt, wie der Schädel das Licht hält, bricht und reflektiert. Jedes Licht, das von der Unterseite darauf fällt, wird zu den Prismen vorn am Schädel geleitet. Stellt man den Schädel also in einen dunklen Raum über ein Feuer oder eine Kerze, sieht es so aus, als scheine das Licht direkt durch die Augenhöhlen.

Andere wiederum haben beobachtet, daß der Schädel zwei kleine Löcher an der Basis hat, eines auf jeder Seite der Hirnschale. Diese Löcher sind gerade groß genug, daß sich zwei schmale Stäbe von unten hineinstecken lassen, so daß der Schädel über ein Feuer oder eine andere Lichtquelle gehängt und der obere Teil des Schädels unabhängig vom Unterkiefer bewegt werden kann. Auf diese Weise entsteht der Eindruck, als spreche der Schädel.[6] Dieser Effekt kann ebenfalls hervorgerufen werden, wenn man den Unterkiefer mit einem Faden bewegt.

Einige Leute, die Mitchell-Hedges' Berichte darüber, daß der Schädel «zum Sprechen gebracht werden könne», sehr wörtlich genommen haben, glauben, daß er genau dafür von den alten Maya benutzt wurde. Man spekuliert, daß der Schädel vielleicht ganz oben auf einer der Pyramiden auf einem Altar plaziert wurde und über einem Feuer hing, das unsichtbar blieb, weil es unterhalb des Altars brannte. Auf diese Weise müßten die Augen des Schädels feuerrot geleuchtet haben, während sich der Unterkiefer parallel zur dröhnenden Stimme des Hohenpriesters bewegen ließ. Vielleicht wurden so die Orakel verkündet, möglicherweise auch die Namen der geforderten Menschenopfer. In der Tat wäre dies ein eindrucksvolles Schauspiel für die Massen gewöhnlicher Sterblicher gewesen, die auf dem Platz unterhalb der Pyramide versammelt waren. Daher ist man zu dem Schluß gekommen, daß der Schädel vor Urzeiten als furchteinflößende sprechende Kopf-Gottheit erschienen sein muß, mit der die Priesterklasse Macht über ihre verängstigten Untertanen ausübte.[7]

Doch steht die Vorstellung, daß die Mayapriester den Schädel dazu benutzt haben könnten, ihre Untertanen zu täuschen und in Schrecken zu versetzen, in krassem Gegensatz zu der Freude, die die Maya bei seinem Anblick in Lubaantun gezeigt hatten.

Ein Mensch, den der Schädel besonders faszinierte, war der Autor Sibley Morrill. Er glaubte, daß das «Sprechen» des Schädels auf andere Weise zustande gekommen sein könnte. Er war beeindruckt von der unglaublichen anatomischen Genauigkeit des Schädels und bemerkte, daß er beinahe hundertprozentig einem echten menschlichen Schädel entsprach. Doch ein Merkmal fehlte sonderbarerweise. Echte menschliche Schädel weisen eine Reihe von Kerben auf, die über den ganzen Schädel verlaufen, die sogenannten Verwachsungslinien. Das sind die Linien, die entstehen, wenn die Schädelplatten zusammenwachsen. Morrill führte aus, daß man diese Linien sehr leicht hätte einarbeiten können, um den Schädel noch realistischer wirken zu lassen. Ihr Fehlen bedeutete für ihn, daß der Schädel nicht einfach nur hergestellt worden war, um an einen bestimmten Menschen zu erinnern.

Morrill grübelte lange über die fehlenden Linien nach und kam schließlich zu der Schlußfolgerung, daß es nur einen Grund geben konnte, warum sie so offensichtlich und absichtlich weggelassen worden waren. Seiner Meinung nach war es dem Schöpfer des Schädels verboten worden, diese Linien hinzuzufügen, oder aber «ein derart leicht anzubringendes Merkmal war völlig inakzeptabel».[8]

Er glaubte, die Verwachsungslinien hätten möglicherweise mit dem wahren Zweck des Schädels kollidieren können. Morrill meinte, der Hauptzweck habe darin gelegen, mit ihm «die Zukunft vorherzusehen und die Ereignisse zu beeinflussen». Er sagte, «Verwachsungslinien … wären dabei so fehl am Platze wie Einritzungen auf der Oberfläche einer Kristallkugel».[9] Seine Meinung war:

«Vorhersagen über die Zukunft führte … der Priester durch, [der] nach den Vorbereitungen, zu denen vielleicht Fasten, die Einnahme von Drogen oder beides gehörte, und nach weiteren vorgeschriebenen Riten in den Kristall hineinsah, um in seinen Tiefen und Furchen das Bild zu sehen, das er für die Zukunft hielt.»[10]

Morrill kam zu dem Schluß:

«Wir können nicht wissen, wie gut der Kristall dabei half, die Zukunft vorherzusagen. Mit Sicherheit läßt sich nur sagen, daß er vermutlich die wirkungsvollste Kristallkugel war, die man je erschaffen hat, und … es ist sehr wahrscheinlich, daß der Schädel über die Jahrhunderte in manchen Fällen seine Aufgabe gut erfüllte.»[11]

Was also war wirklich der Zweck des Schädels? War er ein beweglicher Götterkopf gewesen, eine Art sprechendes Orakel? War er eine kunstvoll gearbeitete Kristallkugel, mit der man in Vergangenheit, Gegenwart und Zukunft blickte, oder stellte er den Kopf irgendeines alten Priesters dar? Was bedeutete «zum Sprechen gebracht»? Welche Hinweise auf seine frühere Rolle lagen unter diesen polierten, prismischen Oberflächen verborgen? Welche Geheimnisse lagen hinter seinem durchdringenden kristallenen Blick? Es gab also offenbar ungeheuer viele Spekulationen, aber noch keine echten Beweise oder definitiven Antworten.

Frederick Mitchell-Hedges starb im Jahr 1959 und hinterließ den Schädel seiner hingebungsvollen Tochter Anna. Seitdem bewahrt Anna den Schädel auf, doch sie hat es schon mehr als einem Besucher gestattet, sie zu besuchen und «die Macht des Schädels» selbst zu erfahren. Das sollte unser nächster Schritt sein.

3

Die Hüterin des Schädels

Bei unseren Telefongesprächen mit Anna wurde immer deutlicher, daß die Spekulationen über die paranormalen Kräfte des Schädels seit seiner Entdeckung nicht abgebrochen waren. Von dem Augenblick an, als der Schädel im Herzen des Dschungels entdeckt worden war, schien klar, daß diesem Gegenstand etwas Merkwürdiges, Außergewöhnliches und Magisches anhaftete. Aber nach allem, was wir wußten, schien er sich bisher jeglicher Erklärung entzogen zu haben.

Inzwischen waren Ceri und ich davon überzeugt, daß der Schädel ein ausgezeichnetes Thema für eine dokumentarische Nachforschung wäre. Wir erzählten Anna davon und erklärten, daß wir sehr viel Informationen brauchten. Doch Anna konnte uns nur sagen, daß wir «kommen und ihn selbst kennenlernen» sollten, wenn wir mehr über ihn erfahren wollten.

Besonders merkwürdig war, daß wir am Telefon den Eindruck bekamen, als spreche Anna über eine lebende Person. Sie sagte «er» oder «ihn», wenn sie von dem Kristallschädel sprach, und hatte dabei den liebevollen Tonfall, den Menschen benutzen, wenn sie über ihre Kinder, Enkel oder Haustiere sprechen. Einmal sagte sie, sie hoffe nicht nur, daß wir ihn «bald kennenlernen» würden, sondern warnte uns auch, wir sollten «ihn respektieren» und «nichts tun, um ihn aufzuregen».

Wir begriffen, daß wir nur dann mehr herausfinden würden, wenn wir Annas freundliches Angebot annahmen und sie in Kanada besuchen würden. Dadurch bekamen wir nicht nur Gelegenheit, den Kristallschädel selbst zu sehen, sondern wir konnten auch die notwendigen Vorkehrungen für unsere Dokumentation treffen. Dies barg ein gewisses Risiko, da wir unser ganzes Geld für die Reise nach Mittelamerika ausgegeben hatten und zu jenem Zeitpunkt keine Garantie hatten, daß man uns den Film, den wir machen wollten, auch abkaufen würde. In einem vorübergehenden Anfall von Wahnsinn beschlossen wir, trotzdem zu fahren.

Wir kamen im dicken Schnee des kalten kanadischen Winters bei Annas hübschem modernen Häuschen in dem ruhigen Städtchen Kitchener in der Nähe von Toronto an. Einen größeren Kontrast zum dampfenden tropischen Dschungel von Belize konnten wir uns kaum vorstellen. Anna, die für ihr Alter sehr jung aussah, begrüßte uns herzlich, und sie und ihr Neffe Jimmy, Ende Dreißig und ebenfalls zu Besuch, machten uns unseren kurzen Besuch wunderbar angenehm.

Ohne lange Vorreden führte uns Anna in das kleine Wohnzimmer, damit wir den Kristallschädel «kennenlernten», und sie warnte uns erneut, es sei sehr wichtig, daß wir ihn respektierten. Da lag er, auf einem schwarzen Samtkissen auf dem Kaffeetischchen: absolut makellos, fast durchsichtig, Größe und Form wie der Kopf eines kleinen Erwachsenen. Er war wirklich wunderschön, die Perfektion schlechthin *(siehe Bildtafeln Nr. 1 und 2)*.

«Ich passe nur auf ihn auf», sagte Anna. «Der Schädel gehört allen Menschen. Er hat den Menschen Glück gebracht. Ich stelle ihn auf der ganzen Welt aus. Ich werde von der ganzen Welt eingeladen – Australien, Neuseeland und sogar Japan. Aber ich mag es ganz besonders, wenn die Leute hierher kommen, so daß ich ihre Freude sehen und ihr Glück in meinem Haus spüren kann.»

Während sie sprach, merkte ich, daß ich völlig gefesselt auf den Schädel starrte. Es war absolut faszinierend, wie das Licht gefangen und gebündelt wurde, tief im Inneren spielte und von der seidenglatten Oberfläche wieder reflektiert wurde. Sein Anblick löste ein sonderbares, undefinierbares Gefühl aus, aber ich konnte nicht herausfinden, was für ein Gefühl das war. Es war, als hielte mich der Schädel dort fest und spräche irgendwie mit meinem Unbewußten. Doch falls das so war, dann fand diese Kommunikation ganz sicher ohne Worte statt. Irgendwie war mein Verstand auf subtile, unbegreifliche Weise aufgewühlt. Ich war völlig gefangen.

Anna redete mit mir, doch ich hörte sie nicht. «Sie können ihn auch hochnehmen, wenn Sie wollen.»

«Es tut mir leid, ich war nicht ganz da», erwiderte ich. «Ich hatte das Gefühl, als sei ich in einer Art Trance.»

«Oh, das ist absolut normal», lachte Anna leise. «Der Schädel zieht die Menschen in seinen Bann. Oft scheinen sie einen Augenblick lang in Trance zu geraten.»

Sie hob den Kristallschädel hoch und legte ihn in meine Hände. Ich war überrascht, wie schwer er war. «Er wiegt beinahe 5 kg», sagte Anna.

Ich gab den Schädel an Ceri weiter, die bemerkte, er sei «totenkalt», und ihn schnell wieder auf den Tisch stellte.

«Sie brauchen keine Angst zu haben», sagte Anna. «Die Menschen haben oft Angst, wenn sie den Schädel zum ersten Mal sehen», fügte sie hinzu.

«Das ist auch wirklich nicht überraschend», sagte Jimmy. «Wenn man berücksichtigt, daß der menschliche Schädel zu einem Symbol geworden ist, vor dem man sich fürchtet. Entweder taucht er in Horrorfilmen auf, oder als Warnung auf Giftflaschen.»

Das stimmt, der Totenkopf hat in unserer Kultur ein schlechtes Image, sein Hauptzweck ist offenkundig, den Leuten angst zu machen oder sie zu warnen.

Anna fuhr fort: «Die Menschen kommen häufig zu zweit oder zu dritt, um den Schädel zu sehen, und oft ist einer von ihnen nervös. Doch schon bald sitzen sie direkt neben dem Schädel. Sie sagen: ‹Er ist ganz anders, als ich dachte. Er ist wunderschön.› Und dann steht ihnen die Freude ins Gesicht geschrieben, und sie sind glücklich.»

Das schien mir doch sehr eigenartig. Ein Symbol des Todes, das laut Anna die Leute glücklich machte. Zunächst verstand ich das nicht. Aber nach einer Weile mußte ich zugeben, daß auch mir in der Nähe des Schädels bald ganz warm, beinahe behaglich zumute wurde. Ich dachte darüber nach. Vielleicht bedeutete ein Zusammenkommen mit dem Schädel, daß man seine eigenen Ängste vor dem Tod überwand, daß man das eigene zukünftige Selbst kennenlernte. Normalerweise versuchen wir, alle Gedanken an den Tod weit von uns zu schieben, und doch saß ich nun dort und sah dem Bild des Todes ohne Angst ins Gesicht.

Wie ich dort so saß und den wunderschönen, unverfälschten und klaren Kristall betrachtete, kam mir in den Sinn, daß der Grund, warum der Schädel aus dem transparenten Material angefertigt worden war, vielleicht darin lag, daß er keinen bestimmten Menschen darstellen sollte. Er konnte der Schädel eines jeden sein. Vielleicht war es das – der Schädel sollte jeden einzelnen von uns darstellen. Schließlich haben wir alle einen Schädel, verborgen unter unserer Haut, und eines Tages wird er alles sein, was von uns übrigbleibt. Welches der vielen Symbole der Menschheit könnte also umfassender sein als ein Schädel? Er ist ein Symbol, das zu jedem lebenden Menschen spricht.

Während ich den Schädel, seine glatten Konturen und tiefen Augenhöhlen berührte, dachte ich darüber nach, daß ich eines Tages sterben würde. Nicht nur ich, sondern alle Menschen, die ich kannte und die mir lieb waren, würden denselben Weg gehen. Sicher lag ein Zweck des Schädels darin, uns alle an unsere eigene Sterblichkeit zu erinnern und an die kurze Zeit, die jeder von uns auf dieser Erde zur Verfügung hat.

Aber es schien noch mehr daran zu sein.

Ich hielt den Unterkiefer hoch. Er war wunderschön, und jeder einzelne Zahn war fein herausgearbeitet. Vielleicht wirkte der Schädel nur wegen meiner Einstellung zum Tod merkwürdig auf mich. Als ich den Unterkiefer wieder am Schädel anbrachte, wurde mir plötzlich klar, daß dieses Bild vom Tod im Grunde eine weit mächtigere Botschaft verbarg: Es erinnert uns daran, daß wir leben! Mir fiel etwas ein, was ich einmal irgendwo gehört hatte – wenn Menschen dem Tode ganz nahe sind, wenn sie ihm in gewissem Sinne direkt ins Gesicht sehen, dann fühlen sie sich besonders lebendig und können das Leben wirklich schätzen. Konnte es sein, daß der Schädel uns helfen sollte, das Leben richtig zu schätzen?

Ich drehte den Schädel herum und beobachtete, wie er das Licht einfing. Hatte man ihn so erschaffen, damit wir beim Anblick seiner kühlen Konturen an die weiche Haut unseres Gesichts erinnert werden und an das warme Blut, das durch unsere Adern rinnt?

Doch da war noch mehr, etwas, das mit der Transparenz zu tun hatte. Denn dies hier war ein Bild des Todes, durch das man fast hindurchsehen konnte, direkt auf die andere Seite. Es war, als erzähle uns der Kopf des Todes, daß der Tod eigentlich etwas ist, das wir durchschreiten können, um auf der anderen Seite an einem neuen Ort oder in einer neuen Dimension anzulangen.

Ich legte den Kristallschädel wieder zurück auf das schwarze Samtkissen auf dem Kaffeetischchen, neben eine gerahmte Schwarzweißfotografie von Frederick Mitchell-Hedges. Anna erzählte Ceri gerade, daß sie ihre gute Gesundheit und ihr langes Leben dem Kristallschädel verdanke. Ich mußte zugeben, daß sie ungewöhnlich energiegeladen, fast wie ein Kobold wirkte. «Der Schädel gibt mir Gesundheit, Glück und Lebensfreude», erklärte sie. «Er ist immer in meinem Zimmer, auch wenn ich schlafe. Ich weiß, daß der Schädel mich beschützt. Mein ganzes Leben lang hat er mich beschützt.»

Ceri lenkte meine Aufmerksamkeit auf die winzigen Blasen, die sie tief im Innern des Kristallschädels entdeckt hatte. Sie verliefen in sanften Schwingungen und glitzerten im Kristallkorpus wie winzige Sterne in einem entfernten Sonnensystem in sternenklarer Nacht. Es war ganz erstaunlich, wenn man sich vorstellte, daß diese winzigen Blasen vor Millionen von Jahren im Stein gefangen worden waren, als der Kristall sich ausbildete.

Als ich ihn so anstarrte, wurde ich das Gefühl nicht los, daß an dem Kristallschädel noch viel mehr sein mußte, als ich bislang ergründet hatte. Er war mehr als nur eine Erinnerung an die eigene Sterblichkeit. Da war noch etwas; etwas, das darüber hinausging. Dennoch schien die wirkliche Bedeutung des Kristallschädels noch nicht greifbar für mich.

Anna sprach über die Besucher, die zu ihr kamen, um den Schädel zu sehen. «Der Schädel führt die Menschen auf sehr viele unterschiedliche Arten zusammen. Für mich ist es immer ein Glück, ihn den Menschen zeigen zu dürfen, die Freude zu sehen, die er ihnen bringt. So viele Leute kommen, manchmal ganze Gruppen. Sehr viele Indianer. Amerikanische und kanadische Indianer bleiben stundenlang bei dem Schädel, und ich kann nicht zu ihnen sagen ‹Also, jetzt ist es Zeit zu gehen›. Sogar die Schauspielerin Shirley MacLaine ist einmal hergekommen, um den Schädel zu sehen.

Ich nenne ihn den ‹Schädel der Liebe›, genauso, wie die Maya ihn sehen würden.»

«Die Sonne ist herausgekommen», sagte Jimmy. Wir sahen eine blasse Wintersonne durch das Fenster scheinen. Jimmy erbot sich, uns zu zeigen, wie der Schädel auf Sonne reagiert, also folgten wir ihm in den Garten.

Ich war fasziniert, als ich sah, wie der Schädel sich im Licht veränderte. Er wirkte jedesmal völlig anders, je nachdem, wie er beleuchtet wurde. Es war beinahe, als verändere er sein Gesicht, und gleichzeitig veränderten sich Muster und Lichtbrechung in seinem Inneren. Ich hielt ihn in die Sonne. Obwohl sie nicht besonders hell schien, war die Wirkung auf den Schädel nicht weniger wunderschön. Die prismischen Eigenschaften des Kristalls erschufen ein Schauspiel von Reflexionen, die ganz deutlich die verschiedenen Farben des Regenbogens zeigten. Es war atemberaubend schön.

Ich wollte gern wissen, wie der Schädel bei hellem Sonnenlicht aussah. «Nun, ich war richtig geschockt», sagte Anna, als wir uns zu einer Tasse Tee hinsetzten. Sie erzählte uns, wie sie einmal den Schädel einer Gruppe von Schulkindern gezeigt hatte. Sie hatte ihn auf sein Kissen gelegt und ihm dann einige Minuten lang den Rücken zugedreht, bis sie die Kinder kreischen hörte. «Er qualmt, Madam!» Anna drehte sich um und sah, daß das Kissen Feuer gefangen hatte.

Jimmy erklärte, daß die lichtbrechenden Eigenschaften von Kristall so stark sind, daß die Sonnenstrahlen, wenn sie in einem bestimmten Winkel auf die Rückseite des Schädels fallen, gebündelt werden und als heller, scharfer Lichtstrahl aus Augen, Nase und Mund des Schädels strahlen. «Hält dies länger als ein paar Minuten an, kann der Schädel tatsächlich einen Brand verursachen», fügte er hinzu.

«Die Maya benutzten den Schädel unter anderem auch dafür», sagte Anna.

Wir wollten genau wissen, wofür der Schädel verwendet wurde.

«Die Maya benutzten ihn für viele Dinge, ganz besonders aber zu Heilzwecken», sagte Anna. «Wenn Sie einmal Kummer haben oder sich nicht wohl fühlen, gehen Sie einfach zum Schädel, und er gibt Ihnen neue Kraft. Ich bekomme viele Briefe von Leuten, die schreiben, sie seien von dem Schädel geheilt worden.»

Ich war verblüfft. Falls der Schädel wirklich über Heilkräfte verfügte, warum hatte Annas Vater ihn dann «Schädel des Verhängnisses» genannt und behauptet, die alten Maya hätten ihn benutzt, um «willentlich den Tod herbeizurufen»?

«Die Maya haben uns gesagt, es sei ein heilender Schädel», erklärte Anna. «Tatsächlich wurde er für viele verschiedene Dinge benutzt, und ganz besonders für Heilungen. Aber, verstehen Sie, für die Maya war der Tod selbst manchmal eine Form der Heilung.»

«So wie ich es verstehe», sagte Jimmy, «war der Tod für die Maya der Weg, das Tor zu anderen Dimensionen, und der Schädel wurde benutzt, um den Übertritt in diese andere Welt zu vollziehen.»

«Ich kann Ihnen genau sagen, wie die Maya den Schädel bei der Todeszeremonie benutzten», sagte Anna. «Die wurde nötig, wenn ein Medizinmann oder Priester zu alt für seine Pflichten geworden war und ein junger ausgewählt wurde, die Arbeit des Alten weiterzuführen. Wenn der Tag gekommen war, legte sich der Alte nieder, und der junge Mann kniete neben ihm. Dann legten beide ihre Hände auf den Kristallschädel. Anschließend führte ein Hoherpriester die Zeremonie durch, und während dieser Zeremonie ging alles Wissen und alle Weisheit des alten Mannes durch den Schädel auf den jungen Mann über, und der alte konnte während der Zeremonie dahinscheiden und seine irdische Hülle verlassen. Das war dann die Todeszeremonie.»

Anna erklärte, daß sie sich jetzt schon seit vielen Jahren um den Schädel kümmerte und daß sie den Wunsch habe, daß ihre Arbeit nach ihrem Tode fortgesetzt werde. «Das hätte mein Vater sich gewünscht, und es ist auch der Wunsch des Mayavolkes. Ich glaube», fügte sie hinzu, «ich weiß schon, wer sich um den Schädel kümmern soll, wenn ich tot bin.» Sie erzählte, sie plane eine letzte Reise nach Lubaantun. Wir fragten, ob Anna vorhabe, den Schädel den Maya zurückzugeben, aber sie verneinte.

Annas Meinung nach war der Schädel ihr und ihrem Vater aus einem bestimmten Grund hinterlassen worden, einem Grund, der sich noch offenbaren würde. «Die Maya haben mir erzählt, daß der Schädel von Bedeutung für die ganze Menschheit ist. Er ist ein Geschenk vom Volk der Maya an die ganze Welt. Die Maya verfügen über viel Wissen. Sie haben uns den Schädel aus einem bestimmten Grund und zu einem bestimmten Zweck geschenkt. Ich bin nicht ganz sicher, aus welchem Grund, aber ich weiß, daß dieser Schädel Teil eines wichtigen Auftrags ist.»

Wir wollten natürlich mehr darüber wissen, aber Anna sagte nur: «Sie werden die Maya fragen müssen.»

4

Das Geheimnis

Hin und wieder kommt es in der Geschichte der Menschheit zu einer derart einzigartigen und so unglaublichen Entdeckung, daß sie sich nicht mit gängigen Theorien erklären läßt. Eine so bemerkenswerte Entdeckung, daß sie unsere gewohnte Sichtweise in Frage stellt. War es möglich, daß der Kristallschädel genau solch eine Entdeckung war?

Schließlich nehmen wir alle gern an, daß unsere Kultur und Gesellschaft weiter fortgeschritten und entwickelt ist als die unserer einfachen und primitiven Vorfahren. Alles, was wir über die menschliche Geschichte gelernt haben, schien doch gezeigt zu haben, daß die Zivilisation sich von ersten primitiven Anfängen an linear weiterentwickelt hatte, so daß wir uns heute, quasi per definitionem, auf dem bisherigen Höhepunkt der menschlichen Erkenntnis befinden müßten.

Der Kristallschädel stellte diese Ansicht offenbar in Frage. Denn wie konnte ein Volk, das vor so vielen Jahrhunderten im Regenwald lebte, etwas so Schönes und Perfektes erschaffen haben? Und wie paßten die Maya – mit ihren vollendeten Städten, ihren komplizierten Hieroglyphen, ihrer Mathematik und ihrem Kalender, ihrem Wissen über die Astronomie und jetzt mit dem Kristallschädel – überhaupt in das Modell einer sich konstant weiterentwickelnden menschlichen Gesellschaft?

Der Schädel war ein Rätsel. Er war nicht nur schön anzusehen, es sah auch so aus, als ob jeder, der mit ihm in Kontakt gekommen war, eine sonderbare Geschichte über ungewöhnliche Eigenschaften oder unerklärliche Phänomene zu erzählen hätte. Welche Kräfte er auch haben mochte, auf jeden Fall hatte der Schädel uns in seinen Bann geschlagen.

Jetzt, wo wir wußten, daß diese Kristallschädel nicht nur in der Legende vorkamen, stellten sich weitere Fragen. Gab es noch mehr solcher Schädel? Was hatten sie mit der uralten Legende zu tun? Warum betrachteten manche Leute, einschließlich Annas Vater, den Schädel, den wir vor uns sahen, als böse, während er für andere, wie etwa Anna, eine Kraft des Guten war? Und hatten die alten Maya diesen wunderschönen und hochentwickelten Gegenstand wirklich selbst hergestellt?

Diese Fragen blieben nach dem Besuch bei Anna Mitchell-Hedges unbeantwortet. Aber unser Wunsch, die Antworten zu finden, wurde immer stärker. Wir begannen damit, mehr und mehr über die alte Mayazivilisation zu lesen. Aus der Literatur ging hervor, daß es Archäologen gelungen war, aus zahlreichen Inschriften, Monumenten und Kunstwerken, die die Maya hinterlassen haben, ein ziemlich lebendiges Bild dieser Kultur nachzuzeichnen. Man weiß heute einiges über die vielen Gebräuche, Rituale, über Wissen und Glauben der alten Maya, und in manchen Fällen kennt man sogar den Geburtstag von Königen und die Namen ihrer Vorfahren bis zurück auf sieben Generationen.

Wir sprachen mit verschiedenen Experten und Archäologen, die Fachleute auf dem Gebiet der Maya waren, in der Hoffnung, sie könnten uns mehr über den Kristallschädel sagen. Haben die Maya ihn zur selben Zeit hergestellt, als sie ihre großartigen Städte erbauten, nur um ihn und vielleicht noch andere solcher Schädel bei ihrem plötzlichen Verschwinden zurückzulassen? Konnte der Kristallschädel uns vielleicht Hinweise darauf geben, warum diese Kultur verschwunden war? Wie war der Schädel in die Tempelruinen geraten? Außerdem wollten wir wissen, ob es noch Hinweise darauf gab, *wie* die Maya den Schädel hergestellt oder wie sie ihn möglicherweise benutzt hatten oder sogar, wie Frederick Mitchell-Hedges vermutet hatte, ob er tatsächlich viel weiter zurück in die noch geheimnisvollere Zeit vor den Maya datierte.

Bei unseren Nachforschungen wurde bald klar, daß wir unwissentlich in das Minenfeld einer großen archäologischen Kontroverse gestolpert waren. Denn es gab nicht nur eine hitzige Debatte über die Frage, wer die Maya waren, woher sie gekommen und wohin sie entschwunden waren, sondern eine Frage spaltete das archäologische Establishment offenkundig mehr als alle anderen in zwei Lager: Woher war der Mitchell-Hedges-Schädel wirklich gekommen?

Wie wir noch merken sollten, begann die Kontroverse schon beim ursprünglichen Fundort des Schädels – Lubaantun. Mitchell-Hedges selbst war der Meinung, der Ort stamme in Wirklichkeit aus der Zeit vor den Maya. Er glaubte, die Beweise vom Fundort wiesen darauf hin, daß die Ruinen älter als diejenigen der Maya seien.

Daß Lubaantun in Wirklichkeit aus einer früheren Epoche stamme, hatte Mitchell-Hedges aufgrund der Tatsache angenommen, daß die Bautechnik, wie wir selbst bemerkt hatten, so ganz anders war als jene, die bei anderen Mayafunden vorherrschte. Die Historiker Adrian Gilbert und Maurice Cotterell führen in ihrem neuesten Buch *The Mayan Prophecies* aus, daß der Baustil bemerkenswert den Techniken ähnele, die von der noch älteren Kultur der Inka im heutigen Peru benutzt worden sei. Es gibt gewisse Ähnlichkeiten zwischen Lubaantun und den berühmten Inkabauwerken wie Machu Picchu, das Tausende von Meilen entfernt in den Anden liegt. Gilbert und Cotterell vermuten, daß die Menschen, die Lubaantun erbaut haben, vielleicht Hilfe von den alten Inka bekommen oder aber von ihnen die Bautechnik erlernt haben könnten. Es gibt auch die These, daß die Maya und die Inka ihre Bautechnik von einer anderen, dritten Zivilisation übernommen haben könnten, die noch älter war als ihre eigene. Dies warf die Frage auf, ob auch der Kristallschädel aus dieser dritten geheimnisvollen Zivilisation stammen könnte.

Mitchell-Hedges hielt diese Zivilisation für das sagenhafte Atlantis. Zwar kam uns dies ziemlich unwahrscheinlich vor, doch hatte er bei Ausgrabungen auf den Bay Islands vor der Küste von Honduras tatsächlich Beweise dafür gefunden, daß es in diesem Teil der Welt eine Art Prä-Maya-Zivilisation gegeben hatte. Er überließ verschiedene Funde dieser Ausgrabungen dem Britischen Museum in London und dem Museum of the American Indian in New York. Captain James Joyce vom Britischen Museum schrieb dazu:

«Es ist meine Überzeugung, daß [die Funde] eine sehr frühe mittelamerikanische Kultur repräsentieren, vermutlich noch vor den Maya. Die Tatsache, daß sie anscheinend verwandt sind mit den Zivilisationen in Costa Rica vor der Eroberung, mit den frühen Maya und den archaischen Völkern Mexikos, deutet darauf hin, daß wir hier ein Zentrum haben, aus dem sich verschiedene Kulturformen über ganz Mittelamerika verbreitet haben …

Die Ergebnisse [weiterer Nachforschungen] werden wahrscheinlich ein neues Licht auf die gegenwärtigen Vorstellungen über den Ursprung und die Entwicklung der amerikanischen Urzivilisationen werfen …

Ich gehe davon aus, daß unsere Entdeckungen von großer Bedeutung sind.»[1]

George G. Heye, damals Vorsitzender und Direktor des Museum of the American Indian, schrieb:

«Wir stimmen in jeder Hinsicht mit den Ergebnissen des Britischen Museums überein, was Ihre erstaunliche Entdeckung angeht, die Sie auf einer Inselkette vor der Küste von Mittelamerika gemacht haben … Die Fundstücke … stammen aus einer bislang unbekannten Kultur …

[Sie] eröffnen eine neue Ära wissenschaftlichen Denkens über Alter und Geschichte der Ureinwohner des amerikanischen Kontinents …

Ihre Entdeckung eröffnet eine völlig neue Sichtweise bezüglich der uralten Zivilisationen Mittelamerikas und zwingt die Archäologen geradezu, ihre heutigen wissenschaftlichen Theorien in bezug auf das Rätsel zu ändern, das seit so vielen Jahren über Mittel- und Südamerika ruht. Meiner Meinung nach wird sich mit weiteren Forschungen eine ganz neue Geschichte ergeben und die Vorstellung über das Altertum kultureller Zivilisationen weltweit verändern.»[2]

Es gelang uns, einen Archäologen ausfindig zu machen, Dr. Norman Hammond von der Boston University, der in den siebziger Jahren weitere Ausgrabungen in Lubaantun durchgeführt hatte. Chris rief Dr. Hammond an, um ihn zu fragen, wer seiner Meinung nach die großartigen Städte erbaut hatte. Dieser war ganz glücklich, darüber sprechen zu können. Er glaubte, es seien ganz allein die Maya gewesen, ohne Hilfe von außen, die Lubaantun erbaut hatten. Seiner Meinung nach war der Komplex um

47

das Jahr 700 herum erbaut und um 850 wieder verlassen worden. Es störte ihn überhaupt nicht, daß die Gebäude so ganz anders konstruiert waren als die anderer Mayastädte, da es sogar Beispiele ihrer Baukunst aus roten Ziegeln und Mörtel gab, ganz ähnlich modernen Häusern, statt der üblichen Blöcke aus weißem Kalkgestein. Dr. Hammonds Meinung nach war Lubaantun genau wie diese anderen Fundorte ein Werk der Maya, und er konnte die Ansicht, daß andere Völker, ob Inka, Bewohner von Atlantis oder sonst jemand, dabei mitgewirkt hatten, nicht teilen.

Doch als Chris auf den Kristallschädel zu sprechen kam, ließ Dr. Hammond eine echte Bombe hochgehen. Kategorisch stellte er fest, daß seiner Meinung nach der Kristallschädel für Lubaantun unerheblich und niemals dort gefunden worden sei! Er sagte, es gebe einzig und allein Anna Mitchell-Hedges' Behauptungen über diesen Fund.

Wir wußten inzwischen, daß der Kristallschädel einige Kontroversen hervorgerufen hatte, aber wir wußten nicht, daß sie so heftig geführt wurden. Norman Hammond jedenfalls machte absolut deutlich, daß er mit der Sache nichts mehr zu tun haben wollte. Wir waren entsetzt. Wir wollten einen Film machen, der Anna Mitchell-Hedges' faszinierende Geschichte erzählte, und da behauptete ein angesehener Archäologe plötzlich, die ganze Sache sei reine Erfindung. Was sollten wir tun?

Wie wir schnell herausfinden sollten, war es eine Sache, unseren Film zu produzieren, aber eine ganz andere, die Wahrheit über den Kristallschädel von Anna Mitchell-Hedges zu erfahren. Die Wahrheit schlüpfte uns immer wieder wie Sand durch die Finger. Wenn Anna Mitchell-Hedges niemals in Lubaantun gewesen war, wie hatte sie dann auf all den Fotos als Beweis erscheinen können? Wenn die Gruppe den Schädel nicht gefunden hatte, warum sollte Anna dann eine solch unglaubliche Geschichte erfinden?

Offenbar gab es Diskrepanzen zwischen Annas genauem Bericht der Entdeckung und dem Schweigen, in das sich ihr Vater in dieser Sache gehüllt hat. Selbst in seiner eigenen Biografie schreibt Frederick Mitchell-Hedges nur sehr wenig über den Schädel. In einer späteren amerikanischen Ausgabe von 1955 erwähnt er ihn überhaupt nicht mehr. In der Originalausgabe bezieht er sich nur kurz und rätselhaft darauf, und zwar in einem Abschnitt, der sich hauptsächlich mit einer späteren Reise nach Afrika befaßt:

«Wir nahmen den unheimlichen Schädel des Verhängnisses mit uns, über den so viel geschrieben worden ist …»[3]

Falls tatsächlich viel über den Schädel geschrieben worden war, so hatten wir jedenfalls nichts finden können. Alles wurde noch viel undurchsichtiger, als wir die wenigen spärlichen Einzelheiten nachlasen, die Frederick Mitchell-Hedges über den Schädel niedergeschrieben hat:

«Ich habe meine Gründe, wenn ich nicht erwähne, wie er in meinen Besitz kam.
… Er ist mindestens 3 600 Jahre alt, und laut einer Legende wurde er vom Hohenpriester der Maya bei esoterischen Riten benutzt. Es heißt, wenn der Priester den Tod mittels des Schädels herbeirief, sei dieser unweigerlich gefolgt. Der Schädel wird als die Verkörperung alles Bösen beschrieben. Ich wünsche nicht, dieses Phänomen zu ergründen und zu erklären.»[4]

Er fügte jedoch am Ende desselben Kapitels hinzu: «Mehr über unsere Entdeckungen wird in einem Buch erzählt, das Anna schreiben wird.»[5]
Die Kontroverse unter den etablierten Archäologen wurde also vielleicht vor allem durch diese kryptischen Informationen in Frederick Mitchell-Hedges' eigenem Bericht über den Fund genährt, vielleicht mehr noch als durch die unglaublichen Behauptungen über die magischen und heilenden Kräfte des Schädels. Im Lichte dieser Geheimniskrämerei war ein gewisses Maß an Skepsis durchaus verständlich, allerdings hatte dies zu den wildesten Spekulationen geführt.
Dr. David Pendergast, Spezialist für die Maya am Royal Ontario Museum in Toronto, fragte sich, ob es möglich war, daß Frederick Mitchell-Hedges den Schädel sogar selbst so plaziert hatte, daß Anna ihn finden konnte. Er war argwöhnisch, weil Anna den Schädel ausgerechnet an ihrem siebzehnten Geburtstag gefunden hatte. Konnte er ein – wenn auch sehr ausgefallenes – Geschenk ihres Vaters sein, der ihn mit der Absicht, daß sie ihn «zufällig» an ihrem Geburtstag finden sollte, unter Mühen in der Pyramide versteckt hatte?
Doch selbst wenn das der Fall war, blieb immer noch die Frage, wo Frederick Mitchell-Hedges den Schädel gefunden hatte. David fragte

sich, ob es möglich war, daß er den Schädel irgendwo anders gefunden oder ihn erworben hatte. In diesem Fall stellt sich natürlich die Frage, wie er es hätte schaffen sollen, den Schädel den ganzen Weg durch den Regenwald bis nach Lubaantun zu transportieren, ohne daß irgend jemand es bemerkt hatte?

Ein möglicher Ursprungsort des Schädels kristallisierte sich heraus, als wir uns noch einmal die Aufzeichnungen von Sibley Morrill ansahen. Seinem Bericht zufolge hatte auch er selbst einige Zweifel an der Entdeckungsgeschichte von Lubaantun.[6] Er hatte seine eigene Theorie darüber, woher Mitchell-Hedges den Schädel haben mochte.

Anscheinend gab es gegen Ende des neunzehnten Jahrhunderts weitverbreitete Gerüchte, daß der mexikanische Präsident Porfirio Díaz eine geheime Schatzkiste besitze, die unter anderem einen oder mehrere Kristallschädel enthalte. Diese Schätze waren angeblich von einem Herrscher zum nächsten weitergegeben worden und sollen den Besitzer mit den zum Regieren nötigen Kräften versehen haben.

Das Ende des neunzehnten und der Anfang des zwanzigsten Jahrhunderts war eine Zeit großen Aufruhrs, bürgerlicher Unruhen und des Bürgerkriegs in Mexiko, und schließlich wurde der Präsident seines Amtes enthoben. Es kursierten Gerüchte, daß seine Schätze erbeutet und unter den Rebellen als Kriegsgewinn aufgeteilt worden seien. Einer dieser Rebellen war niemand anderes als der spätere Nationalheld Pancho Villa, an dessen Seite Frederick Mitchell-Hedges von 1913 bis 1914 gekämpft haben will. Deshalb spekulieren manche Leute, daß Mitchell-Hedges' Kristallschädel zu jenen gehörte, die ursprünglich im Besitz der mexikanischen Herrscher gewesen waren, und daß Mitchell-Hedges ihn vielleicht als Belohnung für seinen Kampf an Villas Seite bekommen oder ihn seinen Männern abgekauft hatte, die ihn wiederum dem mexikanischen Präsidenten gestohlen hatten.

Sibley Morrill führt jedenfalls eifrig aus:

«Es ist wichtig zu wissen, daß einige hohe Beamte der mexikanischen Regierung inoffiziell der Meinung sind, der Schädel wurde von Mitchell-Hedges in Mexiko käuflich erworben, und daß er, wie viele zahllose weitere Artefakte … illegal aus dem Land gebracht wurde.»[7]

Tatsächlich widmet Sibley Morrill fast ein ganzes Buch seiner Theorie, daß Mitchell-Hedges in der Zeit vor dem Ersten Weltkrieg als Spion für die britische Regierung gearbeitet und an der Seite Pancho Villas und des legendären Literaten Ambrose Bierce gekämpft habe, der um dieselbe Zeit auf geheimnisvolle Weise in Mexiko verschwand. Morrill glaubte, daß Bierce auf Geheiß der amerikanischen Regierung als Spion dort tätig war. Sowohl Großbritannien als auch die Vereinigten Staaten hatten zu jener Zeit großes Interesse an den Vorkommen von Erdöl, Gas und Mineralien in jenem Gebiet. 1913 waren die mexikanischen Ölfelder die wichtigste Ölquelle für die britische Flotte, und die US-Regierung war besorgt, weil es hieß, daß sowohl die Japaner als auch die Deutschen den mexikanischen Rebellen Waffen lieferten und sie ausbildeten, so daß diese letztlich in die USA einmarschieren könnten. Morrill glaubt, daß Mitchell-Hedges und Bierce die Aufgabe hatten, Pancho Villas Armee zu infiltrieren, um wichtige Informationen über die damals nicht unwahrscheinliche Idee zu erhalten, daß Pancho Villa Präsident von Mexiko werden sollte.

Falls Mitchell-Hedges den Schädel tatsächlich auf einer Art Mission gekauft oder bekommen hatte, hätte er gewiß einen guten Grund, nicht darüber zu sprechen. Aber wie um alles in der Welt konnte er ihn dann in den folgenden Jahren verborgen halten? Ist es außerdem nicht wahrscheinlich, daß ein solcher Kristallschädel zu teuer wäre, um ihn als Geburtstagsgeschenk «entdecken» zu lassen, ganz besonders in Anbetracht der ungewöhnlichen Risiken, denen Mitchell-Hedges auf seiner langen Reise ausgesetzt war? So tat Anna die Andeutung, ihr Vater könne den Schädel selbst in der Pyramide plaziert haben, mit der Bemerkung «absoluter Unsinn» ab. Sie sagte, er hätte nicht Tausende von Pfund auf einer Expedition ausgegeben, nur «damit er einen Kristallschädel begraben konnte».[8]

Woher also stammte der Kristallschädel? Aus der Zeit der Maya, wie Anna glaubte? War er ein Relikt der Zivilisation vor den Maya? War er erbeutetes Eigentum eines mexikanischen Herrschers gewesen?

An dieser Stelle machten wir erneut eine interessante Entdeckung, die uns noch weiter in das Rätsel der legendären Kristallschädel hineinführte. Bei dem Versuch, mehr über den Schädel von Frederick Mitchell-Hedges herauszufinden, setzten wir uns mit Dr. Elizabeth Carmichael in

Verbindung, Assistentin des Verwalters im Museum of Mankind innerhalb des Britischen Museums in London. Zu unserer großen Überraschung informierte sie uns, daß es in der Tat mehr als einen Kristallschädel gebe, genau wie in der ursprünglichen Legende, und daß das Britische Museum tatsächlich einen davon besitze!

Ohne zu zögern, machten Chris und ich uns daran, mehr darüber in Erfahrung zu bringen. Das Museum of Mankind liegt versteckt hinter dem Piccadilly Circus mitten in London. Der zweite geheimnisvolle Kristallschädel wurde in einem Glaskasten am Fuße der Treppe im ersten Stock des Museums verwahrt und wirkte zwischen den Totempfählen und hölzernen Artefakten aus Papua Neuguinea ein wenig fehl am Platze.

Auch dieser Schädel sah unglaublich klar und anatomisch korrekt aus. Wie der andere hatte er die Größe und die Form des Kopfes eines kleinen Erwachsenen, doch der Kristall war ein wenig trüber und wirkte ein wenig stilisierter als der Schädel von Mitchell-Hedges. Zwar schien auch dieser Schädel aus einem einzigen Kristall herausgeschnitten zu sein, doch wirkte er nicht annähernd so lebensecht wie der Mitchell-Hedges-Schädel. Er glich diesem in vielerlei Hinsicht, so etwa in Größe und Form, doch die Augenhöhlen waren nur durch tiefe, absolut runde Löcher angedeutet, die Zähne waren nicht in allen Einzelheiten herausgearbeitet, und es gab keinen abnehmbaren Unterkiefer. Dennoch war auch dieser Schädel wunderschön anzusehen *(siehe Bildtafel Nr. 8)*.

Unter dem Glaskasten war ein Etikett angebracht:

Skulptur der Azteken.
Schädel aus Bergkristall. Mexiko, vermutlich aztekisch.
ca. AD 1300 – 1500. Der Stil läßt vermuten, daß der Schädel in der Zeit der Azteken entstanden ist. Sollte jedoch eine Schleifscheibe für die Herstellung benutzt worden sein, wäre die Herkunftszeit auf die Zeit nach den spanischen Eroberungen zu datieren.
Länge 21 cm, 1898.1

Es gab keinerlei Hinweise, daß dieser Schädel möglicherweise aus der Zeit der Maya stammen könnte. Vielleicht war er nicht einmal besonders alt.

Nachdem wir den Schädel genau betrachtet hatten, gingen wir hinunter in die eichengetäfelte Forschungsbibliothek, um Dr. Carmichael kennenzulernen. Sie war professionell, energisch und sachlich. Sie erklärte, daß sie oft sähe, wie die Menschen ewig lange diesen Schädel anschauten. Sie könne nicht verstehen, wieso Leute in ein Museum kämen, nur um den Schädel anzustarren, wo es doch so viele schöne Dinge in diesem Museum gab. Und sie fügte noch hinzu, sie persönlich finde den Schädel ästhetisch überhaupt nicht ansprechend.

Aber sie erklärte auch, daß dies alles vermutlich mit den Gerüchten zu tun habe, die in der Regenbogenpresse verbreitet worden waren. Zu ihrer Entrüstung hatten einige der Angestellten angeblich behauptet, der Schädel habe sich in dem versiegelten Glaskasten um sich selbst gedreht!

Ich fragte, ob an diesen Gerüchten ihrer Meinung nach etwas dran sei. Dr. Carmichael antwortete einfach, falls der Schädel sich um sich selbst gedreht habe, dann hätte es vermutlich an den Vibrationen der Lastwagen gelegen, die draußen vorbeifuhren, oder an irgendeinem anderen natürlichen Phänomen. Sie fuhr fort, es gebe schrecklich viele abergläubische Ansichten über den Schädel, und man habe schon alle möglichen unglaublichen Behauptungen aufgestellt, aber ihrer Meinung nach sei das alles Unsinn. Sie gab jedoch zu, daß sie selbst nicht gern allein mit ihm in einem Raum bleiben würde.

Schon bald wurde klar, daß die Herkunft des Schädels im Britischen Museum ebenso geheimnisumwoben war wie die des Mitchell-Hedges-Schädels. Die Aufzeichnungen des Museums legten lediglich dar, daß der Schädel 1898 bei Tiffany's in New York gekauft worden war. Es hieß, ein spanischer Glücksritter habe ihn von Mexiko mitgebracht und stets als aztekisch angesehen. Die Azteken, die mehrere hundert Meilen nordwestlich der Maya und mehrere Jahrhunderte später im heutigen mittleren Mexiko gelebt hatten, waren vom Bild des Schädels noch besessener als die Maya.

Dr. Carmichael erklärte jedoch, es gebe keine echten Beweise dafür, woher der Schädel im Britischen Museum tatsächlich komme. Sie sagte, es sei zwar möglich, daß er wirklich von den Azteken stamme, doch es bestehe auch die starke Möglichkeit, daß er nur eine moderne Nachbildung sei.

1936 war der Schädel im Britischen Museum einmal gemeinsam mit dem Mitchell-Hedges-Schädel untersucht worden, und es war ein Artikel über diesen Vergleich in der Zeitschrift *Man* des Royal Anthropological Institute of Great Britain and Northern Ireland erschienen.[9] Carmichael hatte eine Kopie dieses Artikels in ihrem Büro.

Als wir die Einzelheiten dieser Untersuchung lasen, stellten wir fest, daß es zu jener Zeit einige Diskussionen über die deutliche Ähnlichkeit zwischen den beiden Artefakten gegeben hatte. Einer der Experten, die den Vergleich durchgeführt hatten, deutete an, der Schädel des Britischen Museums sei eine Kopie des Originalschädels von Mitchell-Hedges. Dieser sei genauer gearbeitet und anatomisch korrekt, während der andere die Genauigkeit vermissen ließe. Wie auch immer, der Artikel kam zu dem Schluß, daß die beiden Schädel vermutlich aus derselben Quelle stammten.

Doch dieser Artikel konnte die Frage, wie alt die Schädel wirklich waren, nicht beantworten, sondern stellte einfach fest:

«Diese Technik hilft uns bei der Bestimmung ihres relativen Alters nicht weiter, denn in beiden Fällen gibt es keine identifizierbaren Werkzeugspuren, und es ist sicher, daß keiner der beiden mit Stahlwerkzeugen (d.h. modernen Werkzeugen) hergestellt wurde.»[10]

Ich fragte Dr. Carmichael, wie wir herausfinden könnten, ob einer der beiden Schädel eine «moderne Nachbildung» sei oder nicht. Sie sagte, es gebe wissenschaftliche Tests, die man heute machen könne, welche die Frage ein für allemal klären würden. Als wir fragten, ob es möglich sei, solche Tests zu filmen, erbot sie sich, diesen Vorschlag ihrem Vorgesetzten zu unterbreiten. Sie erklärte, es könne einige Zeit dauern, bis sie die offizielle Zustimmung erlangt habe, aber in der Zwischenzeit hätten wir vielleicht Lust, die Aufzeichnungen des Britischen Museums durchzugehen, die es über den hauseigenen Schädel oder den von Mitchell-Hedges dort gab; das könnte uns bei unseren Nachforschungen weiterhelfen.

Als wir die Aufzeichnungen durchgingen, wurde uns langsam klar, daß es mit Anna Mitchell-Hedges' Geschichte über die Entdeckung des Schädels noch ein weiteres Problem geben würde. Denn es gab unter den Akten des Britischen Museums anscheinend keine schriftlichen Aufzeichnungen über die Entdeckung des Mitchell-Hedges-Schädels in

Lubaantun, und das, obwohl diese Akten detaillierte Aufzeichnungen über weitere Tausende von Artefakten enthielten, die man dort gefunden hatte. Wir fanden außerdem heraus, daß Captain James Joyce vom Britischen Museum das Team in den zwanziger Jahren in Lubaantun aufgesucht hatte, um ihre Ausgrabungen in Augenschein zu nehmen, und dennoch hatte niemand ihm gegenüber den Kristallschädel erwähnt. Auch die anderen Mitglieder der Mitchell-Hedges-Expedition, ganz besonders Dr. Thomas Gann oder Lady Richmond Brown, hatten sich niemals öffentlich oder in Schriftform über die Entdeckung des Schädels geäußert.[11]

Darüber sprachen wir mit Anna Mitchell-Hedges. Sie erklärte uns: «Mein Vater hat stets die verschiedenen Funde und Ereignisse in Lubaantun demjenigen Gruppenmitglied zugewiesen, das den Gegenstand gefunden hat, und er hat stets peinlich genau darauf geachtet, daß der jeweilige Entdecker als erster die Tatsachen veröffentlichte.»[12]

Daher also seine Bemerkung in seiner Autobiografie, daß Anna «noch mehr über diese Entdeckung» sagen würde.

Wir nahmen uns die Autobiografie von Frederick Mitchell-Hedges noch einmal vor. Diesmal fanden wir einen Hinweis darauf, warum Frederick Mitchell-Hedges die Herkunft des Schädels vielleicht nicht preisgeben wollte. Das würde auch erklären, warum die Entdeckung des Schädels nicht in den Unterlagen des Britischen Museums auftauchte, warum Captain Joyce ihn nie gesehen hatte und warum Mitglieder des Ausgrabungsteams niemals öffentlich über den Fund geschrieben oder darüber gesprochen hatten, weder zum Zeitpunkt seiner Entdeckung noch danach. Denn Frederick Mitchell-Hedges erklärte ganz klar bezüglich der Entdeckung der verlorenen Stadt von Lubaantun:

«Wir mußten sofort dem Gouverneur von unserer Entdeckung berichten, und bei einer Zusammenkunft des Verwaltungsrats des Britischen Museums wurde uns für zwanzig Jahre eine alleinige Konzession gewährt, in denen wir in einem Gebiet von siebzig Quadratmeilen um die Ruinen herum Ausgrabungen durchführen durften.»[13]

Darüber, wie Mitchell-Hedges eine solche Vereinbarung aushandeln konnte, gibt die Presseerklärung von George G. Heye im Namen des Museum of the American Indian Aufschluß:

«[Mitchell-Hedges] führte seine eigene Expedition durch, mußte sich aber bereit erklären, seine Funde an das New Yorker Institut [das Museum of the American Indian] und an das Britische Museum gehen zu lassen.»[14]

Ist es ein Wunder, daß angesichts der Vereinbarung, jedes Fundstück müsse an eines der Museen gehen, damals kein Wort über den Schädel verloren wurde? Auch Anna unterstrich diesen Punkt. «Hätten wir den Kristallschädel behalten, als wir ihn fanden, wäre er automatisch wie alle anderen Dinge an ein Museum gegangen», und «wenn Captain Joyce den Schädel gesehen hätte, wäre dieser ans Britische Museum geschickt worden.» Doch aus welchem Grund auch immer: Als Captain Joyce die Ausgrabungsstätte inspizierte, war der Schädel schon den Maya geschenkt worden, so daß er nie ins Britische Museum kam. Anna stellte außerdem ganz heftig die Frage, warum das Britische Museum und die Regierung von Belize immer wieder behaupteten, der Schädel sei ihr Eigentum und müsse zurückgegeben werden, wenn alle doch sicher waren, daß er gar nicht in Lubaantun gefunden worden sei?

Doch für Akademiker und Archäologen wie Elizabeth Carmichael gab es noch ein weiteres Problem. Im Britischen Museum gab es zwei schriftliche Aufzeichnungen aus der ersten Hälfte des zwanzigsten Jahrhunderts über einen Kristallschädel, und keine davon bezog sich auf Lubaantun. Bei der ersten handelte es sich um den Artikel, den wir bereits gelesen hatten und der im Juli 1936 in der Zeitschrift *Man* erschienen war. Dieser Artikel befaßte sich vor allem mit dem Schädel, den das Britische Museum selbst nicht besaß und der «im Besitz von Mr. Sydney Burney» sei; Mitchell-Hedges wurde nicht erwähnt. Der Artikel berichtete außerdem, der Schädel wirke beinahe wie eine anatomische Studie aus einem wissenschaftlichen Zeitalter, obwohl man keinerlei Spuren von Werkzeugen daran gefunden hatte.

Die andere Notiz war handschriftlich von einem der früheren Museumswärter verfaßt worden und besagte, daß ein Schädel aus Bergkristall mit der Katalognummer 54 am 15. September 1943 für eine Auktion in Londons Auktionshaus Sotheby's aufgetaucht sei. Auch hier überrascht, daß der Schädel anscheinend vom Londoner Kunsthändler W. Sydney Burney zum Verkauf gebracht wurde, nicht jedoch von

Frederick Mitchell-Hedges. Aus der Notiz ging hervor, daß das Britische Museum versucht hatte, den Schädel zu kaufen, doch vergeblich, da er damals «von Mr. Burney zurückgezogen wurde» und später «von Mr. Burney» an niemand anderen als einen «Mr. Mitchell-Hedges für [nur] 400 Pfund» weiterverkauft wurde! Diese anscheinend private Transaktion muß im Jahr 1944 stattgefunden haben.[15]

Diese vermutlich ältesten Aufzeichnungen, die sich eigentlich nur auf den Schädel von Mitchell-Hedges beziehen können, hatten dazu geführt, daß manche Archäologen, unter ihnen Elizabeth Carmichael, spekulierten, Frederick Mitchell-Hedges habe den Schädel gar nicht wirklich in Lubaantun gefunden, sondern ihn ganz einfach 1944 in London von einem Mann namens Mr. Burney gekauft, der, wie man annimmt, Antiquitätenhändler war. Die beiden erwähnten Aufzeichnungen haben viele Leute zu der Annahme gebracht, daß der Schädel überhaupt nicht alt, sondern irgendwann gegen Ende des neunzehnten oder Anfang des zwanzigsten Jahrhunderts entstanden sei.

Inzwischen hatten wir ernste Zweifel an Anna Mitchell-Hedges' Geschichte, aber Anna hatte eine einfache Antwort auf diese offensichtlichen Probleme. Laut Anna war Mr. Burney ein Freund der Familie, der ihrem Vater Geld geliehen hatte und den Schädel als Nebensicherheit benutzte. Als Mr. Burney ihn verkaufen wollte, hatte ihr Vater ihn ausgezahlt und seinen Kristallschädel zurückbekommen. Das erklärt, warum der geheimnisvolle Mr. Burney den Schädel von der Auktion zurückgezogen und ihn privat an Mitchell-Hedges anstatt an den Meistbietenden verkauft hatte. Eine weitere Folge dieses Verkaufs war jedoch, wenn auch möglicherweise zufällig, daß nunmehr niemand in Frage stellen konnte, daß die Familie Mitchell-Hedges der rechtmäßige Besitzer des Schädels war.

Doch war der Mitchell-Hedges-Schädel eine moderne Nachahmung, oder konnte er einer der echten Schädel aus der Legende sein? Mehrere der Archäologen, mit denen wir gesprochen haben, deuteten an, daß der Schädel aus moderner Zeit oder aus Europa stammen könnte, und auch die Unterlagen des Britischen Museums untermauerten diese Annahme, ganz gleich, was Anna Mitchell-Hedges sagte.

Also fragten wir Anna, ob sie bereit sei, den Schädel einigen Tests unterziehen zu lassen, damit wir diese Frage ein für allemal klären konnten.

Wir waren einigermaßen überrascht, als sie erklärte, «er» sei bereits wissenschaftlich getestet worden. Mehrere Jahre zuvor hatten die Kristallexperten der berühmten Computerfirma Hewlett-Packard eingehende Tests durchgeführt. Anna sagte, wir würden die Ergebnisse «höchst interessant» finden, doch wenn wir ganz genau Bescheid wissen wollten, sollten wir besser mit den Wissenschaftlern selbst sprechen.

Und so setzten wir uns ohne weitere Verzögerung mit den Leuten von Hewlett-Packard in Verbindung.

5

Die Wissenschaftler

Der Kristallschädel hatte nicht nur die Aufmerksamkeit von Archäologen erregt. Auch andere Wissenschaftler waren fasziniert und gefesselt von der geheimnisvollen Geschichte des Schädels und den unglaublichen Möglichkeiten, die er zu repräsentieren schien. Als Anna Mitchell-Hedges einwilligte, den Schädel einem Team von Wissenschaftlern der Computer- und Elektronikfirma Hewlett-Packard zu überlassen, bekamen diese die Gelegenheit, den Schädel bis in alle Einzelheiten zu untersuchen.

Hewlett-Packard ist einer der weltweit führenden Hersteller von Computern und anderen elektronischen Geräten. In einer ganzen Reihe von elektronischen Geräten werden Kristalle verwendet. Daher sind die dortigen Wissenschaftler nicht nur Experten für Computer, sondern auch für die physikalischen, technischen und wissenschaftlichen Eigenschaften von Kristallen.

Die Tests mit dem Kristallschädel wurden Ende der siebziger Jahre in den Kristall-Laboratorien von Hewlett-Packard in Santa Clara, Kalifornien, durchgeführt (*siehe Bildtafeln Nr. 34–36*). Wir besuchten diese Laboratorien in Silicon Valley, um herauszufinden, zu welchem Ergebnis die Wissenschaftler gekommen waren.

Die Tests waren von Jim Pruett, dem Leiter der Abteilung Bauelemente des Teams für Frequenzmessungen, überwacht worden. Er war schon lange nicht mehr in der Firma, aber Ceri und ich konnten mit dem derzeitigen Wissenschaftler im Labor, Jack Kusters, sprechen, sowie mit dem früheren leitenden Ingenieur für Quarzgeräte, Charles Adams, der bei den Tests dabeigewesen war. Diese beiden Männer haben gemeinsam über 50 Jahre Erfahrung in der Arbeit mit Kristallen.

Laut Jack und Charles war das Team zu Anfang nicht einmal davon überzeugt, daß der Kristallschädel tatsächlich aus echtem Quarz bestand. Es gibt nämlich viele andere Materialien, die für das bloße Auge beinahe genauso aussehen wie Quarzkristall, einschließlich einiger Arten von Plastik und Glas. Selbst Bleikristall, das Material, aus dem edle Karaffen und Gläser hergestellt werden, ist eigentlich eine Art Glas und kein Kristall. Außerdem gibt es heute viele künstlich hergestellte, «synthetische» Quarzkristalle.

Natürlicher Quarz oder Bergkristall hingegen ist ein hundertprozentiges Produkt von Mutter Natur. Es wächst in der Erde, und es dauert Milliarden von Jahren, bis er gewachsen ist. Kristalle wachsen tief unter der Erdkruste, normalerweise in der Nähe von vulkanischer oder seismischer Aktivität. Der Prozeß erfordert immense Hitze und Druck, und stets ist ein «Kristallsamen» nötig, damit das Wachstum beginnen kann. Dieser Samen entsteht, wenn ein einzelnes Siliziumatom sich unter starker Hitze und Druck mit zwei Sauerstoffatomen aus überhitztem Wasser oder Dampf verbindet, die an derselben Stelle eingeschlossen sind. Die Atome bilden eine einzelne kristalline Zelle aus Siliziumdioxid, der Substanz, aus der alle Quarzkristalle entstehen (das Nebenprodukt ist Wasserstoff). Über die Jahrtausende beginnt dieser «Samen» zu wachsen, wenn die Bedingungen stimmen. Aber die umgebende Flüssigkeit muß genau die richtigen Anteile von Silizium und Wasser oder unter Druck gesetzten Dampf enthalten und für ausreichend lange Zeit unter enormer Hitze und Druck stehen. Wenn die Urflüssigkeit über die erste Zelle aus Siliziumdioxid fließt, beginnt die Zelle, sich selbst zu reproduzieren, und bildet Atom für Atom ihre komplizierte kristalline Struktur. Jede Zelle im Kristall hat dasselbe Muster. Jede Zelle ist ein winzig kleiner Kristall für sich, und jede Zelle hat dasselbe Muster wie die vorige. So baut der Kristall ein kompliziertes dreidimensionales Netz auf, das als «Kristallgitter» bekannt ist und eine absolute geometrische Regelmäßigkeit aufweist. So entsteht über die Jahre nach und nach ein Stück reiner, transparenter Naturquarz. In natürlichem Zustand ist er eckig, hat stets sechs Seiten und läuft an einem Ende spitz zu.

Natürlich ist nicht jeder Naturquarz perfekt. Manchmal sind Unreinheiten eingeschlossen, Spuren von Eisen oder anderen Substanzen können zwischen dem Netzgitter eingeschlossen werden. Solche Spuren anderer Elemente zeigen sich als Farbveränderung. Aluminium zum Beispiel macht den Kristall rauchgrau, so daß er als «Rauchquarz» bezeichnet wird, Eisen verleiht ihm einen rosa Schatten, was ihm den Namen «Rosenquarz» eingebracht hat, um nur zwei zu nennen. Ein hohes Niveau an Radioaktivität kann ebenfalls Einfluß auf Wachstum und Farbe haben. Nur wenn es keine Radioaktivität gibt und keine Spuren anderer Elemente in dem umgebenden Gebiet, kann sich ein völlig reiner und transparenter Kristall herausbilden.

Dennoch ist Quarz eines der am häufigsten vorkommenden natürlichen Materialien. Wie Jack uns erzählte, schätzt man gegenwärtig, daß ungefähr 80 Prozent der Erdkruste Quarze enthalten. Doch die meisten sind voller Unreinheiten oder zu klein, um praktisch genutzt zu werden, anders als beispielsweise Sand. Und obwohl die weniger reinen Quarze noch immer wunderschön sind, hat die elektronische Industrie nur relativ wenig Verwendung für sie. Das Problem für die Industrie besteht darin, daß große und reine Stücke natürlichen Quarzes sehr selten sind.

In letzter Zeit konnte dieses Problem in gewissem Umfang gelöst werden, indem man synthetische Quarze herstellte oder wachsen ließ. Die ersten Experimente mit synthetischen Quarzen machte man schon 1851, aber erst in den letzten Jahren des zwanzigsten Jahrhunderts ist nun die Technik ausgereift genug, um Quarze zu produzieren, die für den Einsatz in elektronischen Geräten nutzbar sind. Als die Tests an dem Kristallschädel von Hewlett-Packard durchgeführt wurden, benutzte man immer noch hauptsächlich natürliche Quarze, doch seither sind die Wissenschaftler so erfolgreich bei der Züchtung ihrer eigenen Quarze, daß synthetische Quarze heute die natürlichen als wichtigsten Bestandteil für die meisten elektronischen Geräte abgelöst haben.

Der Pluspunkt an künstlich hergestellten Quarzen liegt darin, daß absolute Reinheit und Größe immer garantiert sind. Aber das heißt nicht, daß für den Herstellungsprozeß die Hilfe von Mutter Natur nicht mehr nötig wäre. Ganz im Gegenteil, die Herstellung ist nur unter Zuhilfenahme von natürlichen Quarzstücken möglich. Die Wissenschaftler beschleunigen jedoch den Vorgang, der normalerweise eine Ewigkeit dauern würde, und verkürzen so die Wachstumszeit auf einige Wochen. Dies ist möglich durch Schaffung einer optimalen Umwelt. In einer riesigen «Autoklave», einem hochentwickelten Druckapparat, werden natürliche Quarzstücke oder «Lascas» unter hoher Temperatur und starkem Druck in Wasser aufgelöst. Die wichtigste Zutat hierbei ist immer noch ein Stück hochwertigen natürlichen Quarzes; ohne ihn kann das Verfahren nicht ausgelöst werden. Dieses Stück Naturkristall wird in der Autoklave einfach aufgehängt und sich selbst überlassen. Die umgebende Flüssigkeit wächst über den Originalkristall, und das Produkt wird aus der Autoklave «geerntet», sobald der Kristall die erforderliche Größe erreicht hat. Doch diese neuen Kristalle können auch nach vielen Jahren der Versuche mit der Herstellung von künstlichen Kristallen immer nur so rein sein wie das Originalstück, das Mutter Erde geliefert hat.

Berücksichtigt man die vielen verschiedenen Materialien, die für das bloße Auge genauso aussehen wie natürlicher Quarz, bestand die erste Aufgabe für das Hewlett-Packard-Team darin, genau zu bestimmen, woraus der Kristallschädel wirklich gemacht war.

Bei einem Test wurde der Schädel in einer Glaskammer versenkt, die Benzylalkohol von genau derselben Dichte und mit demselben Brechungsindex wie reiner Quarz enthielt. Als der Schädel in den Tank hinuntergelassen wurde, schien er zu verschwinden (*siehe Bildtafel Nr. 36*). Das bewies, daß er aus unglaublich reinem Quarz bestand. Doch er war nicht nur rein, er war auch natürlich. Man leitete polarisiertes Licht auf den Schädel in seiner Kammer, worauf schwache Schatten oder «Schleier» entstanden, die bewiesen, daß der Schädel aus einem natürlichen Material bestand. Diese Schatten, winzige Abweichungen im Wachstumsmuster des Kristalls, die ein wenig den Ringen eines Baumes gleichen, werden in der sorgfältig kontrollierten Umgebung von künstlich hergestelltem Quarz beseitigt. Also bestand der Schädel weder aus irgendeinem Kunststoff oder Glas, noch aus einem modernen synthetischen Kristall. Es war definitiv natürlicher Bergkristall aus der Erde.

Das Entstehen der Schatten enthüllte noch etwas anderes Bemerkenswertes über den Kristallschädel. Angesichts seiner Größe – er ist ungewöhnlich groß für einen natürlichen Quarz – hatten einige Leute vermutet, daß der Schädel aus mehreren Kristallstücken zusammengesetzt worden war. Doch der Test mit dem polarisierten Licht bewies ganz ohne

Zweifel, daß nicht nur die Hirnschale aus einem Stück Kristall gemacht war. Auch der abnehmbare Unterkiefer war aus genau demselben Stück Bergkristall gefertigt worden. Irgendwann einmal war der ganze Kristallschädel aus einem soliden Block Bergkristall herausgehauen worden.

Das Forschungsteam war darüber sehr erstaunt, denn reiner Quarzkristall ist eines der härtesten Materialien der Welt. Auf der Mohsschen Härteskala, die von Geologen benutzt wird, ist er nur wenig weicher als der Diamant. Daher ist Bergkristall unglaublich schwer zu bearbeiten, besonders wenn man bedenkt, daß er gleichzeitig sehr brüchig ist und dazu neigt zu zerschellen. Der Schädel war so kunstfertig gearbeitet, daß das Team schätzte, daß es selbst mit den heutigen elektrisch betriebenen Werkzeugen mit Diamantspitze mindestens ein Jahr dauern würde, bis ein solch unglaublicher Gegenstand fertiggestellt wäre. Doch das Team zog noch überraschendere Schlüsse. Es glaubte, es sei so gut wie unmöglich, ein derart perfekt gearbeitetes Objekt mit irgendeinem heute bekannten Werkzeug mit Diamantspitze herzustellen. Aufgrund der Vibrationen, der Hitze und der Reibung müßten die Werkzeuge einen so feinen Gegenstand wie den Unterkiefer zum Zerschellen bringen – woraufhin ein Mitglied des Teams ausgerufen haben soll: «Dieser Schädel dürfte eigentlich gar nicht existieren!»

Die Annahme des Forschungsteams, daß der Schädel nicht mit modernen Werkzeugen hergestellt worden sei, war mehr als nur eine Ahnung. Das ergab sich aus weiteren Tests. Selbst unter extremer Vergrößerung der Schädeloberfläche gab es keine Hinweise auf die Spuren moderner Werkzeuge, keinen Beweis für das übliche «Werkzeugflattern» oder für die vielsagenden Muster wiederholter paralleler Kratzer. Solche Muster und Kratzer wären schwer zu beseitigen, und so bestätigten diese Ergebnisse offenbar, was das Team schon vermutet hatte – daß der Schädel von Hand hergestellt worden war!

Das war phänomenal, da das Bearbeiten von Kristall mit der Hand ungeheuer langwierig ist. Die Wissenschaftler konnten nur vermuten, daß der Schädel ganz langsam und geduldig von Hand hergestellt worden war, vermutlich unter Verwendung einer Mixtur aus Flußsand und Wasser. Selbst mit Kupferrundeisen oder «Schnitzbögen» mußte es nach Meinung des Teams mehrere Generationen gedauert haben, bis der Schädel fertiggestellt war! Zwar war es unmöglich, die genaue Dauer dieses

Vorgangs zu bestimmen, doch schätzte *Measure*, die Mitarbeiterzeitschrift von Hewlett-Packard, den Zeitraum auf 300 Arbeitsjahre![1]

Jack und Charles erklärten, daß derjenige, der den Schädel angefangen hatte, mit einem riesigen, ungefähr dreimal so großen Stück eckigen Quarzkristalls begonnen haben mußte. Dabei habe sich der Künstler zu Anfang nicht einmal sicher sein können, daß das Innere des Kristalls nicht voller Brüche und Löcher war. Die Sandkörner zum Schleifen hätten sorgfältig nach Größe ausgesucht werden müssen, so daß die gröbsten Körner für die allgemeinen Umrisse benutzt wurden und allmählich immer feinerer Sand verwendet wurde, bis hinunter zu mikroskopisch feiner Körnergröße wie Puder, mit dem man die letzte Politur durchführte. Dabei mußte wieder ganz von vorn angefangen werden, falls sich irgendwo ein Fehler eingeschlichen hatte. Selbst wenn ein einziges zu großes Sandkorn gegen Ende der Arbeit auf die Oberfläche gefallen wäre und diese angekratzt hätte, hätte man noch einmal anfangen müssen.

Ich erklärte, daß ich die ziemlich ausgefallene Theorie gehört hatte, der Schädel könne von Außerirdischen stammen – wie in der Legende und von jenen angedeutet, die längere Zeit mit dem Schädel verbracht hatten. Wie konnte er schließlich von Hand gemacht sein, wenn nicht einmal moderne Werkzeuge ihn hätten herstellen können? Verständlicherweise verwarfen die Wissenschaftler von Hewlett-Packard diese Theorie. Jack Kusters sagte:

«Als Wissenschaftler kann ich nur schwer glauben, daß Menschen, Pardon, Wesen aus einem anderen Universum hergekommen sein sollen, ein paar Dinge hiergelassen haben und dann verschwunden sind und uns nie wieder aufgesucht haben. Das liegt einfach nicht im Bereich des Möglichen. Ich glaube nicht an Außerirdische, also muß ich zu dem Schluß kommen, daß der Schädel von Menschenhand gemacht wurde.»

Dieses Ergebnis war natürlich schon unglaublich genug. Aber schon Frederick Mitchell-Hedges hatte das vermutet:

«Es muß über 150 Jahre gedauert haben, Generation um Generation muß jeden Tag ihres Lebens damit verbracht haben, geduldig mit Sand über einen riesigen Block aus Bergkristall zu reiben, bis endlich der perfekte Schädel daraus hervortrat.»[2]

Auch Adrian Digby vom Britischen Museum hatte 1936 in der Studie in der Zeitschrift *Man* beobachtet, daß «der Schädel von Mr. Burney [vermutlich Mr. Mitchell-Hedges] keinerlei Spuren von Werkzeugen aus jüngerer Zeit zeigt».[3]

Doch hier lag nun offenbar der ausdrückliche Beweis vor, erbracht mit den modernsten wissenschaftlichen Techniken, daß der Schädel vollkommen von Hand gemacht war, ohne jede Verwendung von modernen Werkzeugen.

Doch es war unmöglich zu sagen, wann der Schädel hergestellt worden war. Denn Quarzkristall, so erklärten Jack und Charles, altert nicht. Weder korrodiert noch erodiert, verwittert oder verändert er sich mit der Zeit. Dies ist nur eine der vielen ungewöhnlichen Eigenschaften von Quarz, die ihn so wichtig für die moderne Industrie machen, doch ist es dadurch auch unmöglich, per Karbondatierung sein Alter zu bestimmen. Bei anderen Materialien, selbst wenn es wie im Fall des Kristallschädels keine sichtbaren Spuren des Alterns gibt, kann die Wissenschaft sowohl Alter des Ausgangsmaterials als auch der Bearbeitung sehr genau bestimmen. Bei Quarzkristallen ist das jedoch schlicht unmöglich.

Es war also trotz allen wissenschaftlichen Know-hows des Teams, trotz allerneuester Technologie und fachspezifischer Kenntnisse absolut unmöglich herauszufinden, wie alt der Schädel wirklich war. Er kann Jahrhunderte oder auch Tausende von Jahren alt sein. Er kann so alt sein wie die Erde selbst oder älter. Alle Fragen blieben offen.

Doch es gelang den Wissenschaftlern von Hewlett-Packard, dem Kristallschädel noch ein weiteres Geheimnis zu entlocken. Weitere Tests zeigten, daß der Schädel nicht nur aus einem einzigen Stück Naturquarz bestand, sondern aus «piezoelektrischem» Silizium(IV)-Oxid, genau jene Art von Quarz, wie er heute in der modernen Elektronik verwendet wird.

Jack erklärte, daß die piezoelektrischen Eigenschaften einiger Quarzarten erst gegen Ende des neunzehnten Jahrhunderts von Marie Curies Ehemann und ihrem Schwager, Pierre und Jacques Curie, entdeckt worden sind. *Piezo* ist griechisch und bedeutet «drücken», *electrose* bedeutet «eine Ladung bekommen von». Daß der Kristallschädel aus dieser Quarzart besteht, bedeutet, daß er wie eine Batterie eine Positiv-negativ-Polarität aufweist. Es bedeutet außerdem, daß er tatsächlich Elektrizität erzeugen kann, wenn man Druck auf ihn ausübt oder ihn «drückt»! Andererseits verändert der Schädel seine Form, ohne Auswirkung auf Masse oder Dichte, wenn man ihn elektrischer Ladung aussetzt.

Aber wie alle piezoelektrischen Quarze ist auch der Kristallschädel in jeder Hinsicht anisotrophisch, das heißt, daß alle seine Eigenschaften mit Ausnahme der Masse in jeder Richtung verschieden sind. Im Falle seiner elektrischen Eigenschaften ist seine genaue Ausrichtung durch seine X-Y-Achse definiert, mit anderen Worten, er kann elektrische Ladung tragen, aber nur in sechs bestimmten Richtungen in Relation zu seiner X-Y-Achse. In jeder anderen Richtung wirkt er isolierend.

Bei diesem Kristallschädel fanden die Wissenschaftler heraus, daß er «vertikal piezoelektrisch orientiert» ist, das heißt, seine X-Y-Achse verläuft direkt durch das Zentrum des Schädels, von oben nach unten. Das wiederum bedeutet, daß sich nicht nur die Form des Schädels mit der Zeit verändert, wenn man oben auf dem Schädel elektrische Energie einleitet, sondern daß der elektrische Strom auch vom Scheitel bis hinunter zur Erde darunter verläuft. Drückt man den Schädel, um Elektrizität zu erzeugen, kehrt sich sonderbarerweise auch die Richtung der elektrischen Polarität innerhalb des Kristalls um, wenn man die Druckrichtung umkehrt.

Das Hewlett-Packard-Team untersuchte außerdem die ungewöhnlichen optischen Eigenschaften des Schädels, wie beispielsweise seine Fähigkeit, Licht zu bündeln, das von unten hineinleuchtet, so daß es durch die Augenhöhlen wieder austritt. Dies ist nur aufgrund der Orientierung der optischen Schädelachse möglich, da Quarzkristall sowohl eine optische wie auch eine elektronische Achse besitzt. Das bedeutet, daß das Licht in einer Richtung tatsächlich schneller durch den Schädel fließt als in einer anderen. Jack erklärte, daß der Schädel diese unglaublichen Tricks nicht nur mit normalem, multidirektionalem Licht machen konnte, sondern auch, wenn man direktionales, also polarisiertes Licht auf den Schädel richtete. Das Licht glitt nicht nur schneller entlang seiner optischen Achse als in jeder anderen Richtung, sondern der Schädel rotierte das Licht auch, während es an der Achse entlangfuhr!

Eine weitere Eigenschaft des Schädels ist seine unglaubliche Stabilität gegenüber der Umwelt. Auch dies liegt an den Eigenschaften des piezoelektrischen Silizium(IV)-Oxids. Der Kristallschädel ist also höchst widerstandsfähig gegen Veränderungen der Umwelt, ganz besonders gegen chemische Veränderungen. Die meisten vergleichbaren natürlichen Materialien werden langsam von verschiedenen Chemikalien, ob Säure oder einfach nur Wasser, angegriffen. Der Kristallschädel ist jedoch resistent dagegen. Jack erklärte uns dazu: «Quarzkristall ist äußerst stabil, sowohl physikalisch als auch chemisch und temperaturmäßig gesehen, und da er dabei auf Licht und Elektrizität reagiert, ist er so unendlich wertvoll für den Gebrauch in der Elektronik.» Die moderne Wissenschaft hat außerdem festgestellt, daß eine der ungewöhnlichen Eigenschaften von piezoelektrischen Quarzen darin liegt, daß sie als ausgezeichnete Schwingungserzeuger oder Resonatoren fungieren können.

«Wenn eine dünne Scheibe Kristall parallel zu seiner elektronischen Achse abgeschnitten und Wechselstrom ausgesetzt wird, kann der Kristall in Schwingungen versetzt werden. Dabei schwingt der geschnittene Kristall am stärksten bei jener Frequenz, die seiner normalen Frequenz am nächsten kommt. Bei dieser Frequenz verstärkt die mechanische Bewegung des Kristalls die Wechselstromspannung.»

Mit anderen Worten, Kristall hat wie kein anderes Material die erstaunliche Eigenschaft, elektrische Energie unter Kontrolle zu halten und mit einer konstanten und genauen Frequenz zu schwingen. Das bedeutet zumindest theoretisch, daß der Kristallschädel vielleicht tatsächlich elektrische Energie halten kann – möglicherweise eine Form der Information – und elektrische Impulse oder Schwingungswellen als Information aussenden kann.

Diese Schwingungsfähigkeit ist nur eine von vielen ungewöhnlichen Eigenschaften dieses Quarzes. Er ist darüber hinaus äußerst wichtig für Geräte, bei denen die absolut genaue Kontrolle von elektronischen Frequenzen erforderlich ist. Das braucht man in der Präzisionselektronik, vor allem für Geräte der Zeitmessung. Heute findet man Quarzkristalle in beinahe jeglicher Form von Präzisionszeitmessung, von der Armbanduhr bis zu großen Turmuhren. Sogar in der Atomuhr, der präzisesten Uhr der Welt, der einen Uhr, an der heute alle anderen gemessen werden, wird sie verwendet. Sie weicht in einer Million Jahren nur drei Sekunden ab (obwohl ihre Hersteller nur die Garantie für die ersten drei Jahre übernehmen!). Quarzkristall ist also in dieser und in vielerlei anderer Hinsicht beim Fortschritt der modernen Wissenschaft von großer Bedeutung. Die Atomuhr beispielsweise wird dazu benutzt, Einsteins Theorie zu überprüfen, daß die Zeit tatsächlich langsamer vergeht, je näher man der Lichtgeschwindigkeit kommt. Diese Uhr ist außerdem überaus wichtig für die Erforschung und Messung seismischer Aktivitäten auf fernen Planeten. Und das Ganze basiert auf einem einfachen Quarzkristall.

Aber man findet Quarz nicht nur in modernster Zeitmeßtechnik, sondern auch auf dem Gebiet der Informationstechnologie, der Telekommunikation und Massenkommunikation sowie in Navigationsinstrumenten, Radar- und Sonarsystemen und in der allerneusten medizinischen und Ultraschalltechnologie. All diese Geräte nutzen in der einen oder anderen Form Quarzkristalle. Selbst die riesige «Datenautobahn» ist nur dank neuester Entwicklungen auf dem Gebiet der Kristallforschung und -technologie möglich.

Der Kristall steht heute also für wissenschaftlichen Fortschritt. Er ist das Herz des modernen Computers, der Elektronik-, Telekommunikations- und Massenkommunikationsindustrie. Die Macht des Kristalls hat tatsächlich sprichwörtlich die Gesellschaft verändert. Wir leben heute in einer Welt, in der auf Elektronik basierende Information und Kommunikation zum täglichen Leben gehören, und wo sogar die Tageszeit elektronisch bestimmt wird. Wir sind in der Lage, ohne Zeitverlust mit Leuten zu kommunizieren, die vielleicht Tausende von Meilen entfernt sind, und unermeßliche Mengen von Information aus der ganzen Welt buchstäblich auf Knopfdruck zu speichern und abzurufen. Kristall ist das Zentrum einer der vermutlich größten technologischen Revolutionen, die die Welt je gesehen hat. Wir sind inzwischen so abhängig von Geräten, die Quarzkristalle enthalten, daß sie sogar lebenswichtig für diese Zivilisation sind.

Warum war der Kristallschädel aus genau dem Quarz gemacht, dessen Eigenschaften und Potential wir gerade erst zu erfassen beginnen?

6

Der antike Computer

Erst seit Anfang des zwanzigsten Jahrhunderts machen sich die Wissenschaftler die unglaublichen Kräfte des Quarzkristalls zunutze. Wie kam es also, daß unsere «einfachen» und «primitiven» Vorfahren den Schädel aus genau dieser Art von Material erschaffen haben? War es reiner Zufall, oder konnte es sein, daß sie etwas wußten, was wir nicht wissen?

Konnte es sein, daß der Kristallschädel eine Art Informationsspeicher war, genau wie die uralte Legende besagte? Enthält er eine wichtige Nachricht von unseren Ahnen? Zunächst kam uns das sehr unwahrscheinlich vor. Wie sollte ein einfacher Klumpen Gestein die großen Geheimnisse unserer Vorväter aus grauer Vorzeit enthalten? Doch der Gedanke ging uns nach. Wir sprachen mit Dr. John Pohl, Spezialist für Mittelamerika an der University of California in Los Angeles (UCLA). Er berichtete uns, daß er auf seinen zahlreichen Reisen nach Mittelamerika gehört habe, daß die Nachkommen der alten Maya sich der charakteristischen Eigenschaften von Quarzkristall sehr wohl bewußt seien und «Kristall mit einer Art vorzeitlichem Radio, Fernsehen oder Computer verglichen, ein Gerät, um ‹zwischen den Welten› zu kommunizieren, eine Art Tür in andere Dimensionen, ein Mittel der Kommunikation mit der Welt der Geister und Ahnen».

Auch die Worte von Dr. Joseph Alioto haben uns beeindruckt, die in dem Buch *Holy Ice* des Kristallforschers Frank Dorland stehen, das er nach den Tests bei Hewlett-Packard geschrieben hat. Da heißt es:

«[Hätte man irgend jemandem noch vor weniger als hundert Jahren] eine unsichtbare Energie [beschrieben], die alles um uns herum durchdringt, eine Energie, die es ermöglicht, daß man zeitgleich Leute aus anderen Teilen der Welt hören oder sehen kann, man wäre entweder für einen großen Zauberer oder für einen großen Lügner [gehalten worden] ... Hätte man außerdem angedeutet, diese Klänge und Bilder könnten durch Benutzung einer speziellen Kiste eingefangen werden, die verschiedene Metall- und Kristallstücke enthält, man hätte vermutlich einen ganz schönen Aufruhr erzeugt.

Nun, das, was da soeben beschrieben wurde, nehmen wir in unserem täglichen Leben heute natürlich ganz selbstverständlich in Anspruch – das Fernsehen. Doch es ist erst wenige kurze Jahrzehnte her, da hätte man diese Vorstellung noch ins Reich der Fantasie und Science-fiction verwiesen.»[1]

Das war auch unsere erste Reaktion auf die Vorstellung gewesen, die Kristallschädel könnten Informationen enthalten. Doch das Herz des modernen Computers, in dem alle Informationen gespeichert werden, so hatten wir gerade von Charles Adams und Jack Kusters von Hewlett-Packard gelernt, ist tatsächlich ein kleiner Chip aus Silizium. Die Zellen dieses Chips sind eigentlich die Gehirnzellen oder das Gedächtnis des Computers. Dieser winzige kristalline Chip, der über unglaubliche Speicherkapazität verfügt, bildet heute das Herz unseres Informationszeitalters. Er macht sich die einzigartigen Eigenschaften von Kristall zunutze, um Informationen zu speichern. Langsam dämmerte es uns also: Wenn ein Chip aus Silizium unermeßliche Mengen von Informationen in unseren modernen Computern speichern kann, warum sollte der natürliche Quarz in einem Kristallschädel nicht dasselbe können?

Charles Adams hatte uns darüber aufgeklärt, daß zumindest in der Theorie ein Stück rohen Quarzes, wie zum Beispiel ein Kristallschädel, absolut dazu in der Lage ist, Informationen zu speichern. Aufgrund der einzigartigen Eigenschaften von Kristall hat ein natürliches Stück piezoelektrischen Siliziumdioxids die Fähigkeit, genauso Informationen zu speichern wie ein Chip. Er ließ sogar durchblicken, daß bereits Versuche auf diesem Gebiet gemacht worden waren. Offenbar war es aber so, daß es noch keinem Wissenschaftler gelungen war, erfolgreich in

einem rohen Quarz Informationen zu speichern und wieder abzurufen. Doch er wies eilig darauf hin, daß dies nicht bedeute, daß es nicht
möglich sei.

Und es gibt viele Menschen, die glauben, daß es heute schon möglich
wäre. Einige von ihnen, wie der Kristallforscher Frank Dorland, sind der
Überzeugung, daß man auf dem Wege der direkten Kommunikation mit
dem menschlichen Verstand Informationen aus einem Stück Naturquarz
wie dem Kristallschädel herausziehen könnte. Professor Giles Brindley
vom Royal National Orthopaedic Hospital in Middlesex entdeckte, daß
gelähmte Menschen mittels direkter elektronischer Verbindungen zu
ihrem Gehirn mit einem Computer kommunizieren konnten.[2] Erste Ergebnisse deuten darauf hin, daß es sehr gut möglich sein könnte, allein
mittels der Kraft der Gedanken mit einem Computer zu kommunizieren.
Diese Experimente lassen hoffen, daß es eines Tages direkte Kommunikation zwischen dem menschlichen Verstand und dem Computer geben
wird, ohne unhandliche Tastaturen und andere elektronische Spielereien.
Ob darin nun wirklich unsere Zukunft liegt oder nicht, sei dahingestellt,
doch auf jeden Fall zeigen diese ersten Experimente, daß es dem
menschlichen Verstand möglich ist, direkter mit einem Siliziumchip zu
kommunizieren, als es heute der Fall ist. Könnte es also ähnliche Möglichkeiten geben, mit einem Kristallschädel zu kommunizieren?

Doch falls tatsächlich Informationen in dem Schädel gespeichert sind,
welche Informationen könnten das sein, wie könnten sie gespeichert
sein, und wie könnte man sie abrufen? Bei dem Versuch, dies herauszufinden, beschäftigten wir uns mit der Frage, wie Informationen in modernen Computern gespeichert werden. Wir entdeckten, daß «Informationen», wie wir sie heute sehen, kein «Ding» sind, sondern eher ein
«Prozeß». Sie sind weder fest noch statisch, und auch nicht buchstäblich in faßbarer Form «gespeichert». Die Informationen liegen nicht
irgendwo in einem Aktenschrank greifbar herum. Zwar sprechen wir davon, daß die Informationen «in einem Computer» gespeichert sind, doch
haben sie keine körperliche Form. Man kann sie nicht anfassen, sehen
oder hören, es sei denn, man ruft sie elektronisch mit dem System ab.

Im Falle des Computers ist es uns gelungen, mittels Elektronik eine
Möglichkeit des Erfassens und Abrufens von Informationen, die «im System gespeichert sind», zu erarbeiten. Aber was ist mit möglichen Infor-

mationen in einem Kristallschädel? Vielleicht wissen wir noch nicht, wie genau man Informationen darin speichern und wieder abrufen kann, doch das heißt nicht, daß die Informationen nicht da sind. Man stelle sich einmal vor, ein Mann oder eine Frau aus der Steinzeit fänden einen Computer und bekämen gesagt, daß er großes Wissen und viele Informationen enthielte. Ohne das nötige Verständnis für Elektronik und die richtigen Passworte und Befehle könnten er oder sie dieses Wissen nicht abrufen und wohl auch kaum daran glauben, daß dieses Wissen im Computer vorhanden ist. Könnte es sein, daß wir uns in einer ähnlichen Situation befinden? Vielleicht haben die gespeicherten Informationen eine Form, die wir einfach noch nicht verstehen? Denn nur wenn wir korrekt mit einem Informationsspeicher umgehen, gelingt es uns, das gespeicherte Wissen in einer Form abzurufen, die wir verstehen können.

Ich habe das am eigenen Leib erfahren. Als ich anfing, mit Computern zu arbeiten, war es mir viele Male beinahe unmöglich, an die gewünschten Informationen zu gelangen. Oft habe ich daran gezweifelt, daß das, wonach ich suchte, überhaupt existierte – das heißt, bis ich das Glück hatte, zufällig über die gesuchten Informationen zu stolpern. Genauso könnte es mit den Kristallschädeln sein.

Manche Leute, wie auch Frank Dorland, glauben, daß eine direkte Kommunikation zwischen dem menschlichen Verstand und einem Quarzkristall schon heute möglich ist und daß wir tatsächlich an die Informationen, die möglicherweise im Kristallschädel gespeichert sind, herankommen könnten. Der Mechanismus dafür ist sowohl kompliziert als auch bemerkenswert raffiniert. Dorland behauptet, daß ein Stück rohen piezoelektrischen Quarzkristalls, wie beispielsweise ein Kristallschädel, bereits mit dem menschlichen Körper und Verstand kommunizieren kann, allerdings auf eine Art und Weise, der wir uns normalerweise nicht bewußt sind.

Frank Dorland hat über sechs Jahre mit Forschungen über den Mitchell-Hedges-Schädel verbracht und war sogar bei den Tests in den Labors von Hewlett-Packard dabei. Zwar war er inzwischen zu alt und gebrechlich, um uns zu treffen, doch konnten wir seine kontroversen Theorien in dem Buch *Holy Ice* nachlesen, das er als Ergebnis der Tests bei Hewlett-Packard geschrieben hatte.

Frank Dorland ist der Auffassung, daß «das Kommunikationszeitalter», in dem wir heute leben, eigentlich «das Kristallzeitalter» genannt werden müßte und daß wir im Grunde erst ganz am Anfang dieser neuen Ära stehen. Er ist der Meinung, hinter den elektronischen Eigenschaften von Kristall und dem Kristallschädel selbst stecke mehr, als wir im Augenblick zu verstehen in der Lage seien, und uns stünden noch großartigere Entdeckungen bevor. Seiner Ansicht nach hat ein natürlicher Quarzkristall die Fähigkeit, unseren eigenen Bewußtseinszustand zu beeinflussen, uns unser eigenes Unbewußtes oder unsere unbewußten Gedanken deutlich zu machen, undeutliche Intuitionen klarer herauszuarbeiten und uns in die Lage zu versetzen, vergessenes Wissen aus der fernen Vergangenheit wieder hervorzuholen. Er ist ferner überzeugt, daß ein Quarzkristall uns helfen kann, unseren Körper zu heilen.

Dorlands Theorie fußt auf der Vorstellung, daß sowohl der menschliche Körper als auch ein Naturquarz ständig elektromagnetische Signale auf unhörbarer Wellenlänge aussenden. In der unsichtbaren Welt um uns herum geht sehr viel mehr vor sich, als wir uns gemeinhin vorstellen. Wir sind zu jeder Zeit von «einem Meer elektronischer Energiewellen» umgeben und werden unaufhörlich mit natürlichen elektromagnetischen Strahlen bombardiert, die wir bewußt nicht wahrnehmen. Beispielsweise entstehen auf der Sonne eine ganze Reihe von Strahlungsenergien, von denen wir Menschen nur zwei wahrnehmen: das Infrarotlicht, das Wärme erzeugt, und das normale, für das Auge sichtbare Licht. Ebenso können die meisten vom Menschen verursachten elektromagnetischen Wellen, wie Radio-, Fernseh- oder Mikrowellen, von unseren normalen Sinnen nicht wahrgenommen werden. Dorland führt dazu aus:

«Die Wahrnehmungsfähigkeit des durchschnittlichen Menschen beschränkt sich bislang auf schätzungsweise weniger als 2 Prozent des bekannten Wellenspektrums. Das heißt, daß die meisten von uns über 98 Prozent der Dinge, die uns jederzeit umgeben, nicht bemerken.»[3]

Und es ist in der Tat wahrscheinlich, daß es noch viele weitere Energiefrequenzen gibt, die bislang von der Wissenschaft nicht entdeckt wurden.

Dorland schlägt vor, den menschlichen Körper und Verstand als Funksystem zu verstehen, das diese unentdeckten elektromagnetischen Energiewellen sowohl senden als auch empfangen kann:

«Der Körper mit seinem komplexen elektrischen und chemischen Netz aus Nerven und hohem Feuchtigkeitsgehalt ist [nicht nur] die Kraftquelle [und der Sender, sondern auch] eine sensible Antenne, die Signale aus ungezählten Quellen empfangen kann.»[4]

Wenn wir mit einem piezoelektrischen Quarzkristall wie dem Kristallschädel in Kontakt kommen, werden die elektromagnetischen Energiewellen, die wir produzieren, von diesem Quarz empfangen. Dann oszilliert der Kristall, verstärkt diese Signale und sendet sie in modifizierter Form zurück in die Atmosphäre, wo sie von den Zellen unseres Körpers wieder aufgenommen werden können. Der Quarzkristall modifiziert und verstärkt also unsere eigenen elektromagnetischen Energiewellen und überträgt sie wieder an uns zurück. Diese Wellen der «Energieinformation» werden also im Verlauf immer stärker und deutlicher. Wie wir ja schon entdeckt hatten, ist ein roher piezoelektrischer Quarz als natürlicher Resonator und Verstärker bekannt.

Dorland behauptet jedoch, daß dieser Prozeß nur dann in Gang kommt, wenn ein Kristall «eingeschaltet» worden ist. Er muß wie ein elektronisches Gerät durch eine Quelle elektrischer Energie aktiviert werden, in diesem Fall vom menschlichen Körper und Verstand. Während ein Kristall schon durch die Luft eine gewisse Energiemenge empfangen kann, ist Dorlands Auffassung nach der wirkungsvollste Weg, ihn mit Energie zu versorgen, wenn man ihn berührt oder in die Hand nimmt. Dann reagiert der Kristall auf die Energien, die er empfängt, indem er in einer Frequenz schwingt, die mit dem Körper und dem Gehirn kompatibel harmoniert.

Dorland glaubt, daß unser Körper und unser Unbewußtes aus einem piezoelektrischen Quarz eine Unmenge von elektromagnetischen Nachrichten auffangen können, daß wir uns normalerweise aber dieser Informationen nicht bewußt sind, so wie wir auch beispielsweise Mikrowellen nicht bemerken.

Dies trifft auch für die Strahlungsenergie der Sonne zu. Einen großen Teil davon bemerken wir nicht, aber es ist bekannt, daß die Zellen des

Körpers die Energie empfangen und die Zirbeldrüse stimulieren. Dorland geht davon aus, daß im Falle von Kristallenergien die wichtigste Drüse der Hypothalamus ist. Diese Drüse, die im unteren Mittelhirn und damit am geschütztesten Ort des Hirns sitzt, spielt eine wichtige Rolle bei der Regulierung alltäglicher Funktionen der elektrischen und chemischen Prozesse in unserem Körper. Sie kann durch die kleinsten elektronischen Impulse beeinflußt werden, und laut Dorland ist sie in der Lage, oszillierende Energien, die von elektronischen Quarzkristallen ausgesandt werden, zu empfangen und zu filtern. Diese Nachrichten werden dann durch den ganzen Körper geschickt, doch werden sie uns selten oder gar nicht bewußt.

Diese Interaktion mit dem Quarz, so behauptet Dorland, kann dabei helfen, das neuroendokrine System des Körpers im Gleichgewicht und uns dadurch bei guter Gesundheit zu halten. Er glaubt außerdem an die natürlichen verstärkenden Eigenschaften von Kristall, die dabei helfen, die Kommunikation zwischen den Zellen des Körpers anzuregen. Die Theorie besagt, daß diese verbesserte Kommunikation dem Bewußtsein dabei helfen kann, sich verschiedene Ebenen des Unbewußten klarzumachen und unbewußte Gedanken an die Oberfläche zu bringen.

Erst in jüngster Zeit hat sich herausgestellt, daß eine verbesserte Kommunikation zwischen dem Bewußtsein und dem Unbewußten wohltuende Auswirkungen auf die Gesundheit hat. In nicht allzu ferner Vergangenheit glaubte man, daß viele Körperfunktionen wie zum Beispiel die Herzschlagfrequenz nicht bewußt kontrolliert werden können. Doch in neueren Experimenten mit «Bio-Feedback» – einer Methode, die sich elektronischer Geräte bedient, um Patienten Informationen über ihre interne Physiologie zukommen zu lassen – hat sich herausgestellt, daß der Mensch sein eigenes autonomes Nervensystem modifizieren und Beschwerden wie beispielsweise Bluthochdruck, von denen man bislang glaubte, sie könnten nicht bewußt gesteuert werden, in den Griff bekommen kann.

Frank Dorland benutzt den Begriff «Bio-Kristall-Feedback», um die Möglichkeiten zu beschreiben, die ähnliche Arten von Feedback zwischen natürlichem Quarzkristall und dem menschlichen Gehirn bieten. Er sieht im Gehirn/Verstand einen der Schlüssel zur Gesundheit unseres Körpers und behauptet, piezoelektrischer Quarz könne die Kommunikation zwischen den unterschiedlichen Körperzellen und zwischen Körper und Verstand verbessern. Dorland ist der Überzeugung, daß dieses verbesserte Kommunikationsniveau wichtig für die Gesundheit ist, wir die Bedeutung aber noch nicht klar erkennen. Seiner Meinung nach wird eine ganz neue Wissenschaft aus diesen Studien erwachsen, die «Bio-Kristallographie», die Wissenschaft vom Austausch der Energien zwischen Quarzkristall und dem menschlichen Verstand.

Doch Bio-Kristall-Feedback kann nicht nur den Körper heilen, sondern auch «viele Dinge bewußt machen, die ein Mensch bereits weiß und erreichen kann, wenn er sich dieses Wissens erst einmal bewußt ist».[5] Indem die Kommunikation zwischen tieferen Ebenen des menschlichen Verstandes verbessert wird, kann der piezoelektrische Quarz Wissen aktivieren, das tief im Innern des Unbewußten verborgen liegt, und es so zu vollem Bewußtsein bringen.

Dorland führt dazu aus:

«Die Kristallzellen übertragen diese radioähnlichen Wellen durch das Nervensystem zu den Cortexzellen im … Gehirn. [Dort] werden sie dechiffriert und zu aussagefähigen Signalen zusammengesetzt, die als Bilder, Worte oder vielleicht auch nur das Gefühl zu erkennen sind, daß man etwas weiß. Diese Nachrichten können von vielen Quellen empfangen werden, doch hauptsächlich kommen sie wohl aus der Gedächtnisbank des Unbewußten und aus Quellen des Überbewußten.»[6]

Laut Dorland kann dieses Wissen nicht nur aus dem eigenen Unbewußten der Person stammen, sondern auch aus dem «kollektiven Unbewußten». Der Begriff des kollektiven Unbewußten wurde von C. G. Jung geprägt. Er hat dargelegt, daß wir alle auf bewußter Ebene unterschiedliche, einzigartige und individuelle Menschen sind, doch wenn man ein wenig tiefer gräbt, findet man ein Niveau des Unbewußten, auf dem wir alle im großen und ganzen dieselben archetypischen Seelenbilder teilen. Es ist beinahe, als hätten diese archetypischen Vorstellungen ein Eigenleben, als führten sie eine unabhängige Existenz außerhalb des Verstandes des einzelnen Individuums. Daher nennt er dieses Niveau das «kollektive Unbewußte».

Zunächst kam es mir sehr seltsam, ja unlogisch vor, daß einige Gedanken und Vorstellungen außerhalb des Verstandes irgendeines Menschen existieren sollten. Schließlich scheinen alle unsere Gedanken doch stets *innerhalb* unseres Verstandes zu entstehen, und wir alle brauchen ganz sicher unser Gehirn, um zu denken. Daher hatte ich stets angenommen, daß unsere Gedanken auch *in* unserem Gehirn entstehen, also unserem eigenen Verstand entspringen.

Doch jetzt fiel mir auf, daß dieses Beispiel der Annahme gleicht, als entstünden Bilder und Klänge im jeweiligen Fernsehapparat selbst, wenn wir Bilder sehen und Klänge hören wollen. Doch wir alle wissen, daß diese Geräusche und Bilder aus einer Menge von Fernsehsignalen in der Luft zusammengesetzt werden, die wir normalerweise nicht bemerken und nur mit Hilfe der entsprechenden Technologie empfangen können. Ich fragte mich, ob einige unserer Gedanken möglicherweise durch einen ähnlichen Prozeß entstehen.

Zwar können wir auf der einen Seite nicht bestreiten, daß wir zum Denken unser Gehirn brauchen, doch das bedeutet nicht, daß all unsere Gedanken und Ideen auch dort entspringen. Vielleicht erhalten wir einen Teil von ihnen aus einer anderen Quelle, aus irgendeinem großen Organ von Gedanken und Ideen, das irgendwo außerhalb von uns seine eigene unabhängige Existenz führt, vielleicht im Äther um uns herum – genau wie Fernsehsignale. Nur weil wir uns dieses Organs von Gedanken oder der Tatsache, daß wir ständig Signale von ihm empfangen, nicht bewußt sind, bedeutet dies nicht, daß es nicht existiert, so wie auch Fernsehsignale nicht plötzlich verschwinden, nur weil sie zufällig von niemandem empfangen werden.

So kam mir der Gedanke, daß der Kristallschädel vielleicht ein besonders geeignetes Gerät sein könnte, genau wie ein Fernsehapparat, um Informationen aus dieser Quelle zu empfangen.

Dorland war jedenfalls der Meinung, daß die Kristallschädel irgendwie in der Lage sein könnten, uns besser mit unserem Unbewußten in Verbindung zu setzen. Denn er bezieht sich mit den folgenden Worten auf etwas Ähnliches:

«Es heißt, daß es auf einem unbewußten Niveau ein universelles Kommunikationsnetz gibt, dessen sich nur wenige Menschen bewußt sind … [und vielleicht kann man Kristalle dazu benutzen], mit dem

Gedächtnis anderer Individuen in Kontakt zu treten, die vielleicht über die gewünschten Informationen verfügen ... was bedeutet, daß aus dieser Quelle eine gewaltige Menge von Informationen zur Verfügung steht.»[7]

Doch dies ist nicht die einzige Quelle, die wir laut Frank Dorland mittels piezoelektrischen Kristallen anzapfen könnten. Er behauptet, sie könnten uns außerdem helfen, mit dem archetypischen unbewußten Gedächtnisspeicher unserer Spezies in Kontakt zu treten, der genetisch vererbte Informationen enthält, welche bis zu unseren frühsten Vorfahren zurückreichen. Dorland führt an, daß fossile Schädel aus der Zeit von vor 500 000 Jahren anscheinend darauf hindeuten, daß es damals einen plötzlichen Anstieg in Größe und Kapazität des «Hirnkastens», also des Schädels, gegeben habe, und dies habe den Weg für den Homo sapiens bereitet. Diesem Gedanken liegt die Annahme zugrunde, daß so mehr Platz für den archetypischen Gedächtnisspeicher geschaffen wurde.

Heute nutzen wir anscheinend nur einen winzigen Teil unserer geistigen Fähigkeiten. Dorland nimmt an, daß der Grund dafür darin liegt, daß wir tatsächlich unsere ererbten Erinnerungen der Geschichte der Menschheit mit uns herumtragen, doch weil dies alles sorgfältig in unserem Unbewußten verstaut ist, merken wir davon normalerweise nichts.

Frank Dorland mutmaßt außerdem, es könnte irgendwie möglich sein, einen Kristallschädel mit bestimmten Gedanken, Erinnerungen, Botschaften oder Anweisungen zu «programmieren». Vielleicht haben unsere Vorfahren das getan.

«Man nimmt an, daß natürliche Quarzkristalle ... schon vor 12 bis 15 000 Jahren für den einen oder anderen Zweck benutzt wurden ...»[8]

«Unsere Ahnen behielten sich die geheime Nutzung des Kristalls durch religiöse Priesterschaften, Königshäuser, militärische Führer und natürlich geheime Bruderschaften vor.»[9]

«Moderne Wissenschaftler experimentieren mit Laserstrahlen und Quarzkristallen und verwenden sie als permanente Datenbank für Faktenwissen, das in einem Kristall sicher aufbewahrt wird und später auf Befehl abgerufen werden kann ... Da Kristall ein unvergängliches Material ist, das weder altert noch zerfällt, könnten [vielleicht] die Daten, die in einen Kristall [in diesem Fall in den Schädel] eingespeichert wurden, Tausende von Jahren aktiv bleiben?»[10]

Man kann über Frank Dorlands Theorien sicher streiten, doch eröffnen sie auch viele faszinierende Möglichkeiten. So könnten die piezoelektrischen Eigenschaften der Kristallschädel nicht nur die Kommunikation mit dem Unbewußten verbessern und nicht nur dabei helfen, den Körper zu heilen, sondern auch unerforschte Informationen zutage fördern ... Hatten wir jetzt den Grund dafür entdeckt, warum der Kristall zu einem Schädel geformt worden war? Sollte er unsere Vorfahren symbolisieren, deren Erinnerungen tief in unserem eigenen Verstand gespeichert sind? Konnte der Kristallschädel uns dabei helfen, die «Erinnerungen unserer Vorfahren» aufzudecken?

Ob der Kristallschädel nun in der Lage war oder nicht, Zugang zu Informationen zu gewähren, die tatsächlich in unserem Verstand, im Äther oder tief in unserer Seele verborgen liegen – Frank Dorlands Theorie ließ auf jeden Fall darauf schließen, daß die Kristallschädel den Schlüssel zu riesigen Bereichen uralten Wissens darstellen.

7

Der Schädel spricht

Ähnlich der uralten Legende äußert Dorland in seiner Theorie die Auffassung, daß der Kristallschädel uns möglicherweise wichtige Informationen aus der Vergangenheit übermitteln könnte. Die Maya von heute glauben das offensichtlich. Sogar die Wissenschaftler bei Hewlett-Packard erkannten an, daß Quarzkristall über gewisse Speicherkapazitäten verfügt, und verschlossen sich nicht völlig dem Gedanken, daß in den Schädel Informationen einprogrammiert sein könnten. Doch welche Art von Informationen konnten das sein, und wie konnte man Zugriff darauf bekommen?

Als Ceri und ich Anna Mitchell-Hedges besuchten, hatten wir bereits eine Frau kennengelernt, die zu wissen behauptete, wie man die Informationen im Schädel abrufen konnte. Wie Frank Dorland behauptete auch sie, die konventionelle Wissenschaft habe versagt, weil sie den falschen Ansatz gewählt habe. Die Geheimnisse des Schädels aber könnten nur gelüftet werden, wenn man «die Technologie des Geistes» benutze. Wir waren ein wenig skeptisch, aber dennoch neugierig. Wenn das wirklich möglich war, was würden wir dann finden? Vielleicht ein geheimes Wissen, das in diesem «Lagerhaus» aus Kristall Tausende von Jahren verborgen gelegen hatte? Vielleicht das verborgene Wissen von Völkern, die schon lange von der Erde verschwunden waren, oder irgendeine uralte, längst vergessene Formel, die ein Mathematikgenie aus Mittelamerika zurückgelassen hatte? Oder gar die Geheimnisse des Kosmos der Maya, das Wissen der Alten, die die Bewegungen der Planeten und Sterne verstanden hatten?

Als wir in Annas Wohnzimmer vor dem Schädel mit seiner glatten, transparenten Oberfläche saßen, kam es uns vor, als säßen wir vor einem merkwürdigen Computer, für den uns das richtige Paßwort fehlte. Würden wir jemals in der Lage sein, uns in das uralte Internet einzuloggen oder gar in seinen multiplen Welten zu surfen? Wie konnten wir ihm die Geheimnisse entwinden, die tief in seiner Kristallstruktur verborgen liegen sollten? Voller Neugier warteten wir auf Carole Wilson, die Frau, die behauptet hatte, dies alles zu schaffen. Schließlich verriet uns Anna, daß Carole eine der bekanntesten Hellseherinnen Kanadas sei.

Anfangs war ich skeptisch. Ich hatte schon immer Vorbehalte gegenüber Hellseherinnen. Der Begriff ruft in mir immer das Bild einer alten Frau hervor, die in Zigeunerkleidern in einem kleinen Zelt sitzt, in eine Glaskugel starrt und irgendwelchen Unsinn erfindet. Ganz offensichtlich ein Stereotyp, aber ich war davon überzeugt, daß solche Leute in Wirklichkeit den Menschen nur erzählten, was diese hören wollten, und ihnen dann Geld dafür abnahmen, daß sie sich betrügen ließen. Ich fragte mich, ob wir solch einen Scharlatan kennenlernen würden.

Doch Carole stellte sich als ruhige, gutgekleidete Frau Mitte Fünfzig mit sehr professionellem Verhalten heraus. Ich war ein wenig überrascht, daß sie von dem früheren Chef der Mordkommission der Polizei von Toronto begleitet wurde. Schon bald erfuhren wir, daß die örtliche Polizei an verschiedenen ungelösten Mordfällen arbeitete. Einmal war man so verzweifelt gewesen, daß man sich an Carole wendete. Mit Hilfe ihrer hellseherischen Fähigkeiten war der Fall in kürzester Zeit gelöst und der Mörder der Justiz zugeführt worden. Seitdem hatte die Polizei sich viele Male Caroles Fähigkeiten bedient und dadurch eine ganze Reihe von Mord- und Vermißtenfällen aufklären können.

«Tote reden viel», erklärte Carole, und sie hört sie entweder direkt oder gelangt an Informationen über sie, indem sie mit Gegenständen arbeitet, die ihnen einmal gehört haben. Dadurch bekommt sie auf parapsychologischem Wege Informationen über die Mordopfer, und sie ist damit fast immer erfolgreich bei der Lösung ansonsten ungeklärter Fälle.

Heute arbeitet Carole eng mit der Polizei in den USA, Kanada und Großbritannien zusammen. Für die Polizei von Toronto hat sich ihre Mitarbeit als derart wichtig erwiesen, daß sie inzwischen mit dem Chief

Detective verheiratet ist, der für Mord- und Vermißtenfälle zuständig war. Er hieß John Gordon Wilson und war der Mann in ihrer Begleitung.

Carole beschrieb uns ihre erste Begegnung mit dem Mitchell-Hedges-Schädel. Sie hatte ihn zum ersten Mal in den achtziger Jahren bei einem Besuch in Annas Haus gesehen, gemeinsam mit zwei Freunden, die versuchten, das Alter des Schädels zu bestimmen. Allerdings waren ihre Bemühungen letztlich nicht erfolgreich gewesen. Sie hatte auch ein paar seltsame Behauptungen über den Schädel gehört:

«Bevor ich den Schädel zum ersten Mal sah, erwartete ich, daß etwas Erstaunliches geschehen würde. Doch als ich ihn dann erblickte, passierte nichts, oder zumindest sah es so aus. Es war eine richtige Enttäuschung. All die Leute, die dabei waren und sagten: ‹Sieh dir das Licht an, sieh mal, was da drinnen ist!›, und ich konnte nichts sehen. Ich dachte, es ist wie bei des ‹Kaisers neuen Kleidern›, und es gibt absolut nichts Außergewöhnliches an dem Schädel zu sehen. Doch als ich so dasaß, merkte ich, wie ich langsam willenlos dahintrieb. Meine Augen schlossen sich, und ich war sehr schläfrig. Und als nächstes erinnere ich mich, wie alle zu mir sagten: ‹Das war fantastisch. Wie erstaunlich!› Erst hinterher merkte ich, daß ich in eine Trance gefallen war und die vergangenen zwei Stunden Informationen aus dem Schädel offenbart hatte, die Botschaft des Schädels, wenn Sie so wollen, und ich konnte mich an kein Wort davon erinnern.»

Danach arbeitete Carole regelmäßig weiter mit dem Schädel. Irgendwie gelang es ihr, Zugang zu, wie Annas Neffe es ausdrückte, «unglaublichen Informationen» zu bekommen.

«Als Carole sich erst einmal in das System eingeloggt hatte», erzählte er, «schienen die Informationen nicht enden zu wollen, es waren Unmengen von Daten. Aber sie waren so absonderlich und furchteinflößend, daß wir eigentlich davon überzeugt waren, daß die meisten Menschen zum damaligen Zeitpunkt vermutlich nicht bereit waren, solche Sachen zu hören.»

Carole erklärte, sie sei mehrere Jahre lang nicht bereit gewesen, ihre Ergebnisse zu veröffentlichen, obwohl ein großer Teil des Materials sorgfältig aufgeschrieben und festgehalten worden war. Sie befürchtete, daß die meisten Menschen die Informationen als allzu ungewöhnlich empfinden würden, als inakzeptabel oder «nicht von dieser Welt». Schließlich machte sie ihre Erfahrungen durch Eigenveröffentlichung ihres Buches *The Skull Speaks* bekannt, als sie, Anna, Jimmy und ihr Mann John der Meinung waren, die Zeit sei gekommen, einige der Informationen mit einem breiteren Publikum zu teilen.

Was Carole mit dem Schädel durchführen wollte, nennt sich «Channeling». Dies ist eine Technik, die normalerweise von Menschen mit hellseherischen Fähigkeiten und medial veranlagten Menschen benutzt wird. Der oder die Betroffene läßt es dabei zu, als «Channel», als Mittler benutzt zu werden, um eine Kommunikation mit einer «spirituellen Wesenheit» aus «anderen Dimensionen» zu ermöglichen.

Carole erzählte, diese Dimensionen seien nicht physikalisch im Sinne einer «normalen Realität», sondern sie existierten parallel zu unserer täglichen Welt. Diese anderen Bereiche sind für uns im normalen Wachzustand nicht sichtbar, doch in einem Zustand veränderten Bewußtseins, hervorgerufen durch Meditation, Hypnose oder eine Trance, kann ein Medium Zugang zu ihnen finden. Durch diesen Prozeß kann mit den Wesen kommuniziert werden, die in diesen anderen Dimensionen existieren – den Geistern der Vorfahren und den Toten. Diese spirituellen Wesenheiten können aus der Vergangenheit oder Zukunft stammen, denn in den anderen Dimensionen gelten unsere üblichen Systeme und Vorstellungen wie die von der linearen Zeit nicht.

Für das Channeling müssen Medium oder Channeler sich in einen veränderten Bewußtseins- oder Trancezustand versetzen, um so zu einer Brücke zwischen diesen Welten und unserer eigenen Realität zu werden. Der Channeler muß den eigenen Wachzustand, das eigene Ego, die eigene Identität unterdrücken, damit das Bewußtsein des nichtphysischen Wesens oder der spirituellen Wesenheit in seinen Körper und Geist eindringen kann. Der «Besucher» kann dann den Körper, die Bewegungen und die Stimme des Channelers für die Kommunikation nutzen. Während dies geschieht, merkt der Channeler normalerweise nicht, was vor sich geht, so wie ein Mensch unter dem Einfluß von Hypnose. Doch Carole erklärte, daran sei nichts wirklich Außergewöhnliches: «Was ich tue, ist nicht ‹paranormal› oder ‹übernatürlich›. Der Vorgang ist natürlich und wurde in vielen früheren Gesellschaften jeden Tag angewandt.»

Während ich dieser außergewöhnlichen Frau zuhörte, dachte ich daran, daß die Polizei ihre Arbeit immerhin so ernst nahm, daß sie inzwischen auf internationaler Ebene an kriminalistischen Fällen mitarbeitete. Das kam mir doch etwas eigenartig vor. Das hier war eine Frau, die glaubte, mit einem Stück Kristall kommunizieren zu können! Damit konnte ich mich nicht so recht abfinden.

Als mir diese Gedanken durch den Kopf gingen, sah Carole zu mir hinüber. «Glaube ist eine merkwürdige Sache», sagte sie. «Glaube funktioniert, indem er einen Status quo in Ihrem Geist zementiert. Er hilft Ihnen, sich sicherer zu fühlen. Das gilt für alle Menschen. Aber Glaube kann auch sehr engstirnig sein. Er mag das Hier und das Jetzt. Er verändert sich nicht gern. Sie müssen nicht an das glauben, was ich tue. Denn ob Sie daran glauben oder nicht, der Kristallschädel ist ein geschickter und sehr mächtiger Lehrer.»

Carole sollte die «Wesenheit» des Kristallschädels channeln, und wir sollten dann in der Lage sein, ihr Fragen zu stellen. Carole bat darum, daß all unsere Fragen sehr spezifisch sein sollten. Sie erklärte, der Schädel funktioniere im Grunde wie ein Computer, dem man sehr genaue Anweisungen geben müsse, weil man sonst keine hilfreiche Antwort bekäme. Außerdem warnte sie uns, daß der Schädel manchmal die Fragen vorwegnehme, davon sollten wir uns aber nicht irritieren lassen.

Dann setzte Anna den Kristallschädel auf einen kleinen Drehtisch, damit Carole ihn während der Sitzung von allen Seiten berühren und nach ihren Wünschen drehen konnte. Carole setzte sich, der Kristallschädel wurde direkt vor sie hingestellt. Er schimmerte im Schein der Lampe (*siehe Bildtafel Nr. 7*).

Carole schloß die Augen. Sie veränderte ihren Atemrhythmus und brachte sich mit einem tiefen Summen in den gewünschten mentalen Zustand. Je mehr sich Caroles Gesten und Haltung veränderten, um so mehr verbreitete sich im ganzen Zimmer eine besondere Atmosphäre, wie man sie bei einer Séance erwarten würde. Plötzlich war sie ganz angespannt und stieß ein unglaublich hohes Summen aus. Noch bevor ich die erste Frage stellen konnte, begann sie mit einer sonderbaren Stimme irgendwie abgehackt zu sprechen. Dabei benutzte sie ein sehr gestelztes Englisch. Ich erinnere mich, daß ich sehr erstaunt war, weil diese neue Stimme buchstäblich durch das Zimmer hallte.

«Ihr sucht den Ursprung dieses Gefäßes, das Ihr ‹Kristallschädel› nennt … ich sage Euch, er wurde vor vielen, vielen tausend Jahren von Wesen einer höheren Intelligenz erschaffen … er wurde von einer Zivilisation ersonnen, die vor jener existierte, die Ihr ‹Maya› nennt. Unsere Zivilisation war, wie Ihr sagen würdet, ‹damals› der heutigen schon in vielen Dingen voraus …»

Die Worte wurden von einem hohen Summen unterbrochen, dann ging es weiter:

«Dieses Gefäß enthält den Geist vieler und den Geist von einem … Es wurde nicht unter Benutzung des, wie Ihr es nennen würdet, ‹Physischen› gemacht. Es wurde von Gedanken in seine jetzige Form gebracht. Die Gedanken und das Wissen sind in diesem Gefäß kristallisiert … dieses Gefäß ist kristallisierter Gedanke … so wurden die Informationen in diesem Gefäß kristallisiert …
Wir haben Gedanken in reiner Sprache in den Gegenstand gegeben, den Ihr ‹Kristallschädel› nennt …
Einen großen Teil der Welt, die wir erschaffen haben, erschufen wir mit dem Geist. Geist erschafft Materie. Ihr werdet es verstehen, und die Technologie des Kristalls wird jenen gegeben, die sie in ihren Einzelheiten verstehen … daß Kristall eine lebende Substanz ist und daß Ihr Geist mit Materie erfüllen könnt …»

Also war der Kristallschädel offenbar von einer fortgeschrittenen Zivilisation mittels Gedankenkraft erschaffen worden. Ich wollte fragen, warum der Kristall zu einem Schädel geformt worden war, als die Stimme auf dieselbe Weise fortfuhr:

«Dieses Gefäß wurde kristallisiert, weil Ihr in der dritten Dimension sehen, hören und berühren müßt … Seine Form macht es leichter, Geist mit Geist zu verbinden, ohne das, was Ihr ‹Persönlichkeit› nennt … Aber Ihr respektiert die Persönlichkeit, den Kopf, die Umschließung Eures Gehirns … daher wurde diese Form des Gefäßes viele Zeitalter lang bewahrt … Das Erdenalter dieses Gefäßes beträgt 17 000 Jahre … Es wurde von Generation zu Generation weitergegeben, mit Sand und Haaren poliert ... und es wird ihm kein Schaden zugefügt.»

Der Grund, warum der Kristall zu einem Schädel geformt worden war, lag also darin, daß man ihn so respektieren und viele Jahre lang bewahren würde. Ich wollte fragen, ob es wie in der Legende noch weitere Kristallschädel gab, doch erneut sprach die Stimme weiter, bevor ich nur den Mund öffnen konnte:

«Ihr sucht Informationen über weitere Gefäße des Geistes ... Es werden noch weitere gefunden werden ... denn es gibt viele ... denn es gibt nicht einen Mann und nicht einen Geist, die alles Wissen haben ... Jedes Gefäß enthält Informationen über den Fundort der anderen ... Wir geben Euch eines, wo wir Zeichen in der Erde hinterlassen haben [einige Menschen haben seitdem angenommen, es handele sich vielleicht um die Region Nazca in Peru, wo besondere Bodenlinien auftauchen, obwohl es noch sehr viele andere Möglichkeiten gibt] ... und hoch in den Bergen ... Ein blaues werdet Ihr in der Region finden, die Ihr ‹Südamerika› nennt ... Ein weiteres wird man finden, sobald sich die verlorene Zivilisation, die Ihr ‹Atlantis› nennt, wieder erhebt ... und wir möchten Euch dringend bitten, den Meeresboden abzusuchen ... wir möchten Euch dringend bitten, die Entdeckungen in dem Gebiet zu erkunden, das Ihr ‹Bimini› nennt ... Aber wir werden Euch leiten ... wir werden Euch zeigen, was Ihr einen ‹Tempel› nennt ... Dies war ein Gebiet der Kommunikation zwischen der Erde und anderen Systemen ... Wenn alle Gefäße zusammengefügt werden, werdet Ihr die Hüter von wunderbarem Wissen sein ... Licht und Klänge werden der Schlüssel sein, wenn die richtigen Schwingungen geschaffen werden, werdet Ihr die Informationen haben, die Ihr wünscht ... Aber die Zeit ist noch nicht gekommen ... Es gibt noch einige, die noch keine Form erhalten haben ... und andere, die sicher unter dem Boden des Meeres bleiben ... Aber Ihr werdet nicht alle finden, nicht ‹jetzt›, wie Ihr es ausdrückt ... Es wäre zu gefährlich für die Menschen, wenn sie diese Informationen hätten ... zu früh in ihrer Evolution ... denn die Menschheit strebt immer noch danach, die Zerstörungen unserer Zeit noch zu übertreffen.»

Ich verstand nicht alle dieser rätselhaften Informationen, aber ich war neugierig, warum die Kristallschädel überhaupt erschaffen worden waren. Doch erneut ahnte die Stimme meine Frage voraus:

«Das Gefäß hat diese Form bekommen, damit es Euren Sinn für Einheit vergrößert und Euren Wunsch nach Trennung vermindert ... Euer Geist strebt nach Spaltung ... Wir strebten an, Euch das Gefühl für Einheit zu vermitteln, doch Euer Geist sucht nur die Trennung. Wie Ihr sagt: ‹Wer suchet, der findet.› Und der Prozeß der Trennung hat schon begonnen. Ihr habt mit der Trennung schon angefangen, doch es wird noch weitergehen. Ihr habt den Wunsch nach Spaltung, der zu Eurer eigenen Zerstörung führen wird ... Trennung verursacht Vernichtung und Tod. Wir können den Einfluß dieser Trennung bereits als Gewalt spüren ... Auf Eurem Planeten gibt es viel Gewalt. Gewalt gegen Menschen, Gewalt gegen die Natur ... Gewalt gegen die Erde.»

Ob der Kristallschädel uns etwas über die Geschichte der Menschheit sagen konnte? Die Antwort folgte sogleich.

«Wir verstehen, daß Ihr auf der Suche nach den Anfängen der Menschheit seid. Wir möchten Euch gerne erzählen, daß Eure eigenen Ursprünge Gedanken waren und daß Ihr Eure Augen aufmachen, nicht niederschlagen müßt. In den nächsten 5, 10 oder 15 Jahren wird es viele Entdeckungen geben, die dies bestätigen werden ... Und die Anfänge dessen, was Ihr ‹Zivilisation› nennt, liegen mehr als 15 000 Jahre vor dem, was Ihr ‹Atlantis› nennt. Denn es gibt auch viele Beweise Eurer Zivilisation, die noch unter Euren Meeren liegen. In der Nähe von Bimini gibt es bereits Entdeckungen. Doch in den nächsten 5, 10, 15 Jahren wird es noch viele Entdeckungen geben, die Euch die rechte Richtung weisen werden ... Es wird noch mehr in Südamerika, Australien und Ägypten entdeckt werden. In den Gegenden, die Ihr ‹Wüste› nennt, werdet Ihr viel Wissen finden. Doch Ihr werdet Spuren unserer Zivilisation auf den meisten Eurer Landmassen finden, und es liegt viel unter Euren Meeren, ganz besonders unter den Meeren, die Ihr ‹Atlantik›, den ‹Indischen Ozean› und das ‹Tote Meer› nennt. Dort, ganz in der Nähe der Erdoberfläche, liegen die Überreste unserer Zivilisation, die bald entdeckt werden … Diese Entdeckungen werden sehr verwirrend sein und viel Disharmonie verursachen, aber sie sind nötig, um den Geist der Trennung zu vertreiben. Doch viele dieser Entdeckungen werden in dieser Zeit nicht gestattet. Wir können nur jene zulassen, die für Euren Geist keine allzu große Gefahr bedeuten. Wir sind aus einer anderen Welt auf Eure Erde gekommen. Aus anderen Dimensionen kamen wir in diese Dimension. Wir kamen, um Erfahrungen zu machen, Erfahrungen mit Dichte. Das, was wir zuerst verkündeten, hatte nichts mit der Dichte zu tun, die Ihr ‹Körper› nennt. Das Leben auf dieser Ebene Erde war primitiv, aber wir nahmen es auf uns, die physikalische Form anzunehmen, die Ihr erkennen könnt. Wir wollten nur materielle Dichte erleben und Euch Wissen und Erleuchtung bringen. Aber wir haben uns nicht auf einen, wie Ihr sagt, ‹geographischen Ort› beschränkt. Es waren viele, und viele unserer Relikte und unserer Lehren findet man immer noch verstreut auf Euren Landmassen und in Euren Meeren.»

Ich war versessen darauf, zu erfahren, wer genau diese «wir» waren:

«Doch es sind noch viele unter Euch, die herausfinden wollen, wo im Universum man uns findet. Ihr klammert Euch immer noch an die Vorstellung, daß wir zur dritten Dimension gehören, und Ihr könnt den Gedanken nicht nachvollziehen, daß wir anderen Dimensionen angehören, jenseits Eurer rudimentären Raum-Zeit-Relativität.»

Schließlich gab die Stimme einige sehr rätselhafte Informationen über Raum und Zeit preis:

«Wir möchten Euch sagen, daß das Wesen der Zeit Illusion ist. Zeit wurde von einer höheren Intelligenz geschaffen, als Form der Kontrolle über das Gehirn und die Funktion des Körperbildes. Dies ist eine Sicherheitsvorrichtung gegen die Korruption der Materie, aber im wesentlichen nicht existent. Gedanken existieren unabhängig von Körper und Gehirn, aber Zeit ist eine Kreation der Materie. Gedanken sind zeitlos. Zeit als Mechanismus wurde nur der Materie und dem gegenwärtigen Verstand eingefügt, nicht den Gedanken oder dem Geist, um

Euch innerhalb der dritten Dimension festzuhalten und innerhalb der Perimeter des kleinen Planeten, den Ihr ‹Erde› nennt. Wir möchten Euch bitten, Wahrheit und Verständnis dessen zu erkunden, wozu der Verstand fähig ist, nicht, worauf das Gehirn beschränkt ist. Zeit steht für Euch in bezug zu Zahlen. Wir bieten Euch die Sichtweise an, daß Zahlen und Zeit keine Tiefe haben. Sie sind lediglich als Schutz in den gegenwärtigen Verstand programmiert, um Euch in Zeit und Raum zu halten. Sie sind eigentlich nicht eine Funktion des Geistes, sondern des Gehirns. Und sie sind eigentlich eine Dysfunktion des Gehirns, um Euch in den physikalischen Dimensionen der dreidimensionalen Welt festzuhalten. Die Relativitäten, die Ihr ‹Zahl›, ‹Zeit› und ‹Raum› nennt, sind eine Funktion des Gehirns, die nur zur dritten Dimension eine Beziehung hat. Dieser gegenwärtige Verstand hält Euch in Raum und Zeit gefangen, in der materiellen, physischen Welt, die Ihr Realität nennt. Aber die Täuschung von Zeit muß noch eine Weile bestehen bleiben. Versteht Ihr?»

Ich war mir da nicht so sicher. Statt dessen versuchte ich immer noch herauszufinden, wessen Stimme das war und warum die Kristallschädel überhaupt erschaffen worden waren. Die Stimme sprach weiter:

«Jetzt sind wir gekommen, um Euch zu warnen, denn die Trennung hat schon begonnen. Die Zerstörung findet bereits statt. Der Geist der Spaltung hat sich festgesetzt, und einige ernste Dinge haben schon stattgefunden. Denn Ihr mit Eurem primitiven Wissen habt bereits etwas begonnen, was nicht mehr rückgängig zu machen ist. Dies geschah durch Eure Wissenschaftler, die mit Klängen und Licht spielten und ihre Wellen veränderten, und es hat zu tun mit den ‹Teilchen› in Eurer Atmosphäre. Ihr habt sicher bemerkt, wie viele zerstörerische Wellen inzwischen auf Euren Planeten treffen. Es wird noch mehr Zerstörung durch die Eingriffe in die Atmosphäre folgen, ungewöhnliche Wetterlagen und schnelle Klimaveränderungen, und auch Eure Landmassen werden sich verschieben.
Wir möchten Euch sagen, daß Eure Zivilisation den Gebrauch von Licht, Klang und Materie deutlich mißverstanden hat. Deswegen habt Ihr bislang nur das entdeckt, was direkt vor Euren Augen liegt.

Doch selbst jetzt spielen Eure Wissenschaftler und Politiker mit Spiel-zeugen, die sie nicht verstehen. Sie spielen mit Licht und Klang und den Dingen, die Ihr ‹Teilchen› und ‹Strahlung› nennt, und sie werden Verwüstungen verursachen. Aber weil diese Folgen nicht unmittelbar bevorstehen, macht Ihr immer so weiter, bis der ganze Planet erschüt-tert und zerstört sein wird.

Wie wir schon gesagt haben, strebt Euer gegenwärtiger Verstand nur nach Trennung. Ihr habt den Wunsch nach Trennung, der zu Eurer ei-genen Zerstörung führen wird. Denn dies ist dieselbe Einstellung, die zur Sintflut geführt und dafür gesorgt hat, daß schon so viele Land-massen zerstört wurden. Doch diese Zerstörung hat erneut begonnen. Und wir können den Einfluß dieser Trennung bereits in unserer Welt spüren. Aber im Augenblick merkt Ihr nichts davon, denn Ihr erschafft sie selbst. Aber wir sagen Euch, daß Eurer Erde große Veränderungen bevorstehen …

Sogar die Erde als Ganzes wird sich verändern, ebenso wie das Wetter und alles, was mit Eurer Erde, wie Ihr sie kennt, zu tun hat. Es wird Veränderungen auf dieser Erde unter den Menschen, den Tieren und bei der Lebensform geben, die Ihr ‹Vegetation› nennt, sowie jener, die Ihr ‹Landmasse› nennt, und jener, die Ihr als ‹Atmosphäre› kennt.

Es wird eine Katastrophe geben, die ernste Folgen haben wird. Aber im wesentlichen hat Euer ‹Desaster›, wie Ihr es benennen würdet, schon begonnen. Ihr werdet viel Tod unter dem Leben auf Eurem Pla-neten finden. Ihr werdet merken, daß das, was in den Boden gewach-sen ist, viele Veränderungen verursachen wird, und Ihr werdet sehen, daß das, was sich vom Boden ernährt, mit Tod enden wird. Ihr werdet viel Zerstörung sehen, die auf das zurückzuführen ist, was Ihr ‹Strah-lung› nennt, und Ihr werdet die Pest unter allem finden, was über Eu-ren Planeten fliegt. Das Wetter wird aufbrechen, und die Atmosphäre wird sich teilen. Ihr werdet viel Wind bekommen … und Euer Vieh wird in großer Zahl sterben. Eure Wasser werden aufsteigen, wo sie ruhig bleiben sollten, und Euer Land wird unter die Wellen sinken. Landmassen werden verschwinden, und die Meere werden sich er-heben.

Die Erde wird sich spalten … aus dem Inneren heraus. Das Magnet-feld wird sich verschieben, und es verschiebt sich schon jetzt. Die

Erde wird in Stücke brechen, und die Ladung wird durch die Erde in die Atmosphäre wandern. Die Atmosphäre erlebt bereits die Anfänge der Verschmutzung. Genau das macht Ihr mit den negativen Energien auf der Erde.

Und deshalb haben wir die Gefäße, nach Eurer Rechnung ‹vor langer Zeit›, für Euch zurückgelassen, als uns klar wurde, daß so viele ihren ursprünglichen Inkarnationszweck in diese physikalische Dimension vergessen hatten. Als wir merkten, daß der Geist der Trennung überhandnehmen und daß es auf dieser Erde eine große Katastrophe geben würde, entschieden wir uns, in unsere eigene Dimension zurückzukehren. Aber wir haben ein Vermächtnis unseres Geistes zurückgelassen. Wir wußten, es würde Menschen geben, deren Wissen und Streben und spiritueller Fortschritt sie auf diesen Weg führen würden. Wir wußten, wegen der Katastrophe, die diesen Planeten heimsuchen wird, würden Menschen gebraucht, die sich an ihre Reinkarnationserinnerungen halten würden, um zu heilen, Rat zu geben und eine Welt zu lieben, die verrückt geworden ist, eine Welt ohne Wissen, eine Welt ohne Hoffnung, wo die Feuer der Zerstörung walten.

Doch wenn die Zeit kommt, ist es die Pflicht aller, die spirituelles Wissen suchen, die anderen anzuweisen, wenn die Erde aus ihrer Achse springt. In diesem Gefäß, und in den anderen, die wir Euch zurückgelassen haben, liegt alles, was Ihr braucht. Unser Wissen, darin kristallisiert, wird Euch vermittelt, wenn die Zeit gekommen ist. Es wurde bestimmt, daß durch diese Gefäße die Geister von einem aktiviert werden und sich zeigen, wenn Eure Erde in Not ist. Und der Anfang ist jetzt gekommen, wie Ihr sagt ‹zu dieser Zeit› und ‹an diesem Ort›. Wir sind hier, um Euch zu sagen, daß es eine große Veränderung auf Eurer Mutter Erde gibt ... geben wird ... und daß sie bereits begonnen hat. Wir bitten Euch dringend, daß Ihr die Dinge, die wir Euch geben sollen, der Menschheit zugänglich macht, in der Hoffnung, daß die endgültige Zerstörung verhindert werden kann. Obwohl das, was ist, nicht mehr geändert werden kann, können die Auswirkungen gemildert werden.»

An dieser Stelle erklärte uns die Stimme, sie müsse jetzt gehen, denn sie spüre, daß der Körper, den sie benutze – womit sie vermutlich Carole meinte –, müde werde. Wieder setzte ein langes Summen ein, und als es verebbte, sackte Carole auf ihrem Stuhl zusammen. Eine ganze Weile war sie völlig erschöpft und nicht in der Lage zu reden. Sie brauchte ein paar Glas Wasser, bis sie wieder sprechen konnte, wie eine Betrunkene in lallenden Tönen. Als sie schließlich wieder ganz klar war, wußte sie offenbar nichts mehr von den Ereignissen, die soeben stattgefunden hatten, und sie konnte keine Fragen mehr beantworten.

Wir hingegen wußten nicht, was wir mit den Informationen, die Carole uns übermittelt hatte, anfangen sollten.

Die Vorhersagen klangen alarmierend und leider auch einleuchtend. Dies wurde sogar noch beunruhigender, als John uns Mitschriften von Caroles Channelingsessions mit dem Schädel aus den achtziger Jahren zeigte. Die gechannelten Informationen waren offenbar logisch immer sehr konsistent. In einer Sitzung aus dem Jahr 1987 hatte die Stimme vorhergesagt, daß «das Vieh in großer Zahl sterben» werde. Dies erstaunte uns, die wir aus Großbritannien kommen, wo die BSE-Krise zur Vernichtung von Zehntausenden von Rindern geführt hatte.

Ungefähr neun Monate später wurde die Vorhersage, das Magnetfeld der Erde werde sich ändern, ebenfalls ernüchternd wahr, als wir in einer Ausgabe der Zeitschrift *New Scientist* lasen, man habe soeben entdeckt, daß das Magnetfeld der Erde sich tatsächlich langsam verschiebe. Manche Wissenschaftler sagen inzwischen sogar voraus, daß sich vielleicht die ganze Erdachse drehen wird.[1]

Damals jedoch wußten wir nicht, was wir mit dem Gehörten anfangen sollten. War es wirklich die Stimme des Schädels, die durch Carole gesprochen hatte? Wir konnten es einfach nicht sagen. Aber die sonderbaren Worte blieben uns im Gedächtnis haften, als wir uns wieder alltäglicheren Nachforschungen zuwandten, um das Geheimnis der Herkunft des Kristallschädels zu lüften.

Der Fluch des Schädels

Die Diskussion über den wahren Ursprung des Kristallschädels nahm eine neue Wendung, als eines der mächtigsten Museen der Welt in die Kontroverse verwickelt wurde.

Nach unserer Reise zu Anna Mitchell-Hedges gingen wir erneut ins Britische Museum in London. Wir wollten sehen, wie weit man mit den Plänen zur Überprüfung des Schädels, der in London aufbewahrt wird, gekommen war. Aber jetzt stellte Dr. Elizabeth Carmichael den Kontakt zwischen uns und Dr. Jane Walsh her, der Mittelamerika-Fachfrau von der Smithsonian Institution in Washington. Diese interessierte sich für die Kristallschädel, seit einer davon unerwartet in ihrem Büro aufgetaucht war. Wir waren neugierig geworden. Offenbar wurde Carole Wilsons Vorhersage, daß bald einer der anderen Schädel wiederentdeckt werden sollte, wahr.

Der Kristallschädel der Smithsonian Institution war erst vor kurzem in den Besitz der Organisation gekommen, und noch dazu unter sehr traurigen und geheimnisvollen Umständen. Er war einfach eines Tages im National Museum of American History aufgetaucht. Ein unbekannter Spender hatte ihn mit der Post geschickt. Dr. Walsh erzählte uns die Geschichte:

«Eines Nachmittags bekam ich einen Anruf von Richard Ahlborn, dem Kurator drüben im Museum of American History. Er sagte: ‹Ich habe hier etwas, das die Abteilung für Anthropologie interessieren dürfte.›

Zunächst sagte er nicht, worum es sich handelte, doch seine Stimme vermittelte mir den Eindruck, daß er es unbedingt loswerden wollte. Schließlich erklärte er, er habe mit der Post eine Kiste bekommen, die einen Kristallschädel enthalte.

Der Schädel war zusammen mit einer handgeschriebenen Notiz ohne Unterschrift angekommen: ‹Sehr geehrter Herr, dieser aztekische Kristallschädel, angeblich Teil der Sammlung des [mexikanischen Präsidenten] Porfirio Díaz, wurde 1960 in Mexico City käuflich erworben … Ich biete ihn ohne Bedingungen der Smithsonian Institution an. Natürlich möchte ich anonym bleiben …›

Richard fragte mich, ob ich daran Interesse hätte. Ich hatte keine Ahnung von den Fallstricken, die auf mich warten würden, und sagte: ‹Ja, natürlich. Ich komme gleich rüber und hole ihn.›

Aber Richard meinte: ‹Nein, nein, er ist zu schwer. Ich werde ihn rüberbringen.›

Er ließ mich rufen, als er unten stand. Auf dem Weg nach unten blieb ich beim Büro eines der Techniker stehen und bat um einen Wagen, damit ich den Schädel hochholen konnte. Der Techniker wollte wissen, wofür ich den Wagen brauchte. Also erklärte ich ihm, daß ich einen Kristallschädel holen würde, und ich bekam die ominöse Warnung zu hören: ‹Sehen Sie ihm nicht in die Augen – die sind verflucht!›»

Unbeeindruckt schob Dr. Walsh den Schädel zu ihrem Büro. Da war sie also plötzlich die Verwalterin des größten – und vermutlich häßlichsten – der bisher aufgefundenen Kristallschädel geworden. Wir betrachteten mit Interesse die Fotos, die sie uns geschickt hatte. Der Schädel ist mit 25,5 cm Höhe und 22,8 cm Breite überlebensgroß und wiegt 14 kg. Anders als der Schädel von Mitchell-Hedges und der aus dem Britischen Museum ist er nicht klar, sondern sehr trüb. Und anders als der von Mitchell-Hedges, aber ebenso wie der Schädel des Britischen Museums hat er keinen abnehmbaren Unterkiefer.

Ein besonders auffälliges Merkmal des Schädels ist die Tatsache, daß er trotz seines großen Gewichts hohl ist, so daß man durch seine Augenhöhlen tief in sein leeres Inneres blicken kann. Er wirkt beinahe wie eine merkwürdige Halloween-Laterne, als habe man einmal eine Kerze darunter gestellt, die dann durch die Augenhöhlen geleuchtet hat. Der Schädel hat eine glatte Oberfläche, doch ist er nicht so detailliert gearbeitet, und seine Züge sind nur grob hervorgehoben. Doch abgesehen davon ist dieser Schädel nicht schön. Auf mich wirkte er eher häßlich, während Ceri sagte, sie finde ihn «auf positive Art beunruhigend», «als sehe man nur die Schale eines Menschen». Der Gesamteindruck ist der eines beinahe nichtmenschlichen Gesichts. Ceri sagte, er sehe aus wie das Abbild eines sehr frühen Menschen, und aus einem bestimmten Winkel ähnelt er tatsächlich einem Neandertaler (*siehe Bildtafel Nr. 9*). Aber warum sollte dieser Schädel verflucht sein? Durften wir ihm wirklich nicht in die Augen sehen? Wo war er hergekommen?

Jane Walsh sagte, sie habe den Schädel nun schon einige Zeit in ihrem Büro und habe ihm viele Male in die Augen gesehen. «Bislang ist nichts passiert», sagte sie leichthin.

Doch manche Leute sahen die dunkle Herkunft des Schädels als Beweis dafür an, daß er verflucht war. Warum wollte sein geheimnisvoller Spender anonym bleiben?

Nachforschungen in dieser Richtung hatten in der Tat ein paar beunruhigende Informationen zutage gefördert. Der Versuch, den geheimnisvollen Spender ausfindig zu machen, hatte direkt zu seinem Anwalt geführt. Dieser erklärte, daß der Spender, dessen Namen er nicht preisgeben dürfe, inzwischen tot sei. Nachdem er den Schädel abgeschickt hatte, hatte er sich das Leben genommen. Der Anwalt erklärte, seit der Mann in den Besitz des Schädels gelangt sei, habe er eine ganze Reihe schrecklicher Tragödien erleben müssen – seine Frau war gestorben, sein Sohn lag seit einem furchtbaren Unfall im Koma, und der Mann selbst war bankrott gegangen. Schließlich habe er beschlossen, allem ein Ende zu setzen.

Die Frage war, ob das alles mit dem Fluch des Schädels zu tun hatte. Dr. Walsh schien davon überzeugt, daß der anonyme Spender einfach entschieden hatte, sich das Leben zu nehmen, weil er von so vielen Schicksalsschlägen heimgesucht worden war, und daß diese Tragödien nichts mit dem Kristallschädel zu tun hatten.

Dennoch hatte Dr. Walsh einige merkwürdige Dinge bemerkt, seit der Schädel in ihren Besitz gelangt war.

«Ich glaube nicht, daß der Schädel verflucht ist ... Aber seit ich ihn in meinem Büro habe, zieht er offenbar andere Schädel an, denn ich habe Anrufe erhalten und von mehreren Leuten weitere Schädel bekommen, und ich höre immer wieder von neuen Stücken.»

Jane Walsh ging es damit ganz ähnlich wie uns. Als wir unsere Nachforschungen ausweiteten, merkten wir, daß jedesmal, wenn wir von einem Kristallschädel erfuhren, der jeweilige Besitzer oder jemand, der damit zu tun hatte, uns mit anderen in Kontakt brachte, die wieder von einem weiteren Schädel wußten.

Schließlich zeigte auch Dr. Walsh großes Interesse für die Frage, woher ihr Schädel und all die anderen wirklich gekommen waren. Stammte ihr Schädel tatsächlich von den Azteken, und war er einmal Eigentum des mexikanischen Präsidenten gewesen, wie es in der handgeschriebenen Notiz gestanden hatte? Dr. Walsh war offenbar ganz und gar nicht davon überzeugt, ganz besonders unter Berücksichtigung der Tatsache, daß der anonyme Spender behauptete, er habe den Schädel in den sechziger Jahren in Mexico City gekauft. Wie wir hatte sie sich also darangemacht, die Kristallschädel zu erforschen, und hatte sogar mit einem Forschungsbericht über den Versuch begonnen, ihre Herkunft aufzudecken.[1]

Bisher war Dr. Walsh noch zu keinen Ergebnissen gelangt. Aber die vielen unergiebigen Nachforschungen schienen sie nur entschlossener zu machen, das Rätsel zu lösen. Sie hatte entschieden, daß der einzige Weg, das Geheimnis zu lüften, noch weitere streng wissenschaftliche Tests waren. Deshalb hatte das Britische Museum den Kontakt zwischen ihr und uns hergestellt, denn sie hatte vor, die Kristallschädel zusammenzubringen, um mit ihnen eine Testreihe durchzuführen. Dr. Walsh hoffte außerdem, eine Ausstellung für die Öffentlichkeit organisieren zu können.

Wir horchten auf, als wir von diesem Plan hörten. Die uralte Legende selbst hatte davon gesprochen, daß eines Tages alle Kristallschädel wiederentdeckt und zusammengebracht würden. Zu diesem Zeitpunkt würden sie dann ihre Informationen preisgeben. Konnte jetzt die Zeit dafür gekommen sein? Würden die Schädel jetzt, zum Beginn eines neuen Jahrtausends, zusammenkommen?

Aber da waren etliche Probleme. Zum einen war Dr. Walsh offenbar nicht davon überzeugt, daß die Kristallschädel alt waren. Um die Komplexität des Problems zu erklären, erzählte sie von einigen anderen Kristallschädeln, die sie inzwischen gesehen hatte.

Dr. Walsh hatte sich zunächst bei anderen Museen auf der ganzen Welt umgesehen und noch einen weiteren Schädel von fast der Größe eines menschlichen Kopfes gefunden. Dieser, so erklärte sie, lag im Trocadéro-Museum, oder Musée de l'Homme, in Paris. Der Pariser Schädel ist zwar kleiner als die Schädel von Mitchell-Hedges, aus dem Britischen Museum und der Smithsonian Institution, aber er besteht aus klarem Quarz. Er ist ungefähr 11 cm hoch, wiegt nur 2,75 kg und hat keinen abnehmbaren Unterkiefer. Interessant an diesem Schädel ist jedoch, daß er in seinen Gesichtszügen sehr stilisiert ist, mit sehr runden Augenhöhlen und ausgeformten Zähnen, ganz in dem Stil, den man den alten Azteken und ihren engen Nachbarn, den Mixteken, zuschreibt.

Dieser Schädel hat eine vertikale Öffnung, die von oben nach unten gebohrt ist. Jane Walsh erklärte uns, eine horizontale Öffnung würde bedeuten, daß der Schädel denselben Stil wie die echten menschlichen Schädel hätte, die die Azteken auf Schädelgestelle aufspießten. Das würde «fast sicher auf eine Herkunft aus präkolumbianischer Zeit» hinweisen. Mit anderen Worten, dann wäre der Schädel wirklich antik oder datiere mindestens in die Zeit vor dem Eintreffen von Christoph Kolumbus und den Europäern in Amerika zurück. Eine vertikale Öffnung deute darauf hin, daß der Schädel von den frühen spanischen Eroberern benutzt worden sei, vielleicht als Basis für ein Kruzifix. Die Öffnung in dem Pariser Schädel sei jedoch «bi-konisch», was darauf hindeute, daß er mit Sicherheit von Hand und nicht durch maschinelle Werkzeuge hergestellt worden sei, und daher stamme er vermutlich doch aus der Zeit vor den Spaniern.

Wir sprachen auch mit Daniel Levin, dem Kurator der Amerika-Sammlung im Trocadéro-Museum. Er ist davon überzeugt, daß sein Schädel echt ist und von den Azteken stammt. Monsieur Levin erzählte uns, daß französische Experten bereits bestätigt hätten, daß der Schädel im vierzehnten oder fünfzehnten Jahrhundert von den Azteken geschaffen worden war und daß er vielleicht als Verzierung eines Zepters für einen Aztekenpriester gedient hatte. Anscheinend ist «der Stil des Stücks charakteristisch für die Azteken», und «die Azteken sind dafür bekannt, daß sie viele Schnitzereien dieser Art in Bergkristall erschaffen haben». Er ließ uns wissen, daß das Museum bereits seine eigenen wissenschaftlichen Tests an dem Schädel hatte durchführen lassen. Das bi-konische Bohrloch bedeutete, daß der Schädel mit Sicherheit von Hand gemacht war, und auf der Oberfläche des Schädels hatte man sogar Spuren von Kupferwerkzeugen gefunden, wie sie die Azteken benutzten. Im Trocadéro-Museum war man also davon überzeugt, daß der Schädel zumindest wirklich alt war, und man sah keinerlei Bedarf für weitere wissenschaftliche Untersuchungen.

Aber gab es irgendwelche Hinweise darauf, wo er herstammte und wann man ihn entdeckt hatte? Daniel Levin konnte uns nicht mehr sagen, als daß man ihn dem Museum geschenkt hatte und er schon Teil der Collection Française gewesen war, als man Ende des neunzehnten Jahrhunderts mit genauen Aufzeichnungen begann.

Wir sprachen erneut mit Dr. Walsh. Einer ihrer Kollegen hatte sie darauf hingewiesen, daß die Kupferspuren auf der Oberfläche des Schädels nicht unbedingt aus der Ursprungszeit des Schädels stammen mußten. Offenbar enthalten einige Kristallpolituren, unter anderem auch solche, die heute verwendet werden, Kupfer. Die Spuren konnten also daher rühren, daß erst jemand irgendwann den Schädel poliert hatte! Daher bewiesen diese Spuren und die Tatsache, daß der Schädel von Hand geschaffen war, überhaupt nichts.

Dr. Walsh gelangte offenbar immer mehr zu der Überzeugung, daß keiner der Schädel wirklich alt war. Wie die meisten Archäologen schien es sie besonders zu beunruhigen, daß keines der Stücke an einem regulären archäologischen Ausgrabungsort gefunden worden war. Es gab keine offiziellen Aufzeichnungen, die bewiesen, daß Mitchell-Hedges den Kristallschädel in Lubaantun gefunden hatte, während den Schädel des Britischen Museums, der bei Tiffany's erworben worden war, angeblich ein spanischer Glücksritter in Mexiko gekauft hatte. Doch auch hier gab es keine Aufzeichnungen darüber, woher der Schädel genau stammte. Der Schädel der Smithsonian Institution war irgendwie aus dem Nichts aufgetaucht, dasselbe galt für den Pariser Schädel.

Dr. Walsh hatte inzwischen noch ein paar weitere Schädel ausfindig gemacht, die von ebenso mysteriöser Herkunft waren.

Da waren zwei Schädel, weniger als 12 cm hoch, einer klar, einer trüb, mit festen Unterkiefern, aus dem Besitz eines Antiquitätenhändlers namens Kirk Landauer aus Maryland in der Nähe von Washington. Der trübe Schädel war anscheinend 1916 in Yucatán im südlichen Mexiko gefunden worden, der andere war in den zwanziger Jahren in Mexiko von einem Antiquitätenhändler gekauft worden. Doch über keines der beiden Stücke wußte man Genaueres.

Doch der Sohn eines Antiquitätenhändlers aus Altadena, Kalifornien, brachte noch einen weiteren kleinen Schädel zu Dr. Walsh. Dieser Mann, Larry Hughes, erzählte, er habe ihn ungefähr sieben Jahre zuvor von einem reichen Mann gekauft, der behauptet hatte, man habe den Schädel ursprünglich in den achtziger oder neunziger Jahren des neunzehnten Jahrhunderts gefunden, doch er wußte nicht wo, und es gab auch keine Dokumente. Dieser Schädel war nur ungefähr 10 cm hoch, trüb und hatte einen festen Unterkiefer. Er sah ein wenig wie ein Affenschädel aus, doch hatte er Kreise um die Augen wie eine Brille. Dr. Walsh erklärte, dies sei ein Symbol, das traditionell dem mesoamerikanischen Regengott Tlaloc zugeschrieben wird. Auf der Schädeldecke war außerdem so etwas wie eine Hieroglyphe eingraviert. Jane hatte zwei mexikanischen Archäologen ein Foto dieses Schädels gezeigt, und diese hatten ihn sofort als im Stile der alten mesoamerikanischen Stadt Xochicalco identifiziert. Später bestätigte Dr. Walsh in ihrem Untersuchungsbericht:

«Zwei mexikanische Archäologen, denen ich das Zeichen gezeigt habe, haben es sofort als im Stile von Xochicalco erkannt … Ein Zeichen dieses Stils würde bedeuten, falls es authentisch ist, daß dieses Artefakt um die Zeit zwischen 800 und 950 herum datiert werden müßte, mehrere Jahrhunderte vor der Zeit der Bildhauer der Azteken oder Maya.»[2]

Ein weiteres interessantes Detail dieses kleinen Schädels war, daß er zu einer Beschreibung paßte, die wir später von einem «Kristallschädel-Forscher» namens Joshua Shapiro hörten. Er hatte 1989 einen solchen Schädel gesehen. Anscheinend gehörte er José Iníquez, einem alten Mexikaner, der behauptet hatte, ihn 1942 während eines Schulausflugs zu ein paar alten Mayaruinen in Yucatán gefunden zu haben. Iníquez hatte außerdem erzählt, daß jeder Traum und jeder Wunsch seines Lebens in Erfüllung gegangen sei, seit er in den Besitz dieses Schädels gelangt war. Aber er war 1993 gestorben, daher blieb unklar, wo jener Schädel sich nun befand.

Plötzlich tauchten überall winzige Schädel auf. Jane Walsh meinte, diese kleinen Schädel seien wohl eher alt als die großen. Doch die uralten Legenden, die Ceri und ich gehört hatten, sprachen eindeutig von 13 *lebensgroßen* Kristallschädeln, daher wollten wir nur die größeren überprüfen.

Dr. Walsh hatte jedoch noch von einem weiteren Schädel von Menschenkopfgröße gehört. Er gehörte einer Frau, JoAnn Parks, aus Houston, Texas. Wie die anderen Schädel war auch dieser von unbestimmter Herkunft, und auch ihm wurden viele geheimnisvolle Kräfte zugesprochen. Wir machten uns auf den Weg nach Texas.

9

Der heilende Schädel

Es war ein warmer Wintertag, als wir in Houston ankamen. JoAnn Parks hatte uns gesagt, daß am Tag unserer Ankunft die «Aktivierungszeremonie» des Schädels stattfinden sollte, und wir seien dabei herzlich willkommen. Schon vor dem Haus der Parks' begrüßte uns der Klang von Trommeln, der aus dem Haus drang.

JoAnn Parks begrüßte uns mit einem breiten Lächeln an der Tür. Sie hieß uns in ihrem Haus willkommen und lud uns ein, ihr und einer Gruppe von sechs weiteren Frauen Gesellschaft zu leisten, vermutlich Freundinnen und Nachbarinnen, die sich hier versammelt hatten.

Die Sofas im Wohnzimmer hatte man beiseite geschoben, die Vorhänge zugezogen, und die Frauen saßen schweigend im Kreis auf dem Boden, die Augen geschlossen. Eine von ihnen saß in der Mitte. Sie war um die Mitte Vierzig, trug einen bunten Poncho und hielt zwei große Kristalle in der Hand. Sie hatte große durchdringende Augen, und ihr Gesicht zeigte einen friedlichen Ausdruck. Später fanden wir heraus, daß ihr Name «Star» Johnson-Moser war. JoAnn setzte sich und stimmte in das Trommeln mit ein. Der Kristallschädel lag in der Mitte des Kreises mit dem Gesicht zu Star, so daß ich seine Gesichtszüge zunächst nicht sehen konnte. Ich konnte erkennen, daß er größer als der Mitchell-Hedges-Schädel und klar, mit einigen trüben Stellen, war. Oben auf der Schädelplatte hatte er einen weißen Fleck.

Leise setzten wir uns in den Kreis. Die Trommelschläge waren gleichmäßig und hypnotisch. Nach ein paar Minuten begann Star sonderbar zu atmen. Sie fing zunächst ganz langsam an, in einer merkwürdigen Sprache zu reden, die ich nicht verstand, dann kamen die Worte immer schneller und immer fließender. Ihr Gesicht verzerrte sich, und sie begann sich zu winden und zu gestikulieren. Nach einer Weile legte sie ihre Hände auf den Kristallschädel, sackte nach vorn und verstummte.

Während Star allmählich wieder zu sich kam, versuchte ich, das alles zu verstehen, und fragte sie nach ihrer Beziehung zu dem Kristallschädel. Star, die auf einer entlegenen Farm in Missouri lebte, erklärte, sie habe keinerlei «Interesse an dem Kristall» gehabt, bis sie ihn im Jahr 1987 gesehen habe, und seitdem habe sich ihr Leben «völlig verändert»:

«Als JoAnn den Schädel zeigte, konnte ich plötzlich meine Gefühle nicht mehr verstehen, es wurde etwas in meinem Herzen berührt. Es war, als würde ich einen Freund wiedersehen, den ich lange nicht getroffen hatte, und ich spürte diese überwältigende Zuneigung ... Ein wenig später merkte ich, wie ich ganz spontan in dieser merkwürdigen Sprache redete, und ich dachte, was geht hier bloß vor sich? Was sollten meine Freunde denken? Aber irgend etwas sagte mir, daß der Kristallschädel diese Sprache verstehen würde.
Also sprach ich zu ihm. Und dann konnte ich sehen, wie in dem Schädel etwas passierte. Etwas schien aus dem Schädel hervorzutreten, und das mit solcher Kraft, daß es mich vor Schmerz lähmte.
Ich konnte mich nicht bewegen und dachte, was geschieht mit mir? Aber dann, als die Intensität der Energie fast unerträglich wurde, leuchtete aus dem Schädel so etwas wie ein ganz intensiver Lichtstrahl, fast wie ein Laserstrahl, fuhr mir direkt ins Herz und in die Erde unter mir. Ich spürte eine gewaltige Energie und Kraft durch mich hindurchfließen, es war fast, als würde ich in Flammen aufgehen. Doch dann begann es, aus dem Schädel in ebendieser Sprache mit mir zu reden, die ich nun verstehen konnte. Es war eine überwältigende Erfahrung.»

Als Star dies erzählte, traten ihr Tränen in die Augen. Sie erklärte, daß sie seit jenem Augenblick «telepathisch mit der Präsenz des Schädels kommuniziere». Die Sprache, in der der Schädel sich mit ihr unterhielt, sei eine uralte tibetische Sprache, Tak. Diese Sprache sei nach einer alten

Zivilisation benannt, die vor über 36000 Jahren, in der Takla-Makan-Wüste in Zentralasien existiert haben soll.[1] Sie fuhr fort, daß Tak außerdem die alte tibetische Bezeichnung für die Orion-Konstellation gewesen sei. Dies erschien Star auch nicht weiter verwunderlich, da es ihrer Meinung nach eine Verbindung zwischen den Kristallschädeln, uns Menschen und den Sternen gab.

«Wir alle kommen aus den Sternenhaufen der Plejaden und des Orion … wir stammen alle aus derselben Quelle, und jetzt befinden wir uns auf der Reise zurück zu unseren Ursprüngen.»

Ich fragte sie, wie sie ihre Erfahrungen mit dem Schädel einordnete.

«Ich fand es sehr schwierig, in Worte zu fassen, was ich erfahren und erlebt hatte. Es ist ein Gefühl, eine Emotion. Ich hatte das Gefühl, daß diese Präsenz irgendwie eine ‹Überseele› ist, wie ein Teil von uns, der über und jenseits von uns allen ist.
Der Umgang mit dem Kristallschädel ist so, als würde man einen dünnen Lichtstrahl zurückverfolgen, der unsere Verbindung zu unserem Ursprung bildet. Die Arbeit mit dem Schädel fühlt sich so an, als gehe man entlang dieses Lichtstrahls zurück zu der Quelle und durchquere dabei verschiedene andere Dimensionen.»

JoAnn Parks reichte mir den Kristallschädel. Er wog schwere 8 kg, obwohl er viel kleiner war als der Schädel im Smithsonian Institute. Ich bemerkte, daß die Hälfte des Gesichts trüb war, die andere Hälfte klar, so daß das Gesicht sehr ungewöhnlich wirkte und für manche im Vergleich zu der perfekten Schönheit des Mitchell-Hedges-Schädels vielleicht sogar häßlich wirkte. Er war nicht so fein gearbeitet wie der Mitchell-Hedges-Schädel, war nicht ganz genau einem echten Schädel nachgebildet und hatte keinen beweglichen Unterkiefer. Verglichen mit dem Mitchell-Hedges-Schädel war der Houston-Schädel eher wie ein grober Entwurf, wie hastig hingeworfen, mit winzigen, undeutlich erkennbaren Zähnen und nicht ausgearbeiteten runden Augen (*siehe Bildtafel Nr. 10*).
Als ich mir den Schädel genauer ansah, bemerkte ich dünne Risse, die die trüben von den klaren Stellen trennten. Diese Unvollkommenheiten

gingen tief durch den Schädel und verstärkten den Eindruck, daß er aus verschiedenen Stücken Quarz zusammengesetzt war, obwohl das nicht der Fall war.

«Ich habe ihn von einem Kristallbildhauer prüfen lassen», sagte Jo-Ann. «Er sagte, aufgrund dieser Risse sei es schwer, einen solchen Kristall zu formen. Er könne leicht unter dem Druck der Werkzeuge brechen.»

Als ich den Schädel so ansah, erkannte ich, daß mit sehr viel Fingerspitzengefühl und Sorgfalt gearbeitet worden sein mußte, damit der schlechte Quarz nicht zersprang. Eine ungeschickte Bewegung, und der Schädel wäre in Stücke zerborsten.

Die Tatsache, daß der Kristall so aussieht, als bestehe er aus verschiedenen Stücken, beruht laut JoAnn darauf, daß er unter großer geologischer Instabilität entstanden ist. Über einen Zeitraum von Tausenden von Jahren wurde ein Teil des Kristalls eingelagert und erlitt später durch große Veränderungen in der geologischen Umgebung Risse. Der Kristall wuchs weiter, doch als Ergebnis der geologischen Veränderungen sah der später gewachsene Teil anders aus, was zu den interessanten Farbvariationen führte.

Woher war dieser Schädel gekommen? JoAnn erzählte, zum ersten Mal sei sie per Zufall mit dem Kristallschädel in Kontakt gekommen, und seitdem habe sich ihr Leben nachhaltig verändert.

Während sie erzählte und sich an die schrecklichen Ereignisse erinnerte, die sie zu dem Schädel geführt hatten, wurde ihr Gesicht traurig. JoAnn und Carl hatten zwei Kinder. Im Jahr 1973 wurde bei ihrer älteren Tochter Diana, die damals 12 Jahre alt war, Knochenkrebs diagnostiziert.

Zu der Zeit, als seine Tochter krank wurde, erledigte Carl, Zimmermann von Beruf, einen Auftrag für einen ruhigen, zurückhaltenden Mann namens Norbu Chen. Die Arbeit war fast getan, als Carl zufällig über einen Zeitungsartikel stolperte: «Norbu Chen, der tibetische Heiler». Er zeigte JoAnn den Artikel, die nur zu gerne jeden zu Rate zog, der ihrer Tochter vielleicht helfen könnte, da die Ärzte Diana nur noch drei Monate gegeben hatten.

JoAnn erinnerte sich an ihr Treffen mit Norbu: «Als ich ihn kennenlernte, wußte ich sofort, daß dieser Mann etwas Besonderes war.»

Norbu war ein rothaariger tibetischer Lama, der sich viele Jahre lang einer strengen Ausbildung unterzogen hatte, bevor er nach Houston gezogen war und seine Heilpraxis, die Chakpori Ling Healing Foundation, eröffnet hatte. Er führte JoAnn eine Treppe mit rotem Teppich hinunter in einen Raum, der völlig mit rotem Teppich ausgeschlagen war. So etwas hatte sie noch nie gesehen. Ihre Augen wurden sofort von einem roten Altar an einer Seite des Zimmers angezogen, «wo eine flackernde Kerze einen ehrfurchtgebietenden Anblick bot, wie ich ihn noch nie gesehen hatte. In der Mitte des Altars lag ein Kristallschädel. Nichts in meiner christlichen Erziehung hatte mich auf einen Anblick wie diesen vorbereitet.»

Trotz der unorthodoxen Ausstattung von Norbu Chens «Arztpraxis» faßte JoAnn Vertrauen, und sie brachte ihre Tochter zu ihm. Mit Hilfe von Norbu und dem Kristallschädel, so sagt sie, «lebte meine Tochter noch drei Jahre, bevor sie schließlich friedlich von uns ging».

Eine Weile nach Dianas Tod erzählte Norbu Chen JoAnn, daß er eine Sekretärin suche, und so bot sie ihm ihre Hilfe an. Sie arbeitete mehrere Jahre lang für Norbu Chen, doch erfuhr sie in dieser Zeit wenig über den Kristallschädel. Norbu erzählte ihr nur, daß er den Schädel von einem Schamanen aus Guatemala als Geschenk bekommen habe. JoAnn erklärte jedoch:

«Ich habe viele tibetische Mönche gesehen. Sie lebten in einem kleinen Gebäude hinter Norbus Haus. Sie studierten uralte tibetische Bücher und hielten jeden Morgen im Heilungszimmer Gebetssitzungen ab.

Diese Mönche verehrten den Kristallschädel voller Ehrfurcht. Sie sangen und sprachen auf tibetisch mit ihm. Sie benutzten ihn, um Energie in die Körper der Menschen zu leiten, die von ihnen geheilt werden wollten. Die Mönche zapften die Energie des Schädels an und fuhren damit über die Meridiane der Körper ihrer Patienten, um ihre Heilung zu unterstützen.»

In ihrer Zeit bei der Foundation wurde JoAnn «Zeugin vieler Wunder aus dem Heilungszimmer», einschließlich der Hilfe, die ihrer Tochter zuteil geworden war, und mit den Jahren wurde Norbu Chen ein enger Freund der Familie Parks. Im Jahr 1980 starb er, doch vor seinem Tod schenkte er JoAnn und Carl den Kristallschädel und sagte ihnen nicht viel mehr darüber als «eines Tages werdet ihr wissen, wozu er dient». Norbu erklärte, daß nach tibetischem Glauben ein anderer Körper auf ihn warte, in dem er ein neues Leben beginnen würde. Der Kristallschädel war Teil seines Lebens, aber auch der Schädel mußte seine nächste Dimension erreichen, deshalb schenkte er ihn JoAnn und Carl.

Die beiden nahmen den Schädel mit nach Hause, doch sie hatten keine Ahnung, was sie damit anfangen sollten, und so landete er ganz unten in ihrem Schrank im Schlafzimmer.

Ungefähr ein Jahr später erschien JoAnn der Kristallschädel in ihren Träumen. Zuerst tauchte sein Bild nur gelegentlich auf. Etwa zwei Jahre später dann begann er mit ihr zu reden. «Es war nicht direkt eine Stimme», erklärte sie, «sondern mehr telepathisch.»

So etwas hatte JoAnn noch nie erlebt. Sie hatte sich immer als ziemlich rationalen Menschen betrachtet, der «mit beiden Beinen fest im Leben steht». Zunächst fand die telepathische Kommunikation so selten statt, daß sie sie einfach als unwichtig abtun konnte, doch dann kam es immer häufiger und auch zu sonderbaren Tageszeiten vor – zum Beispiel, wenn JoAnn das Mittagessen für ihre Enkel zubereitete oder die Bücher für Carls Geschäft führte. Der Schädel redete sogar mit ihr, wenn sie Auto fuhr. Er sagte immer wieder: «Ich will aus diesem Schrank heraus.»

«Ich fragte mich bald, ob ich wohl den Verstand verlor. Ich dachte sogar daran, einen Arzt aufzusuchen.» Aber alles wurde noch bizarrer, als der Schädel ihr wiederholt erzählte, daß sie «mit dem Mann in Kontakt treten» sollte, ohne genau zu sagen, wer «der Mann» war. Eines Nachmittags schließlich «fand ich mich vor meinem Schlafzimmerschrank wieder, wo ich mit dem Schädel sprach». Sie sagte mit fester Stimme zu ihm: «Laß mich in Ruhe. Ich will nichts mehr mit dir zu tun haben, verschwinde aus meinem Leben!» Sie schlug die Schachtel zu, in der sie ihn aufbewahrte, und schob ihn ganz tief in den Schrank hinein, versteckte ihn unter anderen Schachteln und schloß die Tür.

«Aber der Schädel blieb hartnäckig. Er gab nicht auf. Als ich die Treppe hinunterlief, machte er weiter. ‹Die Welt wird von mir erfahren. Ich bin wichtig für die Menschheit. Und übrigens ist mein Name nicht Schädel, sondern Max!›

Nun, da wir uns nun beim Vornamen nannten, konnten wir richtig miteinander reden!»

Einige Zeit später sollte JoAnn eine Fernsehsendung über UFOs sehen. Darin wurde auch ein Foto des Mitchell-Hedges-Schädels gezeigt. Davor hatte sie nicht mehr über Kristallschädel gewußt, als was Chen kurze Zeit vor seinem Tod gesagt hatte. Jetzt entdeckte sie, daß es noch andere «dieser außergewöhnlichen sprechenden Steine» gab.

Als JoAnn den Fernsehsender anrief, um sich weitere Informationen zu verschaffen, gab man ihr die Nummer von Nick Nocerino, der ihr vielleicht helfen konnte. Max, so gesprächig wie eh und je, versicherte JoAnn, daß dies der Mann war, von dem er gesprochen hatte, der Mann, mit dem JoAnn in Kontakt treten sollte.

JoAnn rief Nick an, der ihr mit rauher Stimme versicherte, er suche schon seit 1949 nach Max. Er «stellte sich auf ihn ein» und war überrascht, tibetanische Mönche darin zu sehen. JoAnn war verblüfft. Sie hatte Nick den Schädel nur am Telefon beschrieben, und gleich erzählte er ihr etwas über seine Geschichte! Eilig arrangierte sie für die folgende Woche ein Treffen mit Nick am Flughafen von Houston.

Nick Nocerino stellte sich als der beste Experte der Welt für Kristallschädel heraus, ein Mann, der sein Leben damit verbracht hat, über dieses Thema zu forschen, und Direktor der Society of Crystal Skulls International.

Nach dem Zweiten Weltkrieg hatte man ihn nach Mittelamerika geschickt, damit er dort für die amerikanische Regierung Spionage betrieb. In einem entlegenen Dorf in Guatemala hatte er einen Kristallschädel aus Rosenquarz mit abnehmbarem Unterkiefer gesehen und von einem weiteren gehört, auf den Max' Beschreibung paßte. Er erfuhr, daß dieser andere Schädel für Heilungen benutzt wurde, aber nicht so schön war wie der Schädel aus Rosenquarz und auch keinen abnehmbaren Unterkiefer hatte. Er bestehe aus Kristall, der sowohl trüb als auch klar sei, und habe einen weißen Fleck wie eine Kappe oben auf der Schädeldecke. Es hieß, dieser Schädel sei 1924 in einem Grab der Maya in Guatemala gefunden und aus unbekannten Gründen von einem eingeborenen Schamanen verschenkt worden.

Nick war entzückt, daß er Max endlich gefunden hatte, und JoAnn war fassungslos, daß der Mann, den sie auf Max' Bitte hin hatte suchen sollen, keine pure Einbildung war. Sie war außerdem sehr erleichtert, endlich die Bestätigung dafür zu haben, daß sie nicht völlig verrückt geworden war.

Nick Nocerino versicherte JoAnn, daß die Kristallschädel tatsächlich die Fähigkeit hatten, mit Menschen, denen sie nahestanden, telepathisch zu kommunizieren. Er erklärte, er habe im Verlaufe seiner Nachforschungen entdeckt, daß die Schädel viele Eigenschaften hätten, die offenbar keinen Sinn ergäben, und daß Visionen im Schädel oder «Stimmenhören» absolut normal seien. Er sagte, er wisse, wieviel Angst die Menschen beim Gedanken an übersinnliche oder andere nicht rational zu erklärende Erfahrungen hätten. Trotzdem glaube er, daß tatsächlich die meisten Menschen solche Erfahrungen kennen. Aber oft sprechen sie nicht darüber, weil die Leute fürchten, für «verrückt» gehalten zu werden. Für Nick waren solche Erlebnisse völlig normal, und er fürchtete sich nicht, das auch zu sagen. Er schlug JoAnn vor, den Schädel anderen Menschen ruhig zu zeigen.

Also öffnete JoAnn ihr Haus für Menschen, die neugierig waren, den Schädel zu sehen. Zunächst kamen nur ein oder zwei Interessierte, mit der Zeit wurden es immer mehr, bis Menschen aus aller Welt kamen, um Max zu sehen – genau wie bei Anna Mitchell-Hedges' Kristallschädel.

«Max macht mir so viel Freude», sagt JoAnn, «und er bringt auch anderen Glück und Lachen.» Inzwischen reist JoAnn regelmäßig durch die USA und bringt Max in verschiedene Städte. «Man könnte sagen, daß er so eine Art Star geworden ist.» Sie hat immer wieder gehört, daß Menschen außergewöhnliche Erlebnisse mit dem Schädel hatten. Meistens vermittelt Max den Menschen ein Gefühl des Wohlbefindens. JoAnn glaubt, daß sie nun endlich die letzten Worte von Norbu Chen verstanden hat.

War also Heilung der eigentliche Zweck der Kristallschädel? Wurden sie dafür erschaffen? Schließlich behauptet JoAnn, daß er ihrer Tochter geholfen habe, und sowohl JoAnn als auch Anna Mitchell-Hedges besitzen viele Briefe, in denen behauptet wird, die Kristallschädel hätten heilende Wirkung auf alle, die einige Zeit mit ihnen verbrachten. JoAnn glaubt, daß es sich dabei hauptsächlich um spirituelle Heilung handelt, während Anna Mitchell-Hedges davon überzeugt ist, daß ihr Schädel direkt gegen physische Gebrechen wirkt.

Wir waren durchaus skeptisch, was die Heilkräfte der Schädel anging, aber wir bemerkten, daß wir außerordentlich guter Stimmung waren, als wir JoAnns Haus verließen. Hatte das etwas mit den Heilkräften des Schädels zu tun, oder war es einfach nur die Macht der Suggestion? Wir konnten es nicht sagen.

Wie auch immer, es wurde Zeit, eine Reise in die Außenbezirke von San Francisco zu unternehmen, um Nick Nocerino persönlich kennenzulernen.

10

Die Visionen

«Ich habe nicht nach den Schädeln gesucht», sagt Nick Nocerino. «Ich hatte keineswegs von Anfang an Interesse an ihnen. Irgendwie machten sie es sich zur Gewohnheit, mich zu finden.»

Wir mußten zugeben, daß überall dort, wo Kristallschädel ins Spiel kamen, offenbar das eine zum anderen führte, wie auch schon Dr. Jane Walsh von der Smithsonian Institution bemerkt hatte.

Wir waren bei Nick Nocerino zu Hause und tranken heißen Kaffee, den seine Frau Khrys für uns wie schon für viele Besucher gemacht hatte, die bei Nocerino aufgetaucht waren. Sie ist inzwischen daran gewöhnt, mit einem ungewöhnlichen Mann verheiratet zu sein, aber als sie vor 49 Jahren heirateten, wußte sie nichts über seine außerordentlichen seherischen Fähigkeiten.

Heute ist Nick, ein stämmiger Amerikaner italienischer Abstammung mit einem ausgefallenen Sinn für Humor, als Autorität für Kristallschädel anerkannt.

Über die Kristallschädel sagt er:

«Die Menschen träumen von ihnen, sehen sie in Visionen. Sie werden von den Schädeln angezogen und fasziniert. Ich weiß nicht, warum das geschieht.

Ich untersuche die Kristallschädel jetzt seit ungefähr 50 Jahren, und sie sind für mich immer noch dasselbe Rätsel wie am ersten Tag.»

Nick sagte, er könne von seinen eigenen Erfahrungen mit den Schädeln berichten, die in seiner Kindheit begannen. Er war während der Weltwirtschaftskrise in Queens, New York, aufgewachsen. Eines Tages, er war ungefähr acht, sah er in den Badezimmerspiegel, und ein Schädel blickte zurück. Er hatte das Gefühl, daß er ihn direkt ansah, und dann «schlängelte sich plötzlich eine Schlange aus einer Augenhöhle heraus, und aus der anderen kroch ein Jaguar».

Dieses schaurige Bild jagte dem kleinen Jungen Angst ein. Er fand Trost bei seiner Großmutter, die durch Handauflegen heilen konnte. Sie erkannte die ungewöhnlichen seherischen Fähigkeiten des Jungen und half ihm, diese zu entwickeln, obwohl seine Talente von der katholischen Gemeinde, in der sie lebten, voller Unbehagen beobachtet wurden.

In Europa, das noch zerrissen vom Zweiten Weltkrieg war, sah Nick zum ersten Mal einen Kristallschädel. Er war in die Marine eingetreten, und während der Besetzung der Südküste Frankreichs hatte er ein paar Tage gemeinsam mit einigen Freunden aus der französischen Fremdenlegion Landgang. Sie schliefen unter freiem Himmel und reisten zu Fuß. Eines Tages kamen sie an einen Bauernhof. Es war mehrere Tage her, seit sie sich zuletzt gewaschen hatten, und als sie den Brunnen auf dem Hof sahen, gingen sie hinüber, holten einen Eimer Wasser hoch und wuschen sich. Der Bauer kam herbei und bedeutete ihnen, daß sie sofort gehen sollten. Einer von Nicks Gefährten, Alex, der Französisch sprach, sagte ihm, daß sie sich nur waschen wollten. Da erblickte der Bauer einen Kristall, den Nick um den Hals trug. Er hatte ihn von seiner Großmutter geschenkt bekommen. Der Bauer wurde sehr aufgeregt und rannte zurück zum Haus.

«Was soll das?» fragte Nick und befürchtete, der alte Mann könne sein Gewehr holen.

«Er hat gesagt, wir sollen warten, nicht weggehen», erwiderte Alex.

Die Burschen wuschen sich weiter. Zwanzig Minuten später kam der Bauer mit einem Bündel in der Hand eilig über den Hof gelaufen. Er führte die jungen Männer in das niedrige Bauernhaus, machte auf dem alten Küchentisch Platz und legte das Bündel sorgfältig ab. Dann öffnete er es langsam mit zitternden Händen. Schicht für Schicht des schmutzigen Tuches wurden entfernt und brachten einen lebensgroßen, klaren Schädel aus Quarzkristall zum Vorschein.

111

Nick war bezaubert. So etwas hatte er noch nie gesehen. Er nahm den Schädel in die Hände.

Der Bauer sagte zu Nick, er müsse den Schädel so bald wie möglich mitnehmen. Nick sagte, das könne er nicht. Der Mann erwiderte: «Aber Sie sind der Kurier.» Der Kristall, den Nick um den Hals trug, war offenbar das Zeichen, auf das der Mann gewartet hatte, das Zeichen, das Nick als Kurier identifizierte. Er sagte ihm, er müsse den Schädel nehmen und aus Frankreich hinausbringen.

Aber Nick wollte nichts mit dem Schädel zu tun haben. Es reichte ihm schon, sich selbst durchbringen zu müssen, da konnte er nicht noch einen großen schweren Schädel mit sich herumtragen. Er sagte, es sei auch egal gewesen, denn nach einer Woche wurde das Schiff, auf dem er fuhr, aus Versehen von den Franzosen torpediert. Zwar konnte die Mannschaft gerettet werden, doch alles andere an Bord versank spurlos im Meer.

Nick sollte den französischen Schädel nie wiedersehen. Er soll einer Geheimgesellschaft in Frankreich gehört haben, nach der Nick den Schädel «Blut-Christi-Schädel» nennt. Nick hatte aus einer «verläßlichen Quelle» gehört, daß Freimaurer und andere Geheimlogen schon lange an Kristallschädeln interessiert waren, doch er wollte nicht preisgeben, woher er diese Information hatte. Man weiß sicher, daß die Tempelritter einen geheimnisvollen Kopf anbeteten. Konnte dies ein Kristallschädel gewesen sein? Nick fuhr fort: «Ganz ohne Zweifel waren die Deutschen hinter Artefakten mit prophetischen Fähigkeiten her. Sowohl Hitler als auch der Kopf der Gestapo, Himmler, waren ganz besessen vom Okkulten und sammelten Gegenstände, die geheimnisvolle Kräfte enthalten sollten.»

Im Jahr 1959 kam Nick zu seinem eigenen Kristallschädel, indem er seine «hellseherischen archäologischen» Fähigkeiten benutzte. Hellseherische Archäologie versucht, uralte Schätze und Artefakte mittels fein ausgerichteter Intuition zu finden. Wir fragten Nick, wie das funktioniert, aber er erwiderte nur: «Fragen Sie mich nicht, wie ich die Schädel finde. Ich weiß nur, wo sie sind. Es ist, als würden sie mich finden.»

Also fragten wir ihn, wo er seinen Kristallschädel gefunden hatte. Er wollte nicht mehr sagen, als daß es «unten in Mexiko» gewesen war. «Ich kann nicht allzu viele Einzelheiten verraten, außer daß es in der Provinz Guerrero war, in den Bergen über dem Rio Bravo.»

Die Gruppe von vier Männern war offenbar über eine Stunde lang marschiert, als Nick sich plötzlich bückte und die Erde berührte. Das war der Ort, davon war er überzeugt. Er griff nach einer Schaufel und machte sich an die Arbeit und grub mit seinen mexikanischen Gefährten den harten Boden um. Erst fünf oder sechs Stunden später stießen sie auf große flache Steine, die einmal Teil eines Gebäudes gewesen waren. Es sollte mehrere Tage dauern, bis sie ein verborgenes Grab zum Vorschein gebracht hatten.

Die Gruppe fand einen Kristallschädel, der nun auf dem Tisch direkt vor uns lag. Wie Max hatte auch dieser Schädel einen Namen, den sein Besitzer auf telepathischem Wege erhalten hatte. Er lautete «Sha Na Ra».

Sha Na Ra ist ein Schädel aus klarem Quarzkristall mit leicht gelbem Farbstich. Er ist gröber, ernster modelliert als Max und hat hervorstehende Wangenknochen und schräge Augen. Er ist insgesamt eckiger, schärfer und weniger gerundet als Max (*siehe Bildtafel Nr. 11*).

Ebenso wie JoAnn sagte Nick, er wäre überglücklich, wenn das Britische Museum oder die Smithsonian Institution den Schädel wissenschaftlich untersuchen würde. Die Archäologen, so meinte er, sträubten sich dagegen, das zu tun, nur deshalb, weil sie selbst noch nie einen solchen Schädel gefunden hatten. «Und das werden sie auch nicht», fügte er hinzu.

Die Archäologen, so Nick, halten genau fest, wo sie einen Gegenstand finden, messen aus, in welcher Tiefe unter der Oberfläche er lag, und machen sich Aufzeichnungen darüber, welche anderen Gegenstände in der Nähe gefunden wurden. Nick sagt, diese Detailversessenheit bedeute, daß sie häufig das große Bild aus den Augen verlören, und während sie geschäftig Staub wegwischen und ihre Funde katalogisieren, verpaßten sie vielleicht wichtige Hinweise. Er tut offizielle archäologische Fundstellen mit einer Handbewegung ab. Seiner Ansicht nach sind die besten Stellen oft schon ausgeräumt, bevor die Archäologen überhaupt mit ihrer Arbeit anfangen, und die besten Funde haben schon lange stattgefunden, bevor offizielle Stellen dazu kommen.

Das liegt daran, daß die Bewohner des jeweiligen Umlands meist arm sind und eine lukrative Quelle im Verkauf von Antiquitäten gefunden haben, die sie illegal von den Ausgrabungsstätten entfernt haben. Sie sind der Meinung, daß diese Stücke ihnen gehören. Die Artefakte sind ihr

Erbe, zurückgelassen von ihren Vorfahren, und sie haben zu entscheiden, was sie damit tun wollen, nicht die Archäologen und Museen. Archäologische Stücke, in deren Besitz sie illegal gelangen, sind für sie ein Mittel zum Überleben. Nick behauptet, Fälle zu kennen, bei denen ganze Dörfer von dem Geld leben, das sie aus dem Verkauf «illegal» entwendeter Artefakte lösen. Diese Stücke sind heiß begehrt und verkaufen sich gut auf den Schwarzmärkten von San Diego, San José, Kalifornien, und Miami. Nick glaubt sogar, daß manche Archäologen viel Geld mit illegalem Antiquitätenhandel verdienen. Er behauptet, «über die Jahre viele Dinge dieser Art» gesehen zu haben. Einiges davon habe ihn ziemlich zynisch gemacht.

Doch Nicks Interesse gilt nicht den wirtschaftlichen Vorteilen des Antiquitätengeschäfts, sondern den Kristallschädeln. Er hat in der Vergangenheit die Gelegenheit gehabt, einige von ihnen zu untersuchen. Dabei hat er nicht nur den schönsten Schädel aus Rosenquarz gesehen, sondern auch den «Amethyst-Schädel» aus violettem Quarz und den, wie er ihn nennt, «Maya-Schädel». Der Amethyst-Schädel wurde anscheinend 1912 in Guatemala gefunden, und der Maya-Schädel hatte einem Mayapriester gehört. Nick hatte beide 1988 in Kalifornien zum Verkauf stehen sehen, hat sie aber seither aus den Augen verloren.

Nick glaubt, daß die Kristallschädel wichtiges Wissen enthalten; wir müssen es nur anzapfen können. Das ist natürlich genau das Problem, dem wir schon früher begegnet sind. Nick erklärte die Technik, die er benutzt hatte und die sich «Wahrsagen», also «Kristallsehen» nennt. Dies sei eine hellseherische Technik, die schon seit Tausenden von Jahren praktiziert werde. Meistens wird dazu ein Kristall benutzt, doch auch andere Steine wie glänzendschwarzer Obsidian oder sogar ein Messingteller können für denselben Zweck verwendet werden. Berühmte Seher wie Nostradamus haben sogar in Wasser geblickt. Laut Nick blickt der «Wahrsager» oder «Seher» in die Oberfläche, leert seinen Geist und wird damit offen für das, was in anderen Dimensionen vorgeht.

«In den Kristallschädeln sind Informationen gespeichert. Diese Informationen, die ich bekomme, betreffen normalerweise die Vergangenheit, ganz besonders die Vergangenheit des Schädels. Fragen Sie mich nicht, wie er das macht, aber er zeichnet alles auf. Vielleicht funktioniert es wie beim menschlichen Verstand – man kann Erinnerungen nirgendwo objektiv, in faßbarer, physischer Form sehen, dennoch gibt es sie, ganz ohne Zweifel. Vielleicht ist es mit dem Schädel genauso – die Erinnerungen sind da, auch wenn wir sie nicht als etwas Physisches und Faßbares sehen können.»

Jetzt wollte Nick das Kristallsehen für uns demonstrieren. Wir sahen zu, wie er näher an den Schädel rückte, die Hände darauflegte und tief in den Schädel hineinblickte.

Wir saßen schweigend da, und die Stille wurde nur vom Ticken der Wanduhr unterbrochen, während Nick in das dämmrige Licht des Schädels blickte. Nach ungefähr fünf Minuten begann Nick, die außergewöhnlichen Szenen zu beschreiben, die gerade wie ein Traum vor ihm erschienen:

«Ich kann Krieger sehen. Sie tragen kunstvoll gearbeitete Tierkostüme, einige gehen als Adler, andere als Jaguar. Sie kämpfen auf einem Hügel. Die Bilder liegen übereinander … eines über dem anderen. Es ist nicht genau zu erkennen … Ich kann eine Frau sehen, sie hat gerade ein Baby bekommen. Jemand legt einen Kristallschädel zwischen ihre Beine, dann nehmen sie ihn wieder fort. Ich weiß nicht, was das bedeutet … Es wird wieder trüb.

Da ist noch etwas. Ich glaube, das sind Soldaten, sie sehen aus wie spanische Soldaten von früher. Sie sitzen zu Pferde … Sie schlachten Menschen ab, Frauen und Kinder … Sie schreien und weinen. Einige fliehen, versprengt in alle Richtungen. Die Spanier bemerken sie offenbar gar nicht mehr, sie sind viel zu sehr damit beschäftigt, den Toten und Verwundeten ihr Gold abzunehmen.»

Als Nick zu Ende gesprochen hatte, bemerkte ich, daß er Tränen in den Augen hatte. Ich war bestürzt. Was hatte er gesehen, daß ein harter Veteran wie er von den Bildern in dem Schädel derart gerührt war? Es folgte verlegenes Schweigen. Nick starrte blicklos in die Ferne, als sei er immer noch in Trance. «Das also habe ich gesehen», begann er langsam. «Ich verstehe es nicht. Ich weiß nicht, warum ich diese Dinge sehe, aber das habe ich gesehen.»

Wir fragten, welche Bilder er früher schon in dem Schädel gesehen hatte. Er und andere Menschen hatten oft Dinge wie uralte Pyramiden und geheiligte Stätten gesehen, wo religiöse Opferriten stattfanden. Eine davon zeigte, wie das Herz eines Opfers herausgerissen wurde, wobei ein Kristallschädel den leeren Platz in der Brust des Opfers einnahm, sobald das Herz entnommen war.

Wir fragten, ob er wisse, was diese Bilder bedeuteten. «Zum Teufel, ich weiß es nicht», erwiderte er. «Aber Sha Na Ra stammt aus der Spätzeit der Azteken, also nehme ich an, daß es etwas mit ihnen zu tun hat.»

Nick hatte auch bei anderen Schädeln, einschließlich des Mitchell-Hedges-Schädels, das Kristallsehen angewandt. Er erinnerte sich an ein Treffen mit einem Wissenschaftler in Toronto, der die Geschichte des Planeten erforschte. Nick hatte Karten von früheren Landmassen gezeichnet, wie er sie im Schädel gesehen hatte. Er zeigte dem Wissenschaftler die Karten, der auch sehr daran interessiert war, bis Nick ihm sagte, daß er die Informationen aus einem Kristallschädel bekommen hatte.

Nick erklärte, es gebe noch weitere Bilder, die wie Träume ziemlich häufig im Schädel entstehen. Eines dieser Bilder ist für ihn der Ozean. Es erscheinen sonderbare Meerestiere, die mit ihren großen fischähnlichen Körpern durch das Innere des Schädels schwimmen. Ein anderes Bild sind Szenen von Menschen, die in Höhlen unter der Erde leben und ihr eigenes Licht haben. Nachdem Nick diese Menschen in Höhlen gesehen hatte, stellte er einige Nachforschungen an und fand heraus, daß die Vorstellung von einer «inneren Erde» in vielen Legenden existiert. Viele amerikanische Stämme behaupten, daß ihre Wurzeln in der Erde liegen, daß ihre Vorfahren nach einer großen Überschwemmung in Höhlen mit eigener Lichtquelle gelebt haben.

Nick erzählte uns, daß während seines Kristallsehens häufig ein weiteres Bild aufgetaucht war, das einem nicht identifizierten Flugobjekt ähnelte. Es schien in dem Schädel zu schweben und häufig unter Wasser oder unter der Erdoberfläche zu verschwinden. Die Form veränderte sich, war manchmal dreieckig, manchmal von der Form zweier Teller, die übereinander schwebten, oder in der Form einer Untertasse, aus der ein Apparat hervorstand, den Nick sogar auf Film bannen konnte (*siehe Bildtafel Nr. 37*). Nick sagte dazu:

116

«Die Bilder, die ich gesehen habe, sind meine Wahrheit. Sie sind das, was ich gesehen habe. Vielleicht sind es Halluzinationen, aber mich verwirrt, daß sie genau dasselbe zeigten, was viele andere in den Kristallschädeln gesehen haben.»

Ganz besonders merkwürdig ist laut Nick, daß beinahe alle, die zum ersten Mal mit einem Kristallschädel arbeiten, dasselbe sehen. Er selbst hat ebenfalls jedesmal diese ganz speziellen Bilder gesehen, wenn er mit einem neuen Schädel arbeitete. Sie zeigten «die ganze Welt in Bewegung, die ganze Welt in einem Veränderungsprozeß»:

«Ich sehe riesige Vulkane, die Lava ausspucken. Sie fließt wie eine erdrückende geschmolzene Flut die Berghänge hinunter, die Luft ist schwarz vor Rauch und Staub, alles ist dunkel, unglaubliche Erdbeben zerstören ganze Städte, das Meer erhebt sich in riesigen Wellen, Wasser stürzt herab und läßt Wälder und Tempel und alles andere unter seinem Gewicht zerschellen, die Erde wird aufgerissen, Länder, die einmal eine Landmasse gebildet haben, werden getrennt und driften wie führerlose Boote über das Meer. Es ist die Natur, ungezügelt wie in unseren schlimmsten Alpträumen.»

Nick fügte hinzu:

«Wenn man mit den Schädeln arbeitet, sieht man nicht einfach nur die Zeit, in der sie erschaffen wurden. Vergessen Sie nicht, daß sie uralt sind und Ihnen Dinge zeigen, die meiner Meinung nach vom Anfang der Welt stammen. Ich glaube, die Schädel haben unvorstellbar lange Zeit überlebt, und in dieser Zeit hat sich die Erde viele Male verändert.»

Bevor wir gingen, erzählte uns Nick, warum seiner Meinung nach die Kristallschädel erschaffen worden waren:

«Ich glaube, die Schädel sollen uns helfen, mit unserer Vergangenheit in Kontakt zu treten, mit Zivilisationen, die inzwischen ausgestorben sind. Ich rede über die Vorgeschichte, über Völker, die lange vor den

117

uns bekannten auf unserer Erde existierten. Ich glaube, die Kristallschädel erzählen uns, daß die Erde sich alle 20 000, 30 000 oder 40 000
Jahre verändert und daß sich eine neue Erde bildet. Ich glaube, daß
sich in diesen Schädeln so viel lebenswichtiges Wissen befindet, daß
alle Menschen davon erfahren sollten. Woher dieses Wissen auch
stammen mag, ich glaube, es kann uns helfen, der Welt Frieden zu
bringen und die Anfänge der Menschheit besser zu verstehen, zu
verstehen, woher der Mensch wirklich gekommen ist, und vielleicht,
wohin er geht.

Ich kann nichts davon beweisen, genausowenig, wie ich beweisen
kann, daß ich eine Seele habe, aber ich glaube, ich habe eine Seele,
und ich glaube, daß diese Schädel der ganzen Menschheit helfen können. Es gibt viele Boten des Wissens. Und dieses Wissen ist lebenswichtig für uns. Durch die Kristallschädel können wir die Katastrophen sehen, die auf dieser Erde schon stattgefunden haben, und wir
können von ihrem Wissen lernen.»

11

Die Boban-Connection

Nachdem wir Nick Nocerino getroffen hatten, flogen wir nach Washington, um uns über den Fortgang von Jane Walshs Forschungen zu informieren. Auf dem Weg zur Smithsonian Institution machten wir an einer kleinen Kristallgalerie halt, um einen Mann zu treffen, der Koautor eines Buches über die Kristallschädel war.[1]

Joshua Shapiro, von Beruf Computerprogrammierer, ist absolut davon überzeugt, daß das sonderbare Bild, das immer wieder im Mitchell-Hedges-Schädel erscheint, ein UFO oder eine andere Form außerirdischen Fluggeräts ist. Er sagte, er habe ähnliche Erfahrungen mit anderen Kristallschädeln gemacht.

«Ich glaube, daß die wirklich echten Schädel irgendeine Verbindung zu Außerirdischen haben. Als Ergebnis meiner eigenen und der Erfahrungen anderer mit Kristallschädeln wie dem von Mitchell-Hedges glaube ich, daß wir jetzt einen deutlichen Beweis dafür haben, daß die Menschen vor langer Zeit direkten Kontakt zu Außerirdischen hatten. Diese Schädel sind wie ein Geschenk der Götter, wenn man so will, und sie sollen der Menschheit helfen, ihren eigenen Sinn für Spiritualität zu wecken und sich so auf die Veränderungen der Erde vorzubereiten.

Die Kristallschädel sind einem Katalysator vergleichbar, der der Menschheit hilft, die andere Seite ihres wahren Wesens zu sehen. Sie können uns helfen, diese Seite unseres eigenen Bewußtseins zu wecken, die nun schon so lange schlummert. Sie sind hier, um uns dabei zu helfen, zu überleben und unser eigentliches Ziel zu erreichen. Die meisten Wissenschaftler und Archäologen geben nur sehr ungern zu, daß die Kristallschädel von ungewöhnlichen Phänomenen und Bildern umgeben sind. Ich habe mit vielen Archäologen und Wissenschaftlern gesprochen, und im allgemeinen hüten sie sich davor, ihren Ruf als Wissenschaftler aufs Spiel zu setzen. Aber letzten Endes wird es keinen Zweifel daran geben, woher die Schädel tatsächlich kommen und warum sie hier sind.»

Nick Nocerino hatte der Vorstellung, die Schädel könnten von Außerirdischen stammen, jedoch skeptisch gegenübergestanden:

«Die Leute erfinden alle möglichen Geschichten über die Kristallschädel. Einer soll der Kopf einer Prinzessin sein, sie sollen aus Mu oder Lemuria oder von Atlantis kommen oder sogar von Außerirdischen mitgebracht worden sein. Aber ich erforsche diese Dinge seit beinahe 50 Jahren, und die Wahrheit ist … wir wissen es einfach nicht.»

Aber als wir in Dr. Jane Walshs Büro ankamen, ganz am Ende eines Irrgartens aus Fluren ganz oben in der Smithsonian Institution, hatten wir den Eindruck, daß sie ganz nahe an einer Antwort auf die Frage war, woher einige, wenn schon nicht alle, der Kristallschädel gekommen waren. Es war absolut klar, daß sie nicht daran glaubte, daß auch nur einer von ihnen außerirdischen Ursprungs war oder daß sie über irgendwelche übernatürlichen Kräfte verfügten. Denn Dr. Jane Walsh näherte sich der Lösung dieses Geheimnisses von der klassischen archäologischen Perspektive her und führte hier eine rein ernsthafte wissenschaftliche Untersuchung über die Kristallschädel als Museumsgegenstände durch. Nach diesem Ansatz war es ganz selbstverständlich, daß die Schädel weder als Produkt einer geheimnisvollen Zivilisation noch als außerirdisch eingestuft werden würden. Nach den detaillierten Untersuchungen von Dr. Walsh gab es offenbar sogar Anlaß zu der Annahme, daß sie nicht einmal besonders alt waren.

Dr. Walsh interessierte sich ganz besonders für die großen Schädel, die in den Museen lagen: für den Schädel der Smithsonian Institution, den des Britischen Museums und den Pariser Schädel. Sie fand es merkwürdig, daß alle Stücke, ganz gleich, aus welcher privaten Quelle sie stammten, ungefähr zur selben Zeit in den drei Museen aufgetaucht waren – in der zweiten Hälfte des neunzehnten Jahrhunderts.

Diese Zeit war in der westlichen Welt eine große Zeit der Museen gewesen, eine Zeit, in der die westlichen Nationen ihre Dominanz über den Rest der Welt symbolisch festigten, indem sie große Einrichtungen wie die Smithsonian Institution oder das Britische Museum bauten. Eifrig sammelten sie viele historische Wertgegenstände aus der ganzen Welt und stellten sie in Glaskästen und Fluren aus, damit ihre Wissenschaftler sie studieren und ihre Bürger sie in Muße betrachten konnten. In dieser Zeit galt: je älter und exotischer die Stücke, die die Museen erwerben konnten, um so besser.

Es war außerdem eine Zeit großen Interesses an präkolumbianischer Kunst aus Mittelamerika. Die ersten reichen Touristen fuhren nach Mittelamerika, angespornt von einer Art morbider Faszination für die vermeintlich so blutrünstige Kultur der Azteken und die lange vergessene Zivilisation der Maya, die man erst kurz zuvor wiederentdeckt hatte. Die meisten dieser Touristen kauften billige Stücke wie beispielsweise kleine Tonfiguren, doch auch reichere Käufer und Sammler der großen Museen besuchten das Gebiet. Diese Leute hatten genügend Geld, um auch teurere Stücke und feinere Objekte aus den erlesensten Materialien zu erwerben.

Das Problem lag darin, daß in jenem Teil der Welt noch sehr wenige kontrollierte archäologische Ausgrabungen stattgefunden hatten, so daß eine unglaubliche Ignoranz über die Herkunft der Fundstücke herrschte. Das Interesse an diesen Artefakten wurde dadurch jedoch keinesfalls geschmälert. Im Gegenteil, es gelang den Museen, in sehr kurzer Zeit eindrucksvolle Sammlungen aufzubauen. Aber die beinahe unersättliche Gier nach exotischen alten Gegenständen hatte zumindest einen unerwünschten Nebeneffekt: Es entstand ein lukrativer Markt für gute Fälschungen und Nachahmungen. Dr. Walsh sagt dazu:

«Viele Stücke wurden als präkolumbianisch verkauft, die keinerlei Ähnlichkeit mit echten präkolumbianischen Gegenständen hatten,

121

doch die Leute merkten das nicht, denn es war noch sehr wenig bei kontrollierten Ausgrabungen gefunden worden, so daß man die Authentizität nicht gut beurteilen konnte.»

Die Frage war, ob «unsere» Kristallschädel zu den vielen Fälschungen gehörten. Das Fehlen offizieller archäologischer Unterlagen über die Entdeckung auch nur eines der bekannten Schädel brachte Dr. Walsh sicherlich zu der Frage, ob einige oder gar alle der Kristallschädel, die heute in führenden Museen liegen, vielleicht in diese Kategorie fallen.

Ganz besonders argwöhnisch hatte Dr. Walsh die Tatsache gemacht, daß sie bei all ihren Nachforschungen in Archiven und Dokumenten, die sie bezüglich der Kristallschädel finden konnte, immer wieder über einen Namen stolperte – Eugène Boban. Dieser Mann war ein führender französischer Sammler und Antiquar, der während der französischen Besatzung des Landes von 1862 bis 1864/65 in Mexiko gearbeitet hatte. Er war von Napoleon III. ernannt worden, mit der Wissenschaftlichen Kommission für Mexiko an der Seite des von Frankreich eingesetzten Kaisers Maximilian zu arbeiten. Boban war bekannt dafür, einige echte alte Artefakte sowie eine Sammlung seltener Bücher und früher mexikanischer Manuskripte besessen zu haben, und er hatte ein angesehenes Werk über das alte Mexiko verfaßt: *Documents pour servir à l'histoire du Mexique* aus dem Jahr 1891. Doch er besaß auch einige Antiquitätenläden in Paris und Mexico City.

In einem seiner Verkaufskataloge von 1881 warnte Boban vor den vielen Fälschungen, die ihm zufolge zumeist in den Vorstädten von Mexico City hergestellt wurden. Als Berater sowohl von privaten Sammlern als auch von Museumsdirektoren lag ihm daran, darauf hinzuweisen, daß es eine ganze Reihe sonderbarer Fälschungen gab, die nicht einmal Kopien von Originalen waren, sondern

«… reine Fantasie … eine Art bizarrer Karikatur, deren Ursache uns nicht verständlich ist, deren wichtigster Zweck es jedoch ist, die Öffentlichkeit zu täuschen … Leider sind sie sehr leicht zu bekommen und sehr billig … daher prangen viele dieser Ungeheuer in den schönen Glaskästen unserer Museen in Europa.»[2]

122

Ironischerweise wurden diese warnenden Worte genau von dem Mann geschrieben, den Dr. Walsh jetzt verdächtigte, ebensolche Fälschungen angefertigt zu haben. Denn sie war auf eine Verbindung zwischen diesem Mann und dem Pariser Schädel und vermutlich auch dem Stück im Britischen Museum gestoßen. Aufzeichnungen des Trocadéro-Museums beispielsweise zeigen, daß der Pariser Schädel tatsächlich im Jahr 1878 von Alphonse Pinart gespendet worden war, daß dieser ihn jedoch von Eugène Boban gekauft hatte, der wiederum behauptete, der Schädel stamme aus der Zeit der Azteken vor der spanischen Eroberung.

Nur drei Jahre nachdem Boban den Schädel erfolgreich an Pinart verkauft hatte, zeigte sein Katalog eine Anzeige für einen weiteren Kristallschädel, «Bergkristall in Lebensgröße», beschrieben als «Meisterstück der Steinschneidekunst». Mit 3 500 Franc war es eines der teuersten Stücke im Katalog von 1881. Es überraschte Jane Walsh nicht nur, daß Boban so bald nach dem ersten einen weiteren Kristallschädel in seinem Besitz hatte, sondern auch, daß als Ursprung nicht Mittelamerika angegeben war. Interessanterweise führte Boban im selben Katalog die bekannten Fälschungen auf, die er zuvor angeblich hatte entlarven wollen, doch auch sie waren mit Preisen versehen!

Der lebensgroße Kristallschädel verkaufte sich bei der Auktion offenbar nicht, doch Jane Walsh glaubte, daß er derjenige war, der letztlich im Britischen Museum landete. Aus den wenigen Dokumenten und alten Briefen, die sie hatte finden können, setzte sie die Theorie zusammen, daß Boban den Schädel mit nach Mexiko zurückgenommen hatte, als er sich in Paris nicht verkaufte. Dort versuchte er, erneut ohne Erfolg, den Schädel an das Nationalmuseum von Mexiko zu veräußern. Genau diesen Schädel, so glaubte Dr. Walsh, bot Boban dann der Smithsonian Institution in Washington an.

Dr. Walsh hatte eine Kopie des Verkaufskatalogs von Eugène Boban von 1886 gefunden, den der Direktor der Smithsonian Institution, William Henry Holmes, erhalten hatte. Der Schädel in diesem Katalog wurde wie folgt beschrieben:

«... menschlicher Schädel, lebensgroß, langschädelig, tiefe Augenhöhlen, Nasenhöhle, oberer [sic] und unterer Kiefer, aus einem großen

Stück hyalinen Bergkristalls geschnitten. Glatte, polierte Oberfläche. Ein hervorragendes, perfektes und einzigartiges Stück ...»[3]

Außerdem hieß es im Katalog:

«Der menschliche Schädel spielte in den religiösen Zeremonien des alten Mexiko eine wichtige Rolle, und kleinere Stücke ... aus Bergkristall werden recht häufig gefunden ... doch der Boban-Schädel ist bei weitem einer der größten und schönsten.»[4]

Jane Walsh hielt es für wahrscheinlich, daß es sich um denselben Schädel handelte, den Boban 1881 in Paris hatte verkaufen wollen und der Gerüchten zufolge auch dem Nationalmuseum von Mexiko angeboten worden war. Sie fand es außerdem sehr vielsagend, daß erst jetzt als sein Herkunftsort Mexiko genannt wurde. Als er in Paris zum Verkauf gestanden hatte, war von Mittelamerika nicht die Rede gewesen.

Ob Holmes von der Smithsonian Institution den Kauf des Schädels in Betracht gezogen hatte oder nicht – ein Brief, den er von Eugène Bobans Konkurrenten, dem Antiquitätenhändler Wilson Wilberforce Blake, bekam, könnte ihn möglicherweise davon abgehalten haben. In einem Brief vom 29. März 1886 schrieb Blake an Holmes, um ihn davor zu warnen, keine alten Artefakte von Boban zu kaufen.[5] Statt dessen schlug er ihm vor, Holmes möge bei ihm, Blake, einkaufen. Dieser Brief beschrieb Eugène Boban als «nicht ehrenhaft», und es heißt: «Er besitzt ein paar wertvolle Antiquitäten, doch weil er der Besitzer ist, sind diese Stücke fragwürdig.» Er erzählte, wie Boban «an einem Betrug am Nationalmuseum von Mexiko» beteiligt gewesen sei, indem er versucht habe, «einen Glasschädel aus nachgemachtem Bergkristall aus Deutschland als echten Bergkristall zu verkaufen ... zum Preis von 3 000 Dollar». Das mexikanische Museum habe offenbar kurz davor gestanden, das Stück zu erwerben, als man den Betrug entdeckte, woraufhin Boban gezwungen war, sein «Museum» in Mexico City zu schließen und, «in Verruf geraten», nach New York zu gehen.

Ob es sich dabei um denselben Schädel handelte, der 1886 in Bobans Katalog auftauchte oder nicht – Holmes von der Smithsonian Institution war auf jeden Fall stark genug daran interessiert, um auf seinem Katalogexemplar zu vermerken, daß der Schädel «für 950 Dollar an eine Person namens Ellis verkauft» worden war. Dr. Walsh hatte einen Artikel der *New York Times* vom Dezember 1886 gefunden, in dem berichtet wurde, daß ein «Mr. Ellis Käufer des teuersten Gegenstandes bei der größten Verkaufsaktion des Landes» war. Jane Walsh glaubt, daß dieser Mr. Ellis tatsächlich ein Partner von Tiffany's & Co. in New York war, der den Schädel dann an das Britische Museum veräußerte.[6]

Dr. Walsh fand in einem Buch noch andere Beweise für eine Verbindung zwischen Eugène Boban und dem Schädel des Britischen Museums. Dieses Buch wurde von einem Mann geschrieben, der ihrer Ansicht nach das Britische Museum bei dem Kauf unterstützt hatte.

George Frederick Kunz war ein bekannter Mineraloge und beriet gelegentlich die Smithsonian Institution, und er hatte ein Standard-Nachschlagewerk über das Thema *Precious Stones of Mexico* geschrieben, in dem er berichtete:

«... die alten Mexikaner benutzten Bergkristall, aus dem sie Ornamente und Schädel schnitten ... Der größte ... liegt heute in der Archäologischen Abteilung des Britischen Museums. Es war Sir John Evans, der ihn bei seiner Reise in die Vereinigten Staaten im Jahr 1897 bei Tiffany's & Co. für das Museum erwarb.»[7]

Also hatte Boban offenbar einen Schädel an besagten Mr. Ellis verkauft, dieser wurde dann wiederum von Sir John Evans erworben und landete schließlich im Britischen Museum, wo er Eingang in die Aufzeichnungen von 1898 fand.

Das Buch von Kunz deutet auf jeden Fall auf eine Verbindung zwischen dem Schädel im Britischen Museum und dem von Eugène Boban hin. Nachdem Kunz dargelegt hatte, daß der Schädel eine sehr charakteristische mexikanische Arbeit sei, beschäftigte er sich mit seinen geheimnisvollen Ursprüngen:

«Man weiß nur wenig über seine Geschichte und nichts über seine Herkunft. Ein spanischer Offizier brachte ihn aus Mexiko mit, irgendwann vor der französischen Besetzung Mexikos [die zwischen 1862 und 1864 begann], und der Schädel wurde dann an einen englischen

Sammler verkauft, nach dessen Tod er in die Hände von E. Boban aus Paris überging und schließlich in den Besitz von Tiffany's & Co. wechselte.»[8]

Es gab offenbar also wenig Zweifel daran, daß sowohl der Schädel im Britischen Museum als auch der aus Paris einmal Eugène Boban gehört hatten. Dr. Walsh war in der Tat beeindruckt von der Übereinstimmung von Eugène Bobans Behauptung, sein lebensgroßer Schädel hätte Kaiser Maximilian gehört, und der Behauptung über den Schädel der Smithsonian Institution, ihr Schädel habe dem mexikanischen Präsidenten gehört. Sie glaubte, wenn das der Fall wäre, «würde [der Schädel der Smithsonian Institution] in ungefähr dieselbe Zeit fallen wie [der Pariser Schädel und der Schädel des Britischen Museums]».[9] Dadurch schien die Möglichkeit gegeben, daß der Schädel der Smithsonian Institution vielleicht auch einmal in den Händen von Eugène Boban gewesen sein könnte, der Gerüchten zufolge aufgrund seiner betrügerischen Aktivitäten gezwungen war, Mexiko zu verlassen.

Dr. Walshs Argumente klangen recht zwingend. Doch der Beweis für ihre Theorie, daß daher zumindest die Schädel des Britischen Museums und aus Paris eine Fälschung waren, war eher auf Anekdoten gegründet. Die meisten Informationen über den Charakter und den Verbleib von Eugène Boban gingen auf den Brief von Blake an die Smithsonian Institution zurück. Blake war jedoch offenbar sein größter Mitbewerber, wenn nicht sogar sein Erzrivale. Wie Dr. Walsh selbst zugibt, war dieser Brief vermutlich Blakes Versuch, Boban zu diskreditieren und damit sein eigenes lukratives Geschäft mit der Smithsonian Institution sicherzustellen. Denn im Jahr 1886 kaufte die Smithsonian Institution Hunderte von präkolumbianischen Artefakten von Blake, einschließlich eines winzigen Kristallschädels, der laut Blake dem spirituellen Berater des Kaisers gehört hatte und «der einzige Bergkristall von Wert» sei. (Dieser winzige Kristall konnte nicht mehr aufgefunden werden.)[10]

Auch ist absolut nicht bewiesen, daß der Schädel im Britischen Museum tatsächlich eine Fälschung von Boban ist. Denn es gibt mehrere verwirrende Diskrepanzen zwischen den verschiedenen Berichten über den Schädel, den Boban verkaufen wollte, so daß wir nicht annehmen können, daß alle von demselben Schädel berichten. In seinem Katalog von 1886 beispielsweise geht aus dem Text hervor, daß der Schädel, den er verkaufte, aus der Sammlung von Kaiser Maximilian stammte, und dennoch beschreibt Kunz den Schädel des Britischen Museums als ein Stück, das von einem spanischen Soldaten aus Mexiko mitgebracht wurde, und zwar irgendwann, *bevor* die Franzosen Mexiko besetzten und Maximilian als Kaiser einsetzten. Vielleicht handelte es sich hier also doch um zwei verschiedene Schädel?

Ebenso können wir nicht einfach davon ausgehen, daß der lebensgroße Schädel aus Bobans Katalog von 1881 derselbe war, der später als präkolumbianisch in seinem Katalog von 1886 auftauchte, und derselbe wie jener, der schließlich im Britischen Museum landete. Denn warum hieß es 1881 in der Beschreibung nicht, daß der Schädel aus Mittelamerika stammte? Zieht man die Möglichkeit in Betracht, daß Boban nicht ganz ehrlich war, wie sein Rivale Blake behauptete, erscheint das doch recht merkwürdig. Wenn Boban es geschafft hatte, einen Kristallschädel unter der Bezeichnung «aztekisch» zu verkaufen – der Schädel aus Paris –, warum hätte er dann nicht dieselbe Verkaufstaktik drei Jahre später anwenden sollen, ganz besonders, wenn man die starke Nachfrage nach Artefakten aus Mittelamerika berücksichtigt?

Außerdem scheint es kaum Verbindungen zwischen dem Schädel zu geben, den Boban angeblich in Mexiko verkaufen wollte, und einigen anderen, die er veräußerte. Falls der Schädel, den Boban laut Blake ans Nationalmuseum von Mexiko verkaufen wollte, aus Deutschland stammte und aus Glas war, dann konnte dies nicht derselbe sein, der später vom Britischen Museum erworben wurde, denn dieser Schädel besteht definitiv aus Bergkristall. Wir dürfen einfach nicht vergessen, daß Blakes Geschichte eine reine Erfindung sein könnte, mit der er Boban lediglich vor der Smithsonian Institution diskreditieren wollte.

Doch es gibt noch andere Unstimmigkeiten, wenn man die Abmessungen betrachtet, die für den Schädel in Eugène Bobans Katalog von 1886 angegeben werden, und für den Schädel aus dem Britischen Museum. Sie sind zwar ähnlich, doch stimmen sie nicht überein. Länge, Breite und Höhe differieren allesamt ungefähr um ein bis anderthalb Zentimeter. Zwar könnte dies an unterschiedlichen Meßmethoden liegen, doch gibt es keine eindeutigen Beweise, daß der Schädel des Britischen Museums tatsächlich derselbe Schädel ist, der in einem von Bobans Verkaufskatalogen auftauchte, ganz zu schweigen von dem Glasschädel, den er angeblich in Mexiko verkaufen wollte.

Die eigentliche Frage war, ob Dr. Walsh mit ihrer Vermutung, daß Boban mit modernen Fälschungen hausieren ging und keine echten alten Artefakte verkaufte, richtig lag. Abgesehen von Blakes anscheinend unzuverlässigen Briefen über einen Glasschädel, hatte Dr. Walsh offenbar nur wenige zwingende Beweise gefunden, die untermauert hätten, daß die Schädel, die Boban verkaufte, etwas anderes waren als echte Artefakte. Der Schädel aus Bobans Katalog von 1886 könnte tatsächlich dem mexikanischen Kaiser gehört haben oder direkt aus einer echten archäologischen Fundstätte stammen.

Interessanterweise wurde gerade um die Zeit, als Boban seine Schädel verkaufte, die geheimnisvolle prä-aztekische Stadt Teotihuacán wiederentdeckt. Teotihuacán ist eine atemberaubende alte Ruinenstadt nördlich von Mexico City. Sie war um drei große Pyramiden herum angelegt, die jenen in Ägypten sehr ähnelten, wurde in der Mythologie der Azteken stets sehr verehrt und galt ihnen als «der Ort, wo die Sonne geboren wurde» oder «der Ort, wo der Himmel mit der Erde zusammenstößt» oder «der Ort der Menschen, die den Weg zu den Göttern kennen». Bis zum heutigen Tage weiß man jedoch nur wenig über ihre ursprünglichen Bewohner, die Teotihuacanos.

Dr. Walsh fand heraus, daß eine mexikanische Zeitung im Jahr 1885 berichtete, Eugène Boban habe die Ausgrabungsstätte der prächtigen Pyramiden der Sonne und des Mondes von Teotihuacán besucht, und zwar in Begleitung von Leopoldo Batres, dem neuernannten Inspektor für Denkmäler, dessen Aufgabe es war, die Ausgrabungen zu überwachen. Irgendwann zwischen Januar und März 1886 setzte sich Boban mit Holmes in Verbindung und bot der Smithsonian Institution einen großen Teil seiner präkolumbischen mexikanischen Sammlung an, einschließlich des erwähnten Kristallschädels. Der Brief von Boban ist inzwischen verlorengegangen, daher war Dr. Walsh gezwungen, seinen Inhalt aus Blakes Brief zu rekonstruieren. Auch Blake war draußen bei den Pyramiden gewesen und ganz besonders darauf erpicht, zu erwähnen, Batres sei ebenso wie Boban «nicht nur ein Schwindler, sondern auch ein echter Betrüger».[11] Hatte Blakes Verachtung für Batres und Boban in Wirklichkeit etwas damit zu tun, daß Boban seinen Kristallschädel tatsächlich aus echten Ausgrabungen bekommen hatte, vielleicht in Teotihuacán? Bei Ausgrabungen, zu denen Batres Blake vielleicht den Zugang verwehrt hatte? Blake scheint mit seiner Behauptung, Boban habe Mexiko direkt nach dem Besuch der Ausgrabungen in Teotihuacán verlassen und das meiste oder gar alle Stüce seiner Sammlung in New York auf einer Auktion verkauft, tatsächlich recht zu haben.

Nach allem läßt sich nur sagen: Grundlegende historische Beweise, daß die Kristallschädel Fälschungen aus dem neunzehnten Jahrhundert sind, konnten nicht gefunden werden, und Dr. Walsh konnte in ihrem Forschungspapier nur feststellen:

«Trotz meiner festen Überzeugung, daß [zumindest] der Schädel der Smithsonian Institution eine Fälschung aus dem neunzehnten Jahrhundert ist … könnte ich mit dieser Annahme natürlich auch ganz falsch liegen.»[12]

Doch der Gedanke einer möglichen Verbindung Bobans nach Deutschland ließ sie nicht los. Jane Walsh hatte mit ihren Kollegen in der Abteilung für Mineralogie gesprochen und sie gefragt, ob es möglich sei, daß im neunzehnten Jahrhundert in Deutschland ein Kristallschädel hergestellt worden sein könnte. Ihre Kollegen sagten, es gebe eine kleine Stadt in Deutschland, die weltbekannt für ihre Kristallarbeiten sei. Es handelt sich um Idar-Oberstein.

Als wir der Möglichkeit weiter nachgingen, daß zumindest einige der Schädel in jüngerer Zeit aus Deutschland gekommen sein könnten, fanden wir heraus, daß Idar-Oberstein seit dem Mittelalter eines der größten Zentren für Edelsteinschleiferei in Europa ist. Seit dem fünfzehnten Jahrhundert ist die Stadt berühmt für die Anfertigung wunderschöner Objekte aus dem örtlich abgebauten Achat, Jaspis und Quarz, doch mit dem Anfang des neunzehnten Jahrhunderts gingen die Bodenschätze zur Neige, und die Stadt erlebte einen Niedergang. Viele Bürger waren nach Brasilien ausgewandert, denn dort fand man eines der weltweit größten Vorkommen an Rohquarzkristallen. Sie schickten dieses Quarz in riesigen Mengen nach Idar-Oberstein und verschafften der Stadt so einen neuen Aufschwung.

Heute gibt es noch immer einige Kristallschleifereien in der Stadt. Wir sprachen mit dem Chef eines dieser Ateliers, Hans-Jürgen Henn. Er erklärte uns:

«Wirklich wichtig wurde Idar-Oberstein, als wir das neue Importmaterial aus der Neuen Welt bekamen, ganz besonders aus Brasilien. Das hat uns neue Horizonte eröffnet. Die Schnitzer und Schleifer haben ihr eigenes Wissen vergrößert und Dinge geschnitzt, die sie noch nie gesehen hatten. Gegen Ende des letzten Jahrhunderts kamen die Händler aus allen großen Städten der Welt. Natürlich war Paris sehr wichtig für diese Art von Gegenständen, denn dorthin fuhren die Reichen und kauften diese Luxusgüter.»

Lehrlinge aus dem Idar-Oberstein des ausgehenden Jahrhunderts reisten nach Paris, um dort das Schnitzereihandwerk zu erlernen, und sie stellten viele wunderschöne und komplizierte Stücke her. War es möglich, daß Eugène Boban bei einem Aufenthalt in Paris den Schädel, der heute im Britischen Museum steht, bei einem der Schnitzer oder Händler aus Idar-Oberstein gekauft hatte? Vielleicht wurden die Schädel aus dem Britischen Museum, aus Paris, aus der Smithsonian Institution und der Mitchell-Hedges-Schädel allesamt von in Paris ausgebildeten Handwerkern in Deutschland geschnitzt, und das unter Verwendung von Quarz aus Brasilien?

Aber dafür gab es keine Beweise. Doch wir stießen am Rande noch auf etwas anderes. Hans-Jürgen Henn erklärte uns, er besitze selbst einen Kristallschädel.

Dieser Schädel war erst 1993 in seinem Atelier in Idar-Oberstein hergestellt worden. Er war kleiner als lebensgroß, ungefähr 11 cm hoch, doch anatomisch unglaublich korrekt. Auf den ersten Blick sah es so aus, als habe er einen abnehmbaren Unterkiefer, denn die Gesichtszüge waren äußerst sorgfältig gearbeitet und hatten realistische Zähne, doch bei genauerer Untersuchung stellte sich heraus, daß der Kiefer festsaß und aus demselben Stück Kristall bestand wie der Rest des Schädels. Der Schädel war aus dem reinsten und durchsichtigsten Stück Kristall gehauen worden, das man sich vorstellen kann, doch dem geübten Auge zeigte sich, daß er mit modernen Werkzeugen bearbeitet worden war. Tatsäch-

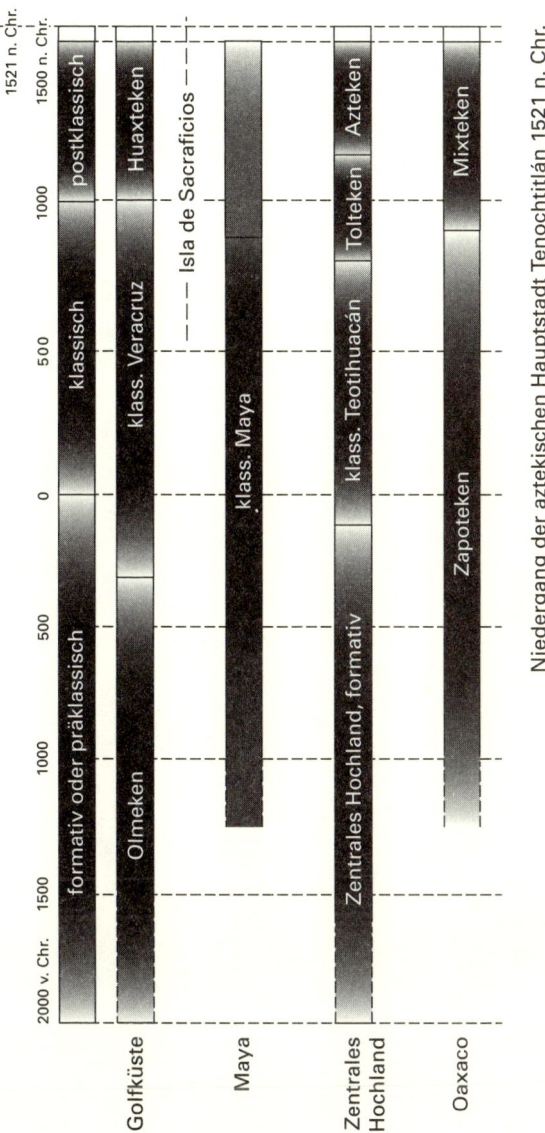

Bild 2: Zeittafel über Aufstieg und Niedergang der alten
mittelamerikanischen Zivilisationen

lich hatte man ihn im Laufe eines Jahres mit diamantenbestückten Werkzeugen geschnitzt – damals lag er für Interessenten zum Verkauf aus, die über 50 000 Dollar dafür ausgeben konnten!

Doch wie modern der Schädel auch war, wir wollten nur zu gern wissen, was zu dieser Kreation geführt hatte. Hans-Jürgen Henn erzählte uns:

«Die Steine sagen uns, wie sie geschliffen werden wollen, das kann alles ein wenig erschweren. Sehen Sie, dieser Stein hat ein wenig geschlafen, schätze ich, bis er uns gesagt hat, wie er aussehen will.»

12

Die Azteken und der Kristallschädel

In Paris hatte man vehement darauf bestanden, daß es sich bei dem dort ausgestellten Schädel «definitiv» um ein aztekisches Stück handle. Der Schädel des Britischen Museums war mit «vermutlich aztekisch» ausgezeichnet, und Nick Nocerino war unnachgiebig der Ansicht, daß sein Schädel mindestens so alt sei wie die Azteken selbst. Bis die Tests durchgeführt waren, würden wir nichts Genaues wissen. Aber wir warteten immer noch auf die Bestätigung, daß die Testreihe überhaupt gestartet würde. In der Zwischenzeit wollten wir mehr über archäologische Funde aus der Aztekenzeit wissen. Außerdem wollten wir unbedingt die geheimnisvollen Ruinen von Teotihuacán aufsuchen. Trotz Eugène Bobans zweifelhaftem Ruf fragten wir uns, ob sein Besuch an dieser Ausgrabungsstätte möglicherweise in Verbindung mit den Kristallschädeln stand, die er verkaufte.

Die Zivilisation der Azteken erlebte ihren Aufstieg im frühen dreizehnten Jahrhundert ungefähr in der Gegend, wo heute Mexico City liegt. Also beschlossen wir, zunächst dorthin zu fahren. Mexico City ist heute eine riesige städtische Metropole, in der fast 20 Millionen Menschen leben. Aus der Vogelperspektive sieht die Stadt aus wie ein riesiges Meer aus Beton, das sich bis zu einem hohen Bergplateau erstreckt und von allen Seiten von Vulkanen umgeben ist. Die meisten sind heute erloschen, doch einige von ihnen, wie beispielsweise der Popocatépetl, drohen immer noch, gelegentlich auszubrechen. Als wir landeten, waren diese Vulkane nicht zu sehen, denn ein dicker Smog hüllte die weitläufige Stadt ein. Die Luftverschmutzung soll in ihren Auswirkungen auf den Menschen dem Konsum von 40 Zigaretten pro Tag entsprechen und die Lebenserwartung um mehrere Jahre verkürzen.

Als wir uns von unserem Jetlag erholt hatten, machten wir uns durch die verstopften Straßen auf den Weg zum Nationalmuseum von Mexiko. Von draußen sah das niedrige, erdbebensichere Gebäude eher aus wie ein Atombunker als wie eine Schatztruhe uralter Wunder. Wir hatten Glück, denn unser Museumsführer war ein bemerkenswerter Mann namens Professor José Salomez Sánchez, ein Archäologieprofessor, der von der nahegelegenen Nationaluniversität zu Besuch war. José war, wie zahllose andere Akademiker im heutigen Mexiko, dazu gezwungen, sein mageres akademisches Einkommen durch den lukrativeren Job als Führer aufzubessern, damit er seine Familie unterhalten konnte.

Als Ceri und ich durch die Flure des Museums wanderten und die vielen uralten Ausstellungsstücke bestaunten, zeichnete José uns ein kraftvolles und dramatisches Bild von den alten Azteken und ihren Vorläufern. Offenbar hatten die Azteken eine ganze Zivilisation auf den Kult und die Anbetung des Todes gegründet. Sie waren bekannt für rituelle Menschenopfer und absolut vom Bild des menschlichen Schädels besessen. Das Museum war bis obenhin vollgestopft mit den verschiedensten Artefakten, und viele dieser uralten Objekte zeigten das Bild des menschlichen Schädels.

In seiner Blütezeit umfaßte das Reich der Azteken ein riesiges Gebiet in Mittelamerika, vom Pazifischen Ozean im Westen bis zum Atlantik im Osten und von den Wüsten im Norden bis zu den Urwäldern im Süden. Man schätzt, daß das Reich 10 Millionen Einwohner hatte, doch die Spanier, die 1519 einwanderten, zerstörten es völlig.

Der dramatische Aufstieg und Niedergang des Aztekenreiches ist eine Geschichte voller Dramen, Gewalt, Tragödien und Verrat. Sie erzählt davon, wie eine kleine Gruppe von herumwandernden Kleinbauern sich in weniger als 200 Jahren zu einer der größten und mächtigsten Zivilisationen ganz Amerikas aufschwang. Es ist außerdem die Geschichte eines 33jährigen Mannes, der mit nur 600 Männern und 16 Pferden ein großartiges Reich eroberte, das weitaus größer war als sein Heimatland Spanien. Die Geschichte der Azteken legt außerdem Zeugnis ab über die Macht von Prophezeiungen und Vorhersehung. Und wir sollten noch entdecken, daß vielleicht ein oder mehrere Kristallschädel dabei im Spiel waren.

Die Teotihuacanos, die Vorfahren der Azteken in diesem Teil des Landes, werden häufig als die ursprünglichen Begründer der Aztekenkultur betrachtet. Man glaubt, daß die Anfänge ihrer Zivilisation zeitlich noch vor Christi Geburt liegen und sie ihren Zenit ungefähr zur selben Zeit erlebte wie das Römische Reich in Europa. Doch heute ist nicht mehr davon übrig als die Ruinen von Teotihuacán, nur wenig nördlich des heutigen Mexico City.

Auf die Teotihuacanos folgten die Tolteken, bekannt als Gründer der Stadt Tula, deren wenige Überreste ebenfalls nicht weit von Mexico City entfernt liegen (*siehe Karte S. 12*). Man glaubt, daß sie die Quelle für das Gedankengut und den Glauben der Azteken geliefert haben. Tula wurde von den Azteken als ein besonderer Ort verehrt, wo Maler, Bildhauer und Edelsteinschnitzer arbeiteten. Später datierten aztekischen Quellen zufolge waren die Tolteken ein «wirklich weises» Volk. Sie beteten viele Gottheiten an, doch ganz besonders den großen Gott aller mittelamerikanischen Zivilisationen, die «gefiederte Schlange» Quetzalcoatl. Es heißt, er habe die Menschen religiöse Praktiken gelehrt und habe Harmonie und Gleichgewicht zwischen Mensch und Natur geschaffen.

Die Azteken glaubten, daß Quetzalcoatl ihren Vorfahren sehr bei der künstlerischen und kulturellen Entwicklung geholfen habe. Es heißt, er habe spektakuläre Paläste gebaut, die auf die vier Himmelsrichtungen ausgerichtet gewesen seien, und habe die Menschen alles über Religion, Landbau und Recht gelehrt. Er soll auch Mathematik, die geschriebene Sprache, Musik und Gesang, Kunst und Kunsthandwerk zu den Menschen gebracht haben, und ganz besonders die Kunst der Bearbeitung von Metallen und Edelsteinen. Der frühe spanische Chronist De Sahagún schrieb dazu:

«Zu seiner Zeit entdeckte Quetzalcoatl große Reichtümer ... den echten Türkis, Gold und Silber, Koralle und Schnecken ... [und] kostbare Steine.»[1]

Es ist nicht klar, ob Quetzalcoatl ein reiner Gott oder aber auch ein menschliches Wesen war. Er wurde beschrieben als «blaß von Hautfarbe, mit Bart», und man glaubt, daß es auch einmal einen großen Hohenpriester mit Namen Quetzalcoatl gegeben hat, der von Tula aus ein kleines Reich regierte. Ob Gott oder Mensch, es heißt, daß Quetzalcoatl, der die Macht des Lichts repräsentierte, in Tula gegen die Mächte der Dunkelheit kämpfte. Diese wurden zum Beispiel durch Götter wie Tezcatlipoca, oder «Rauchender Spiegel», repräsentiert. Anscheinend praktizierte man zu der Zeit bereits Menschenopfer in Mittelamerika, doch gehörte dies nicht zu Quetzalcoatls Lehren, und deshalb soll er auch mit vielen in Streit geraten sein. Anscheinend verlor er schließlich den Kampf gegen die Mächte der Dunkelheit, ganz besonders gegen Huitzilopochtli, den Schutzgott der Azteken, der gleichzeitig ein Gott der Sonne und des Krieges war, und war gezwungen, aus Tula zu fliehen. Der Legende zufolge hat er «seinen Schatz vergraben» und ist auf einem Floß aus Schlangen «über die Meere gen Osten» gesegelt. Doch er versprach wiederzukommen: Einige Quellen sagen, er kehre zurück, wenn die Menschenopfer aufgehört hätten, während andere behaupten, er werde sich im Jahr eins des Riedes oder des Schilfrohrs nach dem alten Kalender wieder in Tula einfinden.

Als ich die Geschichte von Quetzalcoatl und seinem Kampf gegen die dunklen Mächte des Huitzilopochtli hörte, fragte ich mich, ob ein Kristallschädel mit diesem großen und weisen Lehrer im Zusammenhang stand, der so viel über Edelsteine und ihre Bearbeitung wußte. Konnten Kristallschädel zu den wunderbaren Gegenständen gehört haben, die herzustellen dieser geheimnisvolle Lehrer die Menschen gelehrt hatte? Oder waren die Kristallschädel erschaffen worden, um die dunkleren Kräfte des Huitzilopochtli zu verbildlichen?

Einige Zeit nachdem Quetzalcoatl geflohen war, ungefähr um den Beginn des dreizehnten Jahrhunderts, tauchte eine Gruppe von Nomaden in Zentralmexiko auf. Zunächst wurden sie «die Leute, deren Gesicht niemand kennt» genannt, später dann wurden sie als die mächtigen Azteken bekannt.[2] Nach José Salomez Sánchez ist ihre wahre Herkunft inzwischen von Mythen und Legenden verschleiert. Einigen Berichten zufolge kamen sie aus dem legendären Chicomoztoc, dem «Ort der sieben Höhlen», das häufig gleichgesetzt wird mit den Bergregionen, die sie auf ihrem Weg aus ihrem wahren «Schoß» so lange durchquert haben. Dieser

Ort, der angeblich auch von einem Volk bewohnt wurde, das sich auf seiner Wanderung in sieben verschiedene Stämme geteilt haben soll, hieß «Aztlan». Es sollte ein «Land jenseits des Meeres» sein, oder «eine großartige Stadt auf einer Insel», die verschwunden sei, irgendwo im Osten. Viele Quellen erwähnen, daß die Azteken ursprünglich aus dem Norden gekommen seien, doch ist man überzeugt, daß sich das Volk, das ursprünglich aus Aztlan kam, auf einer langen Völkerwanderung befand und auf der Suche nach Land und einer neuen Heimat mehrere Jahrhunderte über die Ebenen und Berge von Mexiko wanderte. Einige Versionen der Geschichte von der Völkerwanderung gehen dahin, daß die Azteken auch durch Michoacan, «das Land jener, die Fisch besitzen», kamen und damit an den Atlantischen Ozean, bevor sie endlich ihre letzte Heimat erreichten.[3]

Es heißt, diese Wanderung sei von den Priestern oder Propheten der Stämme angeführt worden, die dem Volk erzählt hatten, sie würden an jener Stelle eine große Stadt bauen, wo ihnen ein Adler mit einer Schlange in den Klauen erscheinen würde. Anfang des dreizehnten Jahrhunderts kamen die Azteken auf dem riesigen Hochplateau an, mehr als 2 240 m über dem Meeresspiegel gelegen, das heute noch das Tal von Mexiko bildet. Dieses Tal ist heute unfruchtbar und trocken, doch damals gab es dort zwei riesige Seen und war hervorragend geeignet, um eine große Bevölkerung zu ernähren. Als die Azteken auftauchten, war das Tal schon bevölkert, und die Ureinwohner waren nicht unbedingt erfreut über die Neuankömmlinge. Als sie merkten, daß die Azteken einen Platz suchten, wo sie sich niederlassen konnten, schickten sie sie an die Ufer des Sees. Dieses Gebiet war derart von giftigen Schlangen verseucht, daß die Ureinwohner hofften, die Einwanderer würden bald vertrieben sein.

Doch im Jahr 1325 sahen die Azteken auf einer winzigen Insel im See offenbar das Zeichen, nach dem sie gesucht hatten – einen Adler auf einer Kaktuspflanze, der eine Schlange in den Klauen hielt. Also ließen sie sich glücklich dort nieder, ernährten sich von den Schlangen und dankten den Ureinwohnern anscheinend noch dafür, daß sie einen so wunderbaren Ort vorgeschlagen hatten, an dem es noch dazu ihre Lieblingsspeisen gab. Sie bauten einen bescheidenen Tempel aus Schilfrohr, um ihren Tribut an den Regengott Tlaloc zu begleichen, den Gott des Wassers und der Fruchtbarkeit, machten sich daran, die Sümpfe trockenzulegen und Bewässerungskanäle um die Insel herum zu graben, und beschäftigten sich erfolgreich mit Landwirtschaft, besonders mit dem Anbau von Mais.

Doch die Azteken wurden auch eine starke Militärmacht. Sie verdingten sich als Söldner für die anderen kleinen Stämme in der Umgebung und machten sich bald zu deren Diplomaten und Beratern – dabei arbeiteten sie mit roher Gewalt –, und schließlich rissen sie die Macht über alle an sich. Schon bald hatten sie sich den Ruf eines scharfsinnigen und grausamen Volkes erworben, das sich einer sonderbaren Mischung aus freundlichen Reden und darauffolgenden Angriffen bediente, ohne von irgendwelchen Skrupeln geplagt zu werden. José Salomez Sánchez erzählte uns ein besonders abschreckendes Beispiel. Die Azteken sollen den König eines benachbarten Reiches eingeladen haben, damit sie seine Tochter bei einem Festmahl «ehren» konnten. Der König schickte seine Tochter vor und wurde dann eingeladen, selbst an den Festlichkeiten teilzunehmen. Als seine Tochter bei dem Bankett erscheinen sollte, mußte der entsetzte König mit ansehen, wie ein Soldat der Azteken hereintanzte, der die frisch abgezogene Haut seiner Tochter trug.

Auf grausame Weise erschufen die Azteken sich schnell ein riesiges Reich. Als ihre Mittel sich vergrößerten, bauten sie zwei prächtige Städte aus Gold und Stein. Die Stadt am See hieß Tenochtitlán und ist heute Mexico City, die andere, weiter im Norden, Tlatelco, ist heute ein Teil der weitläufigen Hauptstadt. Jede Stadt wurde auf einem System ineinandergreifender Kanäle und Wasserwege erbaut, und Aquädukte brachten frisches Wasser aus den nahegelegenen Bergen. Im Zentrum jeder Stadt stand ein riesiger Tempel- und Palastkomplex für die neuen Könige, Adligen und Heiligen Männer und als Ort des letzten Tributs an die vielen Götter der Azteken, welche regelmäßige Menschenopfer forderten. Im Zentrum von Tenochtitlán errichteten die Azteken ihren mächtigsten Tempel, der heute als Templo Mayor (Haupttempel) bekannt ist.

Unter einer Abfolge von Kaisern und gewitzten Soldatenkönigen betrachteten sich die Azteken bald als auserwähltes Volk. Sie schrieben die Geschichte neu, verherrlichten frühere Siege und zerstörten alle historischen Dokumente der Völker, die sie erobert hatten, so daß nichts übrigblieb, die Überlegenheit der aztekischen Herrschaft in Frage zu stellen. Sie waren außerdem verantwortlich für die Reform der örtlichen Religion und gaben Huitzilopochtli, dem fürchterlichen Gott der Sonne und des Krieges, auf Kosten von Quetzalcoatl neues Gewicht.

Doch die Zeit der Übermacht der Azteken sollte weniger als ein Jahrhundert währen, denn die Basis des Reiches wurde bald von der Ankunft der Spanier zu Beginn des sechzehnten Jahrhunderts erschüttert. Die Heiligen Männer der Azteken und einige Adlige hatten das offenbar vorausgesehen. Einer ihrer militärischen Führer, Nezahualpilli, der sich auch einen Ruf als Zauberer und Magier erworben hatte, soll Anfang des sechzehnten Jahrhunderts die Ankunft der «Söhne der Sonne» (unter diesem Namen wurden die Spanier bekannt) vorhergesagt und den Kaiser Moctezuma II. vor «sonderbaren und gewaltigen Dingen, die während Eurer Regentschaft kommen» gewarnt haben.[4] Die Legende sagt, Nezahualpilli sei dem Tode nur dadurch entronnen, daß er sich vor der Ankunft der Spanier in eine geheime Höhle zurückgezogen habe.[5]

Moctezuma II. hatte den Ruf, ganz besonders auf gute und schlechte Omen zu achten. Ungefähr zehn Jahre vor der Landung der Spanier erschien plötzlich ein leuchtender Komet am Himmel. De Sahagún berichtete über seine Bedeutung für die Azteken:

«... ein böses Omen erschien zunächst am Himmel. Es war wie eine Zunge aus Feuer, eine Flamme [oder] das Licht des Morgens. Es schien in kleinen Tropfen herabzuregnen, als durchsteche es den Himmel.»[6]

Danach fing das Heiligtum einer der Aztekengöttinnen auf geheimnisvolle Weise Feuer, und das Wasser des Sees bildete gigantische Wellen, obwohl es überhaupt keinen Wind gab.[7]

Es heißt außerdem, daß ein geheimnisvoller Stein «zu sprechen begann» und den Niedergang von Moctezumas Reich verkündete. Über diesen Stein weiß man nicht mehr, als daß er «Stein der Opferung» genannt wurde und an einem Ort namens Azcapotzalco aufbewahrt wurde. Die frühen Berichte des Spaniers Diego Durán besagen:

«Der Stein ... sagte erneut: ‹Geht und sagt Moctezuma, daß keine Zeit mehr ist ... Warnt ihn, daß seine Macht und seine Herrschaft zu Ende sind, daß er schon bald selbst das Ende sehen und erleben wird, das ihn erwartet, weil er größer sein wollte als der Gott, der alles bestimmt.›»[8]

Moctezuma besaß selbst einen magischen Spiegel aus Obsidian, den er benutzte, um in die Zukunft zu blicken. Er soll in seinen Spiegel geblickt und «bewaffnete Männer auf dem Rücken von Wild»[9] gesehen haben – vermutlich ein Hinweis auf die Pferde der Spanier, die zu jener Zeit auf dem amerikanischen Kontinent noch unbekannt waren.

Moctezuma rief seine heiligen Männer und Wahrsager zusammen, damit sie sein Schicksal interpretierten:

«Ihr kennt die Zukunft … Ihr wißt alles, was im Universum geschieht … Ihr habt Zugang zu allem, was im Herzen der Berge verborgen ist und im Zentrum der Erde … Ihr seht, was unter dem Wasser ist, in den Höhlen und den Rissen des Bodens, in Löchern und im Erguß der Quellen … Ich bitte Euch, nichts vor mir zu verbergen und offen zu mir zu sprechen.»[10]

Aber sie weigerten sich zu sprechen. Voller Zorn warf Moctezuma sie ins Gefängnis. Doch als er hörte, daß seine Priester in ihren Käfigen nicht verzweifelten, sondern «voller Freude und Glück miteinander lachten», suchte er sie erneut auf, und dieses Mal bot er ihnen die Freiheit an, wenn sie nur redeten.

«Sie erwiderten, da er so sehr darauf bestehe, sein Unglück zu erfahren, würden sie ihm sagen, was sie von den Sternen im Himmel und allen ihnen zugänglichen Wissenschaften erfahren hatten: daß er das Opfer eines so erstaunlichen Wunders werden würde, wie es noch kein Mensch je erlitten hatte.»[11]

Einige Berichte erzählen, daß Moctezuma so ungehalten darüber war, daß er seine Priester und Seher dem Hungertod überließ.

Im April 1519 tauchten der erste spanische Eroberer Hernando Cortés und seine kleine Armee in Veracruz an der mexikanischen Küste auf. Die Einwohner sahen ihre Schiffe an der Golfküste entlangsegeln und berichteten Moctezuma, daß «ein Berg auf den Wassern des Golfs dahinfuhr».

Es heißt außerdem, daß der grausame Cortés befahl, alle seine Boote sollten verbrannt und im Ozean versenkt werden, damit seine Armee nicht in Versuchung kam zu fliehen. Denn das Verhältnis betrug nur tausend zu eins zugunsten der Ureinwohner.[12]

Doch Cortés war ein verschlagener Politiker und Diplomat, und es gelang ihm, die Tlaxcalans und mehrere andere Stämme, die bereits sehr verärgert über ihre Unterwerfung durch die Azteken waren, davon zu überzeugen, sich mit ihm gegen das mächtige Aztekenreich zu verbünden. Er wußte nicht, daß er das Schicksal bereits auf seiner Seite hatte.

Es war im Jahr eins des Riedes, als Moctezuma davon hörte, daß Fremde mit «weißen Händen und Gesichtern und langen Bärten», die «auf dem Rücken von Wild reiten», an der Ostküste gelandet waren und daß ihr Anführer ein Treffen mit ihm verlangte. Es verwundert kaum, daß er Hernando Cortés irrtümlich für den großen Gott Quetzalcoatl hielt, der wie prophezeit zurückkehrte, um zurückzufordern, was ihm zustand. Dieser Fehler sollte sich nicht nur für Moctezuma als fatal herausstellen, sondern für das gesamte aztekische Reich.

Zunächst war Moctezuma nicht ganz sicher, was er tun sollte. Sollte er Cortés als den Gott aller Götter empfangen oder ihn wie einen sterblichen Feind behandeln? Aber es hieß, daß die Anhänger von Huitzilopochtli ihre Macht nicht mehr erhalten konnten, sobald Quetzalcoatl zurückgekehrt war, um die Macht einzufordern. Also hieß Moctezuma Cortés und dessen Armee willkommen. Er legte dem Spanier eine Kette aus Edelsteinen und Blumen um den Hals, bot ihm seine eigene Krone mit den Federn des Quetzal an und deutete an, daß er ihm die Regentschaft über das ganze Reich abtreten würde, falls er es denn wünsche. Cortés und seine Armee wurden ins Zentrum von Tenochtitlán gebracht, wo die Menschenmengen ihnen zujubelten, und schließlich bot man ihnen das luxuriöse Umfeld des Palastes selbst an.

Die Spanier konnten kaum glauben, was sie da sahen. Die Hauptstadt der Azteken war weitaus größer als Rom und Konstantinopel, die sie beide kannten. Mit einer Bevölkerung von ungefähr 300 000 Menschen war die Stadt fünfmal größer als London zu jener Zeit. Viele der Soldaten verglichen sie mit Venedig oder dachten, sie wären per Zufall in irgendeiner verzauberten Stadt aus einer Legende wie Atlantis gelandet. Bernal Díaz, einer von Cortés' Soldaten, schrieb in sein Tagebuch:

«Wir waren sprachlos und sagten, es ist wie in den zauberhaften Legenden von Amadís, angesichts all dieser prächtigen Türme und Gebäude, die sich aus dem Wasser erhoben, und alle aus Mauern gebaut. Und einige unserer Soldaten fragten, ob die Dinge, die wir sahen, kein Traum waren.»[13]

Es gab schwimmende Gärten und ausgedehnte wohlgeordnete Märkte, die vor Gold, Silber, Jade und Lebensmitteln aller Art nur so überflossen. Der königliche Palast hatte sogar sein eigenes Vogelhaus und einen Zoo, in dem Jaguare, Pumas und Krokodile von ausgebildeten Tierpflegern versorgt wurden. Die Stadt war von einer Schönheit, Ordnung und Sauberkeit, wie sie die Spanier nie zuvor gesehen hatten.

Doch so überwältigt die Soldaten von der Schönheit und Ordnung der Stadt waren, so entsetzt waren sie auch über das, was sie am Templo Mayor im Herzen der prächtigen Metropole sahen. Hier sollten sie die beiden wichtigsten Pyramidenheiligtümer finden. Eine von ihnen war Tlaloc geweiht, dem Gott des Wassers und der Fruchtbarkeit, die andere Huitzilopochtli, dem Gott der Sonne und des Krieges. Über einhundert Stufen führten hinauf zum Dach der Pyramiden. Diese Stufen waren anscheinend schwarz gefleckt, dick überzogen vom geronnenen Blut ritueller Opfer. Sogar die Luft war schwer unter dem dumpfigen Gestank und Verwesungsgeruch nach Tod.

Die Azteken luden die Spanier ein, an den Feierlichkeiten zu Ehren von Huitzilopochtli teilzunehmen. Als die rituellen Tänze begannen und die Azteken völlig vertieft in die Festlichkeiten waren, nutzten die Spanier den Augenblick zum Angriff. Sie töteten die bedeutendsten Mitglieder des Adels und sollen allein in jener Nacht mindestens 10 000 Menschen ermordet haben. Einige der Azteken versuchten, sie aufzuhalten, indem sie sie von der Stadt wegtrieben, doch die Spanier kehrten mit noch mehr ihrer örtlichen Verbündeten zurück, und mit 13 Barkassen belagerten sie die Stadt. Am 13. August 1521 fiel Tenochtitlán schließlich. Moctezuma selbst wurde gefangengenommen und getötet, Tausende wurden ermordet, und die Straßen wurden überflutet von dem frischen Blut der Opfer der neuen spanischen Ordnung.

In den folgenden Jahren starben viele derer, die nicht getötet worden waren, an Pest und anderen Krankheiten. Denn Windpocken, Cholera,

Masern und Gelbfieber, das die Spanier mitgebracht hatten, waren auf dem amerikanischen Kontinent unbekannt, und so hatten die Einheimischen keinerlei Abwehrkräfte dagegen. Die eingeborene Bevölkerung wurde von Krieg und Krankheiten dezimiert und verringerte sich in kaum 20 Jahren von zehn auf wenig mehr als zwei Millionen.

Im Museum sahen wir uns die maßstabsgetreuen Modelle der aztekischen Hauptstadt an, die die Spanier zerstört hatten, und betrachteten den riesigen Stein, der mit Reliefarbeiten überzogen war, auf denen sich Menschen wie in Todesqualen wanden. José erklärte, daß es sich um einen Opferstein handelte, wie er auch auf den aztekischen Pyramiden während der Opferzeremonien benutzt wurde. Wir wollten mehr über die aztekischen Menschenopfer erfahren, denn wir gingen davon aus, daß die Kristallschädel vielleicht etwas damit zu tun hatten.

José behauptete, die Azteken hätten ihr gesamtes Reich auf dem Blut der Menschenopfer erbaut. Die meisten Opfer waren feindliche Soldaten, die man im Kampf gefangengenommen hatte, und es gab angeblich eine ganze Militärmaschinerie, die der Hauptstadt ständig neue Opfer zuführte. Die beiden treibenden Prinzipien von Krieg und Menschenopfer nährten sich also gegenseitig und sorgten dafür, daß das Reich sich immer weiter ausbreitete.

Niemand weiß genau, wie viele Menschen von den Azteken geopfert wurden. Neue Forschungen haben gezeigt, daß das Ausmaß der Menschenopfer von der Geschichte stark übertrieben wurde. Die frühen spanischen Eroberer bekamen offenbar einen Eindruck von den Zahlen, als sie die aztekischen Schädelgestelle betrachteten, die *tzompantli*, von denen einige noch in Museen zu sehen sind. Nach der Opferung, bei der das Herz herausgerissen und in die Luft gehalten wurde, enthauptete man die Opfer für gewöhnlich. Der Kopf wurde auf einen Stab gesteckt und in parallelen Reihen auf ein Schädelgestell plaziert. Die Gestelle wurden dann im Herzen der Stadt gut sichtbar neben den Hauptpyramiden und dem Ballspielplatz ausgestellt.

Bernal Díaz versuchte, die Schädel zu zählen, die auslagen, als die Spanier dort zum ersten Mal landeten, und er schätzte die Anzahl auf mindestens 100 000 Stück. Zwei seiner Kameraden behaupteten, sie genau

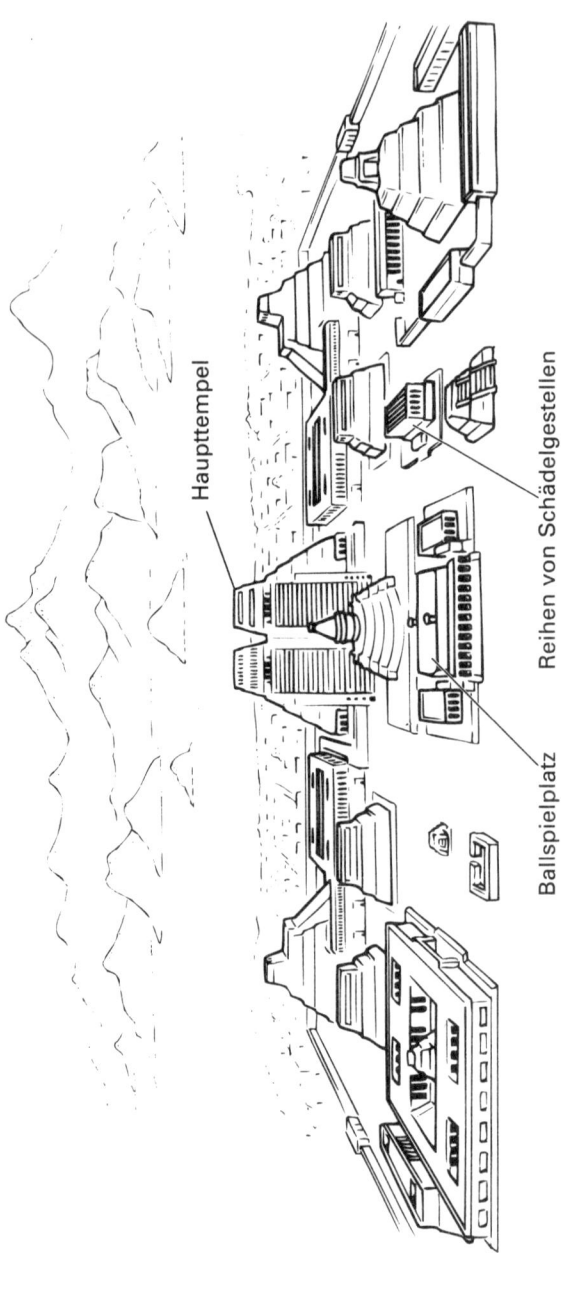

Haupttempel

Reihen von Schädelgestellen

Ballspielplatz

Bild 3: Ansicht der aztekischen Hauptstadt Tenochtitlán (Mexico City), wie sie zur Zeit der ersten spanischen Entdecker ausgesehen hat

gezählt zu haben, und nannten die Zahl 136 000, und alle Schädel seien in unterschiedlichen Stadien des Verfalls und der Verwesung gewesen.[14] Später sollten wir jedoch einen modernen «Aztekenpriester» mit Namen Maestro Tlakaeletl kennenlernen, der behauptete, die Geschichten über die Menschenopfer der alten Azteken seien stark übertrieben. Er sagte, die spanischen Eroberer hätten die Ureinwohner als brutale Wilde darstellen müssen, um ihre eigenen Handlungen zu rechtfertigen, die zur beinahe völligen Ausrottung der Völker in Mittelamerika führte. Die Schädelgestelle, so behauptete er, waren eigentlich Teil uralter aztekischer Kalendarien, und die Köpfe gehörten zu Menschen, die ganz natürlich gestorben waren. Das Gestell wurde anscheinend wie ein Abakus benutzt, um den Verlauf der Zeit zu messen.

Die Azteken führten eine ganze Reihe ritualisierter Kriege gegen ihre Nachbarn, bekannt als «Krieg der Blumen». Angeführt von «Jaguar-Rittern», die Jaguarfelle trugen, «Adler-Kriegern», deren Helm ein Adlerkopf war, und anderen, die einfach einen menschlichen Unterkiefer über ihrem eigenen trugen, töteten die Aztekenkrieger ihre Feinde selten auf dem Schlachtfeld, sondern retteten sie, damit sie später rituell geopfert werden konnten. Sonderbarerweise betrachtete man den Gefangenen, sobald er einmal in Gefangenschaft geraten war, nicht mehr als Feind, sondern als Boten, der zu den Göttern gesandt wurde. Wenn ein Krieger einen Gegner gefangennahm, verkündete er stets: «Hier ist mein geliebter Sohn», und der Gefangene erwiderte rituell: «Hier ist mein verehrter Vater.» Denn für die Azteken und viele ihrer Nachbarn war es eine große Ehre, geopfert zu werden, und dem Opfer wurde große Würde verliehen, die fast ans Göttliche grenzte.[15]

Der Opfertod war offenbar so ehrenhaft, daß er nicht nur den Feinden vorbehalten war. Die Azteken wählten auch Opfer aus ihren eigenen Reihen. Meistens wurde ein männliches Kind, das unter einer bestimmten Sternkonstellation geboren worden war, bei seiner Geburt auserwählt und einer anderen Familie übergeben, damit diese es aufzog, bis die Zeit der Opferung gekommen war. Für solch ein Kind war der Tod im Tempel ganz einfach sein wahrer und einziger Lebenszweck.

Kurz nach der Pubertät, ein paar Monate vor dem großen Tag, bekam das rituelle Opfer dann vier schöne junge Bräute, mit denen der junge Mann leben konnte, und er lernte, Lieder auf einer Flöte zu blasen. War der große Tag gekommen, wurde er in bunte Kleider gehüllt, mit Glocken an den Knöcheln und Blumen um den Hals. Menschenmengen versammelten sich auf dem Marktplatz, um ihm zuzujubeln, wenn er zur Opferpyramide ging. Während er die Pyramide erklomm, spielte er seine süße Musik und blieb kurz vor der Spitze stehen, um die Tonpfeife auf den Stufen zu zerschmettern. Oben angekommen, bekam er einen Trank, *dolowachi*, ein beruhigendes Schmerzmittel, während die Priester sich zur Zeremonie versammelten. Nach Bruder de Landa «leiteten sie ihn unter großem Gehabe … und legten ihn auf den Opferstein. Vier hielten seine Arme und Beine fest und streckten sie aus …»[16]

«Der Trank half, die Brust des Opfers zu entspannen und sich der Rundung des Opfersteins zu öffnen, damit das Messer leichter eindringen konnte (*siehe Bildtafel Nr. 13*). Dann kam der Vollstrecker mit einem Messer aus Feuerstein (oder mit Obsidianklinge) in der Hand, und mit großem Geschick machte er einen Einschnitt zwischen den Rippen auf der linken Seite, unterhalb der Brustwarze. Dann tauchte er mit seiner Hand hinein und zog das noch schlagende Herz wie ein ausgehungerter Tiger heraus.»[17]

Das noch schlagende Herz wurde gen Himmel gehalten und dem Sonnengott Huitzilopochtli dargeboten. Das Blut, oder «göttliche Wasser», floß aus dem Körper, während das Herz, auch *cuauhnochtli* oder «Adlerkaktus» genannt, in einen adlerförmigen Teller gelegt und verbrannt wurde. Der Körper wurde an einer Seite von der Pyramide geworfen, was den mythischen Streit zwischen Huitzilopochtli und seiner älteren Schwester, der Göttin Coyolxauhqui, symbolisieren sollte, die er getötet haben soll. Der Körper wurde enthauptet und der Kopf auf ein Schädelgestell gelegt (*siehe Bildtafel Nr. 12*). Der Rest des Körpers wurde dann in Teile geschnitten und das Fleisch für ein rituelles kannibalistisches Mahl unter den Adligen aufgeteilt. Sie taten sich damit symbolisch an den Teilen von Coyolxauhqui gütlich.

Später sahen wir im Museum des Templo Mayor eine Steinplastik der Coyolxauhqui. Sie zeigt den Augenblick, wo sie durch die Hand ihres göttlichen Bruders zu Tode gefallen war. Coyolxauhquis Kopf und Glieder waren abgetrennt worden, und ein riesiger Schädel war an ihrer Taille angebracht. Die meisten Archäologen glauben, dieser Schädel repräsentiere den Augenblick ihres Todes und alles, was von ihr in dieser alltäglichen Dimension der «Mittelwelt» übrigblieb. Ich muß zugeben, daß ich mich fragte, ob es sich statt dessen um die Abbildung eines Kristallschädels handelte, den sie um die Hüfte trug.

Ebenso wie der Opfertod im Tempel war auch der Tod auf dem Schlachtfeld ein ehrenhafter Tod für die Azteken. Schließlich starben viele Aztekenkrieger bei dem Versuch, Nachschub für die Menschenopfer zu fangen, und so erhielt auch der Tod eines solchen Kriegers Würde. Ein altes Lied der Azteken hält diese Gefühle lakonisch fest:

Nichts gleicht dem Tod im Kriege,
Nichts dem Blumentod.
So kostbar für den, der Leben gibt.
Ganz weit entfernt sehe ich ihn.
Mein Herz verlangt danach![18]

Es war von großer Bedeutung, wie man starb. José erklärte dazu: «Davon hing ab, wie man begraben wurde, ob in Fötallage in einem Tongefäß oder weitausgestreckt auf dem Boden des Grabes einer anderen Person.»

Doch weit wichtiger war, daß die Azteken glaubten, die Art des Todes bestimme das Leben nach dem Tode, und zwar mehr noch als das Leben, das man gelebt hatte, so wie es im christlichen Glauben verankert ist. Als Krieger oder Menschenopfer zu sterben war die edelste Art des Todes und sicherte einen Platz im Paradies. Nach dem Tod reiste die Seele des Kriegers zum Haus der Sonne, wo sie die folgenden vier Jahre die Sonne auf ihrer täglichen Reise durch den Himmel begleiten und Pfeile auf die Sonne abschießen würde, um diese auf ihrer himmlischen Reise voranzutreiben. Nachdem die Seelen diese Pflicht erfüllt hatten, wurden sie zu Schmetterlingen und Kolibris und lebten in Frieden im Paradiesgarten voller Blumen. Dort verbrachten sie ihre Tage mit dem Nippen am Nektar, dem Singen von Liedern und dem Erzählen von Geschichten über die Pracht der ewig scheinenden Sonne.

Frauen, die während der «Schlacht» der Geburt starben, machten dieselbe Reise wie die Krieger in ein sonnenerfülltes Paradies. Starb man durch Ertrinken oder wurde man von einem Blitz getroffen, erwartete ei-

Zeichnung 4: Darstellung der aztekischen Mondgöttin Coyolxauhqui,
die einen Schädel um ihre Taille trägt

nen ein ähnliches Schicksal, allerdings im feuchten Paradies des Regen-
gottes Tlaloc.

Starb man jedoch den gewöhnlichen Tod eines gewöhnlichen Sterblichen, begann nach dem Tode erst die Schlacht. Die Seele mußte sich einer langen und anstrengenden Reise durch die Unterwelt unterziehen, die
als «Mictlan» bekannt war, bevor sie ihre letzte Ruhestätte erreichte.
Mictlan war ein Ort der Dunkelheit, der Furcht und des Erschauerns, erfüllt von übelkeiterregendem Gestank nach Verwesung. Dieser aztekischen Version der Hölle standen der Große Herrscher des Todes, Mictlantecuhtli, und seine Frau Mictlancihuatl vor.

Im Museum konnten wir viele Statuen sehen sowie weitere Artefakte,
meist aus Steingut, die diese beiden großen Todesgötter zeigten. Mictlan-

tecuhtli nahm offenbar viele Formen an, manchmal schlüpfte er in einen richtigen menschlichen Körper, doch meistens bestand er nur aus Skelettresten. Das einzige Konsistente an seiner Erscheinung war sein Kopf, der stets als fleischloser menschlicher Schädel dargestellt wurde, normalerweise mit rollenden Augen. Auch seine Frau hatte stets einen Schädel als Gesicht, und auf vielen Darstellungen trug sie einen Schädel um den Hals und eine Krone aus einer ganzen Girlande von kleineren Schädeln (*siehe Bildtafeln Nr. 41 und 42*).

Ich fragte José, ob die Götter vielleicht irgend etwas mit den Kristallschädeln zu tun haben könnten. Er erklärte, bevor wir solche Schlüsse zögen, sollten wir bedenken, daß das Bild des Schädels fast überall in der aztekischen Kunst vorkomme und daher auch bei vielen anderen Göttern auftauche.

Einer von Quetzalcoatls Gegnern, der schwarze Tezcatlipoca oder auch «Rauchender Spiegel», wurde ebenfalls mit einem Schädel als Kopf dargestellt. Wie Huitzilopochtli die Kräfte des Konflikts und der Veränderung repräsentierte und über unheimliche dunkle Kräfte verfügte, so hieß es, daß Tezcatlipoca anstelle seines linken Fußes einen dunklen Obsidianspiegel besitze, einen magischen «rauchenden Spiegel», durch den er Zeuge der Taten von Göttern und Menschen wurde, ganz gleich, wo diese sich aufhielten. Die Tatsache, daß man ihn mit einem Schädel als Kopf darstellte und er in andere Dimensionen blicken konnte, könnte ebenfalls ein Bindeglied zwischen diesem Gott und den Kristallschädeln sein. Aber wie wir bereits im Britischen Museum gesehen hatten, wurde Tezcatlipocas Kopf meist mit roten und schwarzen Streifen verziert dargestellt.

Inzwischen waren wir bei einer riesigen Skulptur von über 4 m angekommen, die mehr als zehn Tonnen wog. Sie war schon Anfang des neunzehnten Jahrhunderts entdeckt worden, doch die mexikanischen Behörden fanden sie offenbar zu furchterregend und begruben sie sofort wieder. Allerdings wurde als Begründung für das Vergraben auch genannt, daß man es als allzu peinlich empfand, nicht erklären zu können, wie die «primitiven» und barbarischen Azteken solch eine Statue hatten erschaffen können, beziehungsweise es sei ein politischer Schachzug gewesen, um die Erinnerung der Nachkommen der Azteken an die Zerstörung ihrer Kultur durch die Spanier nicht wieder aufzurühren.

Zeichnung 5: Massive Steinskulptur der Aztekengöttin der Schöpfung
Coatlicue mit abgetrennten Händen, ausgestochenen Herzen und
Schädeln um Hals und Taille

Die Plastik zeigt die Aztekengöttin Coatlicue, auch «die mit dem
Schlangenrock». Coatlicue war die Mutter aller Aztekengötter, die Göttin der Erde, und daher die Göttin über Leben und Tod. Der Stein sieht
wirklich verstörend aus. Der Kopf ist nicht dargestellt – anscheinend war
das Gesicht der Göttin allzu furchterregend für menschliche Kontemplation –, und statt dessen deuteten zwei Schlangen das Blut an, das anstelle
des Kopfes hervorsprudelte. Der Rock der Göttin besteht aus Schlangen,
die sich häuten und somit den immerwährenden Prozeß von Tod und Erneuerung symbolisieren, und sie hat Klauen, die die zerstörerische Seite
ihres Wesens zeigen. Um den Hals trägt sie eine Girlande aus abgetrennten Händen und menschlichen Herzen, und von ihrer Taille starrte uns

150

wieder ein fleischloser Schädel an. Wie Mictlantecuhtli hatte dieser Schädel Glotzaugen, was offenbar bedeutete, daß die Göttin über Leben und Tod wachte. Und wieder fragte ich mich, ob es sich vielleicht um einen Kristallschädel handeln könnte.

Das Faszinierende an dieser prächtigen Plastik war, daß Coatlicue, obwohl sie die Göttin der Erde und daher des Lebens war, mit allen Utensilien des Todes dargestellt wurde. José erklärte, daß in der mesoamerikanischen Kultur offenbar immer eine merkwürdige Dualität zwischen den Kräften des Lebens und des Todes bestanden hatte. Die Göttin der Erde hatte die Macht, neues Leben zu erschaffen, aber ebenso konnte sie Leben nehmen. Denn es ist Mutter Erde, die uns das Leben schenkt, aber wenn wir sterben, nimmt sie uns auch wieder in ihren Schoß zurück.

Es gehörte zur Vorstellung der alten Azteken, daß Leben und Tod die beiden untrennbaren Seiten einer Medaille sind. Die eine kann man nicht ohne die andere haben. Für die eingeborenen Völker Mittelamerikas bestand also eigentlich kein Grund, Angst vor dem Tod zu haben oder zu versuchen, ihn zu verdrängen, wie wir im Westen es heute gern tun. Der Tod war einfach ein Übergang in eine andere Welt, und normalerweise freute man sich darauf.

Die ganz andere Einstellung zu Leben und Tod war sogar in der aztekischen Version der Hölle zu sehen. Zwar traten die meisten Menschen in die Unterwelt ein, doch diese war kein unendliches Inferno wie im christlichen Glauben. Die Reise durch die Unterwelt, ebenso wie die erste Reise aus dem Schoß der Mutter zu Beginn des Lebens, war zwar dunkel und beengt, doch wenn man den letzten Ruheort erreichte, war sogar die Unterwelt letztlich gar nicht so schlecht.

Während wir so dastanden, die Gestalt der Coatlicue betrachteten und über das Leben nachsannen, sagte José, er habe uns noch etwas anderes zu zeigen. Er führte uns in einen kleinen Seitenraum der großen Aztekenhalle des Museums und zeigte uns den Inhalt eines der Schränke. Dort hing eine kleine Kette aus zwölf winzigen, aus Knochen geschnitzten Schädeln, und es sah so aus, als habe sie noch Platz für einen dreizehnten. Diese Kette war deutlich beschriftet. Sie war in Guerrero gefunden worden und stammte ungefähr aus dem Jahr 1000 (*siehe Bildtafel Nr. 40*).

José führte uns zu einem anderen Schrank und bat uns, den Inhalt genau in Augenschein zu nehmen. Wir spähten durch das Glas und waren ein wenig überrascht, zwei kleine Kristallschädel zu sehen. Diese Schädel waren nur ungefähr 5 cm hoch, und bei jedem lief ein vertikales Loch von oben nach unten durch den Schädel. Sie wirkten ziemlich grob gearbeitet, aber sie waren beide wunderschön durchsichtig. Einer war mit «aztekisch», der andere mit «mixtekisch» beschriftet. Die Mixteken waren ein Nachbarvolk gewesen, das die Azteken besiegt hatten. Weitere Einzelheiten wurden nicht genannt.

Wir waren verblüfft. «Also sind die Kristallschädel doch aztekisch!» rief ich aus.

Doch José sagte sofort, das sei nicht ganz so einfach. Er sagte, niemand wisse ganz genau, was diese Kristallschädel darstellten oder wofür sie benutzt worden waren oder woher sie wirklich stammten. Die Schädel waren nur mit «aztekisch» und «mixtekisch» bezeichnet, weil das Museum nicht mehr über sie wußte. Die Aufzeichnungen über die beiden Stücke gingen anscheinend zumindest bis zur Mitte des neunzehnten Jahrhunderts zurück, doch enthielten sie keine Einzelheiten über den genauen Ausgrabungsort. Vielleicht stammten sie nicht einmal von einer regulären Ausgrabungsstätte. Nichtsdestoweniger war man im Museum fest davon überzeugt, daß diese kleinen Schädel wirklich alt waren.

José sagte, es gebe jedoch mehrere Probleme bei dieser Annahme. Zwar war durch die frühen spanischen Berichte bekannt, daß die Azteken und Mixteken fachkundige Edelsteinschleifer gewesen waren, und in den Quellen wurde auch speziell von Kristall gesprochen, doch war dieses Material zu jener Zeit in Mexiko ziemlich selten. Natürlich konnte man nicht ausschließen, daß die großen Schädel wirklich alt waren, ganz besonders angesichts der Bedeutung, die der Schädel an sich für die Azteken hatte, aber das große Problem mit sämtlichen mesoamerikanischen Archäologiefunden war, daß die Europäer so viele Beweise zerstört hatten.

Sobald die Spanier die Kontrolle über das aztekische Reich übernommen hatten, begannen sie sofort mit der systematischen Zerstörung nicht nur der Menschen, sondern der gesamten Kultur – alles im Namen des Christentums. Ganz ohne Zweifel feuerte die Praxis der rituellen Menschenopfer die Spanier in ihrem Glauben an, sie hätten das Recht, diesen «Barbaren» das Christentum aufzuzwingen. Und die Eingeborenen hatten nur die Wahl, sich bekehren oder töten zu lassen.[19]

So gut wie alle früheren Aufzeichnungen wurden verbrannt, die kostbarsten Stücke mesoamerikanischer Kultur wurden bei einer wahnsinnigen Bücherverbrennung und Zerstörung von «Götzenbildern» zu Asche. Die Soldaten erhielten dabei von den frühen Franziskaner- und Dominikanermönchen Unterstützung. Ein Klosterbruder schrieb: «Sie fanden eine große Zahl von Büchern ... doch da sie nichts als abergläubisches Zeug und falsche Behauptungen über den Teufel enthielten, verbrannten sie alle, was die Eingeborenen sehr bekümmerte und ihnen großen Schmerz bereitete.»[20]

Nur wenige der heute unbezahlbaren Manuskripte entkamen der Zerstörung als einzigartiges Zeugnis einer ganzen Kultur, die fast völlig von der Erde verschwunden ist. Es ist die Ironie der Geschichte, daß die Hauptquelle der Informationen, die wir heute über die alten Azteken haben, die Schriften der übereifrigen Mönche und Klosterbrüder sind, die die «heidnischen» und «unchristlichen» Rituale, Zeremonien und Überzeugungen aufzeichnen mußten, damit sie genau identifizieren konnten, was sie da auszurotten hofften. Andere bewahrten heimlich ein paar Aufzeichnungen auf, wenn auch nur in sehr reduzierter Form, und bewahrten so Dokumente einer Kultur, die sie eigentlich völlig hatten vernichten wollen, als sie allmählich begriffen, welchen tragischen Verlust sie der Menschheit damit zufügten.

Nichtsdestoweniger wurde fast die gesamte Kunst der Azteken zerstört, ebenso ihre Architektur. Cortés ordnete an, daß Tenochtitlán dem Erdboden gleichgemacht werde, und baute dann auf dem Haupttempel der Stadt eine riesige Kathedrale, von der noch heute ein großer Teil steht. Die Klosterbrüder betrachteten die Kunst und Kultur der Azteken, ihre gemalten Schriftrollen und feinen Skulpturen als «Werk des Teufels, geschaffen durch den Bösen, um die Indianer zu täuschen und sie davon abzuhalten, das Christentum anzunehmen».[21] Auch kostbare Metalle wurden zusammengetragen, eingeschmolzen und nach Spanien geschickt, damit sie die Schatztruhen des spanischen Reiches füllten. Die Azteken waren offenbar entsetzt über die Gier der Spanier nach dem «gelben Metall». Das erinnerte mich an die Visionen, die Nick Nocerino in seinem Schädel gesehen hatte.

Der frühe spanische Siedler Vater Burgoa beschrieb die Zerstörung eines ganz besonderen «Götzenbildes», das in einem Heiligtum an einem Ort namens Achiotlán aufbewahrt wurde:

«Das Material war von wunderbarem Wert ... mit größter Fertigkeit geschnitzt ...
Der Stein war so durchsichtig, daß er von innen heraus mit der Helligkeit einer Kerze leuchtete. Es war ein sehr alter Edelstein, und es ist keine Tradition vorhanden über Ursprung seiner Verehrung und Anbetung.»[22]

Vater Burgoa berichtete außerdem, daß dieser Stein von dem ersten Missionar, Vater Benito, ergriffen worden sei, der «ihn zermahlen ließ, obwohl andere Spanier dreitausend Dukaten dafür boten. Er vermischte das Pulver mit Wasser, goß es auf die Erde und trat darauf».[23]

Es ist sicher kaum vorstellbar, daß die Kristallschädel solche Verwüstungen überstanden hätten, obwohl, wie Dr. John Pohl von der University of California schon gesagt hatte, «die Indianer den Wert der Kristallschädel so hoch geschätzt haben, daß sie ihr Bestes getan hätten, damit die Spanier ihrer nicht habhaft werden konnten».

Einige der wenigen Gegenstände, die überlebt haben, waren die monumentalen Steinstatuen und Reliefs, wie die der Coatlicue, die so groß waren und aus derart hartem und langlebigem Eruptivgestein bestanden, daß man sie nicht zerschlagen, verbrennen oder auf andere Art und Weise zerstören konnte. Doch die Spanier vergruben sie; viele wurden erst in jüngster Zeit wiederentdeckt. Aber abgesehen von diesen massiven Steindokumenten blieb wenig von der Kunst der Azteken erhalten.

Doch es gab noch einen weiteren Beweis, sagte José, der möglicherweise interessant für uns war und vielleicht beweisen könnte, daß die Schädel tatsächlich aztekisch waren. Wir begleiteten ihn zum nahegelegenen Museo Templo Mayor, dem Museum des Haupttempels, das in der Mitte des Zócalo-Platzes im Herzen von Mexico City liegt. Der Platz war von allen Seiten von kolonialen Gebäuden umgeben und gab einen Eindruck von früherer kolonialer Allmacht. Ich fand die graue Freudlosigkeit der Gebäude und das unaufhörliche Fließen des Autoverkehrs ein wenig deprimierend. Als wir uns direkt neben der Kathedrale, die heute hinter einem Stützgerüst verborgen liegt, weil sie immer tiefer in den weichen Untergrund einsinkt, dem Museum näherten, konnten wir die ursprünglichen Fundamente des Tempels sehen, die erst vor kurzem ausgegraben worden waren.

Als wir eintraten, begrüßte uns der Anblick ganzer Reihen von Steinschädeln, eine Version des Schädelgestells oder *tzompantli*, jedoch auf ewig in Stein gemeißelt; man hatte es unter der Kathedrale gefunden. Wir waren ganz verblüfft, als wir außerdem ein Regal sahen, auf dem echte menschliche Schädel ausgestellt waren. Wir fragten uns, woher diese Faszination des Todes kam. Hatten die Azteken die Schädel einfach als Kriegstrophäen aufgereiht, als Zeichen ihrer Macht, oder gab es noch andere Gründe? Viele Menschen glauben, daß die Steinversionen der *tzompantli* etwas mit dem alten Kalendersystem der Azteken zu tun haben.

José führte uns weiter an Reihen echter Schädel und an verschiedenen Statuen alter Götter vorbei, von denen viele mit Schädeln geschmückt waren, zu einer kleinen Glasvitrine. Sie enthielt ein paar Kristallstücke, die zumindest ganz sicher so alt waren wie die Azteken. Man hatte sie in den siebziger Jahren während der Ausgrabung des Templo Mayor gefunden. Wie bei den Azteken üblich, waren die Pyramiden an dieser Stelle in Schichten erbaut, und je größer das Reich wurde, um so mehr Schichten waren hinzugefügt worden. Man glaubt, daß alle 52 Jahre weitergebaut wurde, entsprechend den Zyklen des alten Kalenders. In der innersten Schicht lag ein Basaltsarg unter einer Chac-Mool-Statue, die den großen Gott Quetzalcoatl symbolisieren soll. Genau hier hatte man die Artefakte aus Kristall gefunden – mehrere Kristallzylinder, die vielleicht den gefiederten «Schwanz» des Quetzalcoatl darstellen sollen, kristallene Lippensiegel, kristallene Ohrspulen und, was vielleicht am interessantesten ist, eine Reihe von 13 Kristallperlen, die wahrscheinlich einmal als Teil einer Kette getragen worden sind. In Anbetracht ihrer Lage in der innersten Schicht der Pyramide stammen diese Kristallstücke mindestens aus der Zeit um 1390.

Es war übliche Praxis, bedeutende Leute zu verbrennen und in solchen Särgen zu beerdigen, und der ursprüngliche Besitzer dieses Sarges war komplett verbrannt. Nur die kleinen Kristalle hatten die Flammen der

Einäscherung überlebt. Die Archäologen waren ein wenig verwirrt über diesen Fund, denn Kristall war bei den Azteken sehr selten und nur dem allerhöchsten Adel vorbehalten. Die wahrscheinlichste Erklärung war, daß diese Kristallartefakte ursprünglich von einem der «Himmelsbeobachter» getragen wurden, einem Astronom, der die höchste Position in der Gesellschaft einnahm. Kristall war, wie es scheint, das geheiligte Material des Himmels und wurde mit der Fähigkeit gleichgesetzt, klar zu sehen, daher war es der Kaste der Astronomen vorbehalten.

Die Astronomen waren für die Azteken, deren Leben in vielerlei Hinsicht auf der Beobachtung des Himmels gründete, sehr wichtig. Obwohl sie materiell nur wenig besaßen, «nur Steine und weiche Metalle», wie José erzählte, «erhoben sie sich in die Himmel» und erwarben große Fähigkeiten auf dem Gebiet der Astronomie. Bei ihrer ersten Wanderung hatten sie sich an der Position des Polarsterns orientiert, wie später alle, die den Atlantik überquerten, und als sie sich in Mexiko niederließen, richteten sie alle heiligen Gebäude nach den vier Kardinalpunkten des Kompasses aus. Außerdem siedelten sie die meisten ihrer Gottheiten unter den Himmelsmächten an. Ihr tägliches Leben und all ihre Rituale und Zeremonien wurden durch die Bewegungen der Himmelskörper bestimmt.

Sogar die Menschenopfer sollen von astrologischer Bedeutung gewesen sein. Denn für die Azteken war die Sonne ein sterbliches Wesen. Sie glaubten, daß man sie fast täglich füttern mußte, damit sie weiterschien. Deshalb legten sie das Herz eines Opfers stets in ein Opfergefäß, verbrannten es und hielten es gen Himmel. Sie glaubten, dadurch würde der Geist eines Adlers vom Himmel herabgeflogen kommen, den Geist des geopferten Menschen in die Klauen nehmen, von der Erde gen Himmel tragen und damit die Sonne füttern. Auf diese Art, so glaubten sie, würde die Seele des Opfers sich mit der Sonne vereinen und sie am Leben erhalten.

Die Einstellung der Azteken zu Menschenopfern hing eng mit ihren Überzeugungen über den Kalender und das Ende der Zeit zusammen. José hatte uns bereits den berühmten Kalenderstein der Azteken gezeigt, einen riesigen runden Stein, der 1791 aus den Überresten des Haupttempels hervorgeholt worden war. Zunächst hielt man ihn einfach für einen verzierten Opferstein, doch tatsächlich enthielt er den Schlüssel zum Glauben der Azteken über die Geschichte der Welt und das Ende der Zeit.

Zeichnung 6: Der aztekische Kalenderstein

Dieser Stein zeigt in seiner Mitte ein menschliches Gesicht mit heraushängender Zunge. Es stellt den Sonnengott Tonatiuh dar, der Blut und Menschenopfer fordert. Davon strahlen mehrere Teilbereiche ab. Im weiteren sind die acht Einteilungen des Tages dargestellt, das aztekische Äquivalent für unsere Stunden, während andere Teile des Steines die Monate repräsentierten, die alle 20 Tage dauerten. Es gab 13 Monate in jedem der geheiligten Jahre, der *tonalamatl*. Einer dieser Bereiche wurde sogar durch einen menschlichen Schädel repräsentiert.

Die vier äußeren Kreise dieses zyklischen Kalenders repräsentierten die vier vorhergehenden «Sonnen». Diese Sonnen bezogen sich auf die verschiedenen Epochen der Erde. Denn wie alle mesoamerikanischen Völker glaubten die Azteken, daß die Welt schon mehrere Male erschaffen und wieder zerstört worden sei. Der aztekische Kalenderstein zeigte ebenso wie viele andere ihrer Steinmonumente und Manuskripte, daß die

157

Azteken glaubten, im Zeitalter der «Fünften Sonne» zu leben, genau wie wir heute noch. Jede der vorhergehenden Welten oder Sonnen dauerte Tausende von Jahren, doch jede endete in einer großen erdgeschichtlichen Katastrophe.

Es besteht Uneinigkeit über die genaue Reihenfolge, in der diese Welten endeten, aber der Kalenderstein selbst, vermutlich das verläßlichste Zeugnis, nennt die folgende Reihenfolge:

1. Das erste Zeitalter, oder die Erste Sonne, war das Zeitalter der «Riesen», die «unsere Nahrung aßen». Viele interpretieren dies als die Dinosaurier. Heute glauben die Wissenschaftler, daß die Erde einmal von einem großen Meteoriten getroffen wurde und daß die Dinosaurier infolge dieser Katastrophe ausstarben. Dies soll vor 65 Millionen Jahren geschehen sein, doch schuf dieser Meteorit den Chicxulubkrater im Süden Mexikos. Der Einschlag des Meteoriten war so gewaltig, daß er riesige Wolken aus Staub und Gestein aufgewirbelt haben muß, die die Sonne verdunkelten und zu einer großen Klimaveränderung führten. Dadurch, so eine Theorie, wurde fast alles Leben auf Erden ausgelöscht. Manche glauben, dieser Meteorit sei so tief in die Erdoberfläche eingedrungen, daß er im Zentrum der Erde verschwand. Nach den Azteken endete das erste Zeitalter, als die Riesen von «Tigern» oder «Ozeloten» gefressen wurden, womit sie vermutlich meinen, daß sie durch Säugetiere ersetzt wurden. Einige Quellen sprechen zwar davon, daß diese Erde von einer Flut zerstört wurde, andere, daß «diese Sonne in kalter Dunkelheit endete, die auf eine Sonnenfinsternis folgte», doch alle Berichte stimmen darin überein, daß am Ende aller vorhergehenden Welten die Sonne nicht mehr schien, in diesem Fall «in dem Jahr, das wir als 13. kennen».[24]

2. Die zweite Welt, oder Zweite Sonne, war die Zeit, als «sie Affen wurden» und in den Bäumen lebten. Wer «sie» waren, ist nicht bekannt, aber vermutlich handelt es sich um die Vorfahren der Menschen. Beinahe alle Berichte stimmen hier überein, daß diese Zweite Sonne von einem heftigen Wind zerstört wurde, der alles davonwehte, die Trümmer, die die Sonne verdunkelten, und auch «diese Sonne selbst wurde vom Wind verweht».[25] Ein Satz berühmter Manuskripte, der *Vaticano-Latino Codex* («Codex» bedeutet ein Buch aus Hieroglyphen und Pik-

togrammen), fügt jedoch hinzu, daß «ein Mann und eine Frau auf einem Felsen standen und der Zerstörung entgingen».

3. Die dritte Welt, oder Dritte Sonne, begann am Tag eins des Feuersteins nach dem alten Kalender und soll vom Gott des Feuers beherrscht worden sein. Dies wurde vielfach als das Zeitalter interpretiert, in dem der Mensch lernte, sich das Feuer zunutze zu machen. Fast alle Quellen sind sich einig, daß dieses Zeitalter durch «Regen oder Feuer» zerstört wurde. Laut Léon-Portilla «regnete es Feuer auf sie nieder», und «diese Sonne wurde vom Feuer aufgezehrt», was vielleicht bedeuten soll, daß die Sonnenstrahlen durch den Rauch und die Flammen auf der Erde verdunkelt wurden, vielleicht als Ergebnis von Vulkantätigkeit oder aber durch die Handlungen der Menschen.[26]

4. Die Vierte Sonne ist bekannt als *tzontlilac* oder die Zeit des «schwarzen Haars». Zwar spricht der *Vaticano-Latino Codex* davon, daß am Ende dieser Welt die Menschen verhungerten, nachdem ein Regen aus Blut und Feuer vom Himmel gefallen war, doch fast alle anderen Berichte stimmen mit dem Kalenderstein überein, daß diese Welt durch Wasser bei einer großen Flut zerstört wurde. Fast unaufhörlicher Regen führte zu einer Sintflut, und «die Menschen wurden zu Fischen».
Léon-Portilla berichtete in allen Einzelheiten, was er über das Ende dieser Welt gehört hatte: «So siechten sie dahin und wurden von den Wassern verschluckt und wurden zu Fischen … Das Wasser blieb 52 Jahre lang, und damit endeten ihre Jahre … Die Himmel brachen über ihnen zusammen und … sie gingen zugrunde», und «alle Berge wurden zerstört», verschluckt von den Wassern, die die Erde überfluteten.[27] Der *Vaticano-Latino Codex* fügt jedoch hinzu, daß ein Paar die Flut überlebte, denn «sie wurden von einem Baum geschützt»; dieser Bericht hat bemerkenswerte Ähnlichkeit mit der biblischen Geschichte von der Arche Noah.

5. Die Fünfte Sonne begann im Jahr 13 des Acatl und dauert bis heute an. Doch die Azteken glaubten auch, daß diese Sonne die letzte sei.
Laut Léon-Portilla «ist diese Fünfte Sonne die Sonne der Bewegung, weil sie sich bewegt und ihrer Bahn folgt».[28] Doch in der Sprache der Azteken, dem Nahuatl, bedeutet das Wort *ollin* nicht nur «Bewegung», sondern auch «Erdbeben», daher fährt Léon-Portilla fort:

«... wie die Ältesten stets zu sagen pflegen, wird es unter dieser Sonne Erdbeben und Hunger geben, und dann kommt unser aller Ende.»[29] Und der *Vaticano-Latino Codex* formuliert, es werde eine Bewegung der Erde geben, und dadurch würden wir alle vernichtet.[30] Andere Quellen sprechen jedoch von einer erdgeschichtlichen Katastrophe, die die gegenwärtige und letzte Welt durch eine Kombination aus zerstörerischen Kräften der Natur, der Erde, der Luft und des Wassers beenden wird, in einem letzten Großbrand aus unvorstellbarer Hitze und Dürre und aus «Feuer aus den Himmeln», gefolgt von Dunkelheit und Kälte, mit Wirbelstürmen und sintflutartigen Regenfällen sowie einer Kombination aus Erdbeben, Vulkanausbrüchen und verheerenden Fluten. Dies erinnerte mich wieder an die Visionen von Nick Nocerino sowie an die Informationen, die Carole Wilson beim Channeling des Mitchell-Hedges-Schädels erhalten hatte.

Laut Léon-Portilla «erklärt der aztekische Mythos von den Fünf Sonnen das Schicksal des Menschen und sein unvermeidbares Ende».[31] Darin zeigt sich die Überzeugung der Azteken, daß unsere Welt vergänglich ist und daß die Zeit aus einer Kette von Zyklen besteht, dazu verurteilt, in die totale Zerstörung zu führen.

Doch offenbar wußten die Azteken nicht genau, wann die gegenwärtige Sonne enden sollte. Sie glaubten, daß sie schon sehr alt sei und vermutlich bald enden würde. Aber sie glaubten auch, daß ihre eigenen Handlungen einen Einfluß darauf hätten, wie lange sie noch scheinen würde. Sie hielten es für ihre Pflicht, die Sonne vor dem Sterben zu bewahren, und dies konnte gelingen, wenn die Menschen persönliche Opfer brachten, damit die Sonne weiterschien und die Erde bei guter Gesundheit blieb. Für sie gehörte dazu, daß sie die Sonne mit menschlichen Herzen und Blut fütterten.

Deshalb waren die Menschenopfer für die Azteken absolut lebenswichtig. Sie waren überzeugt davon, daß es nur einen Weg gab, die Sonne am Scheinen zu erhalten: durch das kostbarste Geschenk überhaupt, das Geschenk des Lebens. Also boten sie weiterhin ihr eigenes Leben an, um so die große Katastrophe abzuwenden.

José äußerte die Ansicht, die Wurzeln der aztekischen Opferungspraktiken – der Gedanke, sich selbst für Gott aufzugeben – seien eigentlich in den zentralen Lehrsätzen vieler Religionen der Welt zu finden. Auch Christen sprechen davon, ihr «Herz für Jesus zu geben» oder ihr «Herz Gott anzuvertrauen». Die Azteken verstanden dies ganz wörtlich und boten ihre noch schlagenden Herzen dem Gott der Sonne dar.

Ich war immer noch neugierig, warum das Bild des Schädels auf dem geheimnisvollen Kalenderstein auftauchte, und fragte mich, ob es irgendeinen Beweis dafür gab, daß vielleicht die Kristallschädel mit der Praxis der Menschenopfer und den sonderbaren Überzeugungen über das Ende der Welt zu tun hatten. José erklärte, um das Bild des Schädels und den Kalender richtig zu verstehen, müsse man weiter zurückgehen und die Vorfahren der Azteken genauer erforschen, die Tolteken, die Teotihuacanos und die Maya. Man nimmt nämlich an, daß die Azteken den Kalender, ihre Rituale, Überzeugungen und auch das Symbol des Schädels von diesen Zivilisationen übernommen haben. Besonders der Kalender kann bis zu den alten Maya zurückverfolgt werden. Doch wie wir bereits gehört haben, ist ihre Zivilisation Jahrhunderte vor dem Aufstieg der Azteken auf geheimnisvolle Weise verschwunden, und die Ruinen ihrer Städte liegen Hunderte von Meilen weiter südlich, so daß wir sie von Mexico City aus nicht so einfach aufsuchen konnten. Doch wir konnten die Ruinen von Tula besuchen, der großartigen Stadt der Tolteken, und Teotihuacán, wo nach dem Glauben der Azteken die Sonne geboren wurde.

Am folgenden Tag fuhren wir nach Tula. Diese Ruinenstadt ist über tausend Jahre alt und von niedrigen Bergen umgeben. Von der ursprünglichen Architektur ist nicht mehr viel übrig. Das größte noch erhaltene Monument ist eine niedrige Pyramide, deren Spitze von Säulen gekrönt ist, in die Menschen oder Götter eingemeißelt sind. Dieses Bauwerk heißt «Tempel des Morgensterns» oder «Tempel der Atlantes». Alle Säulen sind auf die Himmelskörper ausgerichtet, und man glaubt, daß die Tolteken hier alle 52 Jahre eine geheiligte Zeremonie durchführten.

Alle 52 Jahre schloß sich ein voller Zyklus aus geheiligten und Sonnenjahren des alten Kalenders. Ein Zyklus bestand aus viermal 13 Jahren; danach kehrte das 260-Tage-Jahr des heiligen Kalenders zu seiner Ausgangsposition zurück, relativ gesehen zu den 365 Tagen des Sonnenjahres. Das Ende des Zeitraums von 52 Jahren war stets eine sehr unsichere Zeit für die Tolteken und ihre aztekischen Nachfahren, da dann die Möglichkeit bestand, daß die Sonne aufhörte zu scheinen. Dementsprechend fanden zu diesem Zeitpunkt stets besonders viele Menschenopfer statt. Es heißt außerdem, daß die Aztekenpriester alle 52 Jahre bei Sonnenuntergang zum Tempel auf dem «Hügel des Sterns» hinaufklettern mußten, was vermutlich der Tempel in Tula war. Dort warteten sie entweder auf das Ende der Welt oder auf «den Beginn der neuen Feuer». Sie warteten voller Angst, bis die Konstellation der Plejaden am Himmel erschien. Dies war das Zeichen, daß die Sonne weiterscheinen würde, und dann feierten sie die Geburt eines neuen Zeitzyklus, indem sie «die neuen Feuer» entzündeten. Diese Feuer wurden wie eine olympische Flamme durch das ganze Reich getragen, und die erste Flamme wurde die folgenden 52 Jahre in Brand gehalten.

Hinter dem Tempel der Atlantes war eine Mauer, die *coatepantli* oder Schlangenmauer, die anscheinend einmal die gesamte Pyramide umfaßt hatte. Diese Mauer war mit einem Relief verziert, das Schlangen zu zeigen schien, doch jede hatte als Kopf einen menschlichen Schädel (*siehe Bildtafel Nr. 23*). Jeder Schädel hatte den Unterkiefer weit geöffnet und schien den Schwanz der vor ihm befindlichen Schlange zu schlucken oder hineinzubeißen.

Das Gebäude macht die Archäologen immer noch sprachlos. Es war ganz eindeutig «den Atlantes» gewidmet, doch wer sie waren, blieb bisher ein Geheimnis, ebenso wie die Frage, warum diese Reliefs auch Quetzalcoatl, den ursprünglichen Gott Mesoamerikas, mit einem Schädel zeigten. Traditionell wurde Quetzalcoatl als fliegende Schlange oder Schlange mit Federn in allen Regenbogenfarben dargestellt, doch dieses Gebäude zeigte ganz eindeutig, daß ein Zusammenhang zwischen diesem Gott, einer mysteriösen Gruppe namens «Atlantes» und dem Bild des menschlichen Schädels bestand. Aber welcher?

Diese unbeantworteten Fragen kreisten noch immer durch meinen Kopf, während wir uns zu der prächtigen Stadt Teotihuacán aufmachten. Diese Stadt war den Azteken als «Ort, wo die Sonne geboren wurde» bekannt oder als «Ort der Menschen, die der Straße der Götter folgen» oder als «Ort, wo der Himmel die Erde trifft». Hier, nur eine Stunde von Mexico

City entfernt, war Eugène Boban zu jener Zeit gewesen, als er die Kristallschädel verkaufte. Aus irgendeinem Grund hatte ich das Gefühl, diese Stätte könnte einen wichtigen Hinweis auf den Ursprung der Schädel liefern.

Die aztekische Legende erzählt, daß in einer Zeit großer Dunkelheit, vor der gegenwärtigen Sonne, zwei Männer, Tecuciztecatl und Nanahatzin, die Sonne zum Scheinen gebracht hatten, indem sie in ebendieser Stadt das erste und ultimative Opfer brachten und sich von den großen Pyramiden in die «heiligen Flammen» stürzten. Als Folge davon flogen sie in den Himmel, wo sie selbst zu Göttern wurden: Sonne und Mond.

Die Überreste dieser riesigen Stadt entpuppten sich als äußerst beeindruckender archäologischer Ausgrabungsort. Teotihuacán war ebenfalls von niedrigen Bergen umgeben, aber weitaus größer als Tula in sehr großem Maßstab erbaut. Die Ruinen der Stadt bedeckten ein Gebiet von acht Quadratmeilen, und in ihrer Mitte lag die massivste Gruppe von Pyramiden, die ich je gesehen hatte. In Teotihuacán gibt es die größte Gruppe von Pyramiden in ganz Amerika. Drei große Pyramiden stehen in einer Reihe, und mir fiel sofort die Ähnlichkeit mit den ägyptischen Pyramiden in Gizeh auf.

Zu ihren besten Zeiten hatte die Stadt ungefähr 200 000 Einwohner, und ihr Einfluß auf Kultur und Handel war enorm. Spuren ihres künstlerischen und kulturellen Lebens konnten sogar in Mayastädten wie Tikal gefunden werden, das über 600 Meilen entfernt liegt. Niemand weiß genau, wer die Teotihuacanos waren, woher sie gekommen waren oder was mit ihnen geschehen ist. Es ist ebenfalls nicht sicher, welche Sprache sie sprachen und wie alt ihre prächtige Stadt wirklich war. Der Bau von Pyramiden wird allgemein der Zeit um Christi Geburt zugeschrieben, doch viele behaupten, sie seien viel älter. Auf jeden Fall wurde die Stadt vor über tausend Jahren aus geheimnisvollen Gründen verlassen, vermutlich irgendwann zwischen 500 und 750.

Teotihuacán wurde von den Azteken verehrt, die es bereits als Ruine vorgefunden hatten, und sie nannten die Pyramiden «Pyramide der Sonne», «Pyramide des Mondes» und «Pyramide des Quetzalcoatl». Sie waren auch für den Namen «Straße der Toten» verantwortlich.

Wir stiegen ungefähr 45 m hoch auf die Pyramide des Mondes, denn von dort aus sollte man den besten Blick über die Stadt haben. Nun standen wir an einer Stelle, wo einmal ein Tempel gewesen war. Der Ausblick war grandios. Vor uns lagen die ordentlichen Reihen der Stadt. Im Süden lag die Straße der Toten mit ihren Steindämmen und kleinen Pyramiden entlang ihrer perfekt geraden Seiten. Sie war mehr als 45 m breit und beinahe 4 km lang und verschwand in der Ferne aus unserem Blickfeld (*siehe Zeichnung 7*). Der Zweck dieser prächtigen Straße bleibt ein Geheimnis. Es könnte sein, daß sie früher einmal mit Wasser gefüllt war und als eine Art antiker Seismograph fungiert hat, der mögliche Erdbeben anzeigen sollte. Die sorgfältige Messung «stehender Wellen» auf ruhigem Wasser kann einen Hinweis auf Stärke und Ort eines Erdbebens liefern, das irgendwo auf der Erde stattfindet, und so könnte die Straße vielleicht einmal dazu gedient haben, Erdbeben in der näheren Umgebung vorherzusagen.[32]

Auch der Zweck der Pyramiden selbst war unbekannt, obwohl sie meist ganz unzweifelhaft religiöse und astronomische Bedeutung hatten. Östlich der breiten Straße der Toten konnten wir die große Masse der Pyramide der Sonne alles überragen sehen, an der Basis über 215 m breit und über 60 m hoch. Früher war auch sie einmal von einem Tempel gekrönt gewesen. Weiter unten konnten wir auch die Pyramide des Quetzalcoatl erkennen. Sie ist jetzt weniger als 30 m hoch, und man nimmt an, daß sie niemals fertiggestellt wurde. Denn die kleinere Pyramide ist immer noch an allen Seiten von Grundmauern umgeben, die sich noch weiter ausdehnen als jene der benachbarten Pyramide der Sonne.

Einer der Gründe, warum diese Pyramiden die Archäologen stets verwirrt haben, liegt in ihrer Größe, ihrem Grundriß und ganz besonders in ihrer Lage im Verhältnis zueinander, das nämlich fast haargenau dem Verhältnis der Pyramiden in Gizeh untereinander entspricht. Die Basis der Pyramide der Sonne paßt bis auf wenige Zentimeter zu einer der ägyptischen Pyramiden.[33] Außerdem sind die Pyramide des Quetzalcoatl und die Pyramide der Sonne ganz genau aufeinander ausgerichtet, das heißt, würde man zwischen ihren Spitzen ein Seil spannen, würde es genau parallel zur Straße der Toten verlaufen, während die kleinere Pyramide des Mondes ein wenig nach links versetzt ist, ganz an den Kopf der prächtigen Straße. Diese Anordnung folgt fast genau demselben Muster, das auch die Pyramiden von Gizeh aufweisen.

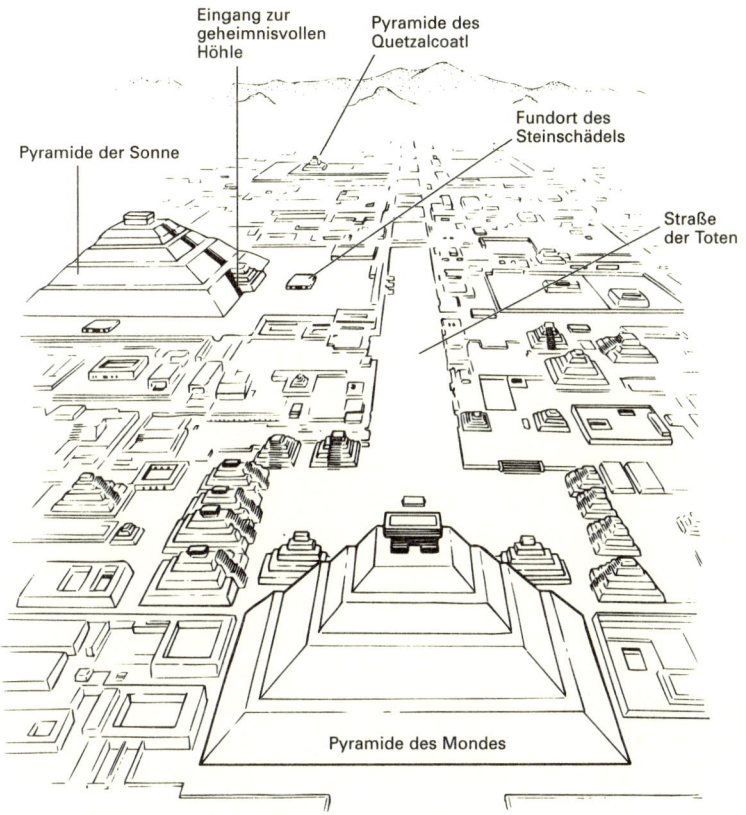

Zeichnung 7: Rekonstruktion der antiken Stadt Teotihuacán
mit Blick auf die Straße der Toten

Obwohl die Pyramiden von Teotihuacán ein wenig niedriger sind als ihre ägyptischen Verwandten, besteht aus der Luft gesehen der einzige Unterschied darin, daß die ägyptischen Pyramiden im Winkel von 45° zur Mittelachse stehen, während die Pyramiden von Teotihuacán im rechten Winkel stehen. Außerdem verläuft in Teotihuacán die Straße der Toten genau parallel zu dieser Mittelachse, während in Ägypten nichts von solch einer großen Straße zu sehen ist. Nichtsdestoweniger gilt: Würde man einen Plan der Pyramiden von Ägypten auf einen Plan der Pyramiden von Teotihuacán legen, beide natürlich im selben Maßstab gezeichnet, würden der Bereich um jede Pyramide und der Gipfel jeder Pyramide fast genau aufeinanderpassen. Die Pyramide des Cheops würde genau zur Pyramide des Quetzalcoatl passen, die Pyramide des Chefren zur Pyramide der Sonne und die Pyramide des Mykerinos zur Pyramide des Mondes (*siehe Zeichnung 8*).

Was diese vermutlich heilige Anordnung bedeuten soll, ist nicht ganz klar. Neuere Studien der Pyramiden von Gizeh in Ägypten haben gezeigt, daß diese Anordnung genau der relativen Größe und Position der drei Sterne entspricht, die den Oriongürtel bilden. Somit haben die alten Ägypter vielleicht versucht, den Himmel auf Erden abzubilden. So gesehen ist es sehr wahrscheinlich, daß die Anordnung der drei Pyramiden von Teotihuacán ebenfalls eine Verbindung zu den Sternen und möglicherweise zur Orionkonstellation hat, die in dem komplexen uralten mesoamerikanischen Kalender eine eigene Rolle spielt.

Kürzlich wurde noch eine weitere Ähnlichkeit zu Ägypten entdeckt, nämlich daß die Pyramide der Sonne ebenso wie die Pyramide des Cheops in ihren Abmessungen einen geheimen mathematischen Code enthält. Das mathematische Verhältnis zwischen der Höhe der Pyramide und der Länge der Perimeter an ihrer Basis enthält die berühmte mathematische Konstante *Pi* (π). (In Teotihuacán entspricht das mathematische Verhältnis zweimal π, in Ägypten ist es viermal π.) Das deutet darauf hin, daß die Bewohner des antiken Teotihuacán wußten, wie man den Umfang eines Kreises oder einer Kugel wie die Erde berechnet, nämlich indem man den Radius oder Durchmesser mit einem Faktor von π multipliziert. Das wiederum deutet darauf hin, daß mindestens 1000 Jahre vor den Europäern die Bewohner von Teotihuacán nicht nur wußten, daß die Erde rund ist, sondern ihre Abmessungen für präzise wissenschaftliche Nutzung genau berechnen konnten.[34]

Heute ist allgemein anerkannt, daß die Anordnung der Gebäude in Teotihuacán von großer astrologischer Bedeutung gewesen sein muß, da die ganze Stadt höchst genau abgemessen ist und so fest mit den Bewegungen von Planeten und Sternen verbunden.

Die Pyramide der Sonne beispielsweise hatte diesen Namen vermutlich von den Azteken bekommen, weil sie genau wie eine riesige Sonnenuhr und astronomische Uhr fungiert. Die Ostseite der Pyramide ist so ausgerichtet, daß die Strahlen der Sonne nur zur Tag- und Nachtgleiche

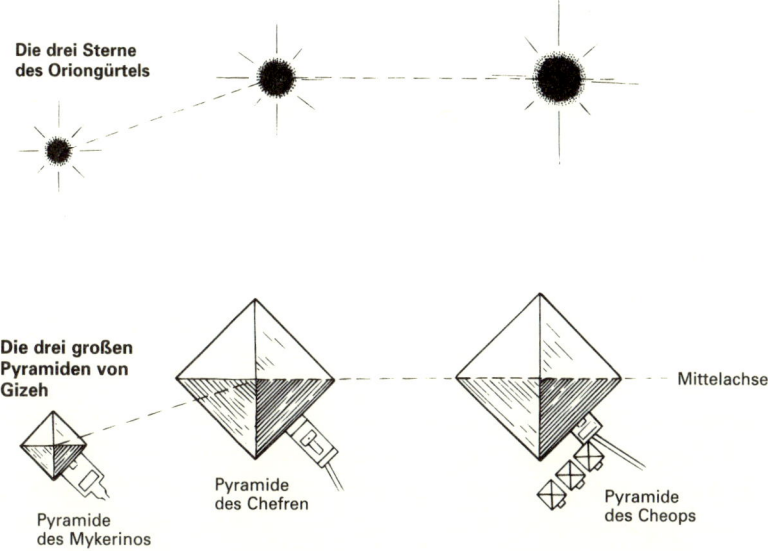

Die drei Sterne
des Oriongürtels

Die drei großen
Pyramiden von
Gizeh

Mittelachse

Pyramide
des Mykerinos

Pyramide
des Chefren

Pyramide
des Cheops

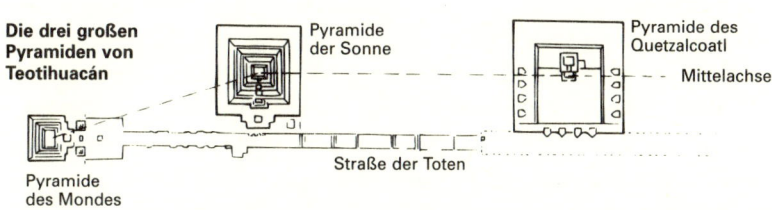

Die drei großen
Pyramiden von
Teotihuacán

Pyramide
der Sonne

Pyramide des
Quetzalcoatl

Mittelachse

Pyramide
des Mondes

Straße der Toten

Zeichnung 8

im Frühling und Herbst genau auf sie fallen, also am 20. März und am 22. September.[35] Wie Graham Hancock erst kürzlich in seinem Buch *Die Spur der Götter* ausführte, drückt sich an diesen Tagen der Zug der Sonne auch in der fortschreitenden Verwischung eines perfekt geraden Schattens aus, der am niedrigsten Hang der Westseite entlangläuft, so daß dieser Schatten ganz genau und nur zur Mittagszeit verschwindet. Dieser ganze Vorgang vom vollständigen Schatten bis zur vollständigen Illumination dauert stets genau 66,6 Sekunden.[36] Es dauert jedes Jahr ge-

167

nau gleich lange, vermutlich seit die Pyramide gebaut wurde, und es wird so bleiben, solange die Pyramide steht. Auf diese Weise konnten die Menschen die Mitte des Tages auf die Sekunde genau bestimmen.

Doch das sind nicht die einzigen Übereinstimmungen mit Sternkonstellationen. Die Stadt wurde in jeder Richtung in Harmonie mit dem Universum ausgerichtet, wie es die Teotihuacanos sahen, oder, wie es eine neuere Studie ergab, als präzises maßstabsgetreues Modell unseres Sonnensystems.[37] Falls die Pyramide des Quetzalcoatl die Sonne repräsentierte, zeigten viele der anderen Gebäude entlang der Straße der Toten und dahinter die genaue Entfernung der Umlaufbahn jedes anderen Planeten in bezug zur Sonne an. Die Pyramide der Sonne beispielsweise zeigt die genaue Entfernung des Saturn und die Pyramide des Mondes die genaue Distanz des Uranus an. Das deutet nicht nur darauf hin, daß die Teotihuacanos viele Dinge über die Planeten wußten, die wir erst in neuester Zeit herausgefunden haben, sondern auch, daß sie in der Lage waren, ihre genaue Entfernung von der Sonne zu berechnen.

Auch an diesem Ort spielt ein Schädel eine Rolle, und zwar die riesige Steinplastik eines Schädels, die sonderbar zweidimensional wirkt. Der Schädel blickt mürrisch und imposant, hat als Nase etwas, das einem Schlitz ähnelt, und einen breiten geraden Mund, aus dem die rot gemalte Zunge heraushängt. Der ganze Schädel ist von einem Kreis umgeben, der wie eine tief eingemeißelte Version der Sonnenstrahlen aussieht, die ebenfalls mit roter Farbe angemalt sind (*siehe Bildtafel Nr. 17*). Man hat angenommen, daß diese Statue lediglich den Sonnengott darstellen sollte, doch wie José schon ausgeführt hatte, wurde der Sonnengott normalerweise mit vollständigem menschlichem Gesicht gezeigt.

Interessant war der Fundort dieses riesigen Abbilds. Es war am Fuße der Westseite der Pyramide der Sonne entdeckt worden, in der Mitte entlang des Randes der Straße der Toten, und es zeigte auf einen besonderen Punkt am westlichen Horizont. Die ganze Stadt war an zwei Achsen entlang gebaut worden: an der Straße der Toten sowie an der Ost-West-Achse, in deren Richtung der Schädel und die Pyramide blicken.[38]

Man hat lange angenommen, daß dieser Steinschädel nur das Untergehen der Sonne repräsentiere und daß er auf seinem ursprünglichen Standort zu einem Punkt am Horizont geblickt hatte, wo an einem Tag, wenn die Sonne direkt über ihm ihren Lauf nahm, sie abends untergehen würde. Angesichts der Lage von Teotihuacán bewegt sich die Sonne normalerweise gen Süden, doch in einigen Sommermonaten zieht sie Richtung Norden. Die Tage, wenn die Sonne direkt über der Stadt steht, sind der 19. Mai und der 25. September. Man hatte sogar lange geglaubt, daß die Pyramide der Sonne extra so ausgerichtet war, daß sie nicht nur die Tag- und Nachtgleichen markierte, sondern auch diese Tage, wenn die Sonne direkt über der Stadt stand. Man war lange der Meinung, daß an diesen beiden Tagen die westliche Seite der Pyramide und daher auch der riesige Steinschädel genau auf die Position der untergehenden Sonne zeigte.[39] Diese Theorie ist in letzter Zeit von Archäo-Astronomen wie Anthony Aveni von der Colgate University überprüft worden.[40] Sein Team hat beobachtet, daß an den Tagen, wenn die Sonne direkt über der Stadt steht, die Plejaden zum ersten Mal im Jahr vor Tagesanbruch zu sehen sind.

Man hat außerdem herausgefunden, daß an diesen beiden Schlüsseltagen des Jahres die Westseite der Pyramide, und daher auch dieser massive Steinschädel, nicht auf die untergehende Sonne ausgerichtet waren, sondern genau auf jenen Punkt, wo die Plejaden unter dem Horizont verschwinden. Für die alten Teotihuacanos bestand ganz eindeutig ein Zusammenhang zwischen dem Abbild des Schädels und der Konstellation der Plejaden.

Anthony Aveni und sein Team entdeckten, daß an diesem Punkt des Horizontes auch die Sonne untergeht, aber nur in der Nacht vom 12. auf den 13. August.[41] Interessanterweise hat an genau diesem Tag der letzte Große Zyklus des antiken mesoamerikanischen Kalenders begonnen, und zwar am 13. August 3114 v. Chr. Für die alten Völker war dies der Tag, als «die Sonne geboren wurde», und vielleicht stammte diese prächtige Stadt auch aus jener Zeit.

Eine andere Studie vermutet, daß die große Straße der Toten vielleicht gebaut worden war, damit sie «auf den Untergang der Plejaden blicken konnte zu der Zeit, als [Teotihuacán] gebaut wurde».[42] Als Ceri und ich also über die Stätte blickten, kam mir plötzlich in den Sinn, daß die gesamte Anordnung von Teotihuacán vielleicht wie ein riesiges Zifferblatt war, das sich um die Pyramide der Sonne gruppierte. Die Straße der Toten zeigte wie ein Uhrzeiger auf den Punkt, wo die Plejaden am südlichen Horizont am 12. August 3114 v. Chr. untergegangen sind, während der

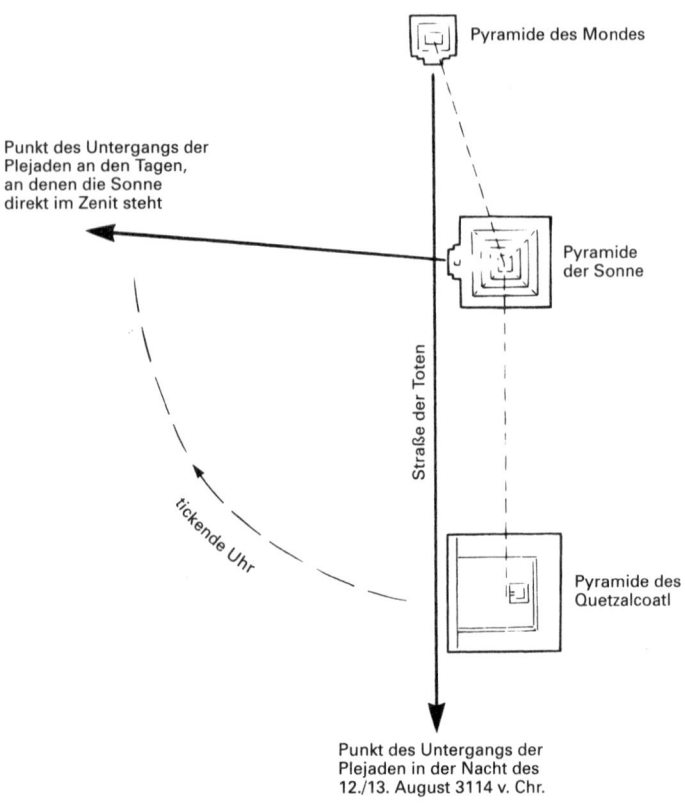

Pyramide des Mondes

Punkt des Untergangs der
Plejaden an den Tagen,
an denen die Sonne
direkt im Zenit steht

Pyramide
der Sonne

Straße der Toten

tickende Uhr

Pyramide des
Quetzalcoatl

Punkt des Untergangs der
Plejaden in der Nacht des
12./13. August 3114 v. Chr.

Zeichnung 9: Das «Zifferblatt» von Teotihuacán

Schädel unter der Pyramide der Sonne, wie der zweite Uhrzeiger, zu jenem Ort am westlichen Horizont zeigte, wo die Plejaden heute untergehen. Es sieht fast so aus, als sei der Uhrzeiger, der auf die Plejaden zeigt,
allmählich immer weitergezogen auf den Punkt am Horizont zu, den der
Schädel stets anblickte. Erneut hatte sich eine Verbindung zwischen dem
Abbild des Schädels und dem Sternenhaufen der Plejaden ergeben (*siehe
Zeichnung 9*).

Ich fragte mich außerdem, ob der Steinschädel unterhalb der Pyramide
der Sonne – falls die drei Pyramiden von Teotihuacán die Sterne des
Oriongürtels darstellten – vielleicht auf einen Punkt am Nachthimmel

170

gezeigt hatte, wo die Plejaden einmal in bestimmtem Verhältnis zu diesen drei Sternen des Orion gestanden hatten.

Doch weitere Entdeckungen waren an der Stelle gemacht worden, wo dieser riesige Steinschädel gefunden worden war. Als wir uns zum Fuß der Pyramide der Sonne begaben, sollten uns noch weitere Überraschungen erwarten. Wir gingen an der Pyramide des Quetzalcoatl vorbei, unter der man kürzlich Skelette gefunden hat. Man glaubt, daß sie von Menschenopfern stammten, und jedes einzelne war mit einer vollständigen Kette aus ganzen menschlichen Unterkiefern geschmückt. An der Straße der Toten entlang und um die Basis der Pyramide der Sonne herum konnten wir sehen, daß die Archäologen damit begonnen hatten, eine unterirdische Schicht der Stadt freizulegen. Ein ganzes Labyrinth unterirdischer Wege und ein vollständiges Netz aus Höhlen umgab offenbar die Pyramide der Sonne. Doch die überraschendste Entdeckung stammte aus dem Jahr 1971.

Direkt hinter der Stelle, wo der Steinschädel einst gestanden hatte, fanden die Archäologen ganz durch Zufall eine Tür, die direkt unter die Pyramide der Sonne führte. Zwar war es uns verboten, durch diese Tür zu gehen, doch später erfuhren wir, daß dieser «Eingang vielleicht der genaue Ausgangspunkt für die Ost-West-Ausrichtung war, die für den Stadtplan so wichtig war».[43] Ein Tunnel von nur 2 m Höhe, aber mehr als 90 m Länge führt von diesem Eingang an der Basis der westlichen Pyramidenstufen direkt zu einer geheimnisvollen Naturhöhle, die fast genau unter dem Zentrum der Pyramide verborgen lag. Später lasen wir in der Zeitschrift *National Geographic*: «Die Höhle war daher vielleicht das Allerheiligste – genau jener Ort, wo nach dem Glauben der Bewohner von Teotihuacán die Welt geboren wurde.»[44]

Die geheimnisvolle Höhle hatte «weiträumige Abmessungen, die künstlich in eine Form erweitert wurden, die ganz dem vierblättrigen Kleeblatt ähnelt».[45] Jede der vier großen Kammern der Höhle hatte einen Umfang von ungefähr 18 m. Karl Taube, der Mesoamerika-Experte der University of California in Riverside, bemerkt dazu: «Die Teotihuacanos müssen die Höhle für irgend etwas benutzt haben, denn die Mauern waren neu geformt und an manchen Stellen mit einem neuen Gewölbe versehen.»[46] Es gab außerdem ein kompliziertes System aus ineinandergreifenden Segmenten, die aus Felsröhren bestanden, vermutlich ein

Drainagesystem, obschon es dort kein Anzeichen für Wasser gab. Nur ein paar kleine zerbrochene Artefakte aus graviertem Schiefer und Obsidian waren übrig, als sei die Höhle vor einiger Zeit ausgeraubt oder auf andere Weise ausgeräumt worden.

Ich fragte mich, ob die geheimnisvolle Röhrentechnologie vielleicht etwas mit einer anderen sonderbaren Entdeckung in Teotihuacán zu tun hatte. Eine der oberen Schichten der Pyramide der Sonne war ursprünglich aus dem ungewöhnlichen Material Mika gemacht worden. Zwar hatte man diesen Teil zu Beginn des zwanzigsten Jahrhunderts geraubt, doch zwei riesige Stücke Mika, jedes 27 m im Quadrat, waren noch intakt zwischen den normalen Bodensteinen des «Mikatempels» ganz in der Nähe gefunden worden. Das Verwirrende an dieser Entdeckung war, daß diese Stücke Mika, die vor mehr als tausend Jahren dort hingelegt worden waren, von Natur aus erst ungefähr 2 000 Meilen entfernt vorkommen. Die alten Teotihuacanos hatten also, wie es schien, dieses Material von Brasilien hergebracht.[47] Die Archäologen waren fasziniert von der Frage, warum sie das hätten tun sollen, wenn das Material dann doch verborgen gehalten wurde und deshalb kaum dekorativ wirken konnte. Heute wird Mika vornehmlich in der Elektronikindustrie verwendet, wo es für eine Vielzahl von technologischen Anwendungen, wie beispielsweise in Kondensatoren oder als thermale und elektronische Isolatoren benutzt wird. Sofort mußte ich an die unglaublichen elektronischen Eigenschaften des Quarzkristalls denken, aus dem die Schädel gemacht wurden.

Wozu war die geheimnisvolle Höhle unter der Pyramide also wirklich benutzt worden? Der bekannte mexikanische Archäologe Eduardo Matos Moctezuma sagt dazu: «Die Lage und Zurückgezogenheit deutet darauf hin, daß sie einmal eine der heiligsten Stellen der Stadt gewesen ist, doch wir können nicht sagen, was dort geschehen ist.»[48] Der *National Geographic* war der Überzeugung, die Höhle sei eine Art «Orakel oder Treffpunkt für geheime Kulte» gewesen.[49] Offenbar wußte es niemand genau, doch ganz sicher war, daß der Eingang zu dieser geheimen Kammer vom Abbild eines Schädels bewacht wurde, der zu den Plejaden blickte.

Als wir uns noch einmal umdrehten, um einen letzten Blick auf die Stätte zu werfen, dachte ich zurück an Josés Worte. Wenn Moctezuma eine

böse Vorahnung bezüglich der Zukunft des Aztekenreiches hatte, be-
fragte er für gewöhnlich die Priester, die Seher, die alles wußten, was «in
den Bergen verborgen liegt». Mochten dies angesichts der Bedeutung,
die Teotihuacán für die Azteken hatte, die von Menschen gemachten
Berge der Pyramiden gewesen sein? War dies der Ort, wo die Hellseher
der Azteken wirkten? War dies der geheime Ort, wo einst die Kristallschädel gelagert wurden?

13

Der Schädel und das Kreuz

Wir waren noch in Mexiko, als José uns erzählte, er habe von der Existenz eines weiteren Kristallschädels ganz in der Nähe gehört. Er war nicht sicher, ob er wirklich alt war, doch er wollte sich für uns danach erkundigen. Es war nicht direkt ein Kristallschädel, sondern das Stück bestand offenbar aus Obsidian. Dabei handelt es sich um einen tiefschwarzen vulkanischen Stein, aus dem die Azteken ihre Opferklingen herstellten. In ihrer Mythologie wurde dieses Material mit den dunklen Kräften von Göttern wie Tezcatlipoca verknüpft, der anstelle seines Fußes einen schwarzen Obsidianspiegel trug.

Daran entzündete sich unsere Fantasie. Konnte es sein, daß der Schädel, ob aus Kristall oder Obsidian, eine Macht der Dunkelheit war? In unseren Köpfen spukten immer noch die blutrünstigen Bilder der Aztekenkultur herum – Göttinnen mit Halsketten aus abgetrennten Herzen und Händen, menschliche Schädel, die öffentlich auf Schädelgestellen zur Schau gestellt wurden, viele Reihen gemeisselter Steinschädel. War es möglich, daß die Azteken den Schädel als Symbol benutzt hatten, um ihr Volk einzuschüchtern und zu unterjochen?

Es hieß, dieser schwarze Schädel befinde sich irgendwo in Cuernavaca, einer Industriestadt ungefähr 80 km südlich von Mexico City. Wir waren fasziniert, denn wir hatten erst kürzlich von diesem Ort gehört, und zwar vom Besitzer einer Kristallgalerie in Washington. Er sagte, er wisse von einem modernen Kristallschädel, der bei einer internationalen Mineralienmesse in Tucson, Arizona, zum Preis von 100 000 Dollar zum

Verkauf gestanden habe! Dieser moderne Schädel war anscheinend in einer Kristallwerkstatt in Cuernavaca hergestellt worden. Also wurden moderne Schädel offenbar nicht nur in Deutschland hergestellt, sondern auch hier in Mexiko. Der Besitzer der Galerie hatte uns die Telefonnummer der Werkstatt gegeben.

Ihr Besitzer, ein gewisser Ea Orgo, war anfangs nur widerwillig bereit, seine Arbeitsmethoden aufzudecken. Also verabredete er sich mit uns unter der Statue von Zapata, die auf einer geschäftigen Verkehrsinsel am Rande der Stadt steht. Es erschien ein Mann, der uns aufforderte, seinem Motorrad zu folgen. Wir schlängelten uns durch die schmalen Straßen und kamen schließlich bei der Kristallwerkstatt an, die nichts weiter war als ein Holzschuppen.

Ea, ein schlanker Mann mit grauen Haaren, erklärte uns, er sei schon lange an Talismanen und heiligen Gegenständen interessiert. Vom Mitchell-Hedges-Schädel sei er fasziniert gewesen, seit er ihn das erste Mal bei einer Untersuchung durch Frank Dorland gesehen habe. Ea hatte seinem obersten Edelsteinschneider Crisoforo ein Foto des Schädels gezeigt. Dieser sagte, er könne so etwas niemals herstellen. Doch schließlich willigte Crisoforo ein, es einmal zu versuchen. Mit einem echten Schädel als Vorlage arbeiteten Cris und Ea rund um die Uhr. Unglaublich viel Arbeit war nötig, selbst mit modernen maschinell betriebenen Diamantwerkzeugen, und viele Schädel, die sie begonnen hatten, brachen zwischendurch entzwei. Letztlich brauchte es für den einzigen Schädel, der nicht kaputtging, mehr als ein Jahr, wobei die Maschinen unter zwei Edelsteinschneidern in Schichtbetrieb täglich 18 Stunden gelaufen waren, sieben Tage die Woche.

Dieser Schädel, der auf der Mineralienmesse zum Verkauf gestanden hatte, war sehr viel schlechter als der original Mitchell-Hedges-Schädel. Er war nicht nur kleiner, sondern es war auch erkennbar, daß er maschinell gefertigt worden war. Auch die Qualität des Kristalls, der aus Brasilien stammte, war einfach nicht dieselbe. Sogar Ea fand, daß es ihm an Schönheit und Anmut des Mitchell-Hedges-Schädels fehlte. Außerdem hatte es sich als unmöglich herausgestellt, den Unterkiefer aus demselben Stück Rohkristall herauszuschneiden. Der Unterkiefer, der aus demselben Rohkristall wie der restliche Schädel bestanden hatte, war während des Schneidens zersplittert, und man hatte fünf Versuche mit anderen Kristallstücken gebraucht, bis die Schleifer einen vollständigen Unterkiefer hergestellt hatten. Dieser zerbrach dann aus keinem ersichtlichen Grund, als der Schädel zum ersten Mal öffentlich gezeigt werden sollte.

Es war so, als fehle dem Schädel irgend etwas, irgendeine undefinierbare Eigenschaft. Nichtsdestoweniger behauptete Ea, auch diese moderne Kopie habe ganz besondere Kräfte. Er wies darauf hin, daß ein Gegenstand nicht alt sein müsse, um eine heilige Bedeutung zu haben, doch er gab auch zu, daß sein moderner Schädel bezüglich seiner Kräfte mit dem uralten Original nicht mithalten könne.

Doch Ea konnte uns nichts über den schwarzen Obsidianschädel sagen, und als wir zurück nach Mexico City fuhren, fragten wir uns, wie dieser wohl hergestellt worden war. Wer hatte den Obsidian geformt und zu welchem Zweck? Gab es eine Verbindung zu den Opferklingen der Azteken? Konnten die Kristallschädel möglicherweise mit der «dunklen Seite» in Verbindung gebracht werden? Schließlich hatte man Dr. Jane Walsh gesagt, ihr Schädel sei verflucht, und Nick Nocerino hatte uns erzählt, daß die Gestapo im Zweiten Weltkrieg hinter den Schädeln gewesen sei. Die Nazis hatten das Hakenkreuz für sich beansprucht, ursprünglich ein Hindusymbol für die Sonne, und daraus ein Symbol der Dunkelheit gemacht. War das Bild des Schädels auf ähnliche Weise von den Azteken mißbraucht worden? Hatten sie es als Warnung für diejenigen benutzt, die sich ihrem wachsenden Reich widersetzten?

Das alles ging uns im Kopf herum, während wir in der Halle unseres Hotels in Mexico City saßen und auf Nachrichten von José warteten.

José rief am nächsten Morgen an. Trotz der Gerüchte hatte er keine weiteren Informationen über den schwarzen Schädel finden können. Ob es daran lag, daß er gar nicht existierte oder weil er einem Geheimkult diente, würden wir vermutlich niemals herausbekommen, sagte er. Er erklärte uns, daß aufgrund der Vormachtstellung der christlichen Kirche in Mittelamerika die alten Riten nur im geheimen ausgeübt wurden, damit man nicht als Hexe oder Dämon bezeichnet wurde. Doch er versicherte uns:

«Die Behauptung, die Azteken hätten Kristallschädel erschaffen, um ihr Volk einzuschüchtern und sie opferbereit zu machen, wäre zu ein-

176

fach. Es ist durchaus möglich, daß ein Schädel aus Obsidian die Kräfte der Dunkelheit darstellen sollte, doch für das mexikanische Volk gibt es da immer eine Dualität. Wo Dunkelheit ist, gibt es auch Licht. Die Nachkommen der Azteken, das moderne mexikanische Volk, benutzen das Bild des Schädels auf völlig andere Weise, als die *tzompantli* vielleicht vermuten lassen.

In der Vorstellung der eingeborenen Völker Mittelamerikas gehörten Leben und Tod untrennbar zusammen. Der Tod war ein Teil des Lebens.»

Das ist auch bei den heute lebenden Mexikanern noch so. Die Feierlichkeiten zum «Tag der Toten» sind dafür ein wunderbares Beispiel. Jedes Jahr in der Nacht vom 1. auf den 2. November feiern die Mexikaner zu Ehren jener, die vor ihnen gestorben sind. Die meisten Menschen in der Stadt verkleiden sich als Skelette oder tragen Schädelmasken und marschieren die ganze Nacht unter ausschweifendem, trunkenem Jubel durch die Straßen. Auf dem Lande jedoch stellen die Menschen, die immer noch an die alten religiösen Lehren glauben, einen Altar auf, manchmal mit echten menschlichen Schädeln geschmückt, und breiten darauf alle Blumen und Früchte der Gegend aus. Die Frauen schmücken die Altäre, und die Männer dürfen alles essen, was sie mögen, dürfen ihr Lieblingsgetränk trinken und die teuersten Zigaretten rauchen. José erklärte uns:

«Dieses Ritual symbolisiert die Beschwörung des Lebens nach dem Tod. Man verhält sich so, wie man selbst nach dem eigenen Tod behandelt werden möchte.

Die Menschen glauben außerdem, daß sie mit den Geistern ihrer Ahnen und Verwandten kommunizieren können, die ihrem Glauben nach in diese physische Welt zurückkehren, direkt in das Haus, an diesem einen Tag, und mit den Lebenden sprechen. Einige Menschen gehen auf den Friedhof und setzen sich auf die Grabsteine ihrer Vorfahren, damit sie leichter mit ihnen reden können.

Doch daran ist nichts Unheimliches oder Furchteinflößendes. Der Tag der Toten ist eine Feier für die ganze Familie. Sogar die Kinder lieben diesen Tag, nicht nur, weil sie das beste Essen bekommen, sondern auch, weil sie bei dieser Gelegenheit Schädel aus Zuckerwerk essen dürfen. Dabei handelt es sich um bunte Schädel aus kristallisiertem Zucker. Die teilweise lebensgroßen Stücke tragen die Namen von Lieblingsverwandten, die den Tod bereits durchschritten haben, und die kleineren Schädel werden nach den Kindern selbst benannt, um sie daran zu erinnern, daß sie dasselbe Schicksal erwartet. Dadurch, daß sich der Zucker beim Essen im Mund auflöst, bekommen die Kinder eine Vorstellung vom Tod, können sich mit seinem ‹süßen Geschmack› aussöhnen und erkennen, daß auch sie eines Tages sterben werden. Sie erfahren, daß sie keine Angst haben müssen, sehen, daß es wirklich nur ein Schritt in eine andere Dimension ist, in der man die eigenen Vorfahren wiedersehen und sogar ein besseres Leben führen kann als bisher.

Diese Einstellung der Nachkommen der Azteken zeigt, daß der Schädel nicht unbedingt ein Symbol war, um die Menschen einzuschüchtern und zu unterwerfen. Er war vielmehr ein Symbol für jene, die bereits gestorben waren, er war ein Symbol für die Vorfahren.»

Ich wollte schon fragen, ob die Zeremonien zum Tag der Toten ihren Ursprung in der uralten Anwendung der Kristallschädel haben könnten, als er fortfuhr. «Auf jeden Fall habe ich für Sie einen weiteren Schädel gefunden. Und der besteht nicht aus Obsidian, sondern ist ein richtiger Kristallschädel.»

«Wo ist er?» wollte ich wissen.

«Genau hier in Mexico City. Sein Besitzer glaubt, daß er aus der Zeit vor Kolumbus stammt.»

Nach einigen Telefonaten fand ich heraus, daß der Kristallschädel einer reichen mexikanischen Familie mit Namen Redo gehört hatte. Jetzt war er im Besitz von Norma Redo, ihrer jüngsten Tochter, mit der ich ein Treffen arrangierte. In einem eleganten Stadthaus in Mexico Citys nobelster Gegend wurde ich von einer Assistentin Normas empfangen. Norma arbeitete als Innenausstatterin von zu Hause aus. Am Ende des Flurs, der mit Ölgemälden und frischen Blumen geschmückt war, lag das Eßzimmer. Hier, in diesem luftigen, von natürlichem Licht durchfluteten Raum, bewahrte sie den Kristallschädel in einem Regal auf, wo er fast versteckt hinter einer riesigen Schüssel mit reifen Früchten lag.

Der Kristallschädel hatte keine Lebensgröße und ein affenähnliches Gesicht. Er war auf einem goldenen Fuß angebracht und verblaßte vor dem riesigen kunstvoll verzierten Reliquienkreuz aus Gold und Kristall, das triumphierend aus dem Schädel emporragte (*siehe Bildtafel Nr. 14*). Dadurch wirkte der Schädel sehr bizarr. Das Ganze wirkte völlig unproportioniert. Der Gesamteindruck wirkte übertrieben und barock und in Normas elegantem Haus fast deplaziert.

Jetzt betrat Norma den Raum. Sie war attraktiv, elegant gekleidet und sah uns stolz an. «Sie haben meinen Schädel also gesehen?» fragte sie. «Für mich ist er wunderschön.» Sie ging hinüber zu dem Schädel. «Er ist seit 1840 im Besitz der Familie Redo. Ich weiß nicht, ob er käuflich erworben wurde oder einer meiner Urgroßväter ihn geschenkt bekommen hat, als die Regierung die Besitztümer der Kirche übernahm.»

Ich erklärte Norma, daß Dr. Jane Walsh die Theorie verfolge, die meisten der Kristallschädel in Mexiko stammten nicht tatsächlich aus Mexiko, sondern seien in Europa hergestellt und nach Mexiko exportiert worden, wo sie dann an wohlhabende Touristen und arglose Antiquitätenhändler verkauft worden seien. Der wichtigste Gauner könne dabei Eugène Boban gewesen sein. Doch wie es aussah, war der Kristallschädel mit dem Reliquienkreuz gute 30 Jahre, bevor Boban in Mexiko Geschäfte machte, in den Besitz der Familie Redo gelangt. Dadurch stieg die Wahrscheinlichkeit, daß dieser Schädel echt war.

«Ich weiß nicht, wie alt der Schädel ist, aber ich glaube, er ist antik», sagte Norma. «Ich weiß, wie alt das Kreuz ist.»

Sie nahm den Schädel in die Hand und schraubte das Kreuz ab. Ich sah es mir an. Es hatte einen kleinen blauen Edelstein in seiner Mitte. Norma zeigte mir, daß dort ein Herstellungsdatum eingraviert war: 1571. Das Kreuz war also kurz nach Ankunft der Spanier in Mexiko gemacht worden, doch gab es keinerlei Hinweise darauf, aus welcher Zeit der Schädel stammte.

Ich erzählte Norma von den geplanten Tests und erklärte, daß man dadurch beweisen könne, ob der Schädel wirklich antik war, ob er von einer uralten Zivilisation in Mexiko hergestellt worden oder eine Fälschung war, die sich entweder der kolonialen Technologie der Spanier bediente oder aus Deutschland importiert worden war.

«Vielleicht wurde der Schädel erst nach Kolumbus gemacht, doch ich glaube, er ist viel älter», sagte Norma. «Der Schädel war für die Azteken ein wichtiges Symbol, ebenso für die alten Maya.»

Ich fragte Norma, was sie von der Idee halte, daß ihr Schädel vielleicht die dunklen Kräfte des Aztekenreiches symbolisiert hatte. Sie fand das sehr unwahrscheinlich:

«Die Arbeit, die in die Herstellung des Schädels geflossen ist, konnte die Leute wohl kaum einschüchtern. Es gab viele echte Schädel, die zu diesem Zweck hätten benutzt werden können. Dieser Schädel ist ein Kunstwerk, ich glaube, daß er heiligen Zwecken diente.

Ich glaube, daß ein Großteil der Kultur der Azteken von den Europäern mißverstanden wird. Es gab viele Grausamkeiten, aber man muß auch sehen, was danach kam, wie die Menschen unter der Kolonisierung litten.

Als die Spanier kamen, sahen sie meiner Meinung nach, daß dieser Schädel für die Mexikaner sehr kostbar war. Als die Christen diesen Schädel sahen, erkannten sie die Gelegenheit, die Überlegenheit der neuen Religion zu demonstrieren. Sie wollten sagen, daß das, was die Menschen zuvor gehabt hatten, daß ihr Glaube umgewandelt würde durch das Wissen von Christus – und deshalb wurde das Kreuz dem Schädel hinzugefügt. Die christliche Kirche hat den Kristallschädel nicht zerstört, sondern ein Kreuz hinzugefügt, um die Überlegenheit der neuen Religion zu zeigen.»

Ich sah mir noch einmal den Schädel und das Kreuz an, das sich als triumphierende Geste der Christen aus dem Kristall erhob, die gekommen waren und die Religion der Eingeborenen «erobert» hatten. Es erinnerte mich an die Kathedrale auf dem Hauptplatz von Mexico City, die über dem ursprünglichen Aztekentempel erbaut worden war.

Jetzt erregte der goldene Fuß, auf dem der Schädel lag, meine Aufmerksamkeit. Er wirkte wie eine Insel aus Gold, in die winzige Figuren eingeschnitzt waren. Norma erzählte, daß der vordere Teil des Stücks mit Johannes dem Täufer und dem heiligen Christophorus sowie mit einer Kreuzigungsszene verziert sei:

«Um diese kleinen Kreuze herum sind sogar winzige goldene Schädel zu sehen. Vermutlich sollen sie Golgatha darstellen, wo die Kreuzigung von Jesus Christus stattfand. Das muß ein weiterer Grund dafür sein, warum die frühen spanischen Eroberer den Schädel nicht zerstörten. In der Bibel gibt es eine Stelle, die sich auf Schädel beim Tode Christi bezieht. Es war ein Motiv, das die Spanier kannten.»

Norma sagte, das Symbol des Schädels sei auch für die katholischen Nationen Europas ein mächtiges Symbol. Spanische Mönchsorden wie die Franziskaner und Dominikaner waren davon fasziniert. Sie erklärte, die Gemälde des heiligen Franziskus zeigten ihn häufig mit einem Schädel in der Hand. Viele wunderschöne Kunstwerke aus Mexiko seien in Europa gelandet:

«Ich kann wirklich von Glück sagen, daß die frühen spanischen Siedler diesen Schädel nicht als Reliquie mit zurück nach Europa genommen haben, wo er ein religiöser Gegenstand für die christlichen Königreiche Europas geworden wäre. Das ist mit vielen Stücken geschehen.»

Wir hatten auch schon Gerüchte gehört, daß ein Kristallschädel vom Vatikan versteckt werde – so auch Norma:

«Ich habe mal gelesen, daß der deutsche Künstler Albrecht Dürer die Artefakte gesehen hat, die Cortés an Karl V. geschickt hat. Dürer sagte, er habe in seinem ganzen Leben noch nichts gesehen, das sein Herz so sehr erfreut habe wie die wunderschönen Kunstwerke aus diesem Land. Es ist gut möglich, daß darunter auch Kristallschädel waren.»

War dies einer der Gründe dafür, warum in Mexiko keine uralten Kristallschädel mehr gefunden werden konnten? Vielleicht hatte man sie nach Europa gebracht. Mir fielen die Worte des Mesoamerika-Spezialisten Dr. John Pohl ein, mit dem wir bereits gesprochen hatten. Er hatte uns zu verstehen gegeben, daß viele Kristallschädel nicht in Mittelamerika gefunden worden seien, weil die Eingeborenen sie bei der Landung der Spanier versteckt hatten, damit sie von den Eroberern nicht zerstört werden konnten. Man hatte sie zu Heilzwecken benutzt:

«Heute wissen wir, daß die Indianer Kristalle zur Heilung einsetzen. Zur Zeit der Eroberung starben Millionen von ihnen an europäischen Krankheiten. Es ergibt auf jeden Fall einen Sinn, daß die Heiler diese Schädel für sich behalten wollten, um damit zu heilen. Sie waren wichtige Instrumente, wichtigste medizinische Mittel, um Menschen zu heilen, daher versteckten sie sie. Sie wollten sie für sich behalten.»

Auch Norma glaubt, daß der Schädel Heilkräfte hat:

«Ich war ein sehr normaler, rationaler Mensch, doch seit ich den Schädel besitze, fühle ich mich ganz anders. Ich habe das Gefühl, daß der Schädel etwas Magisches hat. Wenn ich ihn in der Hand halte, fühle ich mich beschützt, ich fühle mich energiegeladen und stärker.
Es stimmt, wenn ich in der Nähe des Schädels bin, fühle ich mich gut. Aber er wirkt offenbar auf den Körper ebenso wie auf den Geist. Ich habe das Gefühl, als würde der Sauerstoff leichter durch meinen Körper fließen, und ich bin entspannter. Die Klarheit des Quarzkristalls ist die Klarheit, die man im eigenen Geist verspüren kann, wenn man sich entspannt und sich keine Sorgen mehr macht, keine Angst mehr hat oder nervös ist.
Ich habe eine Freundin, die glaubt, dieser Schädel sollte mit anderen Schädeln zusammengebracht werden, damit Wissen an die Menschheit weitergegeben werden kann, sehr wichtiges Wissen darüber, wie wir leben sollten.»

Ich erinnerte Norma daran, daß wir so viele Kristallschädel wie möglich zusammenbringen wollten, um wissenschaftliche Tests durchzuführen. Obwohl sie nicht die Rätsel des Universums lösen konnten, würden die Tests zumindest feststellen, ob die Schädel echte Antiquitäten waren.
«Ich wäre gern dabei», sagte sie.
Ich fragte sie, ob sie auch damit fertig werden würde, falls sich ihr Schädel tatsächlich als Fälschung herausstellte.
«Das ist mir egal. Selbst wenn er eine Reproduktion ist oder eine Fäl-

schung, so ist er doch ein wichtiges Symbol, ein heiliges Symbol. Er war für die Menschen in diesem Land wichtig, bevor die Europäer kamen.» Sie hielt den Schädel in der Hand, und er fing das Licht ein, das durch die Terrassenfenster fiel:

«Symbole sind sehr mächtig, mächtiger als Worte. Sie stellen eine Verbindung her zu tieferen Schichten der Wahrheit, die wir mit Worten nicht erreichen können. Es heißt, sie seien näher an der mystischen Erfahrung als Worte. Sie können uns mit einem höheren Bewußtsein für unseren Lebenssinn verbinden, uns helfen, spiritueller zu leben. Nicht nur die Tatsache, daß der Kristall wie ein Schädel geformt ist, macht ihn so wichtig, läßt uns an Tod und Geister denken. Es liegt auch am Kristall selbst.»

Wir hatten bereits gehört, daß Kristall vielen Ureinwohnern heilig ist und mit Licht assoziiert wird, nicht nur in Mexiko, sondern auf der ganzen Welt, und daß viele Urvölker glauben, er wurde vom Himmel geschickt. Die Eskimo nennen ihn «Lichtstein», für sie ist er verfestigtes Licht, das von oben gekommen ist. Den Aborigines in Australien ist der Kristall ebenfalls heilig. Sie nennen ihn «wilder Stein» und sagen, der Thron ihres großen Gottes Baiame sei aus Kristall gemacht und er lasse Stücke davon zur Erde fallen. Norma kannte ein weiteres Beispiel:

«Es gibt eine griechische Legende, nach der die Götter vom Himmel herunterblickten und die Schwierigkeiten hier auf der Erde sahen. Bruder hatte sich gegen Bruder gewendet, und es gab schreckliche Kriege. Die Götter waren darüber sehr traurig. Ihr Herz brach. Wie sie so heruntersahen, begannen sie zu weinen, und die Tränen, die aus ihren Augen auf die Erde fielen, traten durch die Atmosphäre und wurden dabei zu Quarzkristallen. Die Tränen der Götter, durch die eiskalten Winde zu Kristallen gefroren. Daher kannten die alten Griechen Kristall als ‹heiliges Eis›. Ihrer Ansicht nach kamen Kristalle als Geschenk der Götter auf die Erde, als Geschenk, das den Menschen helfen sollte, ihre Wunden zu heilen und Frieden zu schließen. Vielleicht haben die Kristallschädel etwas damit zu tun.»

Weiter erzählte sie:

> «Ich glaube, daß der Schädel aus einem bestimmten Grund hier ist. Ich bin die Hüterin des Schädels, doch er ist hier, damit auch andere Menschen zu ihm kommen können. Ich glaube, er hat mir etwas zu sagen, ich bin jedoch nicht sicher, was es ist. Ich habe viel Zeit mit ihm verbracht, und ich will herausfinden, welchem Zweck er dient.»

Ich fragte Norma, ob sie eine ungefähre Vorstellung von seiner Bewandtnis habe:

> «Ich weiß es nicht, aber ich frage mich, ob er genauso ist wie der Kristall in der griechischen Legende, ob er uns die Götter bringen soll, uns helfen soll, das Positive und Gute in der Menschheit zum Vorschein zu bringen, Frieden zu schließen, die Menschen einander näher und näher zu Gott zu bringen.»

Da kam Normas jüngster Sohn ins Zimmer, und mir wurde klar, daß ich viel länger geblieben war als beabsichtigt. Es war Zeit zu gehen. Ich wollte noch ein paar Landkarten besorgen, bevor wir am nächsten Tag nach Süden fuhren, ins Land der Maya.

14

Die Maya und der Kristallschädel

Noch während unseres Aufenthalts in Mittelamerika waren wir sehr erpicht darauf zu erkunden, ob es noch andere Beweise dafür gab, daß die Schädel aus der Zeit der Maya oder aus einer noch früheren Epoche stammten, wie Anna Mitchell-Hedges und JoAnn Parks es glaubten.

Ceri und ich saßen mit Professor José Salomez Sánchez in einem kleinen Straßencafé in Mexico City, und wir fragten ihn, ob er das für möglich hielt.

«Diese Frage ist sehr schwer zu beantworten. Zum einen wissen wir nur sehr wenig über die alten Maya. Wir wissen weit weniger über sie als über die Azteken, denn sie waren schon verschwunden, bevor die Spanier um 1519 herum auftauchten, daher haben wir noch weniger eindeutige und verläßliche Quellen, ganz zu schweigen von ihren Vorgängern. Sie stellen uns vor eine ganze Menge Widersprüche und unbeantwortete Fragen. Obwohl sie als Bauern ganz im Einklang mit dem Land lebten und im Gegensatz zu uns nur wenige technische Instrumente und Technologien besaßen, handelte es sich in vielerlei Hinsicht um eine unglaublich hochentwickelte Zivilisation. Zwar hatten sie später nur weiches Metall zu ihrer Verfügung, und man glaubt, daß sie weder Metallwerkzeuge noch das Rad benutzten, doch waren sie in anderer Hinsicht sehr weit entwickelt.»

185

Wie José schon sagte, ist es für uns, die wir soviel Wert auf moderne Technologien legen, sehr schwer, eine Kultur, die keinerlei Anzeichen für derartige Errungenschaften zeigt, als fortgeschritten und hochentwickelt zu betrachten. Dennoch sagt uns das vermutlich mehr über unseren eigenen blinden Glauben an die Macht der Technik als über die tatsächlichen Errungenschaften alter Völker wie der Maya. Wahrscheinlich ist das scheinbare Fehlen technologischer Entwicklung ein Grund dafür, daß viele Archäologen der Meinung sind, die alten Maya seien nicht in der Lage gewesen, Gegenstände wie die Kristallschädel zu erschaffen. Sicherlich wäre es für Menschen ohne Metallinstrumente sehr schwierig, einen Kristallschädel zu meißeln, doch unmöglich wäre es nicht. Und die Maya haben schließlich eine der großartigsten Kulturen erschaffen, die die Welt je gesehen hat.

Laut José liegt ein weiterer Grund dafür, daß viele Archäologen die Schädel nicht den Maya zuschreiben, darin, daß sie sehr realistisch wirken, während die meisten Kunstwerke der Maya sehr stilisiert sind. Doch der Hauptgrund für die Skepsis der meisten Archäologen beruht einfach auf der Tatsache, daß kein Kristallschädel jemals an einer offiziellen Ausgrabungsstelle gefunden wurde.

Der Maya-Experte Dr. Karl Taube hatte uns bereits erklärt, daß bei Ausgrabungen an Mayastätten sehr kleine Kristalle gefunden worden waren und daß diese Stücke zumeist aus der sehr späten Periode ihrer Zivilisation stammten.

Dennoch war das für sich genommen noch kein Beweis, daß die Maya keine Kristallschädel hatten, wie Dr. John Pohl ausführte:

«Der Grund, warum wir keine Kristallschädel bei offiziellen Grabungen gefunden haben, liegt meines Erachtens darin, daß sie zum einen außerordentlich selten sind, da Kristall nur schwer zu finden und zu bearbeiten ist. Und die existierenden Stücke hatten sicher einen hohen Preis.»

Hatten die Maya also einfach keine Kristallschädel, oder hatten sie sie vor den Spaniern versteckt, oder waren die Schädel von den europäischen Eroberern zerstört worden? JoAnn Parks war auf jeden Fall davon überzeugt, daß ihr Schädel mindestens so alt war wie die alte Mayazivilisation, und auch von Anna Mitchell-Hedges hatten wir gehört, daß ihr Schädel von großer Bedeutung für die Maya gewesen sei. Aber gab es echte Beweise? Wir machten uns daran, das herauszufinden.

Wir wußten bereits einiges über die Errungenschaften der Maya und ihr plötzliches Verschwinden um das Jahr 830 herum. Dennoch blieb ihre tatsächliche Herkunft und ihre Bestimmung und die Quelle ihres großen Wissens ein Geheimnis.

Wir sollten bald merken, daß über die Herkunft der Maya sehr kontroverse Ansichten bestehen. Heute bringen die meisten Forscher sie in Verbindung mit einer noch älteren Zivilisation, normalerweise bekannt als die Olmeken, die in Mexiko um das Jahr 1200 v. Chr. das Gebiet entlang der Golfküste besiedelten. Nach Meinung vieler Archäologen traten die Attribute einer komplexen Gesellschaft bei den Olmeken sehr plötzlich auf, doch niemand scheint so genau die Gründe dafür zu kennen. Könnten die Kristallschädel etwas mit ihrem plötzlichen Aufstieg zu tun haben?

Doch über die Olmeken ist noch weniger bekannt als über die Maya. Es gilt als bewiesen, daß sie ebenfalls gutgeplante städtische Zentren mit frühen Pyramiden erbauten, doch leider ist davon heute so gut wie nichts mehr zu sehen, denn sie wurden aus Schlammziegeln erbaut und sind inzwischen völlig im Sumpf versunken.

Allerdings sind noch massive Steinköpfe zu finden, einige bis zu 3 m hoch mit einem Gewicht von bis zu 20 Tonnen (*siehe Bildtafel Nr. 44*). Diese gewaltigen Köpfe wurden aus solidem Basalt gehauen, ein sehr harter und schwer zu bearbeitender Stein. Anscheinend stellen sie Krieger mit Helmen dar. Sie wirken außerordentlich mächtig. Außerdem hinterließen die Olmeken kleine getöpferte Figuren und wunderschöne Jademasken.

Eines zeigen diese Artefakte auf jeden Fall, nämlich daß schon die Menschen im zweiten Jahrtausend vor Christus hier in der Lage waren, unglaublich lebensechte Köpfe und Masken zu gestalten, und das manchmal aus den härtesten Materialien. Das beweist natürlich nicht, daß sie Kristallschädel erschufen. Die meisten Archäologen interessiert an diesen Gegenständen jedoch, daß sie anscheinend keinerlei Eigenschaften der Ureinwohner Amerikas zeigen. Die riesigen Köpfe haben charakteristisch afrikanische Züge, mit breiten Lippen und hervorstehender Stirnpartie, während einige der kleinen Figuren ganz eindeutig orientalisch wirken. Andere Artefakte stellen Männer mit Bärten dar – die es aufgrund des genetischen Erbes bei den bekannten Indianerstämmen einfach nicht gab und gibt. Wieder andere Kunstwerke zeigen menschenähnliche Figuren mit sehr hohen, langgezogenen Köpfen und großen schrägstehenden Augen (*siehe Bildtafel Nr. 38*).

Trotz der nur spärlich vorhandenen Kunstwerke der Olmeken wird allgemein angenommen, daß viele Sitten, Praktiken und Überzeugungen der Maya zumindest bis in ihre Zeit zurückreichen. Tatsächlich schreibt man den Olmeken inzwischen die meisten wichtigen kulturellen Errungenschaften in ganz Mesoamerika zu, einschließlich des komplexen Systems aus Zahlen und Hieroglyphen, das in dem unglaublich genauen Kalender der Maya verwendet wird.

Doch woher hatten diese frühen Kulturen ihr Wissen? Ist es ihrer Gesellschaft entwachsen oder durch einen frühen Kontakt mit Außenstehenden erworben worden, entweder von jenseits des Atlantiks, des Pazifiks oder aus einer anderen Quelle? Die Frage sorgt für eine der hitzigsten Debatten in der mesoamerikanischen Archäologie.

Die am weitesten verbreitete Theorie unter den heutigen Archäologen geht davon aus, daß die Indianer Amerikas ihren Ursprung in Asien haben. Irgendwann während der letzten Eiszeit (um 10 000 v. Chr.) oder kurz davor, als die Meeresspiegel noch niedriger waren, kamen Menschen aus Asien über eine Land- oder Eisbrücke in der heutigen Beringstraße, die den Osten Sibiriens mit Alaska verbindet, und über die Jahrtausende drangen sie immer weiter vor und bevölkerten den gesamten amerikanischen Kontinent.

Ein Beweis, der diese Theorie unterstützt, sind einige offenkundige Ähnlichkeiten im Aussehen der Menschen auf beiden Kontinenten und zwischen ihren antiken Kunstwerken und ihrer Architektur. Doch wir fanden es interessant, daß es auch im Fernen Osten die Tradition gab, in einer Kristallkugel die Zukunft zu suchen. Konnte dies eine Verbindung zu den Kristallschädeln in Mesoamerika sein?

Es bleibt jedoch weiterhin unklar, ob die beiden Kontinente irgendwann einmal verbunden waren, und die Ähnlichkeiten in Kultur und

Aussehen könnten rein zufällig sein. Der Fund der ältesten menschlichen Überreste im Norden von Amerika – häufig als Beweis interpretiert – könnte lediglich beweisen, daß das kälteste Wetter am besten konserviert.

Es stellte sich heraus, daß es einen ganzen Wust von teilweise zweifelhaften Theorien über die Herkunft der Maya und der Olmeken gibt. Dazu gehörten Verbindungen zu Afrika, dem alten Ägypten, den Verlorenen Stämmen von Israel oder gar zu Christus selbst, ganz zu schweigen von den Phöniziern, den Mesopotamiern, Griechen oder gar den alten Hindu. Einige Theorien stellen eine Verbindung zu dem legendären Kontinent Atlantis oder sogar zu Wesen aus dem All her. Kurz: So gut wie alles schien möglich!

Ich fragte José, was er von diesen vielen Spekulationen hielt. Er sagte, daß viele Besucher Mittelamerikas von der Ähnlichkeit zwischen den zerfallenen mesoamerikanischen Pyramiden und den großen Pyramiden des alten Ägypten frappiert seien. Doch bedeutete dies, daß es eine Verbindung zwischen beiden gab? Der Fund der obskuren Schriftzeichen und eine offenkundige Besessenheit von der Himmelskunde verstärkten offenbar nur die Ähnlichkeit zwischen diesen beiden großartigen uralten Kulturen. Doch vielleicht haben sie miteinander Handel betrieben, oder vielleicht stammten die Maya von den alten Ägyptern ab, obwohl der Atlantische Ozean dazwischen lag? Gewiß waren die Küstenbewohner Afrikas und Ägyptens großartige Seeleute, und warum sollten sie sich nicht bis nach Mittelamerika vorgewagt haben?

Man hält mittlerweile Kontakte zwischen den alten Ägyptern und den Menschen in Mesoamerika für möglich, und im Jahr 1970 machte sich Thor Heyerdahl, ein norwegischer Akademiker mit Sinn für Abenteuer, daran, zu beweisen, daß eine Überquerung des Atlantiks auch mit den Mitteln jener Zeit möglich war. Heyerdahls Reise verlief spektakulär. Sein Team baute ein einfaches Boot, die *Ra II*, nach den Zeichnungen ägyptischer Grabmalereien und benutzte dazu nur Papyrusschilf, wie es zu jener Zeit üblich war. Zugegeben, die *Ra I* war untergegangen, doch das zweite Boot schaffte über 6 000 km und kam nach nur 57 Tagen in Barbados an, nur wenige hundert Meilen vom Land der Maya in Mittelamerika entfernt. Das zeigte natürlich, daß es für die altägyptischen Seeleute sehr wohl machbar war, eine solche Reise durchzustehen, doch natürlich bewies es nicht, daß es auch tatsächlich so geschehen ist.

Noch neuere Beweise heizten die Debatte weiter an. Im Jahr 1996 studierten forensische Archäologen der University of Manchester uralte Mumien aus ägyptischen Gräbern und machten dabei eine überaus erstaunliche Entdeckung, die sie selbst kaum glauben konnten. Bei chemischen Analysen der konservierten Leichen fanden die Wissenschaftler unter Leitung von Dr. Rosalie David eindeutige Spuren von Tabak in Haar und Körpergewebe einer der Mumien. Ähnliche Tests bei anderen ägyptischen Mumien, die unter der Leitung von Dr. S. Balahanora vom Institut für Anthropologie und Humangenetik in München durchgeführt wurden, ergaben ebenfalls Spuren von Tabak und ausgerechnet von Kokain. Beide Pflanzen stammen vom amerikanischen Kontinent, und bis anhin wurde allgemein angenommen, daß sie erst seit Christoph Kolumbus ihren Weg über den Atlantik gefunden haben.

Wir sollten jedoch herausfinden, daß viele Archäologen dennoch skeptisch sind, da die letzte der großen ägyptischen Pyramiden in Gizeh vermutlich um 2500 v. Chr. erbaut wurde, vermutlich mindestens 1 000 Jahre bevor die Olmeken auftauchten, ganz zu schweigen von den Maya. Wohin könnten die Fertigkeiten, Pyramiden zu bauen, in der Zwischenzeit verschwunden sein? Die Skeptiker führen außerdem an, daß die ägyptischen Pyramiden alle spitz zulaufen und sämtlich als Grabmal gedient haben, während die Pyramiden Mesoamerikas oben flach sind, im allgemeinen einen Tempel auf dem Gipfel tragen und auch nur gelegentlich als Grab dienten. Was die Kristallschädel betrifft, so scheint es bis heute keine Beweise dafür zu geben, daß die alten Ägypter jemals einen besaßen.

Wohin führte uns das alles nun? Mit den Jahren hat sich ein ganzes Heer von Forschern, Archäologen, Anthropologen und ausgesuchten Exzentrikern einen Namen damit gemacht, widerstreitende Theorien darüber aufzustellen, wer die Maya waren und woher sie kamen. Doch dadurch haben sich nur noch mehr Möglichkeiten ergeben, woher die Kristallschädel stammen könnten. Und unser Versuch, das Geheimnis zu lüften, wurde ernstlich durch den Umstand behindert, daß ein Großteil der ursprünglichen mesoamerikanischen Kultur durch die Spanier zerstört worden war.

Doch es gab, wie José uns versicherte und auch ein paar versprengte Aufzeichnungen der frühen spanischen Siedler zeigten, immer noch Überreste vieler Mayastädte. Vielleicht würden uns diese ein paar neue Hinweise geben.

Die prächtigen Städte der Maya lagen auch nach Ankunft der Europäer noch viele hundert Jahre lang unberührt im Dschungel. Denn als die ersten Spanier in Mittelamerika ankamen, gaben sie schnell ihr Vorhaben, Yucatán einzunehmen, auf und machten sich statt dessen Richtung Norden in ein gemäßigteres Klima auf, angetrieben von den Gerüchten über große Schätze aus Gold in den immer noch blühenden Aztekenstädten Zentralmexikos. Dadurch konnten viele der prächtigen Mayagebäude, tief verborgen im Dschungel, der Zerstörung entgehen. Erst im achtzehnten Jahrhundert, mit der Entdeckung von Palenque, der vermutlich schönsten Stadt der Maya, erfuhr die westliche Welt von dieser Zivilisation.

Offenbar war Cortés in einer Entfernung von ungefähr 70 Meilen an Palenque vorbeigekommen, doch erst 1773 wurde die Stadt schließlich von Bruder Ordóñez entdeckt, einem Kanonikus, der ganz in der Nähe in Ciudad Real, Chiapas, lebte. Wie Mitchell-Hedges über 100 Jahre später hatte Ordóñez Gerüchte gehört, daß irgendwo tief im Dschungel eine prächtige Stadt verborgen liegen solle. Nachdem seine armen Gemeindemitglieder ihn fast 70 Meilen durch den dichten Dschungel getragen hatten, entdeckte er schließlich die Stadt, halb zu Ruinen zerfallen, versteckt am Fuße von mit Urwald überzogenen Hügeln. Er nannte die stillen Ruinen «Große Stadt der Schlangen», nach einem Symbol, das für die ursprünglichen Bewohner offenbar von großer Bedeutung gewesen war.[1]

Sofort wurden Spekulationen laut, was der Grund für die Erbauung einer so riesigen Stadt gewesen sein mochte, mit so wundervollen Pyramiden, Tempeln, Palästen und Türmen. Die meisten Archäologen glauben heute, daß Palenque irgendwann zwischen 600 und 800 von den einheimischen Maya erbaut wurde, doch Bruder Ordóñez hatte da so seine eigenen Theorien, inspiriert von einem Buch vom Mayastamm der Quiché selbst. Dieses Buch war eigentlich von Nuñes de la Vega, dem Bischof von Chiapas, im Jahr 1691 verbrannt worden, doch Ordóñez war in Besitz der Kopie gelangt, die der Bischof hatte anfertigen lassen, bevor er das Original den Flammen überantwortete.

Laut Ordóñez behauptete das Buch der Maya selbst, Palenque sei von einem Volk erbaut worden, das über den Atlantik gekommen war. Ein Anführer in langen Gewändern, Pacal Votan, habe angeblich das Buch geschrieben. Sein Symbol war die Schlange. Diese war in der Tat für ganz Mesoamerika ein wichtiges Symbol, ganz besonders unter den Maya der Halbinsel Yucatán. Es wurde oft als Zeichen für Kukulcan benutzt, einen der Mayagötter, der frappierende Ähnlichkeit mit dem großen Aztekengott Quetzalcoatl hatte, dessen Name wiederum «Schlange mit Federn in Regenbogenfarben» lautet. Wie bei Quetzalcoatl ist auch hier unklar, ob diese Figur ein Gott war, ein Mensch oder eine Reihe von berühmten Anführern, doch in der Mythologie der Eingeborenen wird er weithin als Gründer der gesamten mesoamerikanischen Zivilisation betrachtet.

Votan und seine Leute kamen augenscheinlich aus einem Land, das Valum Chivim hieß. Sie kamen in Frieden, und die Ureinwohner akzeptierten ihren Führungsanspruch und gestatteten ihnen, ihre Töchter zu heiraten. Das Buch berichtet außerdem, daß Votan vier Reisen in seine alte Heimat auf der anderen Seite des Atlantiks unternahm. Ordóñez glaubte, daß Pacal Votan ein phönizischer Seeman war und Valum Chivim die phönizische Stadt Tripoli, heute im Libanon gelegen, nicht weit von Ägypten entfernt. Er gründete seine Überzeugung auf eine Legende, nach der Votan eine prächtige Stadt besuchte, wo gerade ein Tempel gebaut wurde, der direkt in den Himmel reichen sollte, jedoch auch zum Zusammenbruch aller Kommunikation führte. Bischof Nuñes glaubte, hier seien Babylon und der biblische Turm zu Babel gemeint, deren Fall auf die Verwirrung der Sprachen zurückging. Sollte dies stimmen, so ist interessant, daß der Tempel vermutlich eine der großen Zikkurats von Mesopotamien war, Stufenpyramiden mit Tempel, genau wie die prächtigen Tempelpyramiden von Palenque.[2]

Doch ein Aspekt dieser Geschichte interessierte uns ganz besonders. Denn laut Bruder Ordóñez berichtet das Mayabuch auch, bei der ursprünglichen Reise über das Meer nach Palenque hätten Votan und seine Leute bei «der Wohnung der Dreizehn» haltgemacht. Die Historiker und Autoren Gilbert und Cotterell interpretierten dies als «vielleicht die Kanarischen Inseln oder eine andere größere Insel, vermutlich entweder

Kuba oder Hispaniola».³ Doch könnte es sich nicht auch um einen verschleierten Hinweis auf die dreizehn Kristallschädel aus der mündlich überlieferten Legende handeln und ihre «Wohnung» irgendwo zwischen der Alten Welt und Palenque in Südmexiko, vielleicht sogar in Lubaantun?

Ebenso faszinierend war, daß Votan nach dem Buch der Maya einen geheimen Schatz in einem «dunklen, unterirdischen Gebäude» versteckt hatte. Es hieß, daß der Bischof selbst auf der Suche danach alles auf den Kopf gestellt hatte, um ihn zu finden, doch obwohl er einige Steinkugeln, Tongefäße und weitere Manuskripte fand, die er mit dem Originalbuch des Votan verbrannte, wurde der echte Schatz offenbar niemals gefunden. War es möglich, daß der Bischof vergeblich suchte, weil der Kristallschädel bereits fortgeschafft und in Lubaantun oder anderswo versteckt gehalten wurde? Oder wartet der Schädel immer noch irgendwo in Palenque oder in der Nähe auf seine Entdeckung? Wir brannten natürlich darauf, das herauszufinden.

Also verabschiedeten wir uns von José und machten uns auf die Reise nach Süden, um selbst einige der Überreste der uralten Mayazivilisation in Augenschein zu nehmen.

Auf dem Flug nach Villahermosa, auf dem Weg nach Palenque, las ich noch mehr über diese geheimnisvolle Mayastadt. Offenbar hatte Bruder Ordóñez einem Artilleriebefehlshaber, Don Antonio del Rio befohlen, eine offizielle Untersuchung der Ruinen durchzuführen. Während seiner Inspektions- und Ausgrabungsarbeiten entstand bei Don Antonio die Überzeugung, daß Amerika nicht nur von den Phöniziern, sondern auch von den Ägyptern, Griechen, Römern und sogar den alten Briten besucht worden war. Sein Bericht stieß beim Klerus auf heftige Kritik und wurde daher in den Archiven begraben, nur um später von einem Italiener gefunden und bearbeitet zu werden. Es war Dr. Paul Cabrera, der zu dem Schluß kam, daß Palenque das Ergebnis früherer Besuche der Karthager gewesen sein mußte, die vor dem Ersten Punischen Krieg mit Rom im Jahr 264 v. Chr. vom Mittelmeer nach Amerika segelten. Der erste veröffentlichte Bericht über die Ruinen trat also für die Überzeugung ein, daß die Karthager sich mit den Eingeborenen verbanden und so die Olmeken hervorbrachten, deren Nachkommen später Palenque gründeten.⁴

Erst 1845 fanden diese Gedanken, die später von Frederick Mitchell-Hedges verbreitet wurden, zum ersten Mal Ausdruck in der Arbeit des Franzosen Abbé Brasseur de Bourbourg. Dieser Mann nahm es auf sich, Nahuatl, eine der wichtigsten Sprachen des mexikanischen Volkes, sowie Cakchiquel und Quiché zu lernen, zwei Sprachen der Nachkommen der Maya, die noch heute in diesem Gebiet leben. So konnte er die Handvoll uralter Manuskripte verstehen, die den Flammen der frühen Siedler entgangen waren, und die er in alten Klosterbibliotheken gefunden hatte. Eines dieser Manuskripte, das in Madrid gefunden wurde und so als *Madrider Kodex* bekannt wurde, ist das größte bekannte Mayamanuskript der Welt. In diesem Buch über Schriftzeichen fand de Bourbourg einige Belege für die Mythen, die er von eingeborenen Maya gehört hatte.

De Bourbourg vertrat die revolutionäre Theorie, daß irgendwo im Atlantik ein großer Inselkontinent, bekannt als Atlantis, existiert habe, und zwar zwischen der mittelamerikanischen Küste und den Küsten von Europa und Afrika (*siehe Zeichnung 10*). Er glaubt, daß die Zivilisation hier ihren Anfang genommen habe und nicht im Mittleren und Nahen Osten, wie man immer noch gemeinhin annimmt. Ihm zufolge stammten die Maya von den Überlebenden des Verlorenen Kontinents ab, der angeblich bei einer oder einer Reihe von großen Erdkatastrophen zerstört wurde, und diese Überlebenden sollen die Zivilisation schließlich sowohl nach Mittelamerika als auch ins alte Ägypten gebracht haben.

Wir fragten uns sofort, ob es sich bei der «Wohnung der Dreizehn» vielleicht um diesen verlorenen Kontinent gehandelt hatte. Konnten die Kristallschädel von Atlantis stammen? Zunächst schien das ziemlich unglaubwürdig, denn die meisten Archäologen verweisen Atlantis ins Reich der Fantasie. Doch später sollten wir erfahren, daß der Gedanke, diese großartige Inselzivilisation habe einmal existiert, auch durch andere Quellen gestützt wird. Doch bis dahin lautete unsere Frage, ob die alten Maya wirklich Kristallschädel besessen hatten oder nicht.

Die Schönheit von Palenque schlug uns in ihren Bann. Die Stadt lag zwischen niedrigen, waldigen Hügeln, war überraschend klein und hatte einen Palast, verschiedene Tempelpyramiden und diverse andere Gebäude. Als wir dort ankamen, lagen die Paläste aus weißem Kalkstein und die hoch aufragenden Pyramiden im Morgennebel, und die grü-

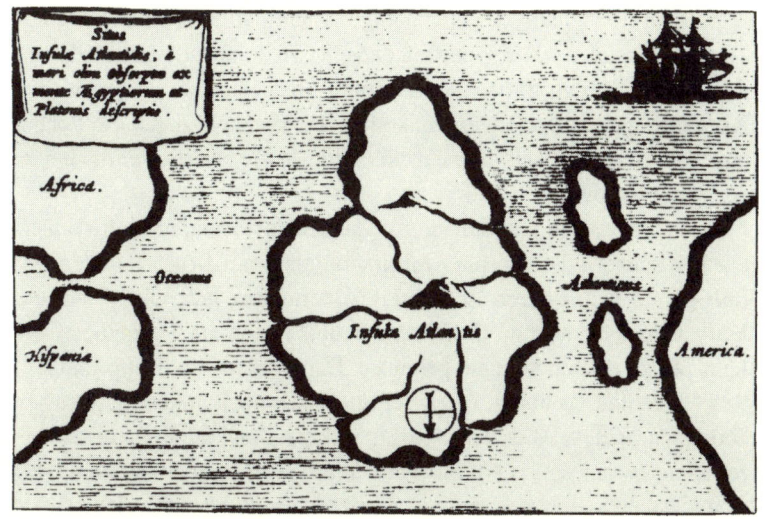

Zeichnung 10: Fantasie-Karte von Atlantis aus dem siebzehnten
Jahrhundert (Norden ist unten eingezeichnet)

nen Blätter des Regenwaldes, ihre wilden Gipfel, bildeten einen wunderbaren Hintergrund für das ordentliche Arrangement der Gebäude.
Bunte Tukane und Kolibris schossen durch das nahegelegene Grün. Es
herrschte eine zutiefst harmonische Atmosphäre.

In Palenque zu stehen bedeutet, über die Errungenschaften einer unglaublichen Zivilisation nachzusinnen. Der Palast mit seinen heute noch
verputzten Wänden zeigt einen König auf einem Jaguarthron, der mit
den Federn des berühmten Quetzalvogels gekrönt wurde. An einigen
Stellen ist die Farbe der Wandmalerei noch erhalten geblieben. Es gibt
Flure und Höfe, und mitten aus dem Palast erhebt sich ein großer und ungewöhnlich exakter astronomischer Turm, von dem aus die Menschen
die Sterne beobachteten.

Im hellen Licht der Morgensonne erklommen wir die Stufen der größten Pyramide, wegen der eleganten Bildhauerarbeiten und bunten Fres-
ken, die den kleinen Tempel auf ihrem Gipfel einst schmückten, bekannt
als «Tempel der Inschriften». Genau in diesem Tempel war eine Entdeckung gemacht worden, die sich als einer der größten Funde der
Archäologie der Neuen Welt herausstellen sollte.

Im Jahr 1949 hatte der Archäologe Alberto Ruz in diesem kleinen Tempel gestanden, als ihm auffiel, daß eine Steintafel auf dem Boden einige Löcher aufwies, die mit steinernen Stöpseln verschlossen waren. Als die Stöpsel entfernt wurden, konnte die Steintafel durch die Löcher angehoben werden. Darunter lag eine schmale Treppe, die tief ins Innere der Pyramide führte.

Auch wir stiegen jetzt hinunter in das feuchte, kalte, nur schwach erleuchtete Innere. Die Treppe war ursprünglich mit Bruchsteinen angefüllt gewesen, für deren Entfernung Alberto Ruz und sein Team drei Jahre gebraucht hatten. Unter dem Schutt hatten sie Opfergaben aus Jade, Muscheln und Steingut gefunden. Dann änderte die Treppe auf halbem Wege ihre Richtung, führte jedoch weiter nach unten. Im nächsten Teil lagen Skelette von sechs jungen Männern, und am Ende eines kurzen Ganges, auf einem Niveau noch unter der Basis der Pyramide, lag eine massive Steinplatte, die wie eine Tür aussah. Nachdem Ruz' Team diese Platte aufgebrochen hatte, machte man einen besonders bemerkenswerten Fund.

Wir waren nun Hunderte Stufen hinuntergestiegen und befanden uns tief unter dem Tempel in der Mitte der Pyramide, wo Ruz eine Kammer gefunden hatte, die 9 m lang und fast 7 m hoch war. Wir konnten immer noch sehen, daß die Wände dieser Kammer tiefrot gestrichen und mit Gipsfiguren geschmückt waren, die Männer in alten dekorativen Kostümen zeigten. Heute glaubt man, daß sie die «Neun Herren der Nacht» aus der Mayamythologie darstellten. Die Kammer entpuppte sich als unberührtes Königsgrab. In der Mitte stand ein massiver Steinsarkophag, der die Überreste eines Mayakönigs barg, der nach heutiger Meinung der weithin respektierte König Pacal, Herr der Sonne, war. Nachdem man die Schriftzeichen entziffert hatte, stellte sich heraus, daß er im Alter von zwölf Jahren den Thron bestiegen hatte und im Jahr 683 im hohen Alter von 80 gestorben war.

Vermutlich waren die Skelette, die außerhalb des Grabes gefunden wurden, die Knochen der Diener des Königs, die geopfert wurden, damit sie ihren Herrn nach seinem Tode begleiten konnten. So war es auch beim Tod eines Pharao im alten Ägypten üblich. Ebenso wie bei den alten Ägyptern war in die Pyramide ein kleiner Schacht eingebaut. Er führte von der Grabkammer direkt zur Treppe und durch den Boden des

Tempels. So sollte der Geist des toten Königs nach dem Tod seinen Weg in den Himmel finden, obwohl nach der Kosmologie der Maya die Seele zunächst den Herrn der Unterwelt besiegen mußte.

Im Innern des Grabes fand man noch mehr Gegenstände, vermutlich Opfergaben: zwei geschnitzte Jadefiguren und zwei wundervoll geformte und äußerst realistische Gipsköpfe. Der Sarkophag enthielt weitere Schätze. Das Skelett des Königs war mit Ohrspulen aus Jade und Perlmutt geschmückt, er trug Ketten aus Jadeperlen, seine Finger waren voller Jaderinge, je ein großer Jadestein lag in seinen Händen, ein weiterer in seinem Mund. Die Praxis war auch aus dem alten China bekannt, wo Jade ebenso wie in Mesoamerika das ewige Leben versinnbildlichte. Doch am schönsten war vielleicht die exquisite Totenmaske aus Mosaiksteinen, die der König trug. Sie zeigte sein Porträt, inklusive großer Nase und geschwungener Stirn; die Haut war aus Jade, die Augen aus weißen Muscheln mit tiefschwarzen Pupillen aus Obsidian gearbeitet.

Hier fanden sich also erneut Beweise, genau wie bei den Olmeken, daß die alten Maya in der Lage waren, kunstvoll gearbeitete Darstellungen des menschlichen Kopfes zu erschaffen, und das manchmal sogar aus den härtesten Materialien. Die Gipsköpfe, von denen viele in Palenque gefunden wurden, sind ebenso wie der Mitchell-Hedges-Schädel anatomisch verblüffend korrekt (*siehe Bildtafel Nr. 43*).

Der Grund, warum man dennoch nicht einfach davon ausgehen kann, daß die Maya auch Kristallschädel geschaffen haben, liegt darin, daß Gips sehr weich und leicht von Hand zu formen ist. Die Jademaske ist sicher geschnitzt worden, doch war sie sehr stilisiert und anatomisch nicht ganz korrekt. Außerdem waren die meisten Artefakte, die hier und auch bei den meisten anderen Ausgrabungsstätten der Maya gefunden wurden, aus Jade, nicht aus Kristall. Nach Auskunft der meisten Archäologen war Jade das am höchsten geschätzte Material der Maya. Wir waren also der Lösung des Problems keinen Schritt näher gekommen, obwohl die Gegenstände, die Alberto Ruz in Pacals Grab fand, sehr schön waren und in vielerlei Hinsicht auch dem Kristallschädel ähnelten, der in Lubaantun gefunden worden sein soll.

Doch am meisten interessierte die Archäologen der kunstvoll verzierte Deckel von Pacals Sarkophag. Viele glauben, daß der Schlüssel zu den wahren Ursprüngen der alten Maya hier zu finden sei.

Grab und Sarkophag des Pacal

Zeichnung 11: Aufriß des «Tempels der Inschriften» in Palenque mit Fundort
des Grabes des Pacal und seines Sarkophags

Wir spähten durch die schweren Metallgitter, die heute das Grab
schützen. Der prächtige Sarkophagdeckel von Palenque ist eine riesige
massive Steinplatte aus magnolienfarbenem Kalkstein, die ungefähr fünf
Tonnen wiegt und mehr als 3,5 m x 2 m mißt. Heute nimmt man an, daß
König Pacal den Deckel und sein eigenes Grab in den letzten Jahren seiner Herrschaft entwarf und um das Jahr 675 mit der Konstruktion begann. Gewiß wurde der Sarkophag zuerst entworfen, und dann erst der
Rest des Grabes, der Pyramide und des Tempels darum herum. Das war
die einzige Erklärung, denn der Deckel des Sarkophags ist zu groß, um

198

durch die winzige Tür zur Kammer zu passen. Es ist bis heute unmöglich, den Deckel zu entfernen und die schmale Treppe hinaufzuschaffen, ohne die ganze Pyramide einzureißen! Auch dies hat die Stätte mit den Pyramidengräbern im alten Ägypten gemeinsam.

Der Sarkophagdeckel zeigt verschlungene Reliefarbeiten, unter anderem eine Mayafigur in beinahe fötaler Lage, umgeben von allen Arten fantasievoller Muster, Figuren und einer verschlungenen Kante. Die ganze Darstellung ist voller Symbole. Das Muster ist von großer Leichtigkeit und erweckt den Anschein, als würde die mittlere Figur beinahe schweben (*siehe Zeichnung 12*). Seit seiner Entdeckung war dieser Deckel Anlaß für lebhafte und hitzige Debatten. Wer genau war diese Figur, was in aller Welt tat sie, und was bedeuteten die vielen verschiedenen Symbole? So führte Alberto Ruz' Entdeckung zu noch mehr Theorien über die Herkunft der alten Maya.

Die vermutlich kontroverseste Theorie wurde in den sechziger Jahren von dem Schweizer Schriftsteller Erich von Däniken in seinem berühmten Buch *Erinnerungen an die Zukunft* vorgestellt.[5] Um seine Theorie zu untermauern, daß die primitiven Völker in der Vorzeit von intelligenten Lebensformen anderer Planeten besucht worden seien und dadurch als Katalysator für die Entstehung der Zivilisation gewirkt hätten, trug er viele Beispiele aus der ganzen Welt zusammen. Er war der Meinung, daß es angesichts der buchstäblich Milliarden von Sternen im Universum sehr gut möglich ist, daß es irgendwo menschenähnliche Wesen gibt, die weiter entwickelt sind als wir. Solche Wesen wären von alten primitiven Völkern mit Sicherheit als Götter betrachtet worden.

Erich von Däniken behauptete, der Deckel des Sarkophags von Pacal liefere überzeugende Beweise für seine Hypothese. Er glaubt, daß die Figur, die halb sitzend, halb liegend in der Mitte des Deckels abgebildet ist, einen Astronauten darstelle, der mit seinem Raumschiff abhebt:

«… sein Fahrzeug wird heute jedes Kind als Rakete identifizieren. Das Vehikel ist vorn spitz, geht über in merkwürdig gerillte Ausbuchtungen, die Ansauglöchern gleichen, wird dann breiter und endet am Rumpf in eine züngelnde Feuerflamme. Das Wesen selbst, vornübergeneigt, bedient mit den Händen eine Reihe undefinierbarer Kontrollgeräte und setzt die Ferse des linken Fußes auf eine Art Pedal. Seine

Zeichnung 12: Ausschnitt der Darstellung auf dem Sarkophagdeckel
des Pacal in Palenque

Kleidung ist zweckentsprechend: eine kurze, karierte Hose mit einem breiten Gurt, eine Jacke mit modernem japanischem Halsausschnitt und dicht abschließende Arm- und Beinbänder ... der komplizierte Hut ... mit Ausbuchtungen und Röhren, wie eine antennenähnliche Kopfbedeckung. Unser so deutlich dargestellter Raumfahrer ist nicht nur durch seine Pose in Aktion – dicht vor seinem Gesicht hängt ein Gerät, das er starrend und aufmerksam beobachtet. Der Vordersitz des Astronauten ist vom hinteren Raum des Fahrzeugs, in dem man gleichmäßig angeordnete Kästen, Kreise, Punkte und Spiralen sieht, durch Verstrebungen getrennt.»[6]

Teilweise wird auch spekuliert, das plötzliche Verschwinden der Maya habe daran gelegen, daß sie in den Raumschiffen dieser fremden Besucher abreisten, und das Skelett in dem Grab sei eigentlich einer dieser frühen Außerirdischen, die es nicht nach Hause geschafft hätten. Wie unglaubwürdig das auch klingen mag, von Dänikens Ideen haben auf jeden Fall die Fantasie der Öffentlichkeit angeregt, und sein Buch wurde ein internationaler Bestseller. Es ist außerdem richtig, daß das Skelett aus dem Grab weitaus größer war als die anderen Überreste von Maya, die bislang gefunden wurden. Die Maya waren in gewisser Weise besessen von den «Himmelsgöttern», und sie waren ganz sicher gute Sternenbeobachter. Viele der Bilder, die die Kante des Deckels von Pacal umranden, erkennt man heute als Sonne, Mond, die Planeten und gewisse Sternenkonstellationen, und viele Gebäude der Maya sind sorgfältig auf die Planeten und Sterne ausgerichtet.

Eine andere, vielleicht wahrscheinlichere Theorie besagt, daß die Maya absolut in der Lage waren, aus eigener Kraft eine fortgeschrittene Zivilisation zu erschaffen. Eine führende Maya-Expertin, Dr. Linda Schele, ist der Meinung, daß Theorien über äußere Einflüsse von den Errungenschaften der Maya nur ablenken und sie und ihre Nachkommen ihres rechtmäßigen Erbes beraubten. Sie reagiert damit auf die jahrhundertealte Behauptung, die Maya seien nicht intelligent genug gewesen, um von sich aus eine fortgeschrittene Zivilisation zu erschaffen. Für sie sind solche Theorien latent rassistisch, ein Ausdruck des kulturellen Imperialismus und des Mythos von der intellektuellen Überlegenheit des Westens.

Doch zumindest machen von Dänikens Theorien deutlich, wie wenig wir in Wahrheit über alte Völker wie die Maya und ihre Entwicklung wissen.

Wo die wahren Ursprünge der Maya auch liegen mögen, Dr. Linda Schele bietet auf jeden Fall eine plausiblere Interpretation des prächtigen Deckels von Palenque als Erich von Däniken. Ihre Deutung basiert auf den neuesten Erkenntnissen über die kryptischen Schriftzeichen der Maya. So wird heute gemeinhin angenommen, daß die Maya an eine Art von Parallelwelten oder -universen glaubten: die Unterwelt oder den Ort der Toten, die Oberwelt oder den Himmel, und die Mittelwelt, unsere eigene, uns vertraute physische Welt. Die alten Maya stellten diese Welten und deren Verbindungen untereinander symbolisch als Baum dar, normalerweise als Kapokbaum, der den heiligen «Baum des Lebens» symbolisierte. Seine Wurzeln reichten hinunter in die Unterwelt, während seine Zweige bis in den Himmel ragten.[7]

Nach Linda Schele zeigt der Deckel von Palenque König Pacal zum Zeitpunkt seines Todes und erzählt uns viel über die Einstellung der Maya zum Tod und über ihren Glauben an diese anderen Welten oder Dimensionen. In der Ecke oben rechts ist ein «Himmelsband» zu sehen, ein Zeichen für die Tageszeit. In der gegenüberliegenden Ecke sieht man das Zeichen für Dunkelheit und Nacht. Durch die Mitte der Darstellung verläuft der Baum des Lebens, angedeutet durch ein Kreuz, auf dem ein himmlischer Vogel steht, ein Symbol für himmlische Gefilde. Zwei Schlangen mit eckigen Nasen bilden Zweige des Baumes, die aus Opferschalen wachsen. Diesen Schlangen stehen spiegelverkehrt zwei skelettierte Schlangen gegenüber, die sich mit offenem Maul aus der Unterwelt erheben und den König in diesem Moment seines Abstiegs in die Unterwelt erwarten, wo er dem Tod begegnen wird. Dr. Schele ist der Überzeugung, daß dies die Sonne beim Sonnenuntergang repräsentiert, wie sie hinter dem Horizont in der Unterwelt versinkt und den toten König mit sich nimmt. Denn, so argumentiert sie, die Maya glaubten, daß der tote König genauso wie die Sonne in der Unterwelt weiterleben würde. Daher wird der König auch in fötaler Lage gezeigt, denn obwohl er in der Mittelwelt stirbt, wird er gleichzeitig in der Unterwelt wiedergeboren.

Doch hier hört die Geschichte noch nicht auf. Die Gestaltung des Grabes selbst zeigt, was mit dem König geschah, wenn er in der Unterwelt angekommen war. Denn der Tempel der Inschriften war so gebaut, daß die Ost-West-Achse des Grabes genau auf den anderen Tempel, den Tempel des Kreuzes, ausgerichtet war. Zieht man eine Linie zwischen diesen beiden und noch weiter darüber hinaus, erreicht man einen bestimmten Punkt am Horizont. Dies ist die Stelle, wo die Sonne eine der wichtigsten Stellungen des Sonnenjahres erreicht, nämlich ihren südlichsten Punkt, die Wintersonnenwende. Sobald sie hinter dem Horizont versinkt, befindet sie sich in direkter Linie mit dem Zentrum des Grabes, in dem Pacal begraben ist. Wie die Sonne in die Dunkelheit fällt, so fällt auch Pacal in die Dunkelheit der Unterwelt. So wie die Sonne wieder aufgeht, um erneut ihre Reise gen Norden aufzunehmen, so wird auch Pacal sich wieder erheben und nach Norden reisen, um in der Nähe des Nordsterns zu residieren. So war die Geschichte vom Tod und von der Wiedergeburt eines Königs nicht auf das Grab beschränkt, sondern erstreckte sich über die gesamte Stadt Palenque, denn das ganze Universum war für die Maya voller symbolischer Bedeutung.

Und je mehr die neue Wissenschaft der «Archäo-Astronomie» an Boden gewinnt, um so mehr Muster heiliger Geometrie werden entdeckt. Es wird immer deutlicher, daß die Praxis, aus spirituellen Gründen Gebäude auf Himmelskörper auszurichten, bei den Maya weit verbreitet war. Es scheint sogar, daß sie keinen Aspekt ihrer Baukunst dem Zufall überließen. Auch hier sehen wir wieder Parallelen zu den alten Ägyptern.

Doch die Autoren Gilbert und Cotterell bieten in ihrer Diskussion über die Prophezeiungen der Maya noch eine weitere Interpretation des Sargdeckels von Palenque an.[8] Sie glauben, daß er vier der größten Mayagötter darstellt. Die Figur in der Mitte des Deckels soll Chalchuihtlicue, die Göttin des Wassers, sein, die ein Lilienblatt in der Hand hält, und die anderen Symbole zeigen einige andere große Götter: Ehecatl, den Gott des Windes, Tonatìuh, den Sonnengott, und Tlaloc, den Gott des Donners, des himmlischen Feuers, des Blitzes und des Regens. Gilbert und Cotterell glauben, daß diese vier Götter die verschiedenen Elemente repräsentieren sowie die verschiedenen Zeitalter der Menschheit. Denn wie die Azteken glaubten auch die Maya an mehrere frühere «Welten» oder Zeitalter vor unserer Zeit und daran, daß jede von den verschiedenen Elementen der Erde zerstört worden sei.

Die anscheinend abstrakten Muster, die die Seiten des Deckels verzieren, sollen ein kodiertes Muster sein, das noch mehr über die Götter der Mayamythologie preisgeben würde, wenn man es entschlüsseln könnte. Gilbert und Cotterell behaupten, daß alle Muster des gesamten Deckels zusammengenommen eine verkürzte Geschichte der Menschheit darstellen, die Zerstörung der früheren Welten zeigen und eine verschlüsselte Nachricht, eine Warnung des großen Herrschers Pacal, vor den vernichtenden Ereignissen enthalten, die uns in der nahen Zukunft erwarten.

Doch welche Bedeutung der Deckel von Palenque auch haben mag, und woher die Maya auch kommen mögen, die Frage, deren Antwort wir immer noch nicht kannten, lautete, ob es irgendeinen Beweis dafür gab, daß die Maya tatsächlich Kristallschädel erschaffen hatten oder Kristallschädel besessen hatten, die sie von ihren Vorvätern erhalten hatten, ganz gleich, wer diese auch waren.

Wir traten wieder ins Sonnenlicht hinaus und erkundeten weiter Palenque.

Der Tempel der Inschriften liegt am Ende einer Reihe von drei ähnlichen Tempelpyramiden. In der nächsten Pyramide war erst 1995 der Sarg einer Frau gefunden worden, vermutlich einer Königin, vermutlich sogar der Gattin Pacals. Am anderen Ende der Reihe lag eine Tempelpyramide, die wir übersehen hatten, als wir den Ort zum ersten Mal betraten. Sie war noch zum Teil von Grünzeug überwuchert, da der Regenwald sich ihrer zur Hälfte bemächtigt hatte. Die meisten Touristen wollen schnell den Tempel der Inschriften gleich am Rande der Anlage erklimmen. Die andere Pyramide sah irgendwie verwahrlost aus und war noch nicht einmal auf der Karte eingezeichnet, die wir gekauft hatten. Doch wir wollten sie dennoch besteigen.

Als wir die Spitze erreichten, sollten wir eine Überraschung erleben. Dort oben am Kopf der 52 Stufen, genau am Eingang zum Tempel, stand ein wunderschöner Steinschädel. Er war in den weißen Kalkstein des Tempels gehauen und maß 45 cm im Durchmesser (*siehe Bildtafel Nr. 18*). Es sah aus, als bewache er einen Schrein.

Sofort fiel uns der Schädel in Tikal ein, der Originalschädel, dem wir den Spitznamen «Schädel des Schicksals» gegeben hatten, weil er uns mit dem Geheimnis der Schädel bekanntgemacht und auf die Suche geschickt hatte. Dieser Schädel war ähnlich, doch sehr viel schöner. Er wuchs als Flachrelief aus der Tempelwand, ein künstlerischer Stil, der für die schmückenden Werke von Palenque charakteristisch ist. Der Schädel von Tikal war dunkel von Flechtenbewuchs gewesen, und seine Gesichtszüge begannen bereits zu zerfallen. Die Feuchtigkeit des Regenwaldes forderte ihren Tribut. Doch die Gesichtszüge dieses Schädels in Palenque waren gut erhalten und klar umrissen. Diesem Schädel fehlte ganz eindeutig der Unterkiefer, was bei dem Schädel in Tikal nicht genau zu erkennen war. Beide waren am oberen Ende einer Flucht von Treppen angebracht, die zu einer schreinähnlichen Einfriedung führten. Doch während der verfallene Schädel in Tikal einen Schrein bewachte, der zu einer kleinen und eher düsteren Pyramide gehörte, war dieser Schädel offenbar die Krönung der ganzen Pyramide und befand sich direkt am Eingang zum Schrein.

Wir wollten nur zu gern herausfinden, warum die Archäologen diese Schädel offenbar ignorierten. Warum hatten sie ihre Fantasie nicht durch die Schädel anregen lassen, und warum war diese Pyramide offensichtlich niemals gründlich untersucht worden, ganz besonders im Lichte des Buchs des Votan? Welche herrlichen Schätze mochte sie enthalten? Doch schon bald wurde deutlich, warum niemand diese Pyramide erkundet hatte. Anscheinend gab es keinen Weg, in ihre inneren Tiefen vorzudringen. Es gab keinerlei Anzeichen von verborgenen Türen, wie Alberto Ruz sie gefunden hatte. Der Schrein im Inneren des Tempels war völlig kahl und ermöglichte keine weiteren Hinweise auf seinen Zweck.

Bei der Suche nach weiteren Zeichen durchsuchten wir alle Gebäude von Palenque, die noch intakten Fluchten geheimer Flure, die Überreste des Zeremonienplatzes innerhalb des Palastkomplexes, die äußeren Gebäude mit ihren auffallenden, nach oben gebogenen V-förmigen Bögen am Fuße von Treppen und in weiteren Pyramiden. Doch ebenso wie in Tikal gab es nur ein einziges Wandbild eines Schädels, das den Eingang zu einem geheimnisvollen Schrein bewachte.

Diese Schädel blieben mysteriös. Welche Bedeutung hatten sie? Was hatte es mit den Schreinen auf sich, die sie offenkundig bewachten? Welchen Zweck hatten sie? Handelte es sich um Orte der Kontemplation, der Anbetung oder um Stätten für Menschenopfer? Hatten sie vielleicht einmal Kristallschädel beherbergt? Die kunstvollen Arbeiten zeigten auf jeden Fall, daß die Maya sich für Schädel interessiert hatten. Aber warum?

Wir waren der Antwort anscheinend noch nicht näher gekommen, doch es war ganz offensichtlich, daß es in der Kultur der alten Maya keinen Mangel an Schädelsymbolik gegeben hat. Eines der alten Manuskripte, die Abbé Brasseur de Bourbourg gefunden hatte, stellte sich als das vermutlich wichtigste Einzeldokument der Mayamythologie heraus, denn es handelt sich dabei um nicht weniger als ihr Äquivalent zum Alten Testament. Es ist das berühmte *Popol Vuh*, oder «Buch des Rates», das die epische heilige Schöpfungsgeschichte oder, wie Dr. Linda Schele es nennt, «die fremdartige Odyssee» der Maya vom Stamme der Quiché erzählt.

Zwar war das Originalmanuskript inzwischen verlorengegangen, doch irgendwann im sechzehnten Jahrhundert hatte man das *Popol Vuh* ins Spanische übersetzt. Schon die erste Seite sprach von tiefen Geheimnissen und verschlungenen Intrigen:

«… denn das *Popol Vuh* ward unsichtbar …
Noch gibt es das Erste Buch, wie es einst geschrieben, aber verborgen ist es dem Suchenden, dem Forschenden …»[9]

In einem frühen Teil dieser mythischen Schöpfungsgeschichte spielt das Bild des Schädels eine wichtige Rolle als Symbol für verbotenes Wissen. Ebenso wie in der biblischen Geschichte von Adam und Eva im Garten Eden, gibt es in der Geschichte der Maya eine junge Frau, die von der Frucht eines Baumes verführt wird. Bei den Maya handelt es sich nicht um einen Apfelbaum, sondern um einen Kalebassenbaum. Die Frucht dieses Baumes sieht, wenn man sie trocknet und aushöhlt, merkwürdigerweise wie ein menschlicher Schädel aus.

Die Geschichte beginnt, als die Herren der Unterwelt, die Götter des Todes, einen anderen wichtigen Gott anrufen, den Gott des Mais und daher ein Symbol für das Leben, um mit ihm zu kämpfen.

Die Götter des Todes töten den Gott des Lebens und legen seinen Kopf in einen Baum, der daraufhin schwer an Kalebassenfrüchten trägt. Diese «Schädelfrucht» soll als Warnung dienen, sich nicht mit den großen

Herren des Todes einzulassen, die alle auffordern, sich von dem Baum fernzuhalten. Auch hier spiegelt sich wieder die biblische Geschichte. Doch:

«… die Tochter hieß Xquic. Als sie die Kunde von dem Baum mit den Früchten vernahm … sie wunderte sich sehr über die Geschichte.
‹… Werde ich sterben, wird mir etwas zustoßen, wenn ich eine pflücke?› So fragte sich die Jungfrau.
Da sprach der Schädel, der zwischen den Zweigen des Baumes war, und sagte: ‹… Gelüstet es dich danach?›
‹Ja, mich gelüstet es›, sagte die Jungfrau.»[10]

Der Schädel in dem Baum spuckt dem Mädchen dann in die Hände, und sie wird schwanger. Dann spricht der Schädel erneut zu ihr:

«Mit diesem Wasser, diesem Speichel habe ich dir mein Liebespfand gegeben. Nun hat mein Haupt keinen Wert mehr, nichts als Knochen ohne Fleisch bleibt es. So sind die Schädel der Großen Herren: Nur das schöne Fleisch gibt ihnen Ansehen. Doch wenn sie sterben, erschreckt ihr Gebein die Menschen. So auch ist die Art ihrer Söhne: Flüssiges und Speichel sind sie, sei es gleich Söhne eines Fürsten, eines Weisen, eines Redners. Aber ihr Wesen verliert sich nicht, wenn sie hingehen: Es vererbt sich …»[11]

Konnte es sein, daß die Steinschädel in Tikal und Palenque, oder sogar die Kristallschädel, diesen Schädel (oder die Frucht) darstellten und damit die verbotene Frucht vom Baum des Wissens?
Doch die Geschichte geht noch weiter. Das Mädchen bringt schließlich Zwillingssöhne zur Welt, Hunahpu und Xbalanque, beides große Helden der Mayamythologie. Diese Zwillinge suchen weiter die Auseinandersetzung mit den Göttern des Todes. Sie unternehmen eine heldenhafte Reise in die Unterwelt, bei der es den Herren des Todes gelingt, Hunahpu zu töten, dessen Kopf von einer Vampirfledermaus abgebissen wird. Die Zwillinge legen die Herren des Todes daraufhin herein, indem sie den Kopf durch eine Frucht ersetzen, bis sie den echten Kopf zurückbekommen. War es also möglich, daß die Schädel aus Stein oder Kristall

Zeichnung 13: Die Reise der Maya in die Unterwelt, als Schnitzerei auf
Knochen aus Tikal dargestellt

diesen abgetrennten Kopf des Hunahpu darstellten? Doch auch hier
stellte sich die Frage: Was bedeutete das?

Doch dies waren nicht die einzigen Bilder von Schädeln in der Mythologie der Maya. Die alten Maya glaubten an eine Unterwelt, an einen Ort
voller Tod und Furcht, bekannt als Xibalba. Es war ein schrecklicher Ort,
über den die mächtigen Herren des Todes herrschten. Xibalba stammt
von dem Wort *xib* ab, das «Furcht», «Schrecken» oder «zittern vor
Angst» bedeutet. Wir hatten bereits eine Reihe geschnitzter Knochen in
Tikal gesehen, die die Reise zur Schwelle des Todes illustrierten (*siehe
Zeichnung 13*).

Die Metapher für den Übergang zwischen Leben und Tod war eine
Reise über den Fluß (wie bei den alten Griechen). Die Knochen zeigen
einen König in der Mitte eines Kanus. Er hält eine Hand an den Kopf,
eine Geste, die den bevorstehenden Tod symbolisieren sollte. Einige
Tiere begleiten ihn: ein Hund, ein Papagei, ein Klammeraffe und ein Le-
guan. Zwei alte Götter, der Stachelrochen-Paddler und der Jaguar-Padd-
ler, treiben das Boot voran. Das zweite Knochenpaar zeigt, wie das Kanu
sinkt, als der König in die Unterwelt abreist, denn die Maya glaubten
auch, daß die Unterwelt durch das Wasser oder durch Höhlen erreicht
werden könne.

Die Maya waren davon überzeugt, daß die Seele nach dem Tod in die
Unterwelt reiste und sich auf dem Weg dorthin furchtbaren Prüfungen
aussetzen mußte. Die Ähnlichkeiten mit der mittelalterlichen christlichen Bilderwelt sind verblüffend, ganz besonders, was die Beschreibung
der Hölle bei Dante Alighieri anbelangt, der die *Göttliche Komödie* um
das Jahr 1300 schrieb. In beiden Darstellungen (wobei Dante auf antike
griechische Quellen zurückgreift) gibt es eine Reise über einen Fluß in

die Unterwelt in Begleitung eines Hundes. Bei Dante ist der Hund jedoch dazu da, verlorene Seelen zu quälen, während er in der Version der Maya den Menschen auf ihrer Reise hilft. Doch wie bei Dante glaubten auch die Maya, daß die Unterwelt neun Ebenen habe, was bei Dante die «Neun Kreise der Hölle» sind. In der Mythologie der Maya hatte der Verstorbene, falls er diese erfolgreich durchschritt, die Chance, sich mit seinen Vorfahren, die im Himmel lebten, zu vereinen.

Doch die Unterwelt war auch von alten zahnlosen Göttern bevölkert, die nach den verschiedenen Todesursachen benannt waren wie «hohes Alter», «Opferung» und «Krieg», und das Bild des Schädels erschien häufig in Verbindung mit dem einen oder anderen dieser Götter. Man hat sogar eine Keramikfigur gefunden, die zeigt, daß einer dieser Götter des Todes aus dem *Popol Vuh* einen Schädel als Kopf hatte, und eine Figur, deren Kopf genauso aussieht wie der Steinschädel aus Tikal (*siehe Zeichnung 14*).

Der bekannteste der Todesgötter wurde oft Yum Cimih genannt, doch welchen Namen er genau trug, hing von den über 30 bekannten Mayasprachen ab, daher nennt man ihn häufig einfach «Gott A». Er war der mächtigste der Herren des Todes und wird daher oft mit einem Schädel als Kopf dargestellt und, wie es scheint, häufig auch ohne Unterkiefer. Vielleicht stellten also die Stein- oder Kristallschädel einen dieser Todesgötter dar.

Doch sonderbarerweise wirken die Götter des Todes in diesen Darstellungen irgendwie komisch. «Gott A» zum Beispiel wird meist mit einem dicken Bauch und stämmigen Gliedmaßen gezeigt (*siehe Zeichnung 15*). Oft war er auch unter dem Namen Cizim bekannt, «der Aufgeblähte», und viele ausführliche Schriftrollen der Mayakunst deuten an, daß von ihm ein fauliger Geruch ausging! Obwohl die Götter des Todes also oft mit dem Bild des Schädels gezeigt wurden, waren sie doch keine Gestalten, vor denen man Angst haben mußte. Statt dessen betrachtete man sie fast voller Zuneigung. Wir waren sehr überrascht, als wir uns vorstellten, daß die Steinschädel in Palenque und Tikal, die so würdevoll auf ihren Schreinen hoch oben auf den Pyramiden saßen, von den Kristallschädeln ganz zu schweigen, vielleicht nichts Kunstvolleres oder Schrecklicheres darstellten als ein paar komische, dickbäuchige furzende Götter!

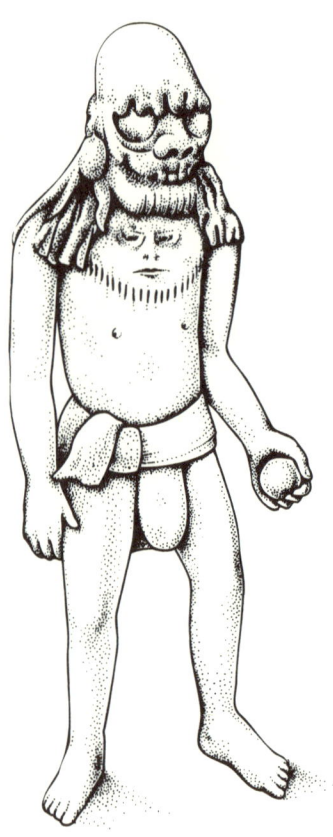

Zeichnung 14: Todesgott als Ballspieler

Doch es wurde uns immer klarer, daß weder die Kunst der Maya noch
ihre Mythologie wörtlich zu nehmen war. Man mußte sie auf symbolischer Ebene betrachten.

Wir dachten darüber nach und kamen zu dem Schluß, daß die Mythologie die alten Maya eigentlich über Leben und Tod informieren sollte,
über das, was sie zu erwarten hatten, und wie sie sich dazu verhalten sollten. Sie gab dem menschlichen Leben Sinn und Richtung. Und ihre Geschichten sind so reichhaltig und griffig, daß wir sie vielleicht auch auf
unser heutiges Leben anwenden können.

Zeichnung 15: Todesgott «A»

Der Schädel im Baum im *Popol Vuh* beispielsweise hat eine tiefe symbolische Bedeutung. Eine Frau wird dazu verführt, vom Baum des Lebens und des Wissens zu kosten. Sie beißt in die Frucht oder den Schädel.
Hier ist der Schädel also nicht nur ein Symbol für den Tod, sondern auch
für das Wissen um die menschliche Existenz und das Wissen um die
Sterblichkeit. Gerade diese fundamentale Einsicht ist es, die den Menschen vom Tier unterscheidet, der entscheidende Schritt zur Bewußt-
werdung, die den Menschen auszeichnet.
Der Maya-Experte Dr. Karl Taube erklärt:

«In ganz Mesoamerika wußte man, daß man das Leben nicht ohne den
Tod haben kann. Jedesmal, wenn man etwas ißt, tötet man etwas. Und

darum muß auch etwas an den Tod beziehungsweise das Leben zurückgegeben werden. Gibt man Mutter Erde nichts zurück, kann kein neues Leben entstehen. Es besteht also ein sich abwechselndes Nehmen und Geben. Tod und Leben sind nicht zwei verschiedene Dinge, sondern eins existiert aus dem anderen.»

Und Linda Schele erklärte uns dazu:

«In fast allen Mayasprachen und auch den meisten mittelamerikanischen Sprachen von heute ist das Wort ‹Schädel› kaum zu unterscheiden von dem Wort ‹Knochen›, und das Wort für ‹Knochen› – bak – ist genau dasselbe Wort für ‹Samen›.»

Bak ist auch der Mayaname für Palenque. Palenque ist nur der spanische Name und bedeutet nicht mehr als «Zaun». Der Mayaname mit seiner Bedeutung «Schädel», «Knochen» oder «Samen» brachte Dr. Linda Schele jedoch darauf, daß der Steinschädel in Palenque eine ganz gewöhnliche, alltägliche Funktion haben mochte. Sie glaubt, daß er vielleicht nicht mehr war als eine Art Ortsname.

Daß dieser wunderschöne Schädel, der von seinem hohen Ausguck auf dem Tempel über die Stadt blickte, nur ein langweiliges Ortszeichen sein sollte, verletzte unser romantisches Empfinden. Wir mochten nicht glauben, daß das alles war.

Tatsächlich könnte an diesem Ort mehr verborgen sein, als man zunächst glaubt. Denn Worte können manchmal ein Schlüssel zu den tief verborgenen philosophischen Vorstellungen eines Volkes sein. Die Mayasprache selbst zeigt ein ganz anderes Verständnis für Schädel und Knochen, als wir es gewohnt sind. Für uns sind es Attribute unserer eigenen Sterblichkeit und der menschlichen Verletzlichkeit, und wir verdrängen den Gedanken daran gern. Doch für die Maya war der Schädel und waren die Knochen wie der Samen ein Abbild der Grundprinzipien des Lebens. Beide geben dem Dasein Form. Und so existiert für die Maya das Potential des Lebens im Angesicht des Todes, und der Schädel war ein Symbol nicht nur für den Tod, sondern auch für das Leben, die Wiedergeburt und die Regeneration.

Wir erfuhren, daß der Einfluß dieses Glaubens noch heute unter den modernen Nachfahren der Quiché-Maya zu finden ist, die in der Nähe vom Atitlán-See im Hochland von Guatemala leben. Jedes Jahr heben sie den Samen von Mais auf, um ihn wieder auszusäen. Diese speziellen Körner werden «kleine Schädel» genannt, weil die Indianer jedes Jahr neu symbolisch den Schädel des Maisgottes pflanzen. Damit erneuert sich der Kreislauf des Lebens; Wiederauferstehung findet statt.

Das Miteinander von Leben und Tod, das im Bild des Schädels in dem Baum aus dem *Popol Vuh* auftaucht, zeigt sich auch wunderschön im Bild der Zwillinge, einem verbreiteten mythologischen Gedankengut. Zwillinge repräsentieren die zwei zusammenwirkenden Kräfte, die das ganze Leben durchdringen. Dies ähnelt dem chinesischen Prinzip von Yin und Yang.

Doch uns sagt die Geschichte von den Zwillingen aus dem *Popol Vuh* noch mehr. Denn nachdem sie die Herren des Todes besiegt haben, suchen sie weiter nach ihrem Vater, der auf dem Ballspielplatz beerdigt ist. Er kann nur wiederbelebt werden, wenn er alle Teile des Gesichtes benennen kann, das er einmal hatte. Doch er kommt nur bis zu Mund, Nase und Augen, den wichtigsten Zügen eines Schädels. Also lassen die Zwillinge ihn auf dem Ballspielplatz zurück, doch sie versprechen, daß sie ihn ehren und sich seiner erinnern wollen. Da werden sie von der Macht der Herren der Unterwelt befreit, ihre Seelen können in den Himmel hinaufsteigen, um sich mit ihren Vorfahren zu vereinen, und sie werden zu Sonne und Mond.

Die Maya legten großen Wert auf die Verehrung der Vorfahren. Maya-Experte Dr. David Pendergast hatte uns schon erklärt:

«Sie glaubten, daß die Toten auf gewisse Weise Teil der Lebenden waren, daß die Menschen mit der Vergangenheit verbunden waren. Sie glaubten, daß sie irgendwie von ihren Vorfahren beschützt wurden und daß sie von ihnen Wissen bekommen konnten, zumindest auf indirekte Weise. Daher kann man den Kristallschädel und andere Schädeldarstellungen als Teil einer sehr langen Tradition sehen, die Vorfahren in der Nähe zu behalten.»

Die Maya begruben die Überreste ihrer Vorfahren normalerweise unter ihren Häusern. In einigen Fällen behielt man sogar die echten Köpfe, oder besser die Schädel, wichtiger Vorfahren, «tauschte sich mit ihnen aus» und sah sie als Quelle großen Wissens an. Wenn man dies mit echten Schädeln tat, so schlossen wir, warum dann nicht mit Kristallschädeln?

Für die alten Maya war der Tod nichts, wovor man Angst haben mußte. Angst vor dem Tod sollte überwunden werden, und dies gelang durch ein tiefes Verständnis dafür, daß Leben und Tod einander bedingen. Sie gehören zueinander wie die Zwillinge, wie die Pflanze und der Samen. Die Maya wußten, daß Sterben Wiedergeburt bedeutete.

Wieder fragte ich mich, ob die Kristallschädel etwas mit diesem Glauben zu tun hatten, ob ihre Transparenz symbolisierte, daß der Tod selbst nicht das Ende ist, sondern etwas, durch das wir hindurchgehen. Doch für die Maya ging es noch weiter. Die Geschichte der Heldenzwillinge zeigt, daß sie glaubten, durch Verbindung zu ihren Vorfahren irgendwie über den Tod triumphieren zu können und letztlich in die höchsten Himmel aufzusteigen.

Anna Mitchell-Hedges hatte man gesagt, daß ihr Kristallschädel den Kopf eines alten Priesters darstelle. War es möglich, daß die in Stein oder Kristall gehauenen Schädel verehrte Vorfahren verkörperten, mit denen die Maya sich wieder zu vereinigen wünschten?

Die alten Maya sprachen ihren Vorfahren auf jeden Fall unglaubliche Kräfte zu, ganz besonders jenen, die aus den Anfängen ihrer Geschichte stammten. Das läßt sich an ihrer Beschreibung der ursprünglichen Autoren des *Popol Vuh* erkennen:

«Die wußten Kriege voraus, offenbart wurde es ihnen, alles wußten sie. Ob Krieg, Hunger, Zerwürfnis bevorstand – sie wußten es gewiß. Ob der Tod kommen würde, oder eine Hungersnot, oder ob Kämpfe aufflackern würden, sie wußten es gewiß, denn es gab einen Ort, es zu schauen … [vielleicht einen Kristallschädel?]
Sie schauten, und sogleich sahen sie in die Ferne; sie erreichten, alles zu sehen, alles zu kennen, was es in der Welt gibt. Wenn sie schauten, sahen sie sogleich alles im Umkreis, und ringsherum sahen sie die Kuppel des Himmels und das Innere der Erde.
Alle fernverborgenen Dinge sahen sie, ohne sich zu bewegen. Sofort sahen sie die ganze Welt, und sie sahen diese von dort, wo sie standen. Groß war ihre Weisheit.»[12]

Ein früherer Teil des Buches spricht davon, daß die seherischen Gaben der Vorfahren ihren Nachkommen wieder genommen wurden, und zwar von den Göttern, die sie geschaffen hatten. Denn nach der Legende konnten die frühen Menschen zu weit sehen:

«… es warf das Herz des Himmels einen Schleier über die Augen … wie wenn ein Hauch über den Spiegel geht. Ihre Augen trübten sich: Sie konnten nur noch sehen, was nahe war, nur was klar war.»[13]

Der erste Teil des *Popol Vuh* beschreibt außerdem das Heraufdämmern der Zeit und den Ursprung der Menschheit. Die Handlung beginnt, als zwölf Götter zusammenkommen und sich das Auftauchen der Erde aus dem Wasser ausdenken. Mehrere Versuche werden unternommen, um Menschen zu erschaffen, doch alle scheitern, bis die Menschen ihre Rolle erkennen und akzeptieren, nämlich ihre Schöpfer beim Namen zu nennen und sie zu preisen als die, die sie erhalten und nähren.

So sprach die Geschichte im *Popol Vuh* vom Sinn und Zweck der Menschheit. Die Götter hatten die Menschen erschaffen, damit diese sie ehrten. Der Sinn der Menschen lag also darin, den Göttern und den Kräften der Natur etwas zurückzugeben als Anerkennung für dieses Geschenk des Lebens.

Sie mußten die Götter ehren und ihnen mit «guten Sitten» dienen, indem sie sich an ihre eigene Herkunft erinnerten und Gebete sprachen und Opfer brachten.

Während wir zu der alten Mayastadt Yaxchilán reisten, die ungefähr hundert Meilen südlich von Palenque liegt, hatten wir Gelegenheit, über diese Beziehung zwischen Mensch und Natur nachzudenken.

Unsere Reise nach Yaxchilán war ernüchternd. Aber es waren weder die vielen bewaffneten Straßensperren, denen wir begegneten, noch die haarsträubende Bootsfahrt über den Usamacinta, die uns Sorgen bereiteten. Es war etwas anderes, etwas weitaus Wichtigeres.

Palenque liegt heute in einem Dschungel, der sich bereits auf dem Rückzug befindet. Es ist traurig, wie schnell der Wald von den Einheimischen und von Holzfirmen gleichermaßen gefällt wird, damit Platz für intensive Landwirtschaft und Viehweiden geschaffen wird. Zwar ist der

Regenwald, der direkt an Palenque grenzt, noch intakt, doch jedes Jahr fallen mehr und mehr Bäume der Motorsäge zum Opfer. Da die Nachfrage nach mexikanischem Rindfleisch wächst, sehen sich die modernen Nachfahren der alten Maya von den reichen Landbesitzern gezwungen, das Land zu verlassen, je mehr traditioneller Landbau, der dem Selbsterhalt diente, durch große Viehproduktion ersetzt wird. Die Gier der großen Landbesitzer nach schnellem Profit hat viele Eingeborene die Heimat gekostet. Sie werden ebenso wie die Bäume im Namen des Fortschritts weggeschafft.

Dies führte im Bundesstaat Chiapas erst kürzlich zu Unruhen, als Bauern sich gegen die Landbesitzer zur Wehr setzten, die ihre jahrtausendealte Lebensweise bedrohen. Die Straßensperren der Armee sollten diesen Aufstand im Keim ersticken.

Wir waren entsetzt, als wir in einer Ausgabe der Zeitschrift *National Geographic* eine Luftaufnahme der Umgebung sahen, aufgenommen von einem NASA-Satelliten.[14] Wir waren geschockt über die schreckliche Verminderung des Regenwaldes, die sogar aus dem All deutlich erkennbar war. Östlich und südlich von Palenque schlängelt sich der Usamacinta entlang und trennt Mexiko von Guatemala. Das Satellitenfoto zeigte ganz genau den Grenzverlauf, denn auf der Seite von Guatemala war es tiefgrün, auf der mexikanischen Seite blaßgelb. Das lag daran, daß der Wald in Guatemala noch völlig intakt und von den Verwüstungen der Kettensägen noch unberührt war. Doch auf der mexikanischen Seite waren nur noch Baumstümpfe zu sehen und, so weit das Auge blicken konnte, nur noch Gras.

Als wir über den Hügel blickten, über eine Landschaft, die einmal eine der schönsten der Welt gewesen sein mußte, sahen wir nur noch die verkohlten Überreste des Urwalds. Unter dem bleiernen Himmel stand hier und da ein einsamer Kapokbaum, groß und stark nach den Hunderten von Jahren, die er zum Wachsen benötigt hatte. Diese Bäume wirkten traurig, als wären sie übriggeblieben, damit sie um den verschwundenen Wald trauerten.

Ich dachte über den Sinn der Menschen nach, daß sie den Göttern und den Naturgewalten etwas zurückgeben sollten, und fragte mich, was wir zurückgeben, wenn wir die Regenwälder Mittelamerikas ausplündern. Was war aus der gegenseitigen Beziehung geworden, die wir dem Glau-

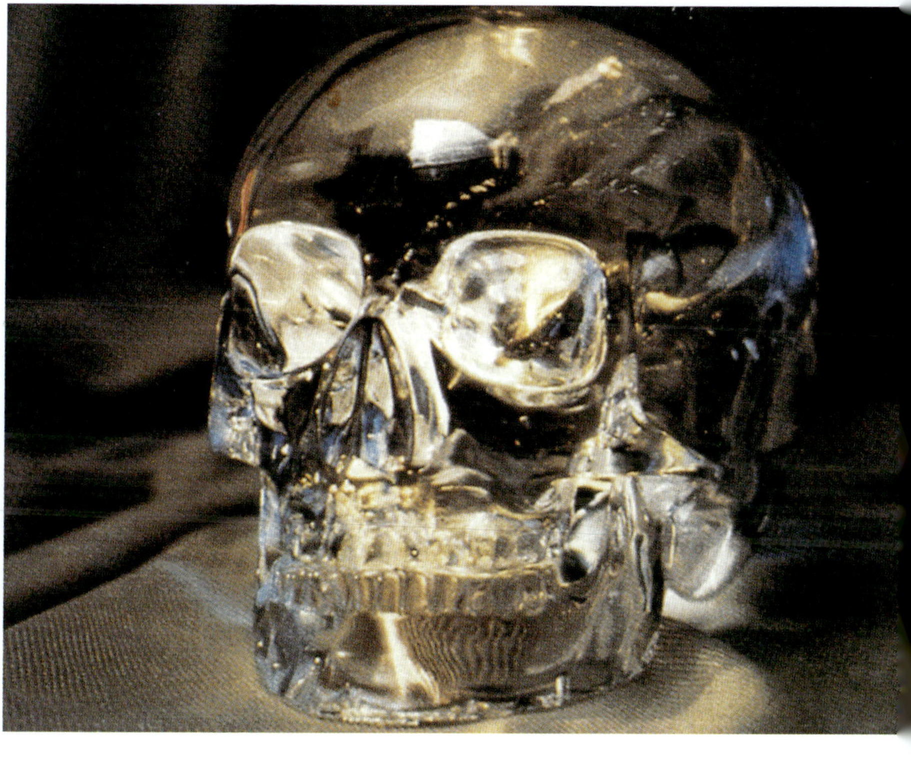

BILDTAFELN 1 & 2: Der Mitchell-Hedges-Kristallschädel

BILDTAFEL 3 (oben links): Der Jaguar-Tempel in Tikal, Guatemala

BILDTAFEL 4 (oben rechts) & 5 (unten): Der Tempel der Inschriften
in Palenque, Mexiko

BILDTAFEL 6 (oben): Anna Mitchell-Hedges mit ihrem Kristallschädel

BILDTAFEL 7 (unten): Carole Wilson, die mittels Channeling Information aus dem Schädel extrahiert.

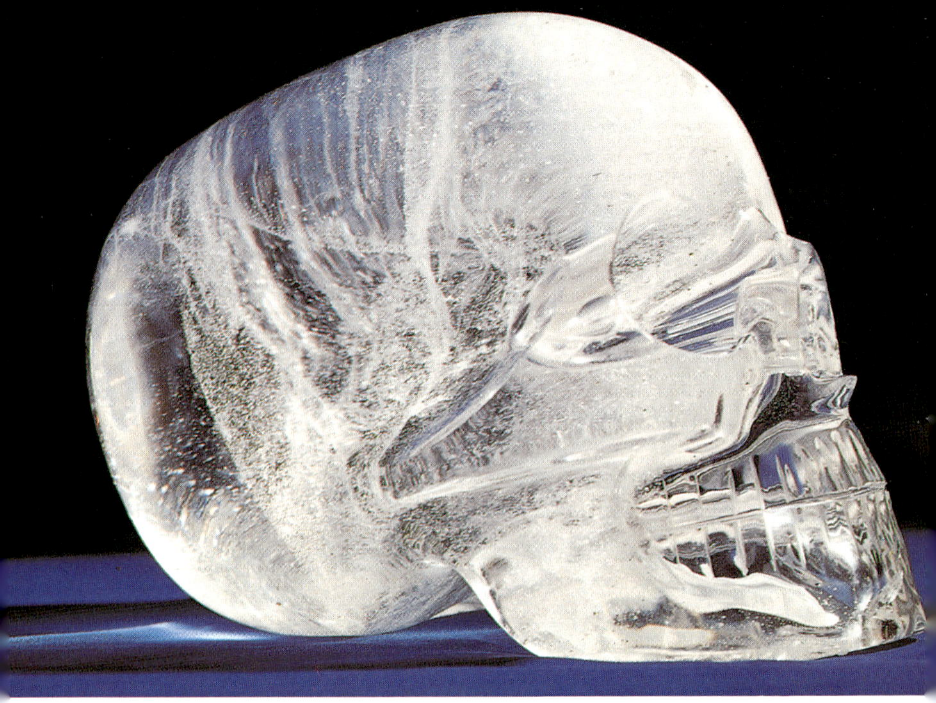

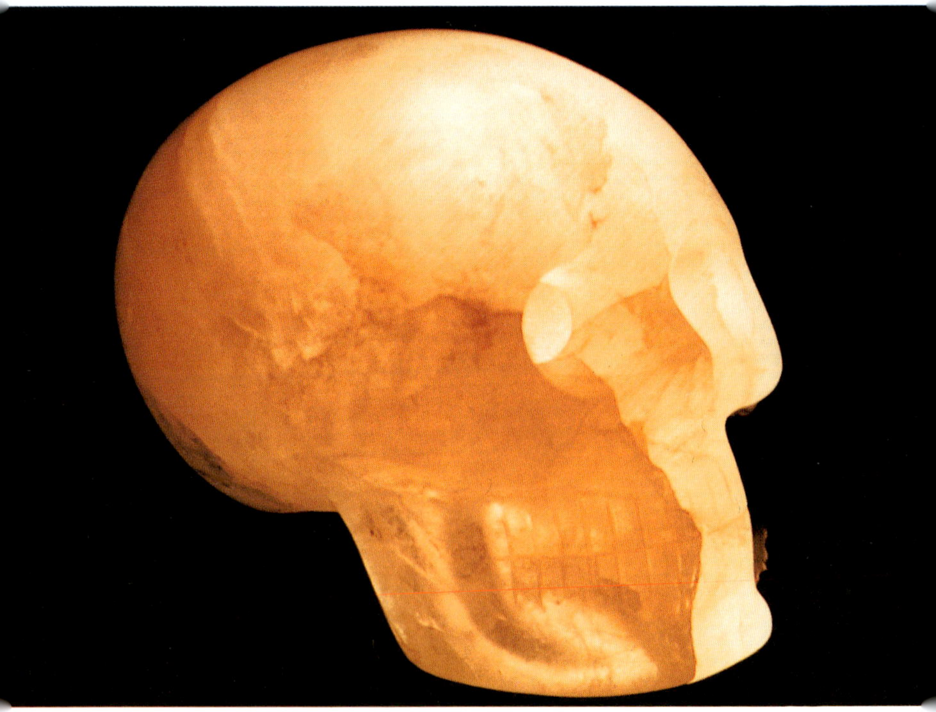

BILDTAFEL 8 (oben): Der Schädel des Britischen Museums
BILDTAFEL 9 (unten): Der «verfluchte» Schädel der Smithsonian Institution

BILDTAFEL 10 (oben): «Max», der Kristallschädel von Jo Ann und Carl Parks in Houston, Texas.

BILDTAFEL 11 (unten): Nick Nocerino mit seinem Kristallschädel «Sha Na Ra»

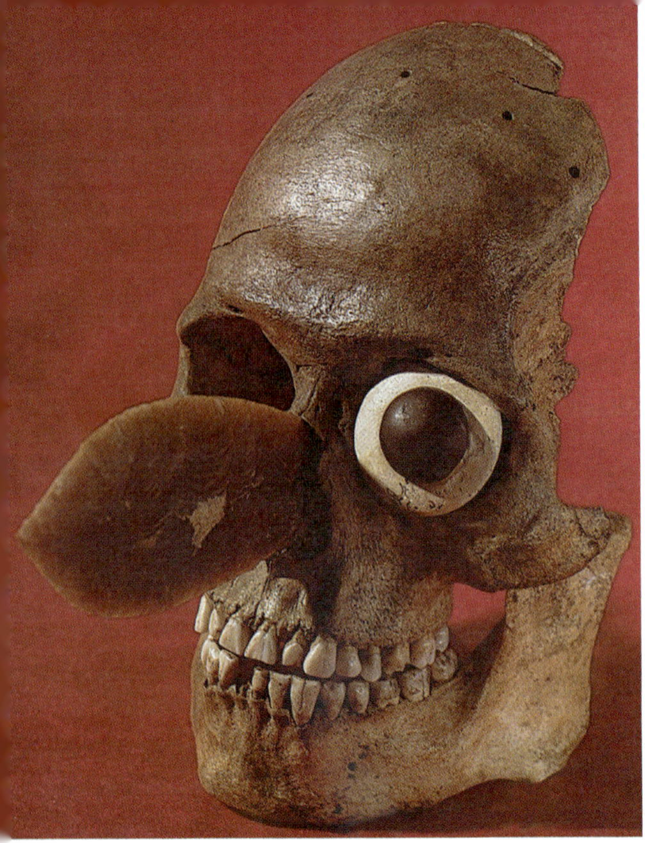

BILDTAFEL 12 (links): Echte Schädelmaske mit klingenförmiger Nase aus Obsidian und Augen aus Muscheln (gefunden während der Ausgrabungen am Templo Mayor. Man glaubt, daß das Stück während eines Menschenopfers verwendet und/oder auf einem *tzompantli* [oder Schädelregal] aufgespießt wurde).

BILDTAFEL 13 (unten): Spanische Illustration aus dem 16. Jahrhundert zur Darstellung des aztekischen Menschenopferrituals.

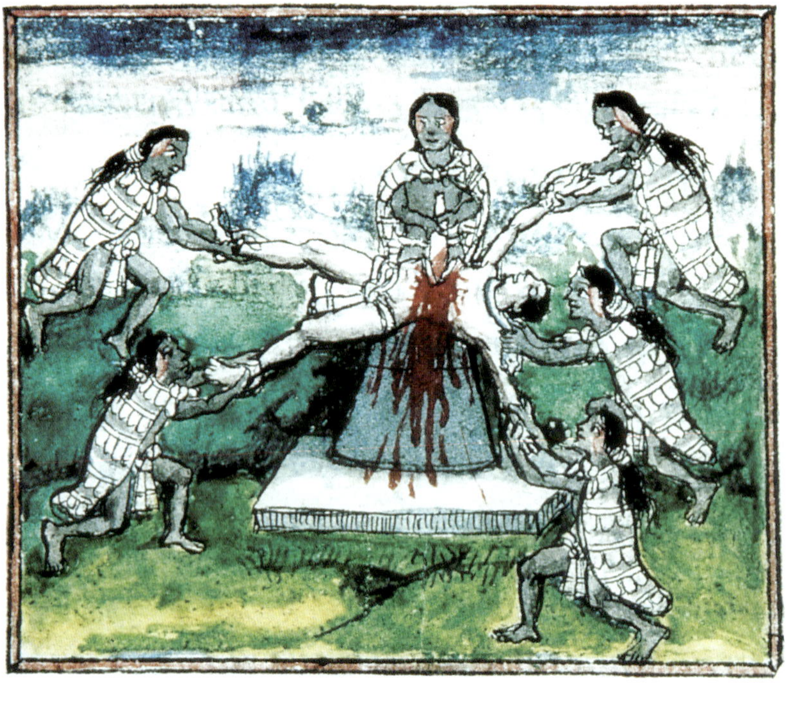

BILDTAFEL 14 (rechts): Norma Redo mit ihrem Reliquienkreuz auf dem Kristallschädel.

BILDTAFEL 15 (unten): Aztekischer Tänzer von heute mit schädel-geschmücktem Kopfputz.

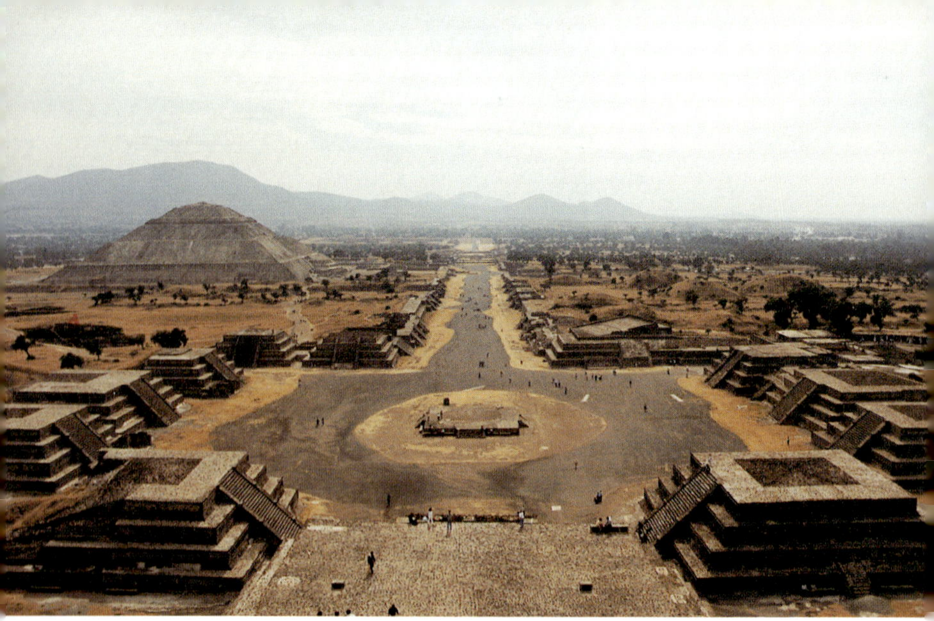

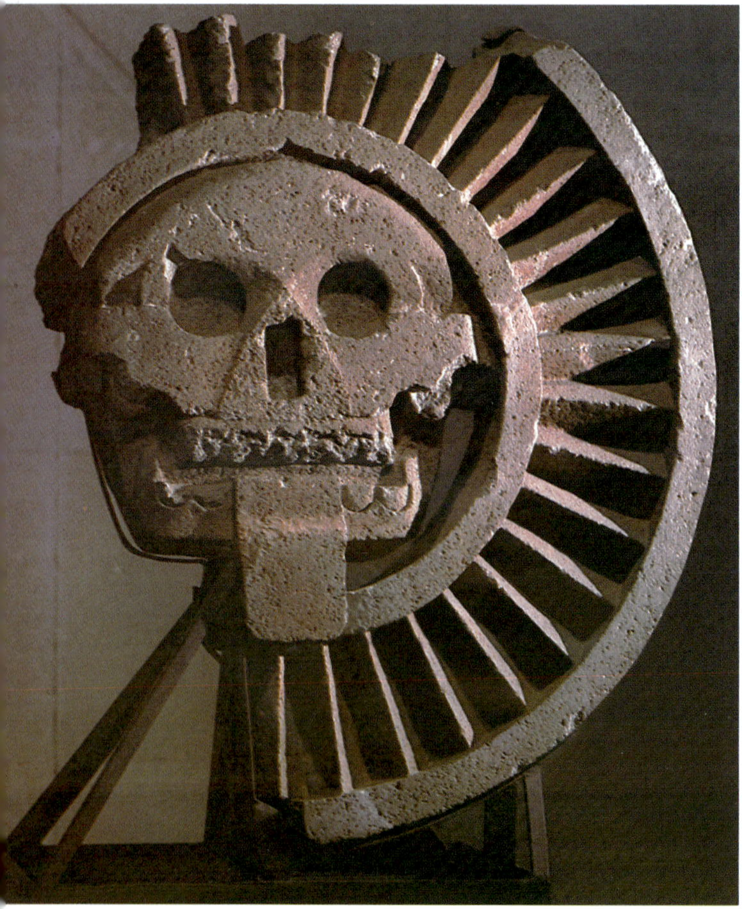

BILDTAFEL 18 (oben): Der Steinschädel in Palenque in Mexiko

BILDTAFEL 16 (linke Seite oben):
Die Pyramide der Sonne und die
Straße der Toten in Teotihuacán.

BILDTAFEL 17 (linke Seite unten):
Der Steinschädel, der am Eingang der
geheimnisvollen Höhle unter der
Pyramide der Sonne in Teotihuacán
gefunden wurde.

BILDTAFEL 19 (rechts): Der Eingang
zur Grabkammer von Pacal Votan im
Tempel der Inschriften in Palenque.

BILDTAFEL 20 (oben): Das Observatorium oder «Caracol» in Chichén Itzá
auf der Halbinsel Yucatán in Mexiko.

BILDTAFEL 21 (unten): Podest mit Steinschädeln oder *tzompantli* in Chichén Itzá

BILDTAFEL 22 (rechte Seite oben): Die uralten Mayaruinen in Tulum
an der karibischen Küste

BILDTAFEL 23 (rechte Seite unten): In Stein gehauene Schädel (kombiniert mit dem
Symbol des Quetzalcoatl) an einem Gebäude der Atlantes in Tula,
der toltekischen Hauptstadt in der Nähe von Mexico City.

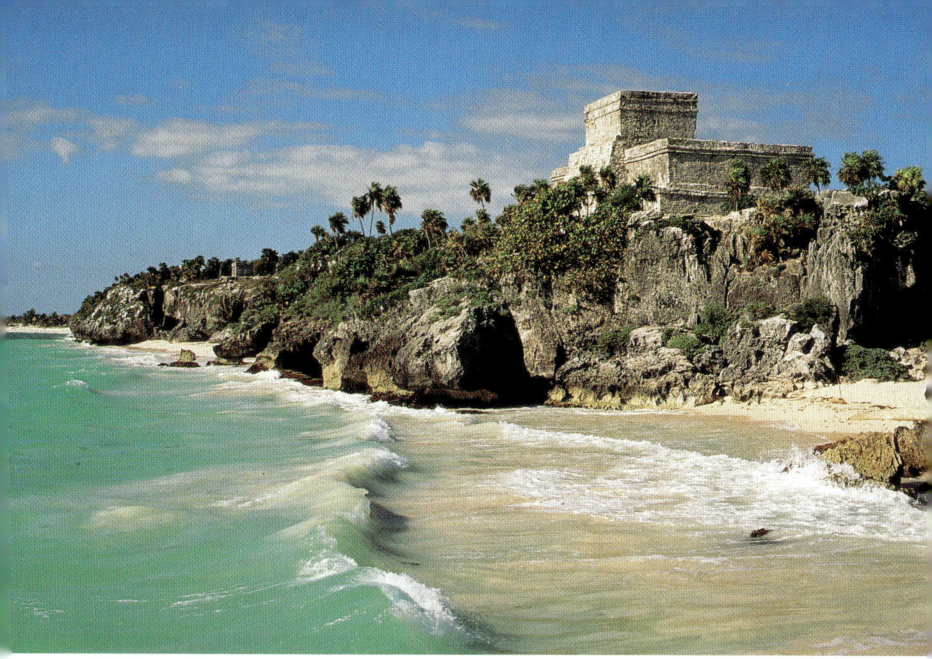

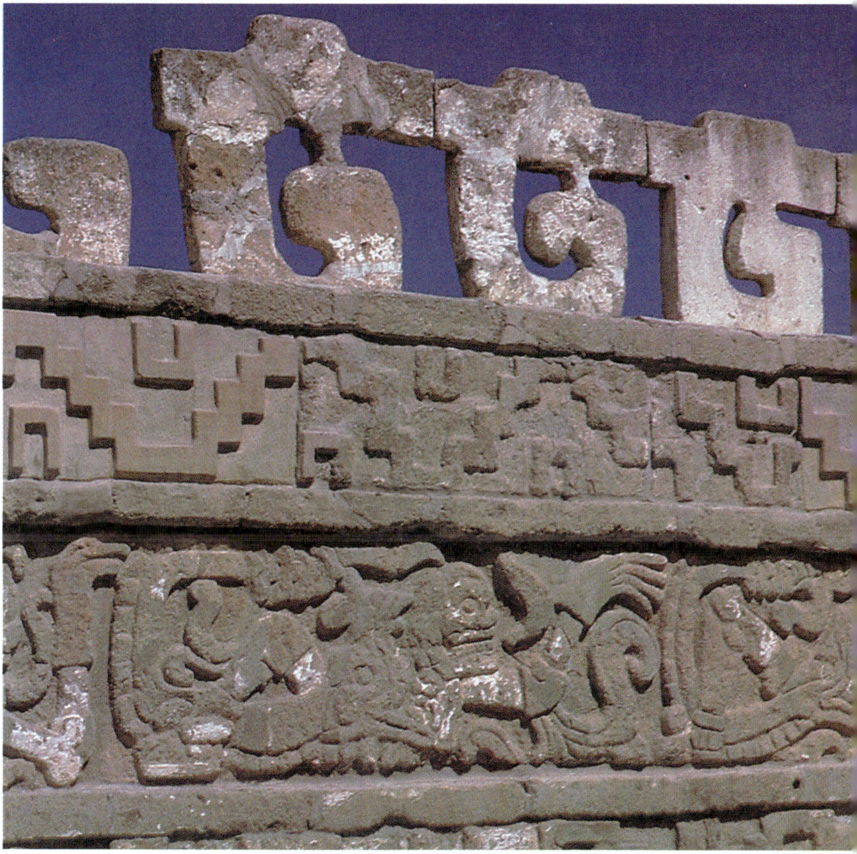

BILDTAFEL 24 (oben): Der Schädel in der Mitte des Universums der Maya
(dem *Codex Borgia* entnommen)

BILDTAFEL 25 (rechte Seite oben): Einige der Steinschädel, die für wissenschaftliche
Tests in das Forschungslabor des Britischen Museums in London gebracht wurden.

BILDTAFEL 26 (rechte Seite unten): von links nach rechts: Der Schädel des Britischen
Museums; Max, der Kristallschädel aus Texas; der Kristallpokal vom Monte Albán;
der Kristallschädel der Smithsonian Institution; der moderne deutsche
Kristallschädel; der Kristallschädel mit dem Reliquienkreuz;
der winzige Schädel des Britischen Museums; Sha Na Ra.

BILDTAFEL 27 (oben): Der Mayapriester/Schamane Don Alejandro Cirilo Oxlaj Peres (rechts) und ein Gefährte bei einer Stammesversammlung in Guatemala.

BILDTAFEL 28 (unten): Maya von heute bei der Stela-Zeremonie anläßlich eines Stammestreffens in Guatemala.

BILDTAFEL 29 (oben): Angehörige verschiedener Stämme führen mit den Kristall-
schädeln Max und Sha Na Ra eine Zeremonie zu Ehren der Sonne durch.
Von links nach rechts: Don Alejandro Cirilo Oxlaj Peres, Mayapriester aus
Mexiko; Florademayo, Stammesvertreterin aus Nicaragua;
Mary Thunder, Stammesvertreterin aus Nordamerika.

BILDTAFEL 30 (unten): Florademayo (Nicaragua) und Mary Thunder (Texas)
bei einer Zeremonie mit Kristallschädeln.

BILDTAFEL 31: Die Chac-Mool-Figur im Tempel des Kriegers in Chichén Itzá

BILDTAFEL 32 (oben): Frederick und Anna Mitchell-Hedges (rechts, 20 Jahre alt) Ende der zwanziger Jahre im Dschungel von Mittelamerika.

BILDTAFEL 33 (unten): Frederick Mitchell-Hedges, Lady Richmond-Brown und Dr. Thomas Gann in den Ruinen von Lubaantun (ca. 1925)

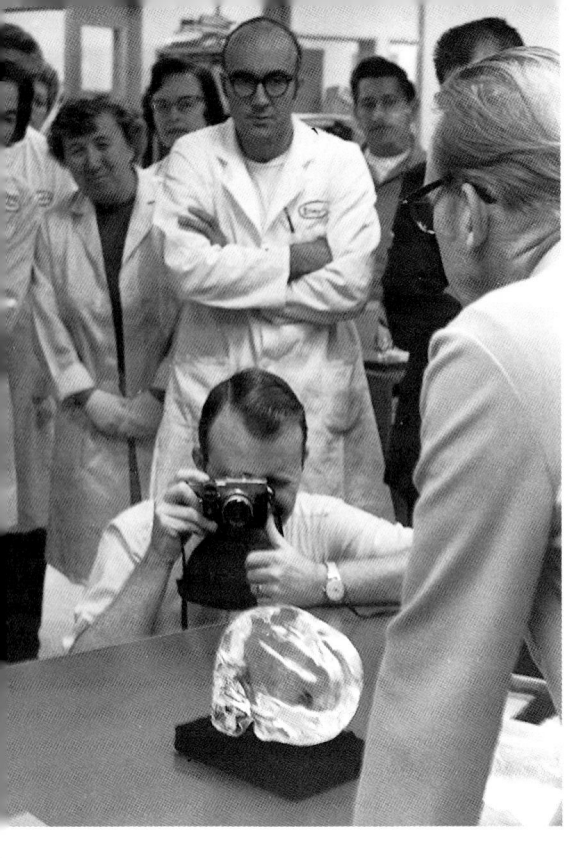

BILDTAFELN 34, 35 & 36: Der Mitchell-Hedges Schädel wird im Kristallabor von Hewlett-Packard wissenschaftlichen Tests unterzogen.

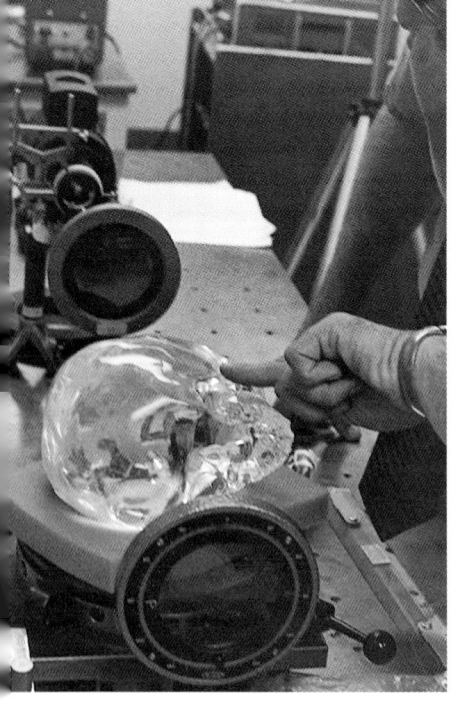

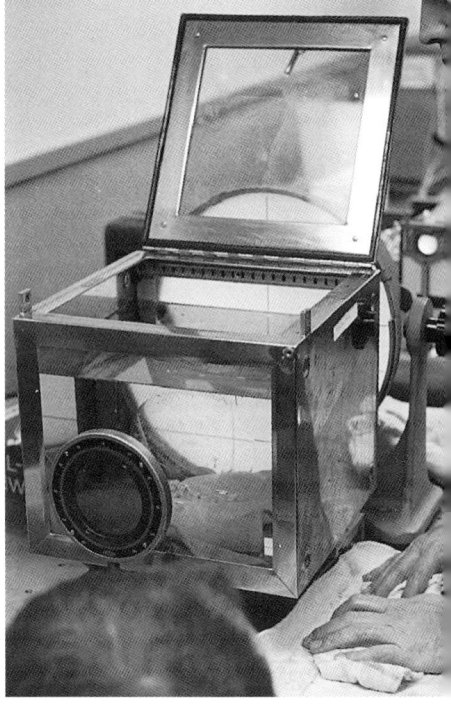

BILDTAFEL 37 (rechts):
Ein «holographisches
Bild eines UFOs», das
im Mitchell-Hedges-
Schädel erscheint.

BILDTAFEL 38 (unten):
«Opfergabe Nr. 4»,
ausgegraben in La Venta
(am Golf von Mexiko),
mit Steingutfiguren der
Olmeken, die «Außer-
irdischen» gleichen
(der Fund datiert auf
«mehrere Jahrhunderte
vor Christus» zurück).

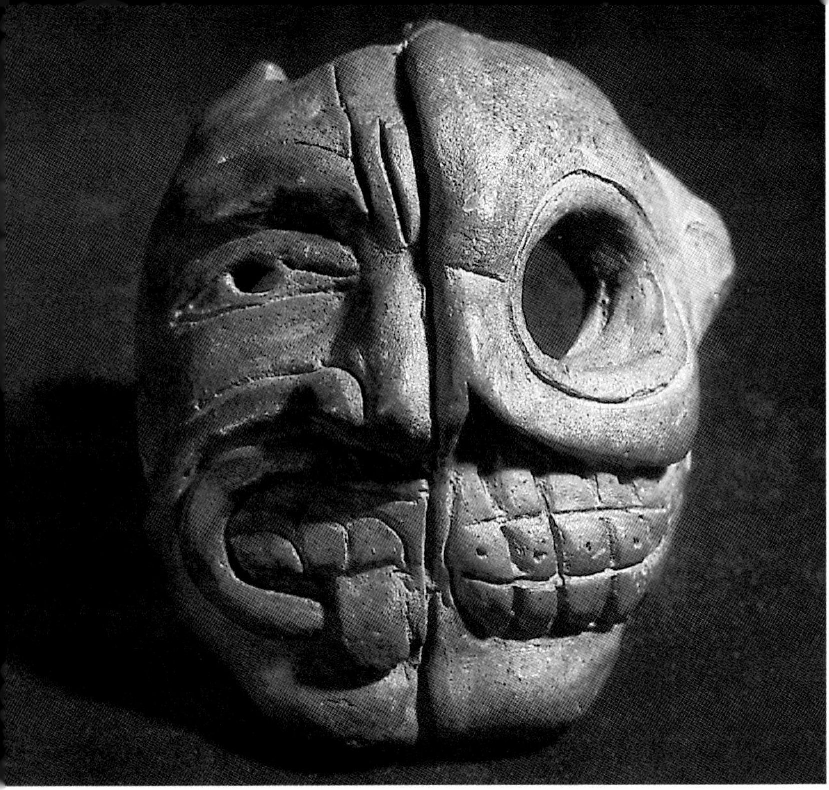

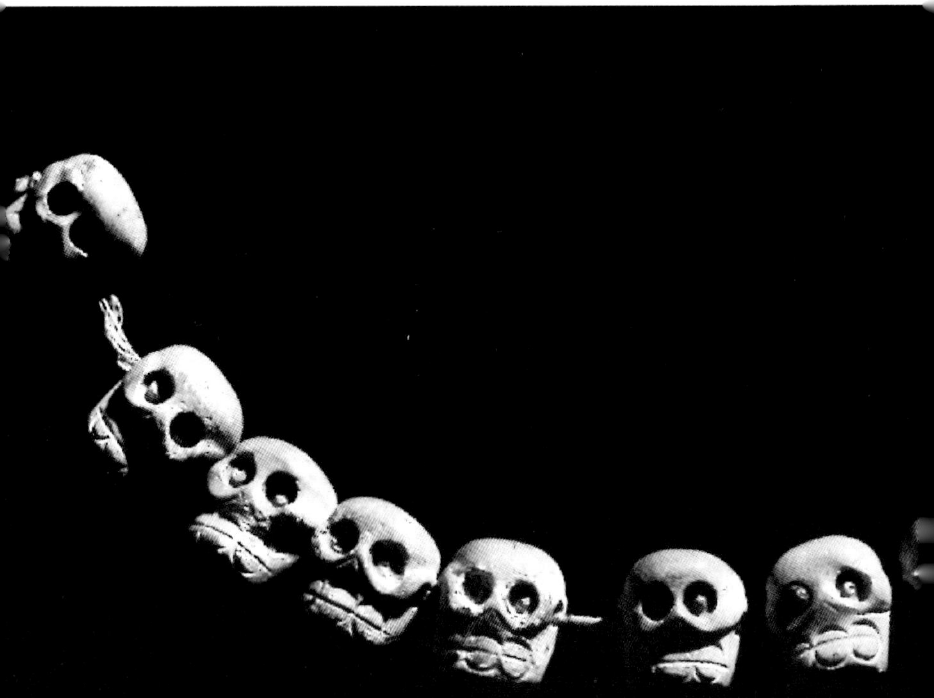

BILDTAFEL 39 (linke Seite oben):
Kopf aus Ton aus Tlatilco in Mexiko.
Er stellt die Dualität zwischen Leben
und Tod dar, wie sie schon in der
voraztekischen Kultur Mexikos
um 1000 vor Christus bekannt war.

BILDTAFEL 40 (unten links): Kette mit
12 kleinen, aus Knochen geschnitzten
Schädeln (fehlt der 13.?) aus Guerrero in Mexiko, ungefähr 1000 v. Chr.

BILDTAFEL 41 (rechts):
Mixtekische Steingutfigur des alten
mesoamerikanischen Todesgottes –
Mictlantecuhtli.

BILDTAFEL 42 (unten rechts):
Aztekische Statue von Mictlancihuatl,
Frau von Mictlantecuhtli und Göttin
der Welt der Toten.

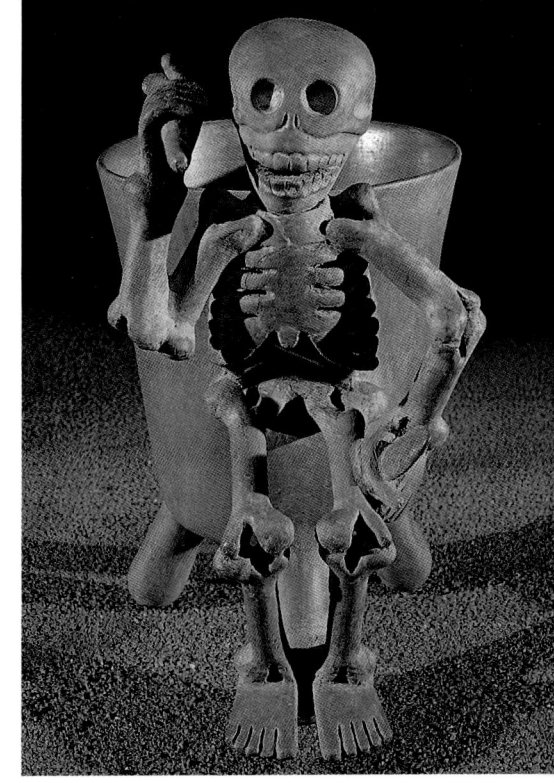

BILDTAFEL 43 (oben):
Realistischer Gipskopf
aus Palenque, Mexiko

BILDTAFEL 44: Riesiger olmekischer Stein aus La Venta
am Golf von Mexiko (viele Jahrhunderte v. Chr.)

BILDTAFEL 45: Der uralte Gott aller Götter der Maya und Gott der Erdachse Itzamna,
gegenüber einem Schädel in einem heiligen Bündel sitzend.

Forensische Rekonstruktion
des Gesichtes des
Mitchell-Hedges-Schädels:

BILDTAFEL 46 (rechts): Zeichnung
von Richard Neave aus der Abteilung
für Art & Medicine von der
Universität in Manchester.

BILDTAFEL 47 (unten): Zeichnung von
Detective Frank J. Domingo vom
Morddezernat der New Yorker
Polizei.

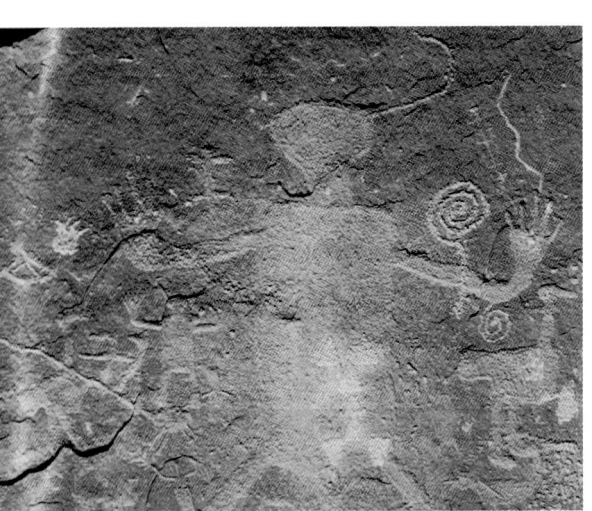

BILDTAFEL 48 (oben links): Patricio Dominguez, geistiger Berater der Pueblo

BILDTAFEL 49 (oben rechts): Kivas in den uralten Anasaziruinen in Chaco Canyon in New Mexico

BILDTAFEL 50 (unten links): Petroglyphen an den Wänden des Canyons bei der Versammlung der Navajo zeigen den Glauben des Stammes an die außerirdische Herkunft der Menschen und der Kristallschädel.

BILDTAFEL 51 (unten rechts): Leon Secatero, spiritueller Führer der Navajo ben der alten Maya zufolge zu den Göttern und zu den Kräften der Natur haben sollten?

Die alten Maya, so hatten wir gelernt, gaben etwas an die Götter der Erde zurück durch Rituale, Zeremonien und Opferungen. Sie glaubten außerdem, ihre Beziehung zu den Göttern stärken zu können, indem sie sich an ihre Vorfahren erinnerten und eine Verbindung zu ihnen herstellten. Die Vorfahren wurden als Quelle des Wissens betrachtet, das notwendig war, um nicht nur die Vergangenheit, sondern auch die Zukunft zu sehen. Daher glaubten die Maya, daß sie vorübergehend die prophetischen Kräfte ihrer Vorfahren bekamen, wenn sie den Göttern und ihren frühesten Ahnen etwas zurückgaben. Schädel, so schien es, und möglicherweise sogar Kristallschädel, hatten damit zu tun.

«Blut war der Mörtel der religiösen Praktiken der Maya», wie Dr. Schele gesagt hatte. Denn es gab kein größeres Geschenk als Blut, die kostbare Substanz des Lebens, die die Existenz sicherstellt. Wieder konnten wir Parallelen zur christlichen Lehre erkennen. Christus opferte sich selbst und gab sein Blut, und bei der Kommunion nehmen die Christen an dieser Opferung teil und trinken Christi Blut in Form von Wein. Die Maya entzogen bei der Opferung häufig Blut aus verschiedenen Teilen des Körpers – aus der Zunge, aus den Ohrläppchen und sogar aus den Genitalien. Die Opferungsrituale waren dem Königshaus, den Priestern und dem höchsten Adel vorbehalten, und es waren sorgfältige Vorbereitungen nötig. Jene, die das Opfer darboten, sonderten sich vom Rest der Welt durch Fasten und Abstinenz ab. Die Schwitzhütte, ein rituelles Dampfbad, wurde häufig zum Zwecke der Reinigung aufgesucht. War er erst einmal gereinigt und vorbereitet, hoffte der Teilnehmer auf das erwünschte Ergebnis – die Vision. Und hier kommt offenbar der Schädel ins Spiel, der den Visionssuchenden mit den Vorfahren und dem heiligen Wissen verband.

In Yaxchilán konnten wir in allen Einzelheiten Abbildungen ansehen, die diesen Aderlaß darstellten. In der Stadt hatte es einmal viele wunderschöne Türstürze aus Kalkstein gegeben, ungefähr aus der Zeit um 725 bis 770, doch viele von ihnen befinden sich heute im Britischen Museum. Türsturz Nr. 17 (*siehe Zeichnung 16*) zeigt einen Mann, bekannt als Vogeljaguar, der dabei ist, seinen Penis mit einem langen Lochinstru-

Zeichnung 16: Türsturz 17 aus Yaxchilán zeigt den Vogeljaguar,
der dabei ist, seinen Penis zu durchstechen, und seine Frau Balam-Ix,
die ihre Zunge durchsticht

ment zu durchstechen. Eine luxuriös gekleidete Frau, Balam-Ix, eine seiner Frauen, kniet vor ihm. Sie wirken ruhig, würdevoll und völlig in ihre
Handlung versunken. Balam-Ix zieht ein Seil durch ihre Zunge, ein cha-
rakteristisches weibliches Blutopfer. Das Blut aus der Wunde fließt auf
Papierläppchen in Schalen, die dann als Opfer an die Götter verbrannt
werden. Interessanterweise trägt Vogeljaguar eine Kopfbedeckung, in
der auch eine Art Schädel und eine skelettierte Schlange zu sehen sind.
Auch die meisten anderen Türstürze dieser Reihe zeigen Personen mit
demselben Schädel- und Schlangenkopfputz. Offenbar handelte es sich
um die angemessene rituelle Bekleidung, wenn man Visionen zu finden
hoffte.

Ein weiteres Utensil des Rituals war die Visionsschlange. Sie sollte
wohl den Geist repräsentieren. Der Geist wird in vielen Religionen als

218

Energie, Bewegung, als dynamisches Prinzip verstanden. Hier ist die Schlange diese sich verändernde Energie.

Die Visionsschlange erscheint auf Türsturz 25 aus Yaxchilán (*siehe Zeichnung 17*). Dieser Türsturz zeigt die Frau Xoc kniend, mit dem obligatorischen Schädel- und Skelettschlangen-Kopfputz, wie sie in ihrer linken Hand die Gegenstände hält, die für das rituelle Blutopfer nötig sind. Vor ihr sehen wir den riesigen, sich windenden Körper der Visionsschlange, mit großen hervorstehenden Augen, der das Blut in Strömen aus dem Maul läuft. Die Schlange trägt die Maske des Tlaloc, des Gottes des Wassers, der auch mit Opfern und Fruchtbarkeit in Verbindung gebracht wurde. Im Führer des Britischen Museums heißt es:

«Das Opfer des Blutes ruft eine visionäre Manifestation von Yat-Balam hervor, dem Gründer der Dynastie von Yaxchilán … dieser Geist der Ahnen tritt zwischen den Vorderzähnen einer riesigen doppelköpfigen (Visions-)Schlange hervor, die sich über die Frau Xoc erhebt. Sie ist jetzt allein und blickt hinauf zu der Erscheinung, die sie gerufen hat. In der linken Hand trägt sie die Opferschale, in der noch andere Opferinstrumente liegen: die Wirbelsäule eines Stachelrochens und eine Lanzette aus Obsidian.»[15]

Doch der Führer erwähnt nicht, was die Frau Xoc offenbar in ihrer rechten Hand hält. Entweder direkt in ihrer Hand oder darüber konnten wir ganz deutlich einen menschlichen Schädel erkennen. Es sieht so aus, als erhebe sich die Visionsschlange, deren Maul das Bild des großen Ahnen entspringt, direkt aus diesem Schädel. Die Tatsache, daß der Schädel in Taillenhöhe erscheint, deutet darauf hin, daß er sich in der Mittelwelt befand, in der ganz normalen Realität.

Wir waren verblüfft. Daß Visionen einem Schädel entspringen, paßte zu allem, was wir über die verschiedenen Kristallschädel gehört und gesehen hatten, ob bei Carole Wilsons Channeling mit dem Mitchell-Hedges-Schädel, bei Nick Nocerino oder anderen, die behaupteten, die Kristallschädel riefen immer noch Visionen hervor. Zumindest nahm man allgemein an, daß die Kristallschädel in der Lage waren, beim Betrachter eine Bewußtseinsveränderung hervorzurufen. Und alle, die regelmäßig mit den Schädeln gearbeitet hatten, behaupten heute, daß die Stücke Vi-

Zeichnung 17: Türsturz 25 aus Yaxchilán: Die Frau Xoc hat eine Vision,
die einem Schädel entspringt

sionen bewirken. Vielleicht war Türsturz 25 aus Yaxchilán ein Bild der Frau Xoc, wie sie vor langer Zeit einen Kristallschädel benutzte, um in andere Dimensionen zu blicken. Ich nehme an, daß wir es niemals genau erfahren werden.

Doch auf jeden Fall war jetzt klar, daß das Bild des Schädels für die alten Maya von Bedeutung war. Sie hatten eine völlig andere Einstellung zum Tod als wir, und offensichtlich hatte der Schädel auch mit ihrer Suche nach Visionen zu tun. Aber wir sollten herausfinden, daß der Schädel den Maya noch viel mehr bedeutete.

15

Der Schädel und der alte Kalender

Für die frühen Maya waren das Bild des Schädels und die Selbstopferung offenbar hauptsächlich mit der Suche nach Visionen verbunden und mit dem Wunsch, mit ihren Vorfahren in Kontakt zu treten, denen göttliche Weisheit und die Fähigkeit, die Zukunft vorauszusehen, zugesprochen wurden. Doch wie es aussieht, übten die Maya später noch andere Rituale aus, und auch hier scheint das Bild des Schädels ins Spiel zu kommen.

Archäologen glauben, daß die späteren, von den Tolteken dominierten Maya wie die Tolteken selbst dem Menschenopfer große Bedeutung beimaßen. Umstritten ist aber, ob die Maya dies freiwillig taten. Viele Fachleute glauben, daß das Ritual der Selbstopferung, das bei den frühen Maya unter dem Zeichen der Freiwilligkeit stand, später pervertiert und von den Tolteken als Mittel der Machtausübung gebraucht wurde, als sie nach dem Untergang der klassischen Maya die Überreste der frühen Mayakultur dominierten. Sonderbar erscheint jedoch, daß es meist, ob freiwillig oder nicht, die gesündesten jungen Männer waren, die potentiellen Mitschöpfer einer gesunden zukünftigen Generation, die Hauptopfer der Riten wurden.

Einige der bekanntesten Steinschädel der Maya findet man in Chichén Itzá, der größten und berühmtesten Mayastadt in Yucatán. Hier finden sich die meisten auf Schädel bezogenen Bilder aller Mayastätten. Diese Darstellungen wurden während der letzten Phase der von den Tolteken dominierten Geschichte der Maya erschaffen, angeblich in einer Epoche zahlreicher Menschenopfer. Eine dieser Darstellungen findet sich am

Rande eines Ballspielplatzes. Es scheint, daß alle mittelamerikanischen Städte einen Ballspielplatz hatten, wo rituelle Ballspiele abgehalten wurden, anscheinend eine symbolische Inszenierung des Kampfes der großen Heldenzwillinge aus dem *Popol Vuh*. Nach Aussage vieler Archäologen nahmen die meisten Stämme Mittelamerikas dieses Spiel sogar ernster als heutige Fußballfreunde. Es gibt sogar die Theorie, daß eine der Mannschaften durch Köpfen geopfert wurde, wenn das Spiel vorbei war. Viele Nachkommen der Maya sagen heute jedoch, daß diese ganze Theorie eurozentristische, gegen die Eingeborenen gerichtete, rassistische Propaganda sei, die seit den Tagen der ersten Spanier in Mittelamerika verbreitet werde – und damit haben sie höchstwahrscheinlich recht.

Sicher wissen wir jedoch, daß auf den Mauern, die den Ballspielplatz in Chichén Itzá umgeben, ein in Stein gehauenes Flachrelief zu sehen ist, das zwei Mannschaften zeigt und in der Mitte einen Ball mit einem Schädel, aus dessen Mund Blut spritzt (*siehe Zeichnung 18*). Man nimmt an, daß dieser Schädel das Schicksal darstellen soll, welches die zu opfernde Mannschaft erwartet. Rechts von dem Schädelball kniet eine Gestalt, vermutlich einer der Spieler, der geköpft wurde und aus dessen Hals das Blut (in Form von Schlangen) strömt. Auf der anderen Seite des Schädelballs steht ein weiterer Spieler mit einem Messer in der einen und dem abgetrennten Kopf in der anderen Hand. Alle Gestalten tragen reichverzierte Kostüme, vermutlich die rituellen Gewänder, die man bei diesem Spiel trug, und einige tragen Schädel, aus denen Schlangen hervordringen, angebracht an Gürteln oder auch *palma*, wie man sie damals nannte. Auch dies sollte vermutlich das Schicksal der einen oder anderen Mannschaft symbolisieren.

Neben dem Ballspielplatz in Chichén Itzá liegt eine große steinerne Plattform, die auf allen Seiten mit vielen Reihen aus in Stein gehauenen Schädeln verziert ist (*siehe Bildtafel Nr. 21*). Ebenso wie die Schädelgestelle der Azteken waren diese steinernen Plattformen als *tzompantli* bekannt, und zumindest die Plattform in Chichén Itzá könnte als Aufbewahrungsort für die abgetrennten Köpfe der geopferten Spieler gedient haben.

Doch es ist nicht ganz klar, welchen Zweck diese Opfer hatten. Einige Forscher glauben, daß das Blut der rituellen Opfer für die Maya, ebenso

Zeichnung 18: In Stein gehauene Abbildung von rituellen Opfern des Ballspiels auf dem Ballspielplatz von Chichén Itzá

wie für die Azteken, half, die Sonne zu ernähren, und der Zeitpunkt und die Bedeutung des Spiels hatten ganz sicher etwas mit den Bewegungen der Sonne zu tun. Denn nur an einem ganz bestimmten Tag des Jahres scheinen die Strahlen der Sonne durch den Steinkreis, durch den die Spieler auch den Schädelball spielen mußten.

Im allgemeinen geht man aber davon aus, daß die Maya ein friedliebendes Volk waren, und selbst die Menschenopfer, falls sie nach dem Ballspiel stattfanden, hatten weit mehr zu bedeuten als einfach eine grausame Handlung.

Nicht weit von dem Ballspielplatz und den *tzompantli* in Chichén Itzá findet man ein prächtiges, rundes Sternenobservatorium oder *caracol* (*siehe Bildtafel Nr. 20*). Das Erstaunliche daran ist, daß es genauso aussieht wie ein modernes Observatorium. Erich von Däniken schreibt darüber:

«Auf drei Terrassen erhebt sich der Rundbau weithin über den Dschungel; im Innern führt eine Wendeltreppe zum obersten Ausguck; in der Kuppel sind Luken und Öffnungen nach den Sternen ausgerichtet, so daß sich nachts ein eindrucksvolles Bild des gestirnten Himmels darbietet.»[1]

Von Däniken stellt außerdem richtig fest, daß die Ausgucke des Observatoriums von Chichén Itzá nicht auf die hellsten Sterne ausgerichtet sind und noch nicht einmal auf irgendeine bekannte Position der Sonne. Heute geht man gemeinhin davon aus, daß das Observatorium hauptsächlich die Bewegungen des Planeten Venus beobachten sollte. Und die Schächte zeigen tatsächlich nicht nur zu den Sternen, sondern auch zu dem nahegelegenen Ballspielplatz, so daß der Zeitpunkt des Spiels ebenso wie die symbolische Bedeutung dessen, was mit den Seelen der rituellen Opfer geschah, nicht nur mit den Bewegungen der Sonne, sondern auch der Sterne und Planeten, ganz besonders der Venus, in Beziehung gesetzt werden muß. Offenbar glaubte man, daß die Seelen der Opfer in die höchsten Himmel aufstiegen, ebenso wie die Helden aus der Legende.

Dennoch blieb unklar, ob Kristallschädel mit der Praxis der Menschenopfer auf irgendeine Weise zu tun hatten. Aber wir entdeckten eine andere – und vielleicht wahrscheinlichere – Verbindung zwischen den Kristallschädeln, der Schädelsymbolik der alten Maya und ihrem uralten Kalender.

Wie das Observatorium in Chichén Itzá schon zeigte, waren die Maya vor allem Experten auf den Gebieten Astronomie, Mathematik und Zeitrechnung. Ihre Weltsicht unterschied sich sehr von der unsrigen, und sie hatten eine komplexe Vorstellung von ihrem Platz im Universum. Sie waren großartige Astrologen und Seher, neben der höchst wissenschaftlichen Beobachtung der Sterne, der Beschäftigung mit Mathematik und dem Erstellen von Kalendern. Der Kosmos der Maya war nicht nur ein Universum großartiger und furchterregender Götter, sondern auch akkurater mathematischer Messungen und hochpräziser Kalender, die auf den Bewegungen der Planeten und Sterne basierten. Und alles war auf ein Ziel ausgerichtet – die Zukunft vorherzusagen.

Die alten Maya waren auf religiöse Weise besessen von Zahlen, Mathematik und Zeitmessung. Eine ihrer bemerkenswertesten Errungenschaften war der Umgang mit der Null. Sie konnten dadurch große Zahlen mit einer Leichtigkeit handhaben, die noch nicht einmal ihre Zeitgenossen in Europa erreichten, ganz zu schweigen von den großen alten Zivilisationen der Griechen und Römer. Heute spricht man den alten Maya sogar die Erfindung der Null zu, ein Konzept, auf dem auch unsere modernen Computer basieren. Diese machen sich das Binärsystem zunutze, wonach alle Operationen, ganz gleich, wie kompliziert sie sein mögen, auf die beiden Zahlen Null und Eins heruntergebrochen werden.

Für die alten Maya waren Zahlen nicht einfach nur abstrakte Gebilde, mit deren Hilfe man Mengen zählte oder abmaß. Sie glaubten, daß jede Zahl eine eigene Eigenschaft oder einen eigenen Geist habe. Zahlen waren die Manifestationen der Geister, Götter und Energien des Universums und wurden bedeutsam im Gebrauch des hochkomplizierten Mayakalenders.

Denn die Maya hatten eine Zeitmessung entwickelt, die sehr viel komplizierter und genauer war, als die unsrige es ist. Ihr wichtigster Zweck war Prophezeiung und Vorhersage. Der Kalender gab also nicht nur darüber Auskunft, welcher Tag gerade war, sondern sagte auch, was an einem bestimmten Tag geschehen würde – und dabei war er verblüffend genau. Da er auf den Bewegungen der Planeten und Sterne basierte, konnte er nicht nur Sonnen- und Mondfinsternisse vorhersagen, die die Maya ja auch tatsächlich sehen konnten, sondern auch Finsternisse, die außer Sichtweite auf der anderen Seite der Welt stattfanden. Der Kalender war derart ausgereift, daß er sogar Finsternisse vorhersagte, die erst kürzlich stattfanden, mehr als tausend Jahre nach Untergang der Mayazivilisation. Heute nimmt man sogar an, daß die Maya in der Lage waren, den Zusammenbruch ihrer eigenen Zivilisation und die nachfolgende Ankunft der Europäer in Mittelamerika vorauszusagen.

Der Kalender der Maya reichte außerdem sehr weit in eine Zeit vor ihrer eigenen Zivilisation zurück. Einige Hieroglyphen der Maya verzeichnen Daten, die weit mehr als 400 Millionen Jahre zurückliegen.[2] Die Maya betrachteten ihren Kalender als Geschenk der ersten Menschen, die alles sehen konnten. Er war nicht weniger als ein Geschenk der Götter.

Das Kalendersystem basierte auf den Bewegungen von Sonne, Mond, Planeten und Sternen, und ganz besonders auf den Bewegungen des Planeten Venus und der Plejaden. Wie es aussieht, verfügten die Maya über ein astronomisches Wissen, das moderne Wissenschaftler gerade erst erwerben, und Vorstellungen von Zeit und Raum, die moderne Physiker gerade erst «entdecken».

Anders als der Gregorianische Kalender, der die Tage einfach linear oder chronologisch durchnumeriert, und zwar im Sinne der Anzahl der Tage, Monate und Jahre vor oder nach Christi Geburt, gaben ungefähr 17 verschiedene Arten von Kalendern den Maya 17 verschiedene Möglichkeiten zu entscheiden, welcher Tag gerade war. Fast alle dieser verschiedenen Kalender bezogen sich auf einen anderen Planeten oder Stern oder auf eine andere Konstellation. Der jeweilige Tag auf einem bestimmten Kalender sagte also aus, wo der entsprechende Planet oder Stern an diesem Tag im Verhältnis zur Erde stand. Die Kalender waren somit nicht einfach linear, sondern zyklisch, und alle Kalender zusammen bildeten einen komplizierten Satz aus konzentrischen und ineinandergreifenden Kreisen oder Scheiben, ebenso wie die Bewegungen der Planeten um die Erde. Der Name eines jeden Tages sagte nicht nur aus, wann man sich in einem bestimmten Zeitzyklus befand, sondern auch wo, denn ein bestimmter Tag zeigte die Beziehung der Erde zu den anderen Himmelskörpern an.

In unserer modernen Weltsicht sind Zeit und Raum zwei völlig verschiedene Dimensionen, doch nach Ansicht der Maya gab es diese Unterscheidung nicht, beides war untrennbar miteinander verbunden. Wie die beiden Heldenzwillinge, oder wie Leben und Tod, handelte es sich nur um unterschiedliche Aspekte derselben Dimension. Für uns ist dies nur schwer vorstellbar, doch es hilft uns dabei, das Zyklische des Mayakalenders zu verstehen und zu erkennen, wie sie an eine Möglichkeit glaubten, in die Zukunft sehen zu können.

Für uns ist es vielleicht ein Glück, daß die Maya in ihrem täglichen Leben vorwiegend drei Grundkalender benutzten: den 365-Tage-Sonnenkalender oder das unscharfe Jahr, den 260-Tage heiligen oder seherischen Kalender, normalerweise bekannt als *tzolkin*, und den unglaublich langen Kalender, die Lange Zählung. Der Sonnenkalender war vermutlich der Weltlichste und der, den wir am leichtesten verstehen können, da er unserem Kalenderjahr sehr ähnlich ist. Er verzeichnete den ungefähren 365-Tage-Zyklus der Erde um die Sonne, doch wurde er in 18 Monate à 20 Tage aufgeteilt, so daß fünf Tage übrigblieben, die man als «unter einem ungünstigen Stern stehend» oder grob gesagt als «Unglückstage» betrachtete.

Die Anzahl der Tage dieses Sonnenkalenders sind in der großen Pyramide von Chichén Itzá, dem «El Castillo», in Stein gemeißelt. Diese Pyramide hat genau die richtige Anzahl von Stufen in bezug auf die Anzahl der Tage im Sonnenkalender. An den vier Seiten sind es 91 Stufen, insgesamt also 364, und der Tempel auf der Spitze macht die 365 voll. Diese Pyramide markiert außerdem die Frühlings- und Herbstsonnenwende, wenn der Schatten einer großen Schlange, die vermutlich Kukulcan oder Quetzalcoatl darstellen soll, sich die Stufen hinunterwindet.

Wie der heilige 260-Tage-Kalender, oder *tzolkin*, zum Sonnenkalender paßte, läßt sich am besten durch das Bild ineinandergreifender Radzähne verdeutlichen. Anders als andere Kalender bezieht sich der heilige Kalender nicht direkt auf die Bewegung eines bekannten Planeten oder Sterns. Man glaubt, daß dieser Kalender eigentlich eine Zusammenfassung, eine Interpretation der kombinierten Bedeutung der Bewegungen aller Himmelskörper darstellt. Das würde auch erklären, warum dieser Kalender so oft als «Zyklus der Zyklen» bezeichnet wurde (*siehe Zeichnung 19*).

Doch ganz gleich, welche tiefere Bedeutung der *tzolkin* hatte, sein wichtigster Zweck war es, jedem Tag eine Bedeutung zu geben und den Menschen zu sagen, was sie an den einzelnen Tagen tun sollten. Denn jeder einzelne Tag hatte eine besondere Bedeutung, unter anderem, ob es ein guter oder ein schlechter, ein Glücks- oder Unglückstag war. Das ist sehr vereinfacht formuliert, doch der springende Punkt ist, daß die Stellung der Planeten und Sterne zueinander an jedem einzelnen Tag eine Bedeutung hatte, die dem Tag ganz besondere Eigenschaften verlieh. Der Tag, an dem man geboren wurde, war besonders bedeutsam, da er die Rolle im Leben bestimmte, ob man zum Beispiel Handwerker, Redner oder Priester wurde. Und *tzolkin* sagte den Menschen auch, welche Art von Ritualen und Zeremonien an jedem Tag des heiligen Jahres erforderlich waren.

Ein ganz besonderer Zeitpunkt war das Ende jeder 52-Jahr-Periode (oder Kalenderrunde), der Tag, an dem sowohl die 365 Tage des Sonnenkalenders als auch die 260 Tage des heiligen Kalenders einen ganzen Zyklus vollendeten und erneut begannen. An diesem Tag führten die alten Maya eine Zeremonie durch, die man als den «Beginn der neuen Feuer» kannte. Diese Zeremonie war äußerst wichtig und heilig, da die alten Maya glaubten, das Ende jeder Kalenderrunde trage die Möglich-

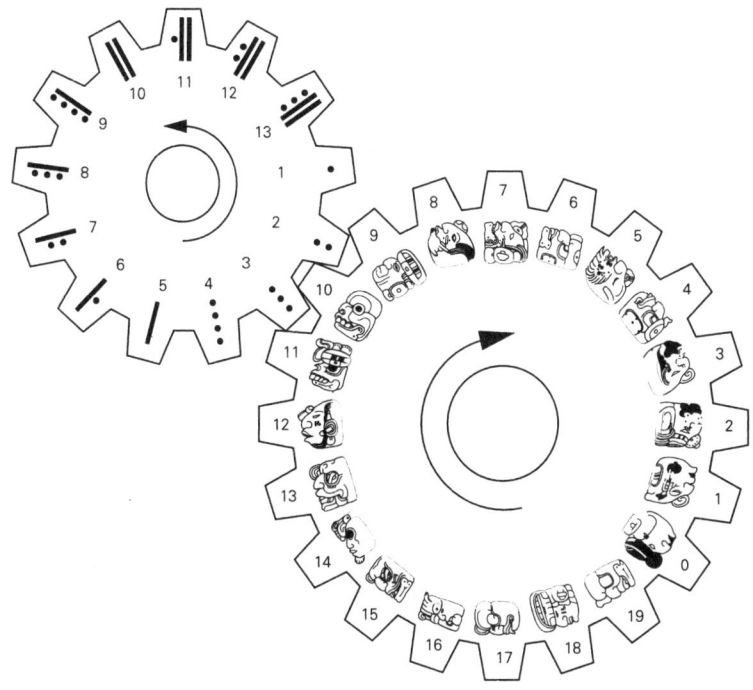

Zeichnung 19: Zahnräder illustrieren die Tage und Monate des
heiligen 260-Tage-Kalenders der Maya

keit in sich, daß die Erde unterginge, falls die neuen Feuer nicht entzündet und die Begleitzeremonien nicht vorschriftsmäßig durchgeführt
würden.

Die Historiker und Autoren Adrian Gilbert und Maurice Cotterell sind
der Meinung, daß die Kristallschädel vielleicht eine wichtige Rolle bei
dieser Zeremonie spielten. In ihrem Buch *The Mayan Prophecies* deuten
sie an, daß die ungewöhnlichen optischen Eigenschaften der Kristallschädel möglicherweise als wichtiger Teil der Zeremonien gedient haben
könnten, die den Anfang neuer Feuer markierten.[3] Bedenkt man, daß der
Mitchell-Hedges-Schädel das Licht der Sonne so bündeln kann, daß
Feuer entsteht, scheint das durchaus möglich. Gilbert und Cotterell glauben außerdem, daß auch die geheimnisvollen Chac-Mool-Figuren, wie

229

beispielsweise jene aus Chichén Itzá (*siehe Bildtafel Nr. 31*), damit zu tun haben könnten.

Adrian Gilbert glaubt, daß man, wenn der richtige Tag gekommen war, den Kristallschädel entweder auf einer der Pyramiden oder auf dem abgeflachten Behälter, der auf dem Bauch der berühmten Chac-Mool-Figuren in Chichén Itzá und anderswo zu sehen ist, plazierte. Wenn die Sonne mittags an einem bestimmten Punkt stand, könnten ihre Strahlen gegen die Rückseite des Kristallschädels geschienen haben, und zwar genau im richtigen Winkel, um zu einem Lichtstrahl gebündelt zu werden, der aus dem Mund des Schädels austrat, ein Strahl, der über genügend Intensität verfügte, die neuen Feuer zu entzünden.

Niemand weiß so recht, wozu diese geheimnisvollen Chac-Mool-Figuren eigentlich dienten. Vielfach nimmt man an, daß sie Kukulcan oder Quetzalcoatl darstellen, und die meisten Archäologen glauben, man habe sie als Behälter für die noch schlagenden Herzen benutzt, die bei den Menschenopferzeremonien herausgerissen wurden. Geht man davon aus, daß die Nachkommen der Maya, mit denen wir später sprachen, davon überzeugt sind, daß diese Art von Opfer niemals stattgefunden hat und nur eine Erfindung der Spanier war, um die Eingeborenen als ignorante Wilde abzustempeln, die es gerade mal wert waren, daß man sie abschlachtete, könnte es sehr gut der Fall sein, daß die Figuren statt dessen Kristallschädel tragen sollten.

Diego de Landa, ein Chronist aus dem sechzehnten Jahrhundert, berichtete ziemlich ausführlich über die alten Feuerzeremonien, und sein Bericht eröffnet die Möglichkeit, daß vielleicht ein Kristallschädel dafür benutzt wurde.

In seinem Buch *The Relacion* schreibt er:

«Sie setzen ihre Flagge auf den Tempel, und unten auf dem Hof stellte jeder von ihnen sein ‹Götzenbild› auf die Blätter der Bäume, die zu diesem Zweck herbeigeholt worden waren. Dann entzündeten sie das neue Feuer und verbrannten an verschiedenen Stellen ihren Weihrauch und brachten Opfer dar.»[4]

Ganz gleich, ob nun tatsächlich ein Kristallschädel benutzt wurde, um das Ende der Kalenderrunde zu markieren, wir stolperten auf jeden Fall noch über ein weiteres Schädelsymbol in der Zeiterfassung der Maya, und auch dieses bezog sich anscheinend auf die Kristallschädel.

Die Maya glaubten, die Götter oder «Herren des [jeweiligen] Tages» bestimmten, welche Art von Tag es werden würde. In der Weltsicht der Maya waren die Götter und die Tage keineswegs verschiedene Wesenheiten, und sie benutzten dasselbe Wort für den Gott und den Tag.

Die fehlende Unterscheidung zwischen Wissenschaft, Religion und Mathematik in der Welt der Maya führte sogar dazu, daß die Götter nicht nur dazu benutzt wurden, den Tag zu beschreiben, sondern es wurden auch verschiedene Götter mit verschiedenen Zahlen in Verbindung gebracht. So war jeder Gott der höheren Gefilde nicht nur der Name eines Tages, sondern repräsentierte auch eine Nummer und umgekehrt.

Wir hatten einige Mühe, das zu begreifen, und wandten uns dann dem heiligen 260-Tage-Kalender zu. Da fanden wir heraus, daß das göttliche Jahr, ebenso wie das heilige Jahr der Azteken, aus 13 Monaten mit je 20 Tagen bestand. Auch hier trafen wir wieder auf die heilige Zahl 13. So wie es 13 Kristallschädel geben sollte, gibt es auch 13 Götter in der Oberwelt der Maya, genau jene Götter, die die Tage beherrschen sollen. Und genau die Götter, die angeblich über die Zeit selbst herrschen.

Einer dieser Götter war der große Herr des Todes, «Gott A» persönlich. Er repräsentierte die Zahl 10, oder in der Mayasprache *lahun*, was soviel bedeutete wie «zerstört oder aufgegeben werden» oder «Vollendung». Was uns jedoch überraschte, war die Tatsache, daß im heiligen Kalender der Maya der Gott des Todes und die Zahl 10 normalerweise durch einen fleischlosen menschlichen Schädel dargestellt wurden, und zwar mit einem abnehmbaren Unterkiefer. Wie der Mitchell-Hedges-Schädel.

Die Maya hatten genaugenommen zwei verschiedene Zahlensysteme, so wie wir die arabischen Zahlen kennen und gelegentlich noch die alten römischen Zahlen benutzen. Das am häufigsten verwendete und, wie einige meinen, wohl auch weltlichere der beiden war das «Strich-Punkt-System». In diesem System wurde die Zahl Null durch ein Oval oder eine untertassenförmige Figur dargestellt, die viele mit einer Muschel, einem Samen, einem Ei oder sogar einem symbolischen Bild des Kosmos vergleichen. Ebenso wie diese Gegenstände repräsentiert die Null eine Möglichkeit. Der Samen bleibt ein Samen und unbefruchtet, wenn er nicht ausgesät wird, das Ei bleibt ein Ei. Doch ausgesät oder befruchtet, kombiniert mit der Energie gegenläufiger Kräfte, wird beides verwandelt, wird lebendig und kann sich selbst immer wieder neu erschaffen. Während es also nichts ist, birgt es doch unendliche Möglichkeiten. Auf dieselbe Weise ermöglicht die Zahl Null, kombiniert mit den anderen Zahlen, das Unendliche.

Die Maya glaubten, daß diese Kombination von gegenläufigen Energien das Prinzip allen Lebens sei, das Prinzip, wodurch das Leben überhaupt erst entstand. Null ist die Leere, aus der der gesamte Kosmos erschaffen wurde, das Nichts, aus dem sich alles andere entfaltet. Sie kennzeichnet unendliche Möglichkeiten. Die Null existiert in Beziehung zu jeder anderen Zahl und allen Zahlenkombinationen. Allein ist sie nichts, doch im Verein mit anderen Zahlen findet eine symbolische Verbindung statt, die zu einer fast unendlichen Anzahl von Möglichkeiten führt. Die anderen Zahlen, mit denen sie kombiniert wird, enthalten daher auch den Geist des Nichts. So repräsentiert die Null die ultimative Macht der Transformation. Die Macht, aus dem Nichts das Unfaßbare zu erschaffen und es letztlich wieder zurück ins Nichts zu verwandeln.

Im Strich-Punkt-System der Maya wurden die anderen Zahlen ganz einfach wie folgt dargestellt: Eins wurde durch einen Punkt repräsentiert, zwei durch einen weiteren Punkt daneben, drei durch drei nebeneinanderliegende Punkte, vier durch vier nebeneinanderliegende Punkte, fünf durch eine gerade Linie, sechs durch eine Linie mit einem Punkt darüber, sieben durch eine Linie mit zwei Punkten darüber und so weiter bis 10, dargestellt durch zwei übereinanderliegende Linien und so weiter bis 20, dargestellt durch ein Symbol für Null mit einem Punkt darüber *(siehe Zeichnung 20)*.

Doch das andere Zählsystem der Maya, das wahrscheinlich das geheiligte war, war das «Kopf-Varianten»-System. Hier werden die Zahlen von Null bis 13 durch einen Kopf eines der 13 Götter der Oberwelt dargestellt. In diesem Zahlensystem wird beispielsweise der Gott der Null, Mi, mit der Hand über dem Kinn gezeigt. Dr. Linda Schele ist der Ansicht, daß dies auch eine besonders unangenehme Art der Opferung darstellen könnte, bei der der Unterkiefer des Opfers entfernt wurde. Das Fehlen des Unterkiefers in dieser Darstellung bedeute vermutlich, daß Null nicht sprechen konnte.

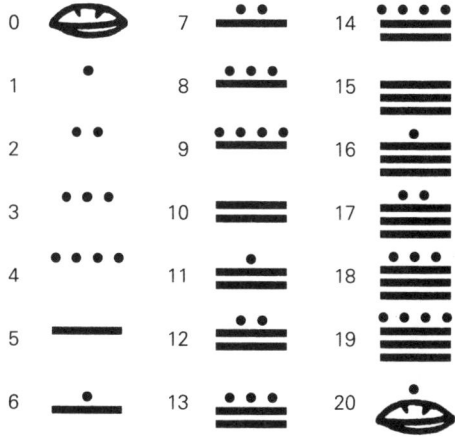

Zeichnung 20: Das Strich-Punkt-System der Maya

Doch die interessanteste Zahl war für uns die 10, *lahun*, die oft durch das Bild eines fleischlosen menschlichen Schädels dargestellt wurde, und zwar mit abnehmbarem Unterkiefer (*siehe Zeichnung 21*). Dieser Gott war als Schutzgott der Zahlen bekannt. Außerdem erschien er als einer der 20 Tagesnamen dreizehnmal in jedem heiligen Kalenderjahr.

Wiewohl das heilige Kopf-Varianten-System nur aus den Köpfen der 13 Götter, Tagesnamen oder Zahlen bestand, konnten die Maya damit dennoch sehr gut über die Zahl 13 hinaus zählen. Schließlich brauchten sie die höheren Zahlen, da ihr heiliger Kalender aus Monaten mit 20 Tagen bestand. Ihr ganzes Zahlensystem basierte auf der Zahl 20, war also das Vigesimalsystem. So wie unser modernes Zahlensystem das Dezimalsystem ist, das auf der 10 basiert und dann das Muster von eins bis neun immer wiederholt, so basierte ihr System auf der 20 und der darauffolgenden Wiederholung der Zahlen von eins bis 19.

Die Maya benutzten den abnehmbaren Unterkiefer des Zeichens für 10, um aus niedrigeren Zahlen höhere zu machen, so wie wir die Eins verwenden, um beispielsweise aus 3 eine 13 zu machen. Dadurch erreichten sie eine Gesamtzahl von 20, einschließlich des Gottes der Null.

Also enthielt auch der Schädel, obgleich er das Nichts des Todes repräsentierte, eine gewisse Möglichkeit. Wie unsere Zahl 10, konnte sein

0. mi   5. ho   10. lahun   15. holahun

1. hun   6. uac   11. buluc   16. uaclahun

2. ca   7. uuc   12. lahca   17. uuclahun

3. ox   8. uaxac   13. oxlahun   18. uaxaclahun

4. can   9. bolon   14. canlahun   19. bolonlahun

Zeichnung 21: Das Kopf-Varianten-System der Maya
mit der Nummer 10, *lahun,* als fleischlosem menschlichen Schädel
mit abnehmbarem Unterkiefer

Unterkiefer dazu benutzt werden, mathematische Möglichkeiten auszudrücken. Man konnte ihn dazu benutzen, aus kleineren Zahlen größere zu machen.

Offenbar sollte das Bild eines Schädels mit abnehmbarem Unterkiefer also ein Mittel des Übergangs von einer niedrigeren auf eine höhere Ebene darstellen. Wie der Tod selbst bot der Schädel die Möglichkeit, sich von einer niederen Ebene der alltäglichen Realität oder des Bewußtseins auf höhere Bewußtseinsebenen zu bringen. Denn die Maya glaubten, daß es im Universum höhere Ebenen der Gedanken und des Bewußtseins gebe – ihre Oberwelt, das Reich der Götter. Und der Schädel repräsentierte das Mittel, durch das sie dorthin gelangen konnten.

An dieser Stelle sollten wir daran denken, daß die beiden großen Heldenzwillinge aus dem *Popol Vuh* die Unterwelt des Todes erst besiegen konnten, nachdem sie symbolisch den Tod besiegt hatten, erst nachdem sie ihre Angst vor dem Tod überwunden und sich mit ihren Vorfahren wiedervereinigt hatten. Erst dann konnten sie in höchste Himmel aufsteigen. Auf dem Weg dorthin soll Hunahpu ganz besonders mit dem Gott der Null gekämpft haben. Und indem er das «Nichts» des Todes besiegte, konnte sein Zwillingsbruder durch die neun Ebenen der Unterwelt aufsteigen und die 10 des Todes erreichen, den Aspekt des Todes, der die Macht enthält, die niedrigeren Zahlen, oder Ebenen des Bewußtseins und der Existenz, in höhere Zahlen oder Ebenen des Bewußtseins und der Existenz der Oberwelt zu transformieren.

So ist das Symbol des Schädels mit abnehmbarem Unterkiefer, der sowohl den Gott des Todes als auch die Zahl 10 im Kopf-Varianten-System der Maya repräsentiert, auch ein Symbol für den Übergang in höhere Ebenen, auf höhere Bewußtseinsebenen über und jenseits der einfachen niederen und menschlichen Welten. Der Schädel ist das Bild, das die Menschen befähigt, der niederen physischen Welt zu entkommen und in die Welt der Götter, der Geister und der Vorfahren einzutreten, über die Dinge hinaus- und in das Wesen der Dinge hineinzusehen.

Plötzlich, so schien es uns, hatten wir eine Erklärung dafür gefunden, warum der Schöpfer des Mitchell-Hedges-Schädels sich die Mühe gemacht hatte, einen abnehmbaren Unterkiefer zu schaffen. Der Kristallschädel von Mitchell-Hedges konnte sehr wohl etwas mit der Zahl 10 des heiligen Kopf-Varianten-Systems der Maya zu tun haben, das die Priester jener Tage dazu benutzten, die Tage zu zählen. Gleichzeitig war die Zahl ein mächtiges Symbol der Transformation. Nimmt man den Unterkiefer fort, so bekommt man einen direkten Bezug zur Null, zum Nichts, zum Tod, doch auch zur Potentialität. Fügt man den Unterkiefer hinzu, so haben wir die Zahl 10, die uns über die neun Ebenen der Unterwelt hinausträgt ins große Jenseits, wo die himmlischen Gefilde beginnen.

Konnte das alles etwas mit den singenden Schädeln zu tun haben? Waren die Schädel erst einmal vollständig mit ihren Unterkiefern, so wurden sie transformiert, wie von der Zahl 13 symbolisiert. Sie waren nicht länger an die Erde und die Unterwelt gebunden, sondern in Kontakt mit den himmlischen Gefilden. Sie waren nicht mehr physischen Gesetzen unterworfen, sondern den grenzenlosen Möglichkeiten der geistigen Welt, und diese Verbindung mit dem Himmel machte sie vollkommen und befähigte sie «zu singen».

Es hatte den Anschein, daß das Bild des Schädels auch auf die Urgeschichte zurückging. Es könnte eine symbolische Erinnerung an die 12 weiteren Götter der Mayalegende sein, die die Erde erschufen, und an die unglaublichen seherischen Fähigkeiten der allerersten Ahnen. Wir fragten uns nun, ob die Zahlen der Maya nicht nur symbolische Bedeutung hatten, sondern auch auf tatsächliche Ereignisse hinwiesen. Konnte es sein, daß die anderen Köpfe des Zahlensystems auf die Erschaffung aller 13 ursprünglichen Kristallschädel hinwiesen? Waren diese Kopfvarianten ein Hinweis darauf, daß es 12 Kristallschädel gab, daß der Schädel mit dem abnehmbaren Unterkiefer die Nummer 10 von 13 war?

Es war auf jeden Fall klar, daß das Bild eines Schädels, ganz besonders eines Schädels mit abnehmbarem Unterkiefer, ein wichtiger Bestandteil des alten Kalendersystems der Maya war, doch handelte es sich wirklich um einen Kristallschädel, und wenn ja, was bedeutete das? Warum hatten die alten Maya einen Tag, der, genau wie ein Gott, «Tod» hieß? Handelte es sich dabei vielleicht um einen Tag, der den alten Maya sagte, daß sie einen Kristallschädel benutzen sollten? Ich war sehr neugierig, die Antwort zu finden.

Wir hatten schon erfahren, daß der Kalender für die alten Maya so wichtig war, daß sie auf jeder ihrer Stelen und auf ihren wunderschönen künstlerischen Arbeiten komplexe Inschriften hinterlassen hatten, die unglaublich genaue Daten darüber nannten, wann genau das dargestellte

Ereignis stattgefunden hatte oder stattfinden würde. Also sah ich mir noch einmal das Bild von der Frau Xoc aus Yaxchilán an, die anscheinend eine Vision aus einem Kristallschädel aufsteigen sieht. Das Datum dieses Ereignisses wurde recht genau angegeben mit «9.13.17.15.12.5 eb 15 mac» auf dem Mayakalender, was 28. Oktober 709 bedeutet. Doch das Originaldatum hatte anscheinend keinen klaren Bezug zu den Tagesnamen, von denen wir soeben gehört hatten. Da wurde mir klar, daß ich einen anderen wichtigen Bestandteil des Mayakalenders vergessen hatte – die überaus wichtige Lange Zählung.

Nur die beiden letzten Zahlen von Inschriften mit der Langen Zählung (in diesem Fall 5 eb und 15 mac) bezogen sich auf den kurzen heiligen 260-Tage- und den 365-Tage-Sonnenzyklus. Die anderen Zahlen der Langen Zählung betrafen weitaus längere Perioden, bis zu mehreren tausend Jahren, die sich eigentlich auf den Planeten Venus beziehen. Doch diese Lange Zählung bezieht sich nicht nur auf die zyklische Bahn der Venus, gesehen von der Erde, die im Durchschnitt 584 Tage dauert, sondern auch auf ihren allgemeinen Zyklus in Beziehung zur Rotationsachse der Erde, ein Zyklus, der über eine Periode von Tausenden von Jahren verläuft. Der regelmäßige Zyklus des Planeten Venus um die Erde, die Venusjahre, zeigt ganz minimale Abweichungen zwischen 581 und 587 Tagen. Während schon diese Abweichungen für die Maya von einigem Interesse waren, interessierten sie sich doch weit mehr für den Grund dieser leichten Variation. Dieser liegt darin, daß es in der Beziehung zwischen der Rotationsebene der Venus und der Rotationsachse der Erde sehr kleine, beinahe unmerkliche Verschiebungen gibt. Bis vor kurzem haben unsere heutigen Astronomen das nicht einmal bemerkt, doch die Maya waren absolut besessen von diesem gesamten «Großen Zyklus der Venus», von der Beziehung zwischen der Axialebene des regelmäßigen Zyklus der Venus und der Rotationsachse der Erde. All ihre Kalenderdaten bezogen sich letztlich auf diesen Großen Zyklus, den sie bis weit vor ihrer Zeit zurückverfolgten und sogar bis weit in die Zukunft genau voraussagten, und zwar lange über das Datum hinaus, an dem ihre eigene Zivilisation auf geheimnisvolle Weise unterging.

Die vielen Daten der Langen Zählung, die die Maya auf ihren prächtigen Monumenten hinterließen, sind inzwischen von Maya-Experten wie Eric Thompson auf den Gregorianischen Kalender übertragen worden, und es zeigte sich ein unglaubliches Muster.[5] Denn man hat festgestellt, daß der ursprüngliche erste Tag dieses Venuskalenders, der Tag «Null» der Langen Zählung der Maya, mit unserem gregorianischen Datum des 13. August 3114 v. Chr. übereinstimmt. An diesem Tag erschien der helle Planet Venus zum ersten Mal über dem Horizont der Erde und kündigte die Geburt eines neuen Kosmos an. Dabei überrascht, daß in der Nacht zuvor die untergehende Sonne genau zu dem Steinschädel von Teotihuacán ausgerichtet gewesen wäre. Also wurde diese prächtige Stadt vielleicht damals gegründet.

Ein weiterer interessanter Aspekt des Großen Zyklus der Venus liegt darin, daß das Bild eines Schädels hier eine Rolle spielt. Die alten Mayamanuskripte, die als *Codex Copsi* bekannt sind, zeigen verschiedene Aspekte der Venus. Dr. Karl Taube erklärte dazu:

«In diesen Bildern ist der Planet personifiziert, und sein Kopf wird als Schädel mit hervorstehenden Augen gezeigt. Venus wird dargestellt, wie sie verschiedene Menschen mit dem Speer aufspießt. Diese Menschen repräsentieren verschiedene Dinge, die von den einzelnen Aspekten der Venus bedroht werden. Oben links beispielsweise sehen wir die Göttin des Wassers, Chalchuihtlicue, die von einem Speer durchdrungen wird. Der Betrachter erfährt dadurch, daß zu einem bestimmten Zeitpunkt etwas Schreckliches mit dem Wasser passieren wird, vielleicht eine Dürre. Darunter wird der Maisgott durchbohrt, vermutlich bezieht sich dies auf eine Zerstörung der Maisernte. So konnten die Maya mit diesen Venuszyklen vorhersagen, oder zumindest glaubten sie das, was jedesmal geschehen würde, wenn die Venus ‹starb›.»

Denn die Maya glaubten ebenso wie die Azteken, daß die Welt mehrere Male erschaffen und wieder zerstört worden sei. Sie glaubten in der «vierten Welt» oder «Vierten Sonne» zu leben. Für sie hatten die Götter nicht nur die Menschen, sondern ganze Welten oder Epochen immer wieder neu erschaffen, und in jeder von ihnen regierte ein anderer Gott. Doch jede dieser Welten war von irgendeiner Naturkatastrophe zerstört worden.

Den meisten Berichten der alten Maya zufolge, wurde die erste Welt durch ein Feuer aus dem Himmel zerstört; vermutlich ein Bezug auf vulkanische Tätigkeit oder Meteoriten. Die zweite Welt wurde durch die Sonne zerstört, vermutlich durch eine Dürre, und die dritte Welt durch Wasser, vermutlich durch Überschwemmungen. Vielleicht bestand hier auch ein Zusammenhang zur Sintflut in der Geschichte der Arche Noah.

Wirklich interessant ist jedoch, daß der genaue Grund für den Untergang dieser drei Welten zwar in den verschiedenen Berichten ein wenig variiert, die Maya jedoch, anders als die Azteken, ein sehr genaues Datum für den Untergang angeben konnten. Denn das Ende jeder dieser Welten fiel zusammen mit dem Ende des jeweils vorhergehenden Großen Zyklus der Venus.

Anfang und Wesen des gegenwärtigen Zeitalters werden in den Manuskripten der Maya genau festgehalten, und das Anfangsdatum ist der 13. August 3114 v. Chr. Sämtliche Kalenderdaten der Langen Zählung gehen auf dieses «Nulldatum» zurück – das letzte Mal, als der Kalender neu gestartet wurde. Die meisten Kodizes der Maya verweisen auf die gegenwärtige Menschengeneration als die «Menschen des Maises», diejenigen, die die vierte und vermutlich letzte Epoche der Menschheit bevölkern. Bevor die heutige Generation erschaffen wurde, gab es eine Zeit großer Dunkelheit. Die neuerschaffenen Menschen, die als schwarz und weiß beschrieben wurden, verließen den Ort, der einmal als Tulan bekannt war. Denn es war die Nacht, als die ersten Menschen aufgeregt darauf warteten, daß die Sonne zum ersten Mal aufgehen würde. Dann sahen sie «Venus den Führer und Sonnenträger… da holten sie den Weihrauch hervor… den verbrannten sie… unter Freudentränen».[6]

Aktuelle astronomische Daten weisen darauf hin, daß am Morgen des 13. August 3114 v. Chr. die Venus tatsächlich der Sonne vorausgegangen ist. Außerdem hat man berechnet, daß die Plejaden den Meridian des Nachthimmels kurz vor Sonnenaufgang überquerten, kurz bevor die Venus zum ersten Mal in ihrem 1 366 560 Tage währenden Zyklus der Langen Zählung vor der Sonne lief. Daher glauben viele, daß die alten Maya die Plejaden als Boten der Venus ansahen. So wie die Venus das Herannahen der Sonne über der neuen und noch geltenden Epoche ankündigte, so waren es die Plejaden, die wiederum das Heraufdämmern des gegenwärtigen Großen Zyklus der Venus ankündigten.

Die Maya assoziierten die Plejaden ganz besonders mit dem größten

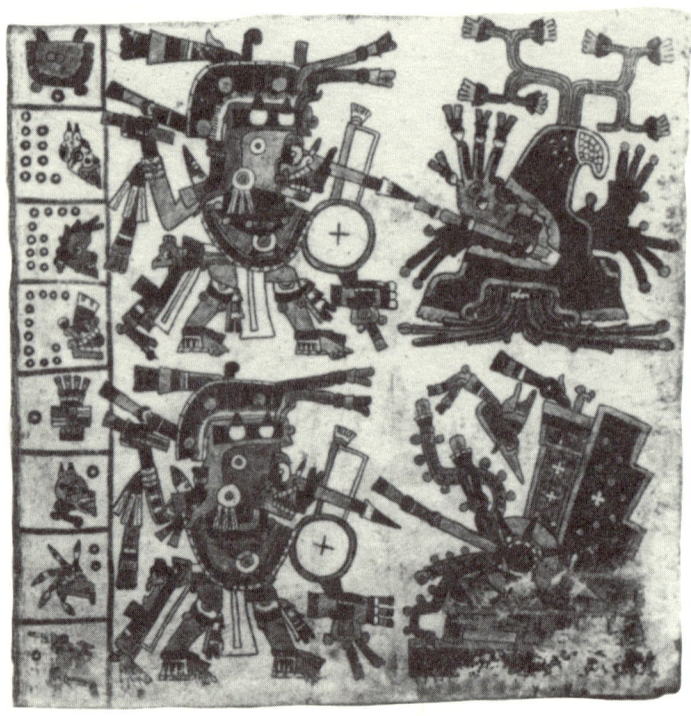

Zeichnung 22: Der *Codex Copsi* der alten Maya zeigt den Venusgott,
mit einem Schädel als Kopf, wie er verschiedene andere Götter durchbohrt;
vermutlich sollte dies die Zerstörung der vorhergehenden Welten darstellen

der Himmelsgötter, mit Itzamna. Er wurde als Oberhaupt des Mayapan-
theons betrachtet, und manche Forscher glauben, daß er der Prototyp des
späten Kukulcan oder des Aztekengottes Quetzalcoatl war, der Gründer
aller Zivilisationen von Mittelamerika. Itzamna herrschte über die Himmel und war außerdem der Gott dessen, was die Maya als die überaus
wichtige Erdachse betrachteten.

Das Interessante daran war, daß zwischen diesem Gott und dem Bild
des Schädels, vermutlich sogar des Kristallschädels, offenbar eine Verbindung bestand, auf die wir zufällig trafen.

Sofort mußten wir an «die Stimme des Schädels» denken, um mit
Carole Wilson zu sprechen, die vorhersagte, daß die Erde bald aus ihrer

Achse springen würde. Als wir den Mesoamerika-Experten Dr. Karl Taube fragten, zeigte er uns eine Malerei auf einer Mayavase *(siehe Bildtafel Nr. 45)*. Er erklärte dazu:

«Was wir hier sehen, ist Itzamna, der Gott der Erdachse, der vor einem Paket sitzt. Dieses Paket scheint ein offenes Bündel zu sein, in dem sich ein Schädel befindet. Es könnte gut sein, daß viele dieser heiligen Bündel Schädel enthalten, nicht nur menschliche Schädel, sondern auch aus seltenem Material geformte.

Es könnte gut sein, daß eine dieser schädelähnlichen Figuren das ist, was man in diese heiligen Bündel gab, als geheimen Schatz … Vermutlich bewahrten sie auch die Asche verehrter Vorfahren in diesen Bündeln auf, Jadeschnitzereien und vielleicht sogar Kristallschädel.»

Die Maya hatten, so erklärte Karl, sogenannte «heilige Bündel». Darin bewahrten sie ihre heiligsten Gegenstände auf, die, wie sie glaubten, vom Beginn der Zeit stammten, vom Anfang der Schöpfung selbst, von den allerersten Menschen. Diese Gegenstände waren sehr geheim. Nur ein paar Auserwählte adliger Herkunft hatten Zugang zu ihnen. Sie waren bekannt als «Götterträger», denn sie waren die einzigen, die sich um die heiligen Gegenstände kümmern und sie mit sich tragen durften. Jeder Stamm trug auf den Wanderungen diese Gegenstände sicher verborgen in den Bündeln mit sich.

Auch heute noch praktizieren einige Nachkommen der Maya im Hochland von Guatemala diese Sitte, ebenso die Pueblo-Indianer und andere Prärie-Indianer Nordamerikas. Die Pueblo-Indianer nennen sie «Clan-Bündel», und auch bei ihnen waren «Bündel-Zeremonien» bekannt. Bei diesen Zeremonien sollen sie Büffel ausfindig gemacht oder Regen herbeigerufen haben. Wie die Maya glauben sie daran, daß die heiligen Gegenstände, oder Informationen, nur auf eine richtige Weise von der richtigen Person zur richtigen Zeit aus dem Bündel gezogen werden können. Machte man es falsch, oder führte die falsche Person die Zeremonie zur falschen Zeit durch, dann sollte nach dem Glauben der Maya die Welt untergehen. Denn weil die Gegenstände direkt zu ihren Ursprüngen zurückreichten, zu den Vorfahren, waren sie Quellen großer und fruchtbarer Kräfte, doch sie wurden auch mit dem Tod assoziiert.

241

Ich fragte mich, ob dieses Bild von Itzamna, wie er vor etwas saß, das einem Kristallschädel ähnelte, ihn nicht eher dabei zeigte, wie er Informationen in den Schädel einspeiste, statt sie ihm zu entziehen. Warum sollte schließlich der Gott der Götter von irgendwoher Wissen benötigen? Und die Vorstellung, daß ein Gott Informationen in einen Schädel einspeiste, würde sicherlich besser zur ursprünglichen Legende der Kristallschädel passen, die ja Träger großen Wissens sein sollten.

Doch um welche Informationen könnte es sich gehandelt haben? Konnte es irgend etwas mit dem Lauf der Großen Zyklen der Zeit zu tun haben? Die Maya glaubten, daß am Ende jeder vorherigen Welt Tod und Zerstörung geherrscht hätten. Das Datum für das Ende dieser Welt ist inzwischen entschlüsselt worden, und es steht beunruhigend nahe bevor. Auf den Gregorianischen Kalender übertragen, wird es nach mittelamerikanischer Zeit kurz vor Sonnenuntergang des 21. Dezember 2012 der Fall sein!

Was an jenem Tag geschehen wird, weiß natürlich niemand genau. Doch ganz sicher haben die alten Maya jede Sonnen- und Mondfinsternis genau vorhergesagt. Wir wissen außerdem durch moderne computergestützte astronomische Berechnungen, daß die Venus, genau wie es der Kalender der alten Maya vorhersagt, am 21. Dezember 2012 kurz vor Sonnenuntergang hinter dem westlichen Horizont versinken wird und gleichzeitig die Plejaden am östlichen Horizont aufgehen werden. Symbolisch gesehen werden wir den Tod der Venus und die Geburt der Plejaden erleben. Im Sprachgebrauch der Maya wird die heutige Welt, oder der Große Zyklus der Zeit, über den die Venus herrscht, zu Ende gehen. Das gegenwärtige Zeitalter, die Epoche oder «Sonne» wird sterben. Die Frage, die die Maya am Ende jedes Zyklus bewegte, lautete, ob eine neue Welt folgen würde oder nicht.

Die Vorstellung der Maya von Großen Zyklen der Zeit, die abrupt enden, mag fantasievoll erscheinen, doch ihre Überzeugung, daß vorherige Welten zerstört wurden, wird heute von wissenschaftlichen Beweisen unterstützt. Wissenschaftler der Cambridge University haben unter der Leitung von Simon Conway Morris, Professor für Evolutionäre Paläobiologie, erst kürzlich Fossilienbeweise gefunden, daß das Leben seit dem Kambrium offenbar vier- oder fünfmal erschaffen, praktisch ausgelöscht und neu erschaffen wurde.[7] Sie fanden heraus, daß das Leben

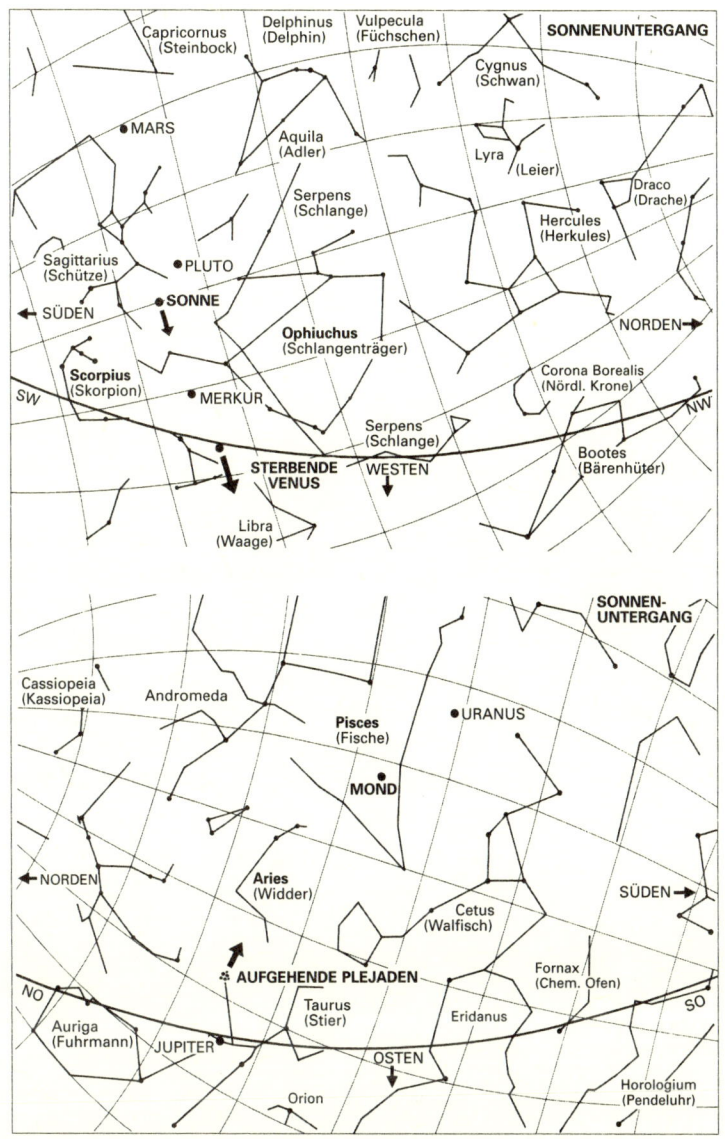

Zeichnung 23: Der Himmel bei Sonnenuntergang in Mittelamerika
am 21. Dezember 2012; zu sehen ist der «Tod» der Venus
und die «Geburt» der Plejaden

phasenweise blühte und dann offenbar wie plötzlich vom Angesicht der Erde gewischt wurde. Jedesmal, wenn dies geschehen war, folgte eine Periode von Millionen von Jahren, in denen die Erde beinahe ohne Leben blieb.

Wir werden vermutlich abwarten müssen, ob uns tatsächlich eine weitere dieser Perioden bevorsteht, doch das Bild des Schädels war ganz eindeutig eng mit diesen Prophezeiungen verquickt. Gehörte dies zu dem geheimen Wissen, das die Kristallschädel angeblich enthielten? Wir fragten uns, ob die Schädel vielleicht eine Botschaft für die Menschheit enthielten, die in irgendeiner Form mit dieser Prophezeiung zu tun hatte?

Doch in der Zwischenzeit konnten wir nicht mehr tun, als mit unseren Nachforschungen fortzufahren, um herauszufinden, woher die Kristallschädel wirklich stammten. Es war an der Zeit, daß wir uns den wissenschaftlichen Tests zuwendeten, die nun bald im Britischen Museum durchgeführt werden sollten.

16

Die Tests im Britischen Museum

Als wir wieder zu Hause in England waren, faßten Ceri und ich noch einmal zusammen, was wir über die Herkunft und den Zweck der Kristallschädel herausgefunden hatten. Das Bild des Schädels war für die alten Maya ganz eindeutig sehr wichtig gewesen. Man verband ihn mit der Suche nach den Visionen zukünftiger Ereignisse und der Rückschau in die Vergangenheit, er war ein wichtiger Bestandteil ihres heiligen Zahlensystems und Kalenders, er war verbunden mit dem Gott der Venus, dem Gott der Erdachse und sogar mit den Prophezeiungen der Maya über das Ende der Welt.

Wir hatten außerdem herausgefunden, daß die Maya nicht nur sehr stilisierte Kunstwerke wie die meisten Kristallschädel geschaffen hatten, sondern auch äußerst realistische Stücke ähnlich dem Mitchell-Hedges-Schädel. Wir hatten sogar Beweise dafür gefunden, daß sie weit davon entfernt waren, nur einfache Bauern zu sein, die anatomisch korrekte Schädel nicht nachbilden konnten, sondern daß die alten Maya Kenntnisse in Astronomie, Mathematik und Zeitrechnung hatten, die den unseren durchaus ebenbürtig waren, ja sie sogar übertrafen. Doch wir hatten immer noch keine zwingenden Beweise dafür, daß die alten Maya tatsächlich Kristallschädel besessen hatten.

Es gab zwar einige Hinweise, daß die alten Maya Kristallschädel hergestellt haben könnten, doch ebenso dafür, daß die Schädel von den späten Azteken und Mixteken in Zentralmexiko oder im Hochland von Mexiko erschaffen worden sein könnten. Man weiß, daß diese Völker einige wunderschöne Gegenstände aus Kristall geschnitzt haben und die Symbolik des Schädels sehr häufig verwendeten. Die meisten Archäologen schienen der Ansicht, daß die Kristallschädel, falls sie antiker mesoamerikanischer Herkunft waren, vermutlich eher aus diesen beiden Kulturen stammten als von den Maya. Manche Archäologen bezweifelten, daß die Kristallschädel überhaupt aus Mittelamerika stammten. Sie hielten sie für nichts weiter als moderne Fälschungen.

Woher sie auch stammten, wir hörten von immer neuen Kristallschädeln. Josh Shapiro hatte uns erzählt, er wisse von drei lebensgroßen Schädeln, die Joke (gesprochen «Hoka») van Dieten gehörten, einer Frau aus Florida. Einer dieser Schädel wurde «der Jesuit» genannt, und zwar wegen seiner angeblichen Verbindung zu den Jesuiten in Italien und vermutlich sogar zu Franz von Assisi. Ein anderer sollte aus Rußland kommen, und Joke hielt ihn für über tausend Jahre alt. Doch der Schädel, der Josh am meisten interessierte, wurde «E.T.» genannt, und zwar aufgrund seiner ganz entschieden nichtmenschlichen Züge und seiner angeblich außerirdischen Herkunft. Doch es gab keine echten Beweise, woher die einzelnen Schädel wirklich stammten.

Er warnte uns sogar, da es mittlerweile viele moderne Kristallschädel gebe, die erst kürzlich hergestellt worden seien, nicht nur in Deutschland und Mexiko, sondern auch in Brasilien! Obwohl diese Stücke im allgemeinen lange nicht so schön gearbeitet waren wie die echten alten Kristallschädel und auch keinerlei «hellseherische Fähigkeiten» hatten, versuchten einige Leute doch, sie als echt zu verkaufen.

Nick Nocerino hatte uns erzählt, seiner Ansicht nach gebe es inzwischen eine ganze Reihe falscher Schädel auf dem Markt. Er erklärte, als er angefangen habe, die Kristallschädel zu erforschen, habe es nur sehr wenige gegeben. «Doch heute», so sagte er, «tauchen immer mehr auf, und der Großteil davon sind neuere Fälschungen.»

Er erzählte uns weiter, daß ein gewisser Damien Quinn regelmäßig Kristallschädel von Brasilien in die USA importierte. Quinn selbst behaupte nicht, daß die Schädel echt seien, doch konnte er offensichtlich nicht verhindern, daß seine Käufer diese Behauptung verbreiteten. Man könne die Leute nun mal nicht davon abhalten, die Schädel zu kaufen, zu vergraben, wieder auszugraben und dann zu behaupten, es handele sich um uralte Artefakte.

246

In der Zwischenzeit gab es Gerüchte über weitere Schädel in Südamerika. Anna Mitchell-Hedges war von einer Familie in Argentinien kontaktiert worden, die behauptete, einen Kristallschädel zu besitzen, doch wollten sie ihr aus Angst vor Diebstahl nicht gestatten, Einzelheiten an uns weiterzuleiten. Anscheinend gab es noch einen weiteren Schädel im Norden von Peru, und zwar bei dem Volk der Campa, die zurückgezogen im Dschungel lebten. Dem Gerücht zufolge sollte dieser Schädel aus einem einzigen Stück klaren Kristalls gemacht sein, doch enthielt der Kristall blaue Einschlüsse sowohl in den Augen als auch oben auf dem Kopf. Natürlich fiel uns sofort Carole Wilson ein, die durch Channeling erfahren hatte, daß schon bald irgendwo in Südamerika ein blauer Kristallschädel gefunden werden würde, doch auch das war noch kein schlüssiger Beweis.

Wir hatten nun bei unseren Nachforschungen von mehreren ungefähr lebensgroßen Kristallschädeln gehört. Viele dieser Schädel stammten erwiesenermaßen aus der neueren Zeit, und von vielen wurde es vermutet. Doch die Legende behauptet, es gebe 13 echte alte Kristallschädel.

Inzwischen waren die Vorbereitungen für die Untersuchungen im Britischen Museum in vollem Gange. Wir hofften sehr, daß sie ein paar klare Antworten auf unsere Fragen würden geben können. Waren einige der Kristallschädel wirklich alte heilige Gegenstände mit einer geheimnisvollen Vergangenheit, oder waren sie alle ein Produkt moderner Technologie, nur aus Profitgier geschaffen? Wie es aussah, bestand die einzige Möglichkeit, das herauszufinden, darin, sie einer Reihe rigoroser wissenschaftlicher Tests zu unterziehen. Genau diese Art von Tests wollte das Britische Museum durchführen.

Unter der Leitung von Dr. Jane Walsh plante man im Museum nunmehr, so viele Kristallschädel wie möglich zusammenzubringen. Die Schädel, einschließlich des eigenen großen Kristallschädels und des Stücks aus der Smithsonian Institution, sollten dann im Forschungslabor des Britischen Museums in London, versteckt hinter dem Museum am nahegelegenen Russell Square, den Tests unterzogen werden, und zwar unter der Aufsicht des begeisterten Dr. Ian Freestone, eines Wissenschaftlers, der mit dem Datieren von Antiquitäten vertraut war.

Ganz besonders wichtig war dem Museum die Herkunft des hauseigenen Schädels. Falls Dr. Walshs Theorie korrekt und der Schädel des Britischen Museums eine Fälschung war, dann wäre dies eine verblüffende Enthüllung. Schließlich hatte man den Schädel ein ganzes Jahrhundert lang in einem der führenden Museen der Welt ausgestellt und womöglich die Institution des Museums und die Öffentlichkeit gleichermaßen genarrt.

Doch was war mit den Schädeln, die sich in Privatbesitz befanden? Falls die Eigentümer zustimmten, konnte man auch diese Schädel testen und feststellen, ob die Besitzer ebenfalls Opfer skrupelloser Händler, Hochstapler oder Betrüger geworden waren oder ob ihre Schädel echte Artefakte waren.

Ich war überrascht, daß die Besitzer das Risiko auf sich nahmen, möglicherweise herauszufinden, daß ihre Schädel eine Fälschung sein könnten. Ich staunte darüber, daß sie dieses große Risiko eingingen. Alle hatten viel zu verlieren, falls sich der jeweilige Schädel als modern herausstellte. Norma Redo, Besitzerin des Schädels mit dem Reliquienkreuz, riskierte herauszufinden, daß ihr kostbares Familienerbe, das man über Generationen vererbt hatte, nicht mehr war als eine billige Fälschung. Vielleicht war die Situation für Nick Nocerino noch kritischer. Er hatte seinen Ruf als «Experte für Kristallschädel» aufs Spiel gesetzt, indem er Sha Na Ra für Tests freigab. Sollte man herausfinden, daß Sha Na Ra nicht zumindest so alt war wie die Azteken, dann war Nick in Schwierigkeiten. Ein Experte für Kristallschädel, der nicht in der Lage war, die Herkunftszeit seines eigenen Stückes zu bestimmen, würde nicht mehr sehr glaubwürdig wirken. Was JoAnn Parks betraf, so hatte sie vielleicht am meisten zu verlieren. Max hatte ihr ein neues Leben gegeben. Sie reiste mit ihm herum und war mit ihrem Kristallschädel ein beliebter Fernsehgast geworden. Wie würde sie die Neuigkeit aufnehmen, wenn ihr Schädel nur eine Fälschung und sie auf einen Schwindel hereingefallen war? Zur Zeit machte sie mit Max eine Tour durch verschiedene Städte der USA, doch es gelang ihr, einen Besuch im Britischen Museum in ihren engen Terminplan einzufügen. Norma Redo hatte vor, ihren Besuch im Britischen Museum mit einem Besuch ihrer beiden Söhne zu verbinden, die in Großbritannien zur Schule gingen. Der Termin für die Tests stand direkt bevor.

Je genauer wir darüber sprachen, welche Tests durchgeführt werden würden, um so klarer wurde uns, daß sie nicht ganz so einfach waren, wie wir uns das vorgestellt hatten. Dr. Freestone erklärte, daß es verschiedene Probleme gab, wenn man sich mit Artefakten aus Kristall beschäftigte. Zunächst einmal war da die Tatsache, daß es unmöglich ist, das Alter von Kristall festzustellen. Jedes Stück Kristall könnte theoretisch vor Milliarden von Jahren entstanden und zu jedem beliebigen Zeitpunkt künstlerisch bearbeitet worden sein. Auch die Analyse von Proben aus der Oberfläche des Kristalls würde nichts ergeben. Wie wir bei dem Pariser Schädel schon gesehen hatten, der diesen Tests nicht unterzogen werden sollte, konnten alle möglichen Spuren von beispielsweise Metall jederzeit nach Entstehung des Schädels auf die Oberfläche des Kristalls gelangt sein. Die beste Möglichkeit herauszufinden, wann der Kristall bearbeitet wurde, bestand darin, nach Werkzeugspuren zu suchen, wie es auch schon die Wissenschaftler bei Hewlett-Packard getan hatten.

Das konnte man tun, indem man die Spuren auf der Oberfläche des Kristalls untersuchte. Dieser Test hieß «Abriebanalyse». Von den Kristallschädeln sollten kleine Abgüsse gemacht werden, um sie nicht zu beschädigen. Diese Silikonabgüsse würden dann mit einer dünnen Goldschicht bedampft, die man wiederum unter dem Elektronenmikroskop betrachten konnte. Dabei würden sich Hinweise auf «moderne» Werkzeugspuren zeigen.

Mit «modern» meinten die Wissenschaftler jede Art von Werkzeugspur, die so aussah, als habe man den Kristall mit Hilfe einer Schleifscheibe bearbeitet. Diese Instrumente werden in Europa ungefähr seit dem vierzehnten Jahrhundert benutzt. Heutzutage bestehen sie aus Metall oder anderen harten schmirgelpapierartigen Materialien, die den Vorgang des Schleifens harter Edelsteine und anderer Materialien wie Kristall beschleunigen. Diese werden elektronisch angetrieben, doch manchmal auch noch per Hand oder Fuß. Margaret Sax, die Spezialistin für Abriebanalysen des Britischen Museums, erklärte uns, daß die alten Sumerer, die Vorläufer der Babylonier in Mesopotamien, schon um 2000 v. Chr. die Scheibe zum Steinschleifen benutzt haben. Von den Eingeborenen Amerikas nimmt man das jedoch nicht an.

Laut Dr. Jane Walsh und den Fachleuten des Labors im Britischen Museum wurde die Schleifscheibe erst nach Christoph Kolumbus in Amerika eingeführt. Die alten Olmeken wußten auf jeden Fall von dieser Scheibe, da Anfang dieses Jahrhunderts bei Tres Zapotes an der Golfküste Mexikos ein altes Artefakt zusammen mit Schleifscheiben gefunden wurde. Doch man glaubt, daß dieser Gegenstand, der mindestens auf das Jahr 200 v. Chr. zurückgeht, nur ein Kinderspielzeug war. Jane Walsh und das Britische Museum kannten keine Hinweise darauf, daß die alten Mesoamerikaner die Schleifscheibe benutzt hätten. Im Gegenteil, wie Dr. Elizabeth Carmichael feststellte, benutzten die Eingeborenen Handwerkzeuge, um ihre unglaublichen Gegenstände aus Jade, Obsidian und Kristall herzustellen.

Natürlich könnte es sein, daß die frühen spanischen Einwanderer von den Eingeborenen gerne das Bild primitiver Menschen zeichnen wollten, gar von Wilden, um ihre eigene Brutalität zu rechtfertigen. Es ist jedoch unwahrscheinlich, daß auch ihre Beschreibung der Steinbearbeitungstechniken einer solchen Absicht dienten. Daher ging das Britische Museum davon aus, daß die alten Mesoamerikaner vor Ankunft der Europäer keine Schleifscheiben benutzten und ihre Artefakte vollständig von Hand bearbeiteten.

Für das bloße Auge ist es so gut wie unmöglich, einen Unterschied zwischen einem handbearbeiteten Stück Kristall und einem mit Schleifscheiben bearbeiteten Stück festzustellen. Doch unter der immensen Vergrößerung des Elektronenmikroskops zeigen sich bei maschinell bearbeiteten Stücken parallele Kratzspuren auf der Oberfläche des Kristalls, während ein bearbeiteter Gegenstand eher «Zufallsmuster» aufweist.

Das Museum hatte nun Zugang zu jenem Kristallschädel, der erst 1993 in Deutschland mit einer Schleifscheibe hergestellt worden war, und konnte die feinen Kratzspuren auf der Oberfläche mit den anderen Kristallschädeln vergleichen. Sie wußten, daß unter starker Vergrößerung der deutsche Kristallschädel die parallelen Rillen zeigen würde, die für moderne Werkzeuge so charakteristisch sind. Hans-Jürgen Henn, der Besitzer des Schädels, freute sich, daß das Museum sein Stück als Bezugsgröße für die anderen benutzen wollte. Sollten die anderen Schädel ähnliche Rillen aufweisen, konnte es kaum Zweifel geben, daß sie erst in jüngerer Zeit hergestellt worden waren.

Doch man brauchte außerdem einen alten Kunstgegenstand aus Mittelamerika, um diese Theorie daran zu testen. Man glaubte, daß ein solches Artefakt die eher zufälligen Kratzspuren zeigen würde, die entstehen, wenn ein Gegenstand ohne Schleifscheibe hergestellt wird. Die Frage war, woher sollte ein Stück, das definitiv alt und aller Wahrscheinlichkeit nach in Mittelamerika hergestellt worden war, herkommen?

Das Problem lag darin, daß große Stücke aus ordnungsgemäß registrierten Ausgrabungsstätten in Mittelamerika äußerst selten sind. Wo sollten wir unsere Bezugsgröße also finden? Während wir noch über diese Frage nachgrübelten, erschien uns die Möglichkeit, ein mesoamerikanisches Artefakt aus Kristall zu finden, das sicher antik war, ziemlich unmöglich. Daher waren wir neugierig, ob Dr. Freestone uns alternative Testmethoden vorschlagen konnte.

Dr. Freestone erklärte, es gebe noch einen anderen Test. Der Kristall selbst gebe Informationen darüber, woher er ursprünglich stamme. Wenn man das wußte, konnte man leichter feststellen, wann die Schädel vermutlich angefertigt worden waren. Sollten die Schädel von Kristall aus Mittelamerika gemacht sein, wäre es sehr viel wahrscheinlicher, daß sie auch von Eingeborenen bearbeitet worden waren. Sollte der Kristall aus Europa oder Brasilien stammen, konnten wir ziemlich sicher annehmen, daß die Schädel aus neuerer Zeit stammten. Jane Walsh vermutete, daß der Kristallschädel des Britischen Museums eher aus brasilianischem als aus mittelamerikanischem Kristall hergestellt worden war. Man geht unter Archäologen im allgemeinen davon aus, daß aus Brasilien vor der Ankunft der Europäer kein Kristall nach Mittelamerika eingeführt wurde, trotz der Tatsache, daß anscheinend massive Stücke Mika von Brasilien in die alte Stadt Teotihuacán gebracht wurden. Doch man hatte Kristall von Brasilien nach Europa gebracht, um die Edelsteinschleifer in Städten wie Idar-Oberstein in Deutschland damit zu versorgen.

Eine genaue Überprüfung der Herkunftsquelle des verarbeiteten Kristalls schien ein guter Weg, die Herkunft der Schädel zu bestimmen. Dr. Freestone erklärte, es gebe dafür verschiedene Techniken. Alle hatten mit winzigen Blasen oder «Einschlüssen» anderer Materialien zu tun, die sich häufig bei der Ausformung des Kristalls bilden. Diese anderen Materialien wie beispielsweise «Grünstein» fangen sich oft in winzigen Taschen im Kristall, und man kann sowohl Größe als auch Form und Inhalt dieser Taschen bestimmen, üblicherweise eine Mischung aus Feststoffen, Flüssigkeiten und manchmal Luft, um den Ursprungsort des Kristalls herauszufinden. Idealerweise wird die genaue chemische Zusammensetzung solcher Unreinheiten bestimmt, doch da sie ja im Kristall gefangen sind, muß man den Gegenstand dafür in aller Regel zerstören.

Die modernste und technisch anspruchsvollste Untersuchungsmethode nennt sich Laser-Raman-Spektroskopie. Dabei wird ein Laserstrahl auf die Einschlüsse im Kristall abgeschossen. Weil jedes Element sich unterschiedlich schnell aufheizt, lassen sich die Bewegungen innerhalb der Einschlüsse vom Computer analysieren und so die einzelnen chemischen Zusammensetzungen genau bestimmen. Als Nick Nocerino von diesem Test hörte, sagte er: «Das Britische Museum sollte mit meinem Schädel besser vorsichtig sein. Ich habe gehört, daß Wissenschaftler der Regierung in Brasilien mittels Laserbeschuß Informationen aus einem Schädel ziehen wollten, und dabei haben sie ihn in die Luft gesprengt! Das sollten sie hier mit meinem Stück besser nicht versuchen!»

Nick hatte Glück, denn die Laser-Raman-Spektroskopie kann man nur mit einer sehr teuren Ausrüstung durchführen, über die das Britische Museum nicht verfügte und die man auch nicht anmieten konnte.

Die nächstbeste Methode ist die Diffraktions-Analyse. Dabei werden winzige Proben aus Einschlüssen nahe der Oberfläche des Kristalls entnommen und einem Bombardement starker Röntgenstrahlen ausgesetzt. So erhält man Röntgenbilder, die ein bestimmtes Beugungsbild aufweisen. Da jedes Element eine andere atomare Struktur oder Form aufweist, werden die Röntgenstrahlen unterschiedlich gebrochen. Das so entstehende Beugungsbild hilft daher dabei, die vorliegenden chemischen Zusammensetzungen und somit auch den Herkunftsort des Kristalls ganz genau zu bestimmen. Diese Technik klingt sehr eindrucksvoll, doch kann der zu untersuchende Gegenstand dabei leicht beschädigt werden.

Es stellte sich heraus, daß die einzige Technik, die sowohl bezahlbar war als auch einigermaßen garantierte, daß die Schädel nicht beschädigt werden würden, die Kunst der Videomikroskopie war. Dabei wird ganz einfach ein Videomikroskop – ein Mikroskop mit einem angeschlossenen Videorecorder – auf die Einschlüsse gerichtet, und man bittet einen Geologen, seine Meinung über die Herkunft des Kristalls zu äußern, und zwar aufgrund von Größe, Form und Farbe der Einschlüsse. Das kam uns ziemlich unwissenschaftlich vor. Konnte ein Fachmann tatsächlich nur durch einen Blick in ein Mikroskop feststellen, woher ein Stück Kristall stammte, ohne in irgendeiner Form die chemische Zusammensetzung zu prüfen?

Daher sprachen wir mit Professor Andrew Rankin, dem beratenden Geologen des Britischen Museums von der University of Kingston in London, der bei den Tests behilflich sein sollte. Wir waren sehr enttäuscht, als wir von ihm erfuhren, daß es dem Museum eher um die geologische denn um die geographische Herkunft des Kristalls ging. Mit anderen Worten, Professor Rankin konnte lediglich seine Meinung äußern, bei welcher Temperatur und unter welchem Druck ein Stück Kristall sich gebildet hatte und welche weiteren Mineralien in dem Wachstumsgebiet vorhanden waren. Er konnte nicht sicher sagen, ob ein Stück definitiv aus Brasilien oder Mittelamerika stammte. Da jedoch einige Arten von Kristall eher in Brasilien als in Mittelamerika und umgekehrt vorkommen, konnte er «eine grobe Schätzung» über den Ursprungsort abgeben. Das Problem war, daß es manchmal mehr Ähnlichkeiten zwischen Kristallen aus verschiedenen Gegenden gibt als Unterschiede. In höchst unterschiedlichen Regionen finden sich manchmal ziemlich ähnliche Kristalle. Wir konnten also nicht ganz sicher sein, wo ein bestimmter Kristall herstammte, und es würde unmöglich sein, ein ganz genaues Bild darüber zu bekommen, ob die Schädel alt oder modern waren, wenn man nur den Kristall analysierte. Doch wir würden eine ungefähre Vorstellung bekommen.

Nun lagen uns mehrere der Kristallschädel zum Testen vor, doch bislang sah es so aus, als ob die Tests keine definitiven Ergebnisse bringen würden, denn uns fehlte immer noch das notwendige Vergleichsobjekt, damit die Abriebanalyse wissenschaftlich verifiziert werden konnte. Und das Testen des Kristalls selbst schien auch nicht gerade vielversprechend.

Allmählich fragten wir uns, wie wir je die Wahrheit über die Schädel herausfinden sollten, als Dr. Jane Walsh eine Lösung fand. Sie hatte das Objekt für die Verifizierung gefunden: ein bewiesenermaßen altes und großes Kristallartefakt, das bei einer archäologischen Ausgrabung in Mexiko gefunden worden war.

Dieser Gegenstand, der «Kristallpokal aus Grab Nr. 7 in Monte Albán», wurde versteckt in einem obskuren kleinen Museum in Zentralmexiko aufbewahrt. Dieser Kelch war nicht nur wissenschaftlich von großem Interesse, sondern je mehr wir darüber hörten, um so faszinierender wirkte er auf uns schon um seiner selbst willen.

Sein Fundort, Monte Albán, liegt in der Nähe der wunderschönen Stadt Oaxaca im Hochland von Mexiko, südlich des früheren aztekischen Reiches und nördlich des alten Mayagebietes. Die ausgegrabene Stadt, die vermutlich auf das Jahr 500 v. Chr. zurückgeht, liegt auf einem flachen Plateau auf dem Monte Albán – Weißer Berg – und war insofern ungewöhnlich, als die Bergspitze erst abgetragen werden mußte, bevor die Stadt errichtet werden konnte.

Die Archäologen glauben, daß die Zapoteken die Stadt erbaut haben, eine ziemlich geheimnisvolle Zivilisation, die diese Region ungefähr zur selben Zeit bevölkerte wie die frühen Maya weiter östlich. Man weiß nur wenig über sie, doch der Monte Albán enthält einige Beweise dafür, daß auch die Zapoteken über eine Art Schriftzeichen verfügten. Man betrachtet diese im allgemeinen als älteste bekannte Schrift in Mexiko und hat sie noch nicht entschlüsselt. Es gibt außerdem Beweise, die darauf hindeuten, daß die Zapoteken über eine frühere Version des berühmten Mayakalenders und des Strich-Punkt-Systems verfügten, und vielleicht waren sie sogar die Erfinder von beidem. Doch heute ist nur wenig von ihrer Kultur übrig, abgesehen von einigen geheimnisvollen Darstellungen von «Tänzern». Niemand ist sicher, daß es sich wirklich um Tänzer handelt, doch wie die noch älteren Darstellungen der Olmeken an der Golfküste scheinen auch diese negroide Menschen und bärtige Weiße zu zeigen und damit einen weiteren Beweis zu liefern, daß die Menschen Mittelamerikas einst von Menschen von jenseits des Atlantiks oder aus ganz anderen Regionen besucht wurden (*siehe Zeichnung 24*).

Man nimmt an, daß der Monte Albán schließlich von den Zapoteken verlassen wurde und später Heimat der Mixteken wurde, die direkt nach dem Niedergang der alten Maya und vor dem Aufstieg der Azteken im Hochland von Mexiko auftauchten. Auch über sie ist nur wenig bekannt. Man weiß nur, daß sie sehr geschickte Handwerker und besonders bekannt für ihre vielen Tonfiguren von Schädeln in verschiedenen Erscheinungen waren (*siehe Bildtafel Nr. 41*). Die Handwerker waren in der mixtekischen Gesellschaft offenbar am höchsten angesehen, und später wurden die Mixteken als Handwerkssklaven von der aztekischen Gesellschaft gebraucht und assimiliert.

Zeichnung 24: Einige der bärtigen weißen «Tänzer», die man an olmekischen
Ausgrabungsstätten wie La Venta und auf dem Monte Albán fand

Doch wie es scheint, waren die Mixteken auch sehr beschlagen in der
Beobachtung der Sterne. Eines der prominentesten Relikte auf dem
Monte Albán ist das J-förmige Observatorium. Wie es aussieht, wurde
die Stadt an diesem sonderbaren Ort erbaut, damit die Höhe und der klare
Himmel den Blick zu den Sternen erleichterten, während man gleichzei-
tig selbst kaum gesehen wurde. Ob die Zapoteken oder die Mixteken das
Observatorium erbauten, ist nicht bekannt, doch wer es auch war, man
strebte auf jeden Fall gen Himmel.

Der Fund vom Monte Albán, der das Britische Museum interessierte,
stammte aus den dreißiger Jahren, als Alfonso Caso, ein junger spanischer Archäologe, in den Ruinen grub. Caso, der heute als Begründer der
modernen mexikanischen Archäologie gilt, fand kurz unterhalb des Bodens, um die ganze Stätte herum, unterhalb scheinbar einfacher gras-
bewachsener Hügel, Dutzende von kleinen Grabkammern oder Gräbern.
Es sah so aus, als gingen sie auf die mixtekische Besatzungszeit zurück.
Die Gräber waren rot gestrichen, in der Farbe des Schoßes. Drinnen fanden sich riesige irdene Töpfe mit menschlichen Skeletten, von denen
viele in der üblichen Fötallage waren. Außerdem enthielt jedes Grab verschiedene kleine Artefakte, Stücke aus Jade oder Keramik, die den Toten
auf ihre Reise in ein neues Leben nach dem Tode mitgegeben worden
waren.

Die bemerkenswertesten Funde machte man im «Grab Nr. 7». Zwar
war es nur ungefähr 2 m breit und 3 m lang, doch war es angefüllt mit

allen Arten sonderbarer und wunderschöner Gegenstände, viele von ihnen aus massivem Gold. Es war eine echte Schatzkammer mit verziertem Schmuck, exquisit verzierten Töpferwaren und kostbaren Edelsteinen im Überfluß. Neben den Skelettresten des noch immer nicht identifizierten Toten dieser kleinen Kammer fand Alfonso Caso einen kleinen kristallenen Lippenstöpsel, kristallene Ohrgehänge und Kristallperlen, die man gemeinhin mit der Gesellschaftsklasse der Astronomen und Astrologen im alten Mesoamerika in Zusammenhang bringt. Doch am meisten beeindruckte ein wunderschön gearbeiteter Gegenstand, der wie ein Kelch oder Trinkgefäß aussah und aus reinem, klarem und makellosem Bergkristall gearbeitet war.

Der Kelch hatte mehr als tausend Jahre in diesem Grab verborgen gelegen. Die Theorie lautete, daß er mittels Techniken hergestellt sein mußte, die keine Spuren einer Schleifscheibe zeigten. Sollten sich dennoch solche Spuren finden, hätten sich die Archäologen über die technischen Fähigkeiten der alten Mesoamerikaner geirrt. Wie auch immer, der Kelch war bekanntermaßen vor der Ankunft der Spanier in Amerika hergestellt worden und als altes Artefakt bestätigt.

Jetzt, wo die Tests in wenigen Wochen beginnen würden, konnte es da möglich sein, dieses unschätzbare Stück rechtzeitig für die Tests ins Britische Museum nach London zu bringen? Museen sind für ihre schwerfällige Bürokratie bekannt. Ausleihen zwischen den Museen sind eine komplizierte Angelegenheit, die unglaublich viel Papier erfordern – verständlicherweise, denn bei mehr als einer Gelegenheit sind Gegenstände, über die nicht sorgfältig Buch geführt wurde, spurlos verschwunden. Es blieb nur wenig Zeit, die mexikanischen Behörden davon zu überzeugen, dieses zerbrechliche Stück aus seiner Heimat im Hochland von Mexiko um die halbe Welt zu fliegen, nur damit es wissenschaftlichen Tests unterzogen werden konnte. Doch falls sich die Mexikaner gegen die Ausleihe entschieden, wären die Tests an den Kristallschädeln wertlos.

Es brachen hektische Aktivitäten aus, um sicherzustellen, daß der Kelch die Reise nach London antreten konnte. Sowohl das Britische Museum als auch das Nationale Archäologische Institut von Mexiko (INAH) taten ihr Äußerstes, um den Versand des Kelches nach Großbritannien zu beschleunigen. Komitees der Museen traten zusammen, Rechtsanwälte wurden hinzugezogen, Verträge entworfen und eine Versicherung abgeschlossen. Der Wert des Kelches wurde mit über drei Millionen Dollar beziffert, dann verpackte man ihn in eine extra angefertigte Kiste und flog ihn unter größter Geheimhaltung über den Atlantik. Begleitet wurde er von dem mexikanischen Museumswärter Arturo Oliveros, der mit einem Panzerwagen im Forschungslabor des Britischen Museums ankam.

Der Schädel des Britischen Museums war aus seinem Schaukasten herausgenommen worden und wartete im Safe des Museums gemeinsam mit dem deutschen Schädel und dem Schädel der Smithsonian Institution auf die Untersuchung. Die Privatbesitzer kamen angereist. Jetzt war alles für die Tests bereit.

Als wir am Tag der Tests im Labor des Britischen Museums eintrafen, waren wir voller Erwartungen. Jetzt hatten wir offenbar endlich die Gelegenheit, die Wahrheit über die Kristallschädel herauszufinden. Wir würden herausfinden, wie alt sie waren, und das Geheimnis lösen. Nach den Tests würden wir zumindest wissen, ob die Schädel wirklich alt waren oder ob man sie alle irgendwann in den letzten 500 Jahren unter Benutzung europäischer Technologie hergestellt hatte.

Im Forschungslabor des Britischen Museums herrschte an jenem Morgen erwartungsvolle Neugier. Auf den alten Holzbänken des inzwischen ein wenig baufälligen Labors bot sich uns ein wahres Fest für die Augen. Vorsichtig wurden die Schädel einer nach dem anderen aus ihrer Verpackung geholt. Max kam aus seinem brandneuen Beautycase, Sha Na Ra aus seinem Reisekoffer und der Schädel der Smithsonian Institution aus einer riesigen, eigens gezimmerten Holzkiste, während Normas Schädel nur in einem Kopftuch transportiert wurde. Der Kristallkelch rundete das Bild ab. Alle Stücke wurden auf einen Tisch gestellt, und der Unterschied in Größe, Machart und Form wurde sofort deutlich sichtbar. Die Zusammenstellung war atemberaubend. Da war der gewaltige, und manche sagten «verfluchte», Schädel der Smithsonian Institution mit seinen schweren trüben Gesichtszügen und dem sarkastischen Lächeln; der stilisierte, aber wunderschöne und fast durchsichtige Schädel des Britischen Museums; die weichen Züge des modernen deutschen Schädels mit seinem «High-Tech»-Aussehen und dem silbergrauen, durchsichtigen Kristall; die trüben und einfachen Gesichtszüge von Max, dem «heilenden» Schädel, der einmal einem Schamanen aus Guatemala gehört haben sollte; und die immer noch schmutzigen primitiven Züge von Sha Na Ra, dem Schädel, der Nick Nocerino über die Jahre so viele Bilder gezeigt hatte. Daneben stand das Reliquienkreuz, dessen Schädel unter dem Kruzifix aufgespießt war, und dann war da der wunderschöne Kristallkelch, der genau so aussah, wie ich mir den Heiligen Gral vorstellte. Die Angestellten des Britischen Museums aus anderen Bereichen des Forschungslabors konnten nicht widerstehen und drängten sich ins Zimmer, um das außergewöhnliche Schauspiel zu betrachten (*siehe Bildtafeln Nr. 25 und 26*).

Dann begannen die Tests. Margaret Sax begann damit, die Oberfläche der Schädel zu reinigen, und zunächst säuberte sie unter JoAnns wachsamen Augen gründlich Max' Zähne. Danach machte sie von Teilen jedes Schädels Abgüsse. Ich sah zu, wie Margaret einen Abguß von Max machte. Der Grundgedanke war, jeweils von dem Bereich einen Abguß zu machen, der besonders detailliert gearbeitet war, also besonders um die Augen und Zähne herum. Außerdem wurden Abdrücke von weicheren Bereichen oben auf jedem Schädel genommen, so daß man die Qualität an den verschiedenen Teilen der Schädel vergleichen konnte. Später sollten die Abgüsse unter dem Elektronenmikroskop untersucht werden, das durch die immense Vergrößerung alle Spuren von Werkzeugen offenlegen würde, die bei der Herstellung der Schädel benutzt worden waren.

Zwar war die Abriebanalyse der vermutlich wirkungsvollste Test, doch das Britische Museum war auch an einer Analyse der geologischen Quelle des Kristalls interessiert. Als Margaret Sax mit den Schädeln fertig war, wurden sie an Dr. Andrew Rankin weitergegeben, der sie sich durch das Videomikroskop ansah. Das Mikroskop zeigte ein vergrößertes Bild der Einschlüsse in jedem Kristall. Ich sah zu, als Dr. Rankin den Reliquienschädel untersuchte. Aus dem visuellen Vergleich der Kristalltypen, aus denen die Schädel gearbeitet worden waren, zog er so viele Informationen wie möglich.

Doch wir mußten noch zwei Tage warten, bis wir die Ergebnisse der Tests erfuhren.

Währenddessen saßen wir wie auf glühenden Kohlen. Wir waren schon so lange auf der Suche nach der Wahrheit über die Schädel, und jetzt würden wir sie endlich erfahren. Was würde das Museum herausfinden? Hatten Nick Nocerino, JoAnn Parks und Norma Redo die lange Reise nach England gemacht, nur um feststellen zu müssen, daß ihre Schädel moderne Fälschungen waren, oder würde ihre Authentizität bestätigt werden? Was war mit den Schädeln des Britischen Museums und der Smithsonian Institution? Waren die Experten hinters Licht geführt worden, oder waren diese Schädel authentisch?

Wieder drängten wir uns ins Forschungslabor des Britischen Museums, um die Ergebnisse zu hören. Ein Angestellter ging die Schädel einer nach dem anderen durch und begann mit dem hauseigenen Stück. Wir waren irgendwie enttäuscht zu hören, daß man auf seinen Zähnen Spuren von Schleifscheiben gefunden hatte. Das hieß also, daß man den Schädel von nun an als «postkolumbianisch» betrachtete und davon ausging, daß er mit sogenannter europäischer Technologie hergestellt worden war, und zwar einige Zeit nach der Landung der Europäer im Jahr 1492, entweder in Europa oder in Mittelamerika. Es stellte sich heraus, daß auch der Schädel der Smithsonian Institution ähnliche Spuren aufwies.

Auch die geologischen Hinweise ließen vermuten, daß der Schädel des Britischen Museums nicht antik war. Dr. Andrew Rankin glaubte, daß der Kristall möglicherweise aus Brasilien stammte. Er konnte nicht sagen, woher der Kristall für den Schädel der Smithsonian Institution stammte, doch Dr. Jane Walsh wirkte sehr zufrieden mit den Ergebnissen. Vermutlich zog sie daraus den Schluß, daß ihre Theorie über Eugène Boban stimmte: daß Boban den Schädel des Britischen Museums gegen Ende des letzten Jahrhunderts zumindest in Europa erworben hatte, wo er aus brasilianischem Kristall hergestellt worden war.

Diese beiden Schädel waren also anscheinend «Fälschungen», doch was war mit den anderen? Norma Redo hatte sich geradezu philosophisch über ihren Schädel geäußert. Sie sagte, er würde ihr dasselbe bedeuten, ganz gleich, ob er eine Fälschung sei oder nicht. Doch die Tests an dem Schädel mit dem Reliquienkreuz brachten offenbar sonderbar widersprüchliche Beweise. An diesem Schädel hatte Margaret Sax Beweise für beide Bearbeitungsarten gefunden. Offenbar waren die Feinheiten an den Zähnen mit einer Schleifscheibe angebracht worden, und auch der Bereich auf dem Kopf des Schädels, wo man das Kreuz angebracht hatte, zeigte Spuren einer Schleifscheibe. Der Rest des Schädels war jedoch von Hand gefertigt worden und zeigte Spuren, die man als «charakteristisch für präkolumbianische Arbeiten» betrachtete. Das Stück war also offenbar ursprünglich von Hand gemacht worden, vermutlich von präkolumbianischen Bewohnern Mesoamerikas, und die Zähne waren später mit einer Scheibe nachgearbeitet worden.

Laut Aussage von Dr. Rankin war der Schädel unter dem Reliquienkreuz aus einem größeren Stück Kristall herausgeschnitten worden. Kristalle dieser Größe finde man für gewöhnlich nur in Brasilien. Dennoch fand er überraschenderweise heraus, daß der Kristall fast genauso aussah wie jener, aus dem der Kristallkelch von Monte Albán gearbeitet war. Und dieser war ja über tausend Jahre alt und vermutlich aus mittelamerikanischem Kristall hergestellt. Das war für die Wissenschaftler ein Rätsel. Die Prägung 1571 auf dem Kreuz hielt man für echt, so daß der Schädel selbst einige Zeit vor diesem Datum erschaffen worden sein mußte. Hier hatten wir also einen echt alten Kristallschädel, der vermutlich in Mittelamerika gemacht worden war, und zwar einige Zeit vor oder vielleicht auch direkt nach der spanischen Eroberung. Die Zähne waren offenbar nachgearbeitet worden, und zwar um dieselbe Zeit, als die frühen europäischen Eroberer ein Loch in seinen Schädel bohrten, um das Kreuz hinzuzufügen.

Doch wie lauteten die Testergebnisse für die anderen Schädel? Nick Nocerino und JoAnn und Carl Parks waren vor Aufregung ganz angespannt. Wir alle wollten die Wahrheit über ihre Schädel wissen, über Max und Sha Na Ra. Doch der Angestellte des Britischen Museums stellte lediglich fest: «Ich fürchte, wir sind nicht in der Lage, über die beiden anderen Schädel etwas zu sagen.»

Wir waren verblüfft. Der Angestellte des Museums klang sehr verlegen und fügte hinzu, er habe ebenso wie alle anderen strikte Anweisung, «keinen Kommentar abzugeben». Was ging da vor sich? Was war an Max und Sha Na Ra, das nicht öffentlich gemacht werden sollte? Hatte das Museum herausgefunden, daß diese beiden tatsächlich alt waren? Doch warum konnten sie das nicht sagen? Hatten sie wichtige Informationen entdeckt, die zu heikel für die Öffentlichkeit waren? Waren die Schädel von Außerirdischen hergestellt? Oder waren sie derart offensichtliche Fälschungen, daß das Museum es einfach nicht gerne zugeben wollte? Ich beharrte auf einer Antwort, und man sagte mir, es sei Politik des Museums, keine Privatstücke zu prüfen. Doch das ergab keinen Sinn. Das Museum hatte sich fast sechs Monate lang auf diese Tests vorbereitet und gewußt, daß einige der Schädel Privatpersonen gehörten. Ganz sicher hatte Dr. Jane Walsh in ihrem eigenen Forschungsbericht geschrieben, daß sie hoffe, Schädel von Museen und Privatpersonen leihen zu können, um sie wissenschaftlich zu überprüfen und die Ergebnisse zu veröffentlichen.[1]

Auf jeden Fall gehörte der Schädel mit dem Reliquienkreuz ganz offensichtlich einer Privatperson, der adeligen Norma Redo, und dennoch hatte das Museum das Untersuchungsergebnis kommentiert.

Nick Nocerino und JoAnn und Carl Parks verließen verärgert das Museum und gingen zurück in ihr Hotel. Wir verabredeten uns für später, um das weitere Vorgehen zu besprechen. Da kam mir plötzlich in den Sinn, das Britische Museum könnte möglicherweise herausgefunden haben, daß die beiden Schädel ebenso wie der des Museums und der der Smithsonian Institution nicht antik waren, jedoch aus Angst vor der Reaktion seitens der Besitzer nicht darüber reden wollte. Ich sprach mit dem Vertreter des Museums und fragte ihn, ob wir die Ergebnisse erfahren könnten, falls eine schriftliche Garantie der Besitzer vorliege, daß sie nicht gegen die Ergebnisse vorgehen würden. Doch man sagte mir, das ändere nichts an der Sachlage.

Dessenungeachtet sprach ich mit den Besitzern. Beide sagten, sie hätten den langen Weg gemacht, um die Wahrheit über die Schädel zu erfahren, ganz gleich, ob die Tests ergaben, daß es sich um moderne Stücke handelte. Daher unterschrieben sowohl JoAnn Parks als auch Nick Nocerino entsprechende beeidigte Erklärungen. Darin garantierten die Besitzer, daß sie die Testergebnisse nicht anzweifeln und keinerlei Gegenmaßnahmen rechtlicher noch anderer Natur ergreifen würden, und zwar weder gegen das Britische Museum noch gegen die BBC, ganz gleich, welche Kommentare oder Berichte sie über Max oder Sha Na Ra herausbringen würden. Diese Dokumente wurden dem Britischen Museum ausgehändigt, doch ihr Vertreter weigerte sich weiterhin, die Ergebnisse zu besprechen, und fügte nun zu unserer Überraschung hinzu, daß beide Schädel noch gar nicht getestet worden seien.

Doch JoAnn und ich hatten sogar dabei zugesehen, wie ein Plastikabguß von Max gemacht worden war, und Nick sagte, er habe gesehen, wie Sha Na Ra unter dem Videomikroskop untersucht worden sei. Die Wissenschaftler hatten die Einschlüsse im Kristall doch sicher nicht aufgenommen oder Abgüsse gemacht und die Ergebnisse dann nicht analysiert? Doch jetzt behauptete der Vertreter des Museums, man habe gar keine Tests unternommen und könne daher keine Ergebnisse veröffentlichen. Und sie weigerten sich schlankweg, uns einen Grund dafür zu nennen.

Das ergab einfach keinen Sinn, und wir grübelten lange über die Gründe nach. Ich konnte mir nur eines vorstellen. Mir fiel ein, daß einige der Besitzer der Schädel und die Angestellten des Museums miteinander geplaudert hatten, während die Abgüsse genommen wurden, und ich hatte zufällig gehört, wie Jane Walsh mit Nick Nocerino sprach. Sie hatte ihn gefragt, woher er den Schädel bekommen hatte. Nick hatte eine Karte hervorgezogen und erklärt, wie er Sha Na Ra während eines Einsatzes als Seher bei einer Ausgrabung am Rio Bravo zutage gefördert hatte. Jane Walsh hatte sich erkundigt, ob es sich um eine von einem Museum geförderte Ausgrabung handelte, und Nick hatte erwidert: «Zur Hölle, nein!»

Dr. Walsh hatte ihn weiter bedrängt. «War es eine offizielle von der Regierung geförderte Ausgrabung?»

«Zur Hölle, nein!» rief Nick erneut aus. «Bei solchen Ausgrabungen findet man gar nichts!»

Vielleicht hatte dieses Gespräch etwas damit zu tun. Ich weiß, daß Jane Walsh damals nicht sehr begeistert war und erwähnt hatte, daß weder die Smithsonian Institution noch das Britische Museum etwas mit «illegalen» archäologischen Artefakten zu tun haben wollten. Doch Nick hatte erklärt, daß in den fünfziger Jahren private Ausgrabungen in Mexiko nicht illegal waren. Damit schien das Problem erledigt zu sein. Aber «illegale» Ausgrabungen sind in Archäologenkreisen verständlicherweise ein heikles Thema. Wenn bei Ausgrabungen keine korrekten Aufzeichnungen gemacht werden, lassen sich historische «Tatsachen» nur schlecht verifizieren, so daß die Arbeit der Archäologen noch schwieriger wird. Dieses Thema wird um so sensibler behandelt, als bei vielen

Artefakten in den großen Museen der Welt heiß umstritten ist, wer als rechtmäßiger Besitzer anzusehen ist. Verständlicherweise behaupten viele Länder, aus denen Ausstellungsstücke mitgenommen wurden, daß man ihre Schätze «geplündert» hat. Daher versuchen die Museen heute, jeder Kontroverse dieser Art aus dem Weg zu gehen.

Doch die Theorie von einer «illegalen» Ausgrabung ergab hier einfach keinen Sinn. JoAnn hatte dem Britischen Museum nur das erzählt, was sie sicher über Max wußte: daß sie ihn von einem tibetanischen Buddhisten bekommen hatte, welcher behauptete, den Schädel von einem Schamanen aus Guatemala erhalten zu haben. Sie hatte nichts von einer möglicherweise illegalen Ausgrabung gesagt. Der Schädel der Smithsonian Institution und vielleicht auch der des Britischen Museums waren möglicherweise «illegaler» Herkunft, und dennoch hatte das Museum sie getestet und die Ergebnisse besprochen. Und als ich nachfragte, ob die Sorge wegen möglicher «illegaler» Herkunft etwas mit dem Schweigen des Museums zu tun haben könnte, teilte man mir mit, das Museum müsse keinen Grund angeben.

Aber warum nicht? Jetzt faszinierte uns die Sache noch mehr. JoAnn Parks war davon überzeugt, daß das Museum etwas zu verbergen hatte, daß die Wissenschaftler etwas gefunden hatten, was sie nicht publik machen wollten. Doch was mochte das sein? Hatte man, wie die Wissenschaftler von Hewlett-Packard beim Mitchell-Hedges-Schädel, keinerlei Werkzeugspuren finden können, keine Anzeichen für eine Bearbeitung von Hand oder von Maschine? Wenn ja, könnte man daraus sicher phänomenale Rückschlüsse ziehen. Es würde darauf hindeuten, daß diese beiden Schädel nicht von Menschen gemacht wurden, sondern merkwürdigen, vielleicht nicht einmal irdischen Ursprungs waren. Hatte man es im Museum mit der Angst bekommen? Oder hatten die Wissenschaftler vielleicht herausgefunden, daß diese beiden Kristallschädel tatsächlich eine Art Speicher wichtiger und uralter Informationen waren? Doch das erschien uns unwahrscheinlich.

Oder hatten sie vielleicht eher sehr «irdische» Ergebnisse erhalten, die ihnen nicht gefielen oder die sie nicht akzeptieren konnten, weil diese Resultate die herkömmlichen Sichtweisen der Archäologen ins Wanken brachten? Hatten sie herausgefunden, daß die Schädel von Hand aus derselben Art von Kristall hergestellt worden waren und vor genauso langer

Zeit wie der Kelch? Aber wenn das so war, warum wollten sie dann nicht darüber reden?

Es wurde Zeit, daß die Besitzer der Schädel wieder nach Hause fuhren. JoAnn und Carl waren enttäuscht, keine wissenschaftlichen Fakten über Max bekommen zu haben. Nick gab sich zynisch. «Das Problem ist, daß die Archäologen und Wissenschaftler ihre Pläne nicht über den Haufen werfen wollen. Sie haben ihre festgefügte Meinung, von der sie nicht abweichen wollen. Sie wollen, daß alles so bleibt, wie es ist. An diesen Schädeln ist sehr viel mehr dran, als sie jemals erfahren oder zumindest zugeben werden.»

Während ich zusah, wie Max und Sha Na Ra eingepackt wurden, fiel mir die Legende über die Schädel wieder ein. Darin hieß es, daß nur dann Informationen über die Schädel vermittelt würden, wenn alle zusammen waren, nicht nur eine Handvoll wie hier für die wissenschaftlichen Tests. Es hieß außerdem, das Wissen werde erst dann weitergegeben, wenn die Menschheit dafür bereit sei.

Damit sollte anscheinend vermieden werden, daß die Schädel mißbraucht wurden. Konnte das stimmen? War es möglich, daß wir vielleicht einfach noch nicht bereit waren, die Wahrheit über die Schädel zu hören, noch nicht angemessen «gereift» und «entwickelt», wie es in der Legende hieß?

Ich dachte darüber nach, wie wir alle unser Vertrauen in die Wissenschaftler gelegt hatten, damit diese uns Antworten verschafften, doch waren sie nicht sehr mitteilsam. Und es ging mir auf, daß die Art, wie wir mit den Fragen über die Schädel umgingen, typisch dafür war, wie unsere ganze Gesellschaft auf so viele Geheimnisse reagiert: Wir glauben, daß die Wissenschaft alle Antworten finden kann. Vielleicht ist das einfach nicht möglich.

Wie ich Max so ansah, kam mir die ganze Situation plötzlich komisch vor, und ich fühlte mich an die Sciene-fiction-Komödie *Per Anhalter durch die Galaxis* von Douglas Adams erinnert. In dieser Geschichte wird der großartigste Computer, der je erfunden wurde, gebeten, eine Antwort auf «das Mysterium des Lebens, des Universums und einfach von allem» zu finden. Der Computer wird mit allen Daten gefüttert, die man finden kann, und verbringt dann viele Jahre mit seiner Aufgabe.

Schließlich gibt er eine Antwort: «42!» Da wird allen klar, daß man ihm vielleicht die falsche Frage gestellt hat …

Hatten wir die richtige Frage über die Kristallschädel gestellt? Wir hatten geglaubt, daß wissenschaftliche Tests ein für allemal die Herkunft der Schädel offenlegen würde. Doch jetzt waren wir auch nicht klüger. Die Besitzer der Schädel waren verwirrt nach Hause gefahren, und wir selbst waren ebenso verblüfft. Was hatte das Britische Museum davon abgehalten, uns die so dringend benötigten Antworten zu geben?

Kurz darauf setzte ich mich mit einem anderen hervorragenden Experten für Mesoamerika, mit Professor Michael D. Coe von der Yale University, in Verbindung. Als ich ihm von den Tests des Britischen Museums erzählte, erstaunte mich seine Antwort doch sehr. Er war der Meinung, daß die Wissenschaftler, auf die wir uns beim Britischen Museum verlassen hatten, absolut nicht die richtigen Fragen gestellt hätten.

Professor Coe sagte, der Nachweis von Werkzeugspuren auf einem Kristallschädel, wie sie bei den Stücken des Britischen Museums und der Smithsonian Institution gefunden worden waren, bewiese keineswegs, daß diese Stücke modern waren. Er erklärte, man sei unter Archäologen zwar lange Zeit davon ausgegangen, daß keine präkolumbianische Zivilisation ein rotierendes Schneidwerkzeug benutzt habe, doch neuere Entdeckungen widersprächen dieser Überzeugung. Anscheinend hatte man inzwischen einige Ohrgehänge aus Obsidian gefunden, die hauchdünn und perfekt gerundet waren und somit nur mit rotierendem Schneidwerkzeug hergestellt worden sein konnten. Diese Ohrgehänge stammten definitiv aus der Periode der Azteken/Mixteken. Also war es durchaus möglich, daß auch die Schädel des Britischen Museums und der Smithsonian Institution ganz und gar nicht «modern» waren.

Michael Coe fügte hinzu:

«Die Leute in den wissenschaftlichen Labors sind nicht in vollem Umfang über die Kultur informiert, mit der sie sich beschäftigen. Wir wissen nicht einmal halb soviel über diese frühen Kulturen, wie wir glauben. Wir alle müssen unsere Überzeugungen überdenken.»

Seiner Meinung nach bewiesen die Tests des Britischen Museums gar nichts. Und diese Ansicht wurde von einem weiteren Experten für Mesoamerika, von Dr. John Pohl von der University of California in Los Angeles (UCLA) noch bestätigt.

Eines schien uns auf jeden Fall sicher. Die Wissenschaftler hatten uns im Stich gelassen. Denn welche politischen oder sonstigen Gründe es auch dafür geben mochte, offenbar hatten sie nicht die richtigen Fragen gestellt, geschweige denn die richtigen Antworten geliefert.

Wie sollten wir mit unseren Nachforschungen fortfahren? Wir waren sehr enttäuscht. Wir hatten uns der Lösung schon so nahe gewähnt. Was konnten wir jetzt noch tun? Irgendwie spürten wir, daß wir unsere Erkundungen nicht einfach aufgeben konnten. Das konnten wir einfach nicht. Es mußte eine Antwort geben.

17

Forensische Untersuchungen

Jetzt, da die Tests des Britischen Museums uns enttäuscht hatten, wurde uns klar, daß wir unsere Nachforschungen ausweiten mußten. Es gab schließlich noch andere Gebiete, die wir nicht erkundet hatten, Wege, die wir nicht eingeschlagen hatten. Vielleicht war jetzt die Zeit gekommen, diese erneut in Augenschein zu nehmen.

Als wir zum ersten Mal mit Dr. Jane Walsh an der Smithsonian Institution gesprochen hatten, war von Wissenschaftlern des Museums darauf hingewiesen worden, es sei sehr wahrscheinlich, daß die Schädel, falls sie anatomisch auffallend korrekt seien, nach einem echten Modell geformt wurden. Sollte das der Fall sein, wäre es möglich, die Gesichtszüge der Person und ihre Zugehörigkeit zu einer bestimmten Rasse zu rekonstruieren und dadurch zumindest zu bestimmen, wo und damit vermutlich auch wann der Schädel hergestellt worden war.

Da nur einer der Schädel als anatomisch korrekt eingestuft wurde, hatten wir diese Möglichkeit bislang nicht weiter verfolgt. Doch jetzt wurde uns klar, daß alle Informationen, die wir über einen Schädel herausfinden konnten, uns vielleicht halfen, die Geschichte von zumindest diesem einen Stück näher zu bestimmen.

Der in Frage kommende Schädel war das Stück von Mitchell-Hedges. Wir hatten uns nicht weiter um ihn gekümmert, nachdem Anna Mitchell-Hedges sich unwillig gezeigt hatte, ihn im Britischen Museum testen zu lassen, weil «er das alles schon einmal durchgemacht» hatte, und zwar bei Hewlett-Packard. Der Mitchell-Hedges-Schädel war in vielerlei Hinsicht der interessanteste, denn bei ihm hatten die Wissenschaftler von Hewlett-Packard keine Bearbeitungsspuren finden können. Doch bei den forensischen Untersuchungen würde der Schädel keinerlei intrusiven Prüfungen ausgesetzt, da es unter Forensikern allgemein üblich war, mit Fotos zu arbeiten.

Von diesen Tests erhofften wir uns nun einige wichtige Ergebnisse. Falls die Gesichtsmerkmale typisch für die weiße Rasse waren, war der Schädel vermutlich irgendwann in Europa hergestellt worden, oder, falls er aus Amerika stammte, dann aus der Zeit nach der europäischen Eroberung. Sollte er andererseits andere rassetypische Merkmale zeigen, konnte man sicher davon ausgehen, daß der Schädel vermutlich von einer Gruppe von Menschen erschaffen worden war, deren Gesichtszüge dieser Schädel trug. Zeigte der Schädel also beispielsweise negroide Gesichtszüge, dann war die Wahrscheinlichkeit hoch, daß er irgendwo in Afrika entstanden war. Zeigte er jedoch mongolide Züge, stammte er vermutlich irgendwo aus Asien oder von den Ureinwohnern Amerikas.

Der geplante Test basierte also auf der Annahme, daß ein Forensiker den Ursprungsort eindeutig würde zuordnen können, falls die rassetypischen Eigenschaften deutlich genug erkennbar waren. Das konnte sich natürlich als schwierig herausstellen, nicht nur, weil der Steinschleifer mit Sicherheit leichte Abweichungen zum Originalmodell eingearbeitet hatte, sondern auch, weil es innerhalb einer Rasse und ihrer einzelnen Gruppen große Abweichungen in der Schädelform gibt. Dennoch glaubten wir, daß ein solcher Test uns einen ganz guten Eindruck davon geben würde, ob der Mitchell-Hedges-Schädel in Europa oder Mesoamerika gemacht worden war. Wir fühlten uns wie in einem archäologischen Krimi, auf der Suche nach dem Urheber des Schädels.

Während Ceri eine weitere Spur verfolgte, sprach ich mit Richard Neave am Institut für Kunst und Medizin der University of Manchester. Richard ist der führende englische Spezialist für Gesichtsrekonstruktion. Einen Großteil seiner täglichen Arbeit erledigt er für die Polizei bei der Aufklärung von Mord- und Vermißtenfällen. Manchmal gibt es als einzigen Beweis den verwesenden Körper oder nur das Skelett eines nicht identifizierten Opfers. In diesen Fällen sind Richards Dienste erforderlich. Seit über 25 Jahren rekonstruiert er die Gesichter von Menschen aufgrund ihrer Überreste.

Ich besuchte Richard Neave in seinem Studio in Manchester. Seine Werkstatt, die versteckt in einer entlegenen Ecke eines dieser riesigen Institutsgebäude lag, war sehr ungewöhnlich. Als ich eintrat, bemerkte ich als erstes ein lebensgroßes Skelett an einem Gestell, und überall im Raum, bis hinauf zur Decke, standen Regale voller Körperteile. Es gab abgetrennte Arme und Hände, die so aussahen, als habe man sie frischen Körpern abgehackt. Einige der Regale zeigten Reihe um Reihe menschliche Schädel in verschiedenen Größen und Formen, so daß es fast wirkte wie die Schädelgestelle der Azteken. Und in der Mitte des Raumes stand etwas, das auf den ersten Blick aussah wie ein aufgespießter Schädel, dessen verwesendes Fleisch langsam verrottete. Das «verwesende Fleisch» war in Wirklichkeit nur rotbrauner Ton, der langsam auf den Schädel aufgebracht wurde, um so das ursprüngliche Bild des Menschen wiederherzustellen, und auch die meisten anderen Schädel, ebenso wie die «abgetrennten» Körperteile, waren einfach nur sehr realistische Repliken.

Dennoch konnte ich nicht anders, und ich fragte Richard, wie er sich fühlte, von so viel Tod umgeben zu sein. Richard erklärte, daß viele Menschen ihn das fragten, doch in Wahrheit sei er vom Stoff des Lebens umgeben. Ein großer Teil seiner Arbeit bestand darin, Medizinstudenten etwas über das Leben beizubringen, indem er ihnen Lehrmaterial zur Verfügung stellte. Selbst seine forensische Arbeit für die Polizei hatte eine wichtige Funktion für die Lebenden. Es war lebenswichtig, daß die Opfer von Unfällen oder Morden identifiziert wurden, und wenn es nur dazu diente, daß die Angehörigen und Freunde des Opfers verstehen konnten, was passiert war. Erst dann konnten sie angemessen trauern und den geliebten Menschen loslassen.

Ich legte Richard unser Problem dar. Es gab einen Schädel, den wir identifizieren wollten, doch es war kein echter, sondern ein Kristallschädel. Er war fasziniert und wollte mehr darüber erfahren. Doch ich erklärte, daß ich ihm nichts weiter darüber sagen könne, auch nicht über die Herkunft, um seine Urteilsfähigkeit nicht einzuschränken. Daran war er gewöhnt, denn für die Polizei mußte er aus ähnlichen Gründen «im Dunkeln» arbeiten. Seine einzige Sorge war, daß der Kristallschädel, der ja schon die Kopie eines echten war, möglicherweise schon zu stark stilisiert oder aber vom Handwerklichen her nicht gut genug sein könnte, um den Menschen zu identifizieren, der dafür Modell gestanden hatte. Doch er wollte es auf jeden Fall versuchen.

Idealerweise wollte er mit dem Originalschädel arbeiten und einen dreidimensionalen Abdruck aus Ton erstellen. Doch das Original war immer noch in Kanada. Zeit und Geld erlaubten uns nicht, ihn zu holen. Außerdem war Anna besorgt, der Schädel könnte unterwegs oder während des Abdrucks beschädigt werden. Doch Richard war auch daran gewohnt, nach guten Fotos zu arbeiten, die von allen Seiten jeweils aus derselben Entfernung aufgenommen wurden. Zum Glück hatten wir schon an diese Möglichkeit gedacht, und ich hatte einen Satz brauchbarer Fotos dabei.

Als ich sie hervorzog, leuchteten Richards Augen auf: «Er ist so schön und anatomisch so korrekt.» Er war so beeindruckt von der Genauigkeit des Schädels, daß er sich bereit erklärte, das Gesicht zu rekonstruieren.

Die Technik selbst war einfach, hing jedoch völlig von den Fertigkeiten und dem Wissen des Künstlers ab. Richard legte vorsichtig mehrere Fotos des Kristallschädels unter Pauspapier und begann direkt vor meinen Augen zu zeichnen. Dabei erklärte er mir genau, was er machte, und sein Bleistift fuhr schnell, aber geschickt über das Pauspapier und holte den Umriß des Gesichtes darunter zum Vorschein.

Während Richard zeichnete, fragte ich ihn, ob es möglich sei, ebenso wie die Rasse auch das Geschlecht des Schädels zu bestimmen. Er antwortete:

«Das ist gut möglich. An einem echten Schädel gibt es bestimmte Kleinigkeiten, die man mit männlich oder weiblich assoziiert, und es hängt hier davon ab, ob der Schöpfer des Kristallschädels diese ziemlich unauffälligen Züge eingearbeitet hat oder nicht.

Doch dieser Schädel sieht aus wie die Kopie eines echten. Zwar zeigt er nicht alle Züge eines echten Schädels, doch fast alle feinen Einzelheiten, die man von einem echten Schädel erwarten würde, sind zu sehen, und er ist auf jeden Fall um einiges akkurater, als man erwarten würde, falls kein echtes Original Modell gestanden hat. Die Chancen stehen also gut, daß er .... also, für sich selbst spricht.

Die Proportionen sind sehr wichtig. Der Unterkiefer ist vorn gerundet, das deutet auf eine Frau hin. Die Furchen über dem Auge hier, sie sind sehr, sehr glatt, auch das deutet auf eine Frau hin. Auch das Gesicht selbst hat Proportionen, wie man sie eher mit einer Frau verbindet. Weibliche Schädel haben im Verhältnis zum Rest des Gesichtes größere Augenhöhlen als männliche, und das sehen wir hier gut. Also, wie ich schon sagte, es ist die Frage … was letztlich aus dem Schädel kommt. Zu gegebener Zeit werden wir es erfahren.»

Erstaunt beobachtete ich Richards Kunstfertigkeit, als das Gesicht des Mitchell-Hedges-Schädels direkt vor mir langsam Gestalt annahm. Während Richard den Schädel mit «Fleisch» überzog und das Bild immer deutlicher wurde, erklärte er:

«Wir haben hier ein Gesicht mit einer breiten, leicht hakenförmigen Nase, hohen Wangenknochen, einem ziemlich breiten Mund mit dicken Lippen, einem sehr starken, kräftigen Unterkiefer und kräftiger Knochenstruktur. Es hat große, leicht schrägstehende Augen und ist alles in allem ein eher kleines, rundes und breites Gesicht.
Es ist definitiv kein europäisches Gesicht. Ich würde sagen, dieses Gesicht stimmt mit den Gesichtszügen der amerikanischen Ureinwohner überein, der Indianer. Das genaue Gebiet ist nur schwer festzulegen. Ganz sicher ist es gar nicht so unähnlich den Menschen, die ich in Mittel- oder Südamerika gesehen habe, doch ich würde auch die nordamerikanischen Indianer nicht ausschließen.
Beim Haar und bei den Augenbrauen bin ich nicht ganz sicher. Ein Schädel kann uns darüber keine direkten Informationen liefern, daher müssen wir Vermutungen anstellen, die wir vom Gesicht ableiten. Und natürlich können wir auch das Alter nicht wissen. Es gibt keine der üblichen Eigenschaften, die uns in irgendeiner Weise etwas über das Alter der Person sagen könnten – als wäre das hier ein altersloser Schädel. Aber das war's. Mehr können wir nicht sagen. Aber ich bin so gut wie sicher, daß dieser Schädel nicht europäisch ist, und für mich sieht er aus wie der Schädel einer Frau, die zu den Ureinwohnern Amerikas gehörte.»

Das Gesicht, das nun zu sehen war, wirkte auch auf mich wie das einer Indianerin (*siehe Bildtafel Nr. 46*). Es sah genauso aus wie die Gesichter, die ich in Mittelamerika gesehen hatte.

Jetzt hatten wir also endlich einige definitive wissenschaftliche Aussagen über den Mitchell-Hedges-Schädel, und zwar unabhängig von Anna und Frederick Mitchell-Hedges. Es stellte sich sogar heraus, daß ähnliche Tests schon einmal im Jahr 1986 in Amerika durchgeführt worden waren.

Anna Mitchell-Hedges hatte den Schädel für weitere Forschungen an Frank Dorland ausgeliehen, und dieser wiederum hatte einen Gipsabdruck davon sowie einige Fotos an einen forensischen Künstler der New Yorker Polizei ausgeliehen. Dieser Mann, Detective Frank J. Domingo, hatte eine Rekonstruktion des Gesichtes gezeichnet, die mit dem Gesicht, das Richard Neave gezeichnet hatte, fast identisch war (*siehe Bildtafel Nr. 47*). Interessanterweise behauptete Frank Dorland auch, dieses Gesicht in tiefer Meditation durch den Kristallschädel gesehen zu haben.

Doch es gab noch andere Forensiker, die mit diesem Schädel gearbeitet hatten. Ein Mann, der den Schädel studiert hatte, obwohl er nicht die Gelegenheit bekommen hatte, das Gesicht zu rekonstruieren, war Dr. Clyde C. Snow vom State Coroner's Office in Oklahoma City, einer der herausragenden Forensiker in Nordamerika. Normalerweise arbeitete er mit Fällen von Menschenrechtsverletzungen und hatte in letzter Zeit die unerfreuliche Aufgabe übernommen, die Überreste von Tausenden von Indianern zu identifizieren, die Anfang der achtziger Jahre von verschiedenen Regierungsbehörden hingerichtet und erst vor kurzem aus ihren Massengräbern in verschiedenen Landesteilen von Guatemala ausgegraben worden waren.

Im Falle des Mitchell-Hedges-Schädels hatten Dr. Snow und seine Kollegin Betty Pat Gatliff bereits einen Gipsabdruck in Händen gehalten und nichts Außergewöhnliches daran festgestellt.[1] Als ich mit Dr. Snow telefonierte, erklärte er mir, einer der auffallendsten Punkte an dem Schädel sei neben seiner unglaublichen anatomischen Korrektheit, daß er offenbar nicht nach einer gewöhnlichen Indianerin geformt worden sei. Ganz besonders die Zähne seien zwar unglaublich akkurat und detailliert, aber «nicht unbedingt menschlich». Dr. Snow erklärte, die Backenzähne seien «X-förmig».

Alle Rassen haben Backenzähne mit natürlichen Einkerbungen, so daß sie sich rauh oder geriffelt anfühlen. Diese Einkerbungen sehen aus wie ein Pluszeichen (+), das über die Kaufläche verläuft. Das Sonderbare am Mitchell-Hedges-Schädel war, daß die Einkerbungen auf den Backenzähnen in einem völlig anderen Winkel verliefen, so daß sie wie ein X aussahen. Berücksichtigte man die allgemeine Korrektheit des Schädels und die Tatsache, daß er sogar ein so unwichtiges Detail aufzeigte, glaubte Dr. Snow, dies könne wohl kaum ein Fehler seitens des Steinschleifers gewesen sein. Warum sollte man sich so viel Mühe gegeben und dann so einen albernen Fehler gemacht haben? Das einzige Problem an dieser Analyse war, daß sie darauf hinauslief, das Vorbild könnte nicht ganz menschlich gewesen sein – oder zumindest nicht in der Form, wie wir die menschlichen Rassen heute kennen.

Jetzt waren wir noch verwirrter. War der Schädel wirklich anhand des Gesichts eines «Außerirdischen» erschaffen worden? Das war doch gewiß nicht möglich. Oder war er vielleicht der Beweis für eine Rasse, die mittlerweile ausgestorben war? Auch das erschien uns sehr unwahrscheinlich. Aber nach der Weigerung des Britischen Museums, etwas über Sha Na Ra oder Max zu sagen, war dies der einzige Beweis, der uns weiterführen konnte.

Ich betrachtete wieder das Gesicht, das Richard gezeichnet hatte, und fragte mich, wer diese Frau wohl gewesen war. Anna Mitchell-Hedges hatte gesagt, der Schädel sei nach einem Priester geformt worden, doch jetzt schien es mir eher eine Priesterin gewesen zu sein. Frank Dorland war hingegen davon überzeugt gewesen, daß er das Gesicht einer Prinzessin aus der Zeit vor den Maya gesehen hatte.

So gut wie außer Frage stand inzwischen, daß der Mitchell-Hedges-Schädel eindeutig die Gesichtszüge einer Indianerin trug. Hier war also der erlesenste aller Kristallschädel, und er hatte eine deutliche Verbindung zu Amerika. Zumindest war dieser eine Schädel nicht in einer Werkstatt in Europa zusammengeflickt worden. Ich fragte mich, ob der ganze Streit über die angebliche Herkunft aus Deutschland nicht einfach nur eine Form von archäologischem Kolonialismus war, mit der man andeuten wollte, daß die Völker Mittelamerikas nicht in der Lage gewesen seien, die Schädel selbst zu erschaffen, und um ihren Status als möglicherweise geheiligte Objekte zu negieren. War das vielleicht nur ein weiterer Versuch, die künstlerischen Errungenschaften des mexikanischen Volkes herunterzuspielen?

Ich betrachtete wieder die schönen Gesichtszüge der geheimnisvollen Frau. Woher stammte sie? Vielleicht war sie eine Maya gewesen, vielleicht aber auch eine Chinook, Sioux, Cherokee, oder vielleicht gehörte sie auch zu einem der anderen Stämme in Nord-, Süd- oder Mittelamerika.

Wie konnten wir das herausfinden?

18

Das kristallene Wesen

Während Chris den forensischen Künstler besuchte, hatte ich «Professor Brainstorm» aufgesucht. Sein richtiger Name ist Harry Oldfield. Er ist Wissenschaftler, beschäftigt sich intensiv mit der Untersuchung von Kristall, und hat ein paar sehr kontroverse Theorien entwickelt. Er schwimmt ganz eindeutig nicht mit dem Strom, und ich fragte mich, ob er vielleicht einen Ansatz hätte, um die Wahrheit über die Schädel herauszufinden. Ich hatte zwar nicht allzuviel Hoffnung, doch hatten wir ja auch nichts zu verlieren. Wir waren auf jeden Fall entschlossen, das Geheimnis der Kristallschädel zu lüften.

Als ich in Harry Oldfields «Elektro-Kristall-Therapie»-Zentrum in Ruislip nordwestlich von London ankam, fand ich in seiner Praxis in einem Doppelhaus aus den dreißiger Jahren jede Menge Leute, die an merkwürdige Geräte angeschlossen waren. Harry benutzte elektrisch aufgeladene Kristalle, um Menschen zu heilen, die von der Schulmedizin abgeschrieben worden waren. Zwar hatte ich der angeblich heilenden Kraft von Kristallen lange skeptisch gegenübergestanden, doch ich hatte von allen Privatbesitzern von Kristallschädeln gehört, ihre Schädel hätten heilende Kräfte. War es vielleicht möglich, daß das Kristall direkt auf den menschlichen Körper einwirken konnte?

In den USA war eine Studie über mögliche Heilungen durch Kristalle durchgeführt und von C. Norman Shealy in seinem Buch *Miracles Do Happen* beschrieben worden.[1] Shealy untersuchte dabei die Wirkung von Kristallen bei Depressionen. Bei seiner Untersuchung verteilte er an 141 chronisch niedergeschlagene Patienten entweder ein Stück Glas oder einen Kristall, den sie um den Hals tragen sollten. Die Patienten erfuhren nicht, was sie da trugen. Nach zwei Wochen berichteten 85 Prozent aller Untersuchten von einer Verbesserung ihres Zustandes, aller Wahrscheinlichkeit nach handelte es sich dabei um den Plazeboeffekt. Doch sechs Monate später berichteten nur noch 28 jener, die ein Stück Glas um den Hals trugen, von einer Besserung, während in der anderen Gruppe immer noch 80 behaupteten, daß es ihnen besser gehe. Zumindest bei Depressionen hatte der Kristall offenbar mehr als nur einen Plazeboeffekt. Doch was war mit den Behauptungen, Kristall könne körperliche Leiden lindern?

Harry Oldfield benutzt die heilenden Kräfte von Kristallen, um erfolgreich verschiedenste Leiden von Krebs und Herzkrankheiten bis Arthritis zu behandeln. Harrys Interesse an Kristallen wurde auf erheblichen Umwegen geweckt. Er hatte in seinem Beruf als Lehrer für naturwissenschaftliche Fächer an einer Schule in London immer davon geträumt, auch bei seinen Schülern die Leidenschaft für die Wissenschaft zu wecken. Eines Tages stellte er im Unterricht eine Aurafotografie vor.

Die Aurakamera fotografiert das elektromagnetischen Energiefeld um den Körper und zeigt es in verschiedenen Farben, und zwar unter Benutzung der unter dem Namen «Kirlian-Fotografie» bekannten Technik, die in den dreißiger Jahren hinter dem Eisernen Vorhang entwickelt wurde. Östliche Philosophie und alternative Medizin gehen davon aus, daß der Körper verschiedene Energiezentren hat, durch die elektromagnetische Energie fließt. Die meisten westlichen Wissenschaftler lehnen diese Theorie immer noch ab. Mir fiel jedoch die Theorie von Dorland ein, daß der Körper feine Energie produziert und durch den Kontakt mit einem Kristall beeinflußt werden kann. Eben diese Theorie bildet die Basis von Harry Oldfields Arbeit.

Harrys Schüler fertigten Kirlian-Fotografien an und stellten fest, daß alle, die eine Erkältung bekamen, ein anderes Energiefeld zeigten als die gesunden Schüler. Harry erkannte das Potential der Kirlian-Fotografie für diagnostische Zwecke und entwickelte eine Video-Version, die er PIP nannte – «Poly Contrast Interface Photography» –, mit der er Störungen des Energiefeldes zeigen konnte. Diese Störungen traten auf, bevor die

Symptome einer Krankheit zu erkennen waren. Die unterschiedlichen Muster sollten das Gesundheitsproblem genauer definieren.

Anfangs arbeitete Harry eng mit Ärzten zusammen, doch fand er bald heraus, daß sie wesentlich weniger begeistert waren, als er sich neben der Diagnose auch für die Behandlung interessierte. Harry hatte zunächst die Krankheiten diagnostiziert und die Patienten dann für eine weitere Behandlung ans Krankenhaus überwiesen, doch er fand, daß konventionelle Behandlungsmethoden bei Krankheiten wie beispielsweise Krebs oft in die falsche Richtung gingen. Er empfand die übliche Vorgehensweise, bei der «geschnitten und verbrannt» wurde, häufig als einen zu schwerwiegenden Eingriff für den Körper und suchte nach sanfteren Heilmethoden.

So entwickelte er eine Maschine, die mit den natürlichen Energiefrequenzen des Körpers arbeiten sollte. Einige Zeit arbeitete er daran, doch stets fehlte noch etwas. Schließlich schlug ein Freund ihm vor, es einmal mit Kristallen zu probieren. Harry machte einige Experimente und fand heraus, daß dies tatsächlich das fehlende Element zu seinem Puzzle war.

Heute stimuliert Harry mittels Elektrizität die Kristalle und sendet damit einen Impuls in den Körper des Patienten. Er sagt, die Kristalle könnten auch von Hand stimuliert werden, doch auch der beste Kristalltherapeut könne nicht immer in Hochform sein. Harry ist davon überzeugt, daß der Körper seine eigenen elektrischen Kräfte zur Heilung nutzt, wenn er durch einen Quarzkristall dazu angeregt wird. Er sieht seine Arbeit als Möglichkeit, den Körper «wieder ins Gleichgewicht» zu bringen und vergleicht sich gerne mit einem Klavierstimmer, der «einen verstimmten Steinway-Flügel wieder in Ordnung bringt». Die Kristalle wirken wie ein Stimmwerkzeug. «Ich ziehe einfach an den Saiten, ziehe ein wenig mehr an, lockere einige von ihnen und lasse andere in Ruhe, weil sie in Ordnung sind.»

Harry erklärte, die Heilung mit Kristallen sei nichts Neues, sondern werde von den Indianern schon seit Jahrtausenden praktiziert. Er behauptete, er habe außerdem eine Entdeckung gemacht, die seiner Meinung nach den traditionellen Glauben der Indianer untermaure, daß ein Kristall kein lebloser Gegenstand sei, sondern eine lebende Wesenheit enthalte.

Er beschrieb mir diese Entdeckung, die er bei der Arbeit mit seinem

Videosystem gemacht hatte. Eines Tages, als seine Kamera die Veränderungen im Energiefeld einer Patientin aufzeichnete, war sein Blick auf den Kristall gefallen, den die Frau in der Hand hielt. Es sah so aus, als trete daraus eine sonderbare weiße, äther-ähnliche Substanz hervor. Für das bloße Auge war sie unsichtbar, auf dem Video jedoch deutlich zu erkennen. Sie stieg von der Oberfläche des Kristalls auf wie eine Schlange aus einem Korb.

«Grundgütiger, sehen Sie sich das an!» rief Harry aus, woraufhin die «Wesenheit» verschwand. Harry nennt dies nun «das kristallene Wesen», das im Kristall lebt. Seit er diese schwer definierbare Erscheinung zum ersten Mal gesehen hat, ist sie noch mehrmals aufgetaucht, und er hat sogar mehrere Videoaufzeichnungen davon.

Harry lud mich ein, mich selbst davon zu überzeugen. Ich setzte mich, und er wählte einen großen Kristall für mich aus. Während Harry mich filmte, hielt ich den Kristall. Ich beobachtete den Bildschirm, auf dem meine Hand mit dem Kristall zu sehen war. Nach einigen Augenblicken konnte ich sehen, wie sich aus dem flach auf meiner Hand liegenden Kristall eine schlangenähnliche Figur herausschlängelte. Zwar war nichts zu sehen, als ich auf den Kristall in meiner Hand sah, doch auf dem Bildschirm konnte ich eine weiße, halb durchsichtige Form erkennen, fast wie ein Streifen Rauch.

Während ich wie gebannt zusah, fiel mir die alte Mayaarbeit ein, auf der Frau Xoc zu sehen war und ihre Vision von einer Schlange, die aus einem Schädel aufstieg. Hatte sie das hier gesehen? War das hier eine Visionsschlange? Ermöglichte uns dieses elektronische Gerät, das zu sehen, was wir normalerweise nur in einem anderen Bewußtseinszustand erkennen können?

Ich bewegte leicht meine Hand, und was ich da auch gesehen hatte, es schien beinahe blitzartig im Kristall zu verschwinden.

«Ihnen gefällt die Wärme der menschlichen Hand, doch sie mögen keine Bewegungen», erklärte Harry aufgeregt.

Ich legte den Kristall aus der Hand. Harry war ganz beseelt. Seine Entdeckung riß ihn mit. «Da suchen wir nach fremden Lebensformen, wo wir sie doch gleich hier vor der Nase haben. Dies ist eine Lebensform, die mit keiner anderen auf diesem Planeten vergleichbar ist. Sie basiert nicht auf Kohlenstoff.»

Hatte Harry eine Lebensform entdeckt, die nicht auf Kohlenstoff basierte, oder ging die Fantasie mit ihm durch? Als ich die Ligusterhecken und Rosensträucher von Ruislip hinter mir ließ, war ich hin und her gerissen. Glaubten die Indianer tatsächlich, daß Kristall in gewisser Hinsicht lebendig war? Ich dachte an Star Johnsen Moser und ihre Begegnung mit der «Wesenheit» im Inneren des Kristallschädels. War das die kristallene Wesenheit? Oder Stoff für einen Science-fiction-Roman?

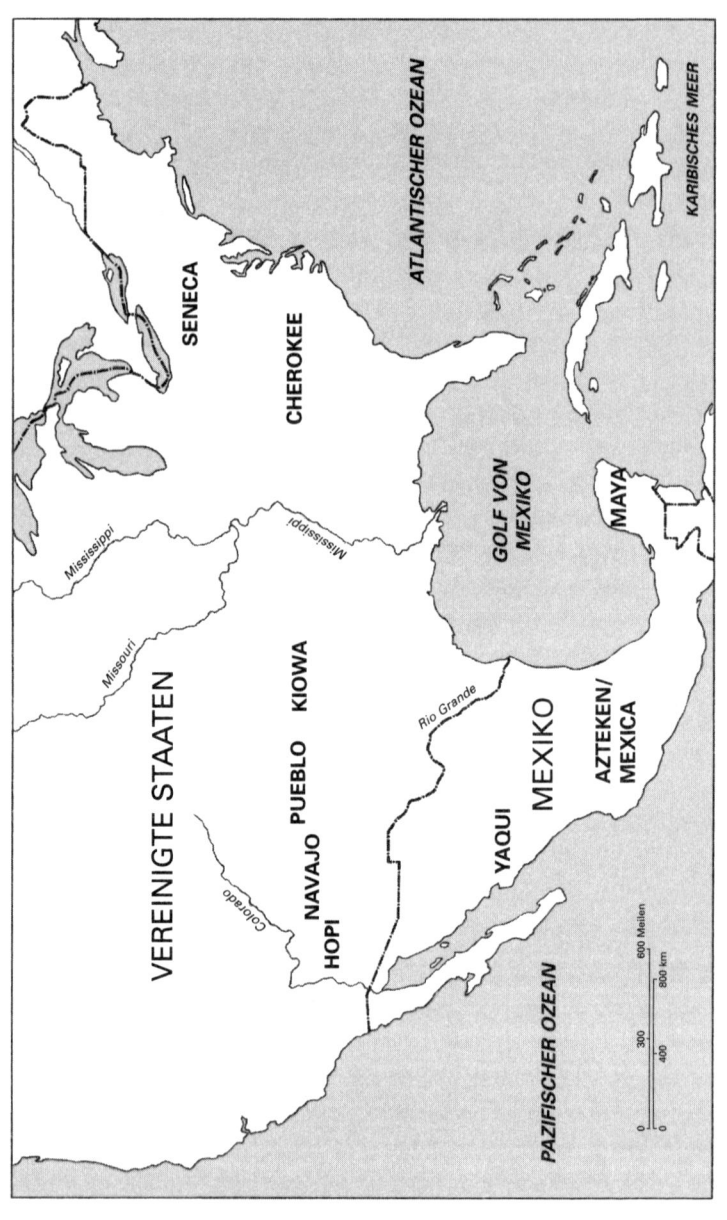

Abbildung 25: Traditionelle Stammesterritorien in den USA und Mittelamerika

19

Bei den Indianern

In der Nacht, als ich Harry Oldfield besucht und Chris mir von den Ergebnissen der forensischen Tests erzählt hatte, hatte ich lebhafte und verworrene Träume. Ich ging allein über eine riesige grasbewachsene Ebene. Langsam wurde es dunkel. Da sah ich in der Ferne ein paar Leute. Es waren Indianer in traditioneller Kleidung. Sie saßen im Kreis, und über der Versammlung lag großer Ernst. Als ich näher kam, stand ein alter Mann auf und kam auf mich zu.

«Sie sind hier, um uns zu helfen», sagte er.

Ich war ziemlich überrascht. «Tut mir leid. Ich glaube, Sie verwechseln mich.»

Dann wachte ich auf.

Damals dachte ich nicht weiter über meinen Traum nach, der für mich einfach keinen Sinn machte.

Einige Tage später bekamen wir einen Anruf von meinem Cousin Gerry aus Albuquerque in Neu Mexiko. Er wußte, daß wir das Geheimnis der Kristallschädel erforschten und erzählte uns aufgeregt, daß er mit einem Kollegen über unser Anliegen gesprochen habe. Dabei habe er von dem Gerücht erfahren, daß eine Gruppe dort ansässiger Navajo-Indianer tatsächlich einen Kristallschädel besitze.

Uns wurde klar, daß wir bis dahin unsere Nachforschungen ausschließlich auf Archäologen, weiße Besitzer von Kristallschädeln und Wissenschaftler beschränkt hatten. Wir hatten niemals mit Indianern über die Schädel gesprochen. Vielleicht war das ein großer Fehler gewesen.

Falls Indianer Kristalle zu Heilzwecken benutzten, wie Harry Oldfield angedeutet hatte, benutzten sie vielleicht auch Kristallschädel? Der forensische Test des Mitchell-Hedges-Schädel hatte das Gesicht einer Indianerfrau gezeigt. Stammten die Schädel ursprünglich vielleicht aus Nordamerika, und nicht, wie wir annahmen, aus Mittelamerika?

Wir sprachen mit dem Kollegen meines Cousins. Er erklärte uns, er habe dieses Gerücht von einem Freund gehört, der es wieder von einem Freund hatte usw., und daher sei er nicht sicher, ob etwas an der Sache dran sei. Das Problem sei, daß die Indianer den Schädel sicher als heilig betrachteten und ihn deshalb wohl geheimhielten. Am besten sei es, wenn wir nach Neu Mexiko kämen und uns selbst in den verschiedenen Navajo-Reservaten durchfragten.

Also buchten wir einen Flug und machten uns noch in derselben Woche auf den Weg nach Neu Mexiko. Wir mieteten ein Auto, und nachdem wir Gerry besucht hatten, suchten wir im Gebiet der *Four Corners*, wo Neu Mexiko, Arizona, Colorado und Utah zusammenstoßen, nach Hinweisen auf den Kristallschädel der Navajo.

Die Wüste war wirklich wunderschön, und manchmal schien die Straße sich Hunderte von Meilen hinzuziehen, ohne jegliche Anzeichen von menschlichen Behausungen.

Unseren ersten richtigen Hinweis auf den Navajo-Schädel bekamen wir im Navajo-Reservat in Monument Valley, dessen atemberaubende flache Wüste mit großartigen aufragenden Felsblöcken aus tiefrotem Sandstein übersät ist. Wir hatten uns mit einem jungen Navajo unterhalten, der dort eine Pferderanch führt, und er schickte uns zu Emerson, einem Medizinmann, der ganz in der Nähe wohnt, und zum Häuptling der Canoncito Ban, einem Stamm der Navajo, der weiter südlich nahe Albuquerque lebt.

Wir trafen Emerson in einem Lokal in einer ziemlich häßlichen Stadt namens Gallup zwischen dem Monument Valley und Albuquerque. Er war kräftig gebaut, hatte schwarzes Haar und trug eine Sonnenbrille. Emerson war praktizierender Schamane, ein Medizinmann, der im Namen seines Navajo-Stammes in Window Rock in Arizona arbeitete. Zwar konnte er uns nicht sagen, ob die Navajo Kristallschädel besaßen, doch er erklärte uns, daß es unter den Navajo-Stämmen im Süden der USA üblich sei, Kristalle zu Heilzwecken zu benutzen.

«Es ist nicht leicht zu erklären, wie die Heilung geschieht, und ich kann nicht sagen, wie die Macht des Geistes funktioniert. Aber es funktioniert, es funktioniert wirklich, so einfach ist das. Unser Volk benutzt Kristalle einfach, und die Menschen werden durch die Macht des Kristalls geheilt.»

Emersons Fähigkeit, diese Macht zu nutzen, war, wie er sagte, gottgegeben. Er «leitet einfach die Macht weiter, die der Große Geist ihm gibt».

Emerson benutzt Kristalle sowohl zur Diagnose als auch zur Heilung. «Im allgemeinen werden Kristalle nachts benutzt, dann kann man im Dunkeln mit dem Kristall die Dinge sehen.» Wenn jemand krank sei, so erklärte Emerson, sei er in der Lage, «den Geist des Kristalls» zu nutzen, um damit den Körper zu untersuchen:

«Es funktioniert wie eine Röntgenaufnahme. Man kann in den Menschen hineinsehen und erkennen, was nicht stimmt. Aber es ist noch besser als normales Röntgen, denn man kann den ganzen Menschen sehen. Man kann dreidimensional statt nur zweidimensional sehen, und man kann den ganzen Menschen einschließlich seiner Seele erkennen. Das ist nicht wie ein einfaches Foto, es bewegt sich und ist absolut dreidimensional. Man kann sogar in sich selbst hineinblicken, und der Kristall zeigt den schlechten Geist, damit man sich selbst heilen und reinigen kann. Ich kann Ihnen nicht genau sagen, wie es funktioniert, aber es funktioniert, und wenn Sie es erst einmal gesehen haben, wenn Sie gesehen haben, daß auch in Ihnen schlechter Geist steckt, nun, dann werden Sie es glauben, dann wissen Sie, daß es wahr ist.»

Nachdem wir mit Emerson gesprochen hatten, fuhren wir hinaus zum Canoncito-Reservat und suchten das Haus des Häuptlings. Schließlich kamen wir zu einem kleinen Wohnmobil auf einem erschreckend kahlen Hügel, das von einer Anzahl weiterer Wohnmobile umgeben war. Der Häuptling war ganz anders, als ich es erwartet hatte. Statt des riesigen strengen Mannes, der in so vielen Filmen gezeigt wird, begrüßte uns eine kleine Gestalt mit dünnem Gesicht, hohen hervorstehenden Wangenknochen und einem warmen, freundlichen und wissenden Lächeln (*siehe*

Bildtafel Nr. 51). Man konnte fast durch ihn hindurchsehen, als sei sein Kopf nicht mehr als ein Schädel, ein lebender und beseelter Schädel, nur mit einer dünnen Schicht feiner verwitterter und von der Sonne leicht gerunzelter Haut überzogen.

Er hieß Leon Secatero, und er zog es vor, daß seine kleine Gruppe von Canoncito-Indianern ihn statt Häuptling lieber «geistiger Führer» nannte. Er wirkte nicht im mindesten überrascht über unseren unerwarteten Besuch. Als wir ihm jedoch sagten, daß wir nach einem Kristallschädel suchten, der irgendwo in diesem Gebiet zu finden sein sollte, war er doch erstaunt, ein wenig nervös und ein bißchen unsicher, was er sagen sollte. Die Kristallschädel, meinte er schließlich, seien für sein Volk sehr wichtig und sehr heilig, so heilig, daß er in der Öffentlichkeit eigentlich nicht darüber sprechen dürfe. «Nur die Heiligsten der Heiligen dürfen wissen, wo die Kristallschädel sind und haben Zugang zu ihnen. In unserer Tradition benutzen wir sie nicht öffentlich», sagte er. «Der Schädel kann nicht aus seinem Versteck tief in den Bergen herausgeholt werden. Nur der Schamane, der den Schädel bewacht, weiß, wo er ist.»

Mehr wollte er im Augenblick offenbar nicht preisgeben. Doch meinte er, wir könnten in einigen Tagen wiederkommen, und er würde uns dann wissen lassen, ob er uns noch mehr sagen könne.

Wir nahmen die Gelegenheit wahr, uns einige archäologische Ausgrabungsstätten in der Gegend anzusehen. Wir besuchten die alten Anasazi-Klippenbehausungen in Mesa Verde, deren Steinhäuser tief in die Höhlen unter den steilen Klippen gebaut waren, sowie die größten Ruinen der Gegend im Chaco Canyon, die man nur über einen 25 Meilen langen einfachen Trampelpfad durch rauhe Wüste und ausgetrocknete Flußbette erreichen kann (*siehe Bildtafel Nr. 49*). Die eindrucksvollen Behausungen der Anasazi waren weit über 1000 Jahre alt. Man hatte sie um das Jahr 1100 aufgegeben, lange vor der Ankunft von Christoph Kolumbus in Amerika, doch niemand wußte genau, wie alt die ältesten Gebäude wirklich waren.

Anasazi bedeutet schlicht «die Alten». Man weiß nur wenig über dieses Volk, außer, daß sie vermutlich die ältesten Vorfahren der heutigen Pueblo- und vielleicht auch Hopi- und Navajo-Indianer aus dieser Region waren. Es ist außerdem bekannt, daß sie Handelsverbindungen zumindest mit den Azteken und vielleicht auch den Maya pflegten, die Tausende von Meilen weiter südlich lebten. Der Beweis dafür sind die vielen Gegenstände aus Türkis, die von den Bewohnern Mesoamerikas hergestellt wurden. Dieser Edelstein konnte nur aus dieser Region stammen. In einigen der alten Anasazi-Ruinen wurden außerdem um die tausend Jahre alte Arafedern gefunden. Dieser wunderschöne Papagei kommt nur in den Urwäldern Südmexikos und noch weiter südlich vor. Neuesten Theorien zufolge sollen die Menschen dieser Region und die Azteken sogar einen gemeinsamen Ursprung haben. Der «Ort der sieben Höhlen», auf den die Legende der Azteken sich bezieht, soll demnach Durango im südlichen Colorado sein.

Auch die Anasazi waren großartige Astronomen. Viele ihrer Gebäude und Kunstwerke waren sorgfältig auf astronomische Beobachtung und Vorhersage ausgerichtet.

Wie die Maya glaubten auch die Anasazi an andere Welten. Ihre zeremoniellen «Kivas», runde Bauten, die halb im Erdreich versenkt waren, verstand man als Weg in andere Dimensionen. Man geht davon aus, daß diese Wege nur geöffnet wurden, wenn die Planeten am Himmel die korrekte Position einnahmen, die durch genau ausgerichtete Öffnungen an der Kante der Kiva angezeigt waren.

Als wir zu Leon Secatero zurückfuhren, beschäftigte uns immer noch die Frage, warum dieses alte Volk so sehr an den Bewegungen der Planeten und Sterne interessiert gewesen war.

Als wir ankamen, spielten Leons Enkel draußen. Leon begrüßte uns und bat uns in sein Wohnmobil. Er bereitete sich gerade auf ein Stammestreffen am nächsten Tag vor. Er sagte, er habe sich mit den anderen Stammesältesten und den Geistern beraten. Es sei zwar Tradition des Stammes, nicht über die Schädel zu sprechen, doch sei er bereit, mit dieser Tradition zu brechen, um Wissen und Weisheit mit den Weißen zu teilen – zum Wohl unseres Planeten.

Leon erklärte zunächst, daß die Navajo ein leidenschaftlich unabhängiges Nomadenvolk seien. Als die Spanier zum ersten Mal in der Gegend auftauchten, sei sein Volk, die Canoncito, ihnen als «die Schädel-Leute» bekannt gewesen. Der Häuptling seines kleinen Stammes führte jeweils die Aufzeichnungen für sein Volk und war auch dafür verantwortlich, seine Geschichte lebendig zu halten. Leon besaß noch immer eine alte Karte der Territorien, zu denen sein Volk gehörte, als die Spanier Anfang des siebzehnten Jahrhunderts in Amerika landeten. Wir fragten ihn, ob sein Volk damals jenes Land besessen habe, aber er antwortete einfach: «Wir glauben nicht daran, daß jemand Land besitzen kann. Das Land gehört den Menschen nicht. Es ist genau andersherum. Die Menschen gehören zum Land. Und unser Volk gehört zu diesem Land, dem Land des Schädels.»

Dann brachte er die Kopie einer alten Karte zum Vorschein, und wir konnten deutlich erkennen, was er damit meinte. Die Luftaufnahme des traditionellen Stammeslandes der Canoncito zeigte ganz genau das Seitenprofil eines Schädels, der sich über die weite Wüste erstreckt.

Leon zeigte auf einen Berg und erklärte, dies sei für sein Volk «das Ohr des Schädels». Dieser Berg ist aus Tradition dem ganzen Navajo-Volk heilig, das, wie wir später entdecken sollten, den Berg weithin als «Berg des heiligen Kristalls» bezeichnet. Leon zeigte auf ein großes Gebiet tieferliegenden Landes, das wie eine Art Schlucht aussah, und erklärte, sein Volk nenne diese Region «das Auge des Schädels» oder «das Auge des Heiligen». Er zeigte auf sein Zuhause und das winzige Gebiet, auf das sein Volk heute beschränkt war und sagte, dies sei «der Mund des Schädels» oder «der Mund des Heiligen».

Leon bat uns jedoch, seine Erläuterungen für uns zu behalten. Sein Volk wolle nicht, daß irgend jemand nach Kristallschädeln suche. Die Weißen hätten seinem Volk in all den Jahren schon genug genommen, und er wolle nicht, daß man ihnen jetzt auch noch ihre heiligsten Gegenstände nahm. Er könne absolut verstehen, daß die Menschen neugierig auf die Kristallschädel seien, doch er flehte uns fast an: «Bitte, suchen Sie nicht nach ihnen.»

«Die Menschen brauchen den Schädel eigentlich nicht zu sehen, sie müssen nur wissen, daß es ihn gibt und daß er da ist. Bitte geben Sie sich damit zufrieden zu wissen, daß er existiert. Finden Sie Ihren Trost in dem Wissen, daß er da ist und daß er seinen Zweck erfüllt. Belassen Sie ihn wie die Berge, die Bäume, den Wind und den Regen.»

In Museen, hinter Glas, verlören die Schädel nur all ihre Kräfte.

Außerdem wollte er uns gern eine Geschichte erzählen, die er von seinem Großvater gehört hatte. Es hieß, daß sein Volk einmal einen wunderschönen Gegenstand aus Quarzkristall gefunden habe. Dieser war «wie ein moderner Apparat»:

«Wenn man ihn richtig behandelte, sandte er in alle Richtungen Licht ab, wie Laserstrahlen. Doch im siebzehnten Jahrhundert kamen auf der Suche nach Gold die Spanier. Das Volk der Canoncito hatte kein Gold, doch sie wußten, daß die Spanier etwas haben wollten und waren bereit, den Fremden zu helfen. Also holte einer der Jungen des Stammes den Kristall aus der Höhle, in der er aufbewahrt wurde, und zeigte ihn den Spaniern, weil er glaubte, daß sie danach suchten und ihn haben wollten. Als sie sich wenig beeindruckt zeigten, versuchte er, ihnen zu zeigen, wie er funktionierte. Er aktivierte ihn, und die Lichtstrahlen, die er aussandte, schienen so hell, daß sie sogar bei Tageslicht erkennbar waren. In Panik eröffneten die Spanier das Feuer auf den Gegenstand und den Jungen. Dann ritten sie davon und ließen den verblutenden Jungen und den zersplitterten Kristall zurück.»

Für das Volk der Canoncito-Navajo war dies eine brutale und ernüchternde Lektion. Denn sie begriffen, daß die Weißen alles zerstörten, was sie nicht verstanden. Die Canoncito selbst wurden beinahe völlig ausgerottet. Wie Millionen andere Indianer starben die, die nicht mutwillig von den europäischen Siedlern getötet wurden, an den neuen Krankheiten, die diese mitbrachten. Windpocken und Cholera allein sollen mit der Zeit in Nord- und Mittelamerika um die zehn Millionen Menschen getötet haben, und die wenigen Indianer, die überlebten, wurden in immer kleineren Reservaten zusammengetrieben, in denen es nur wenige Möglichkeiten zum Überleben gab. Diese Erfahrung hatte die Canoncito Fremden gegenüber argwöhnisch gemacht.

«Doch jetzt», sagte Leon, «ist es Zeit, die Traditionen meines Volkes zu verbreiten.»

Er beschrieb uns die Herkunft seines Volkes. Es war aus «dem Auge des Schädels» gekommen, nach «der großen Flut».

Chris erzählte, daß wir von Anthropologen und Archäologen gehört hätten, alle Indianer seien ursprünglich von Asien über eine Landbrücke nach Nordamerika gekommen, die bis vor ungefähr 10 000 Jahren die Beringstraße zwischen dem Nordosten Sibiriens und Alaskas überspannt haben soll. War sein Volk nicht dorther gekommen? Leon erwiderte, das habe er auch in der Schule gelernt, doch seine Ältesten hätten ihm etwas anderes versichert. Die Anthropologen hätten vielleicht ihre eigenen Gründe, davon auszugehen, die eingeborenen Völker seien nicht eingeborener als die weißen Siedler, doch sein Volk habe seine eigene Geschichte und habe tatsächlich «seit dem Anfang aller Zeiten» auf diesem Kontinent gelebt.

Leon sagte, weil die Stammesältesten ihm erzählt hätten, es werde eine Zeit kommen, in der sein Volk den «weißen Enkeln» helfen müsse, habe er beschlossen, uns bei der jährlichen Pilgertour seines Volkes zu ihrem Ursprungsort willkommen zu heißen, falls wir daran interessiert seien. Diese Zeremonie sei noch nie zuvor für Fremde zugänglich gewesen, die nicht direkt zum Stamm gehörten, abgesehen von gelegentlichen Abgesandten der benachbarten Apachen, Pueblo oder Hopi. Doch dieses Jahr seien wir willkommen, ganz besonders, da es immer schwieriger für ihn werde, die jüngeren Stammesmitglieder für die eigenen Traditionen zu interessieren.

Wir waren sehr aufgeregt über diese Einladung, und kamen ein paar Tage später anläßlich der Zusammenkunft wieder zu Leon. Ungefähr dreißig Personen waren bereits anwesend und machten es sich auf den mit bunten Navajodecken geschmückten Sofas bequem oder trafen in der Küche Vorbereitungen für die Reise. Die Reise zum «Ort des Ursprungs» würde lange durch die Wüste und durch teilweise unwegsames Gelände führen, deshalb riet man uns, unseren Leihwagen stehenzulassen. Statt dessen erbot sich Leon, uns auf der Ladefläche seines allradgetriebenen Pick-up mitzunehmen, da die Fahrerkabine leider schon mit seinen Familienmitgliedern besetzt war.

Wir rumpelten durch eine staubige, kahle Landschaft, die beinahe wie die Mondoberfläche anmutete, und passierten schließlich einen Berg mit abgeflachter Spitze, bevor wir bei einem verlassenen Lager ankamen.

Chris und ich stellten unser Zelt auf, mit atemberaubenden Blick auf die Wüste. Wir wollten gerade auspacken, als eine junge Frau zu uns herüber kam. «Die Alten wollen wissen, warum Ihr Zelt gen Norden blickt», fragte sie. Wir sahen uns überrascht um und merkten, daß alle anderen Zelte in eine andere Richtung wiesen. Ziemlich verlegen bauten wir das Zelt wieder ab und richteten es nach Osten aus, damit es die Sonne und den neuen Tag begrüßen konnte.

Während die anderen ihr Lager aufschlugen, machte ich einen Spaziergang. Das Licht ging über den Canyons und Büschen der Wüstenlandschaft unter, und die Berge in der Ferne waren in sanftes Blau getaucht. Es war ein so riesiges und wunderschönes Land. Die Landschaft erstreckte sich vor mir, ungezähmt und wild, soweit das Auge sehen konnte. Ich dachte an die ordentlichen Felder in England. Wo war unsere Wildnis? Offenbar hatten wir die Natur immer als etwas Wildes betrachtet, ungezähmt und bedrohlich. Unser ungezähmtes Land zu Hause war mythologisiert worden und wurde fast als Dämon begriffen, als dunkler, gefährlicher Ort, zumindest bis die letzten unserer großen Wälder vor ein paar hundert Jahren gefällt waren. Offensichtlich fürchteten wir, was wir nicht kontrollieren konnten – wilde Stätten, wilde Tiere und unserer Meinung nach wilde, ungezähmte Menschen. Vielleicht war es unsere eigene animalische Natur, die uns am meisten Angst einjagte.

Langsam fragte ich mich, ob die Anziehungskraft des Schädels in der Tatsache liegt, daß er das Gehirn beherbergt. War es unser Glaube an die Überlegenheit des menschlichen Geistes, der dem Kristallschädel so viel Macht verlieh? Schließlich wurde der Intellekt in der westlichen Geschichte stets höher bewertet als die physischen Aspekte des Lebens, fast als sei der Körper zweitrangig.

Unser Erziehungssystem vertritt seit eh und je die Sache des Verstandes. Und da wir diese Hierarchie in uns selbst akzeptieren, tun wir dies offenbar auch für alle anderen Dinge. Wir sind zu der Überzeugung gelangt, daß man alle Dinge nach ihrem Wert für uns selbst teilen, trennen, bewerten und beurteilen kann.

Mir fiel plötzlich auf, daß unsere Suche nach der Wahrheit über die Kristallschädel von diesem hierarchischen, voreingenommenen Denken beeinflußt war. Wir wollten die Schädel klassifizieren, sie nach Alter, Größe und Wert beurteilen. Wir hatten uns ausschließlich mit dem Gedanken beschäftigt, ob sie alt oder neu, echt oder falsch waren. Zwar waren diese Fragen interessant, doch hatten sie uns kaum geholfen, die Schädel besser zu verstehen. Womöglich hatten sie uns sogar von der

Wahrheit abgelenkt. Sollten wir die Schädel möglicherweise einmal aus einer neuen Perspektive betrachten?

In diesem Augenblick bemerkte ich, wie etwas die letzten Sonnenstrahlen auffing und mir in die Augen leuchtete. Ich stolperte über lose Felsbrocken den Hügel hinunter und war ganz überrascht, als ich ein riesiges Stück Kristall fand, das ganz natürlich aus einer dicken Furche in der Erde hervorlugte. Um mich herum lagen überall ähnliche Stücke aus reinem Kristall, einfach so, wie beiläufig hingestreut.

Ich hob ein Stück auf, um es mit zurück zum Lager zu nehmen, doch plötzlich hatte ich das Gefühl, daß alles besser so bleiben sollte, wie es war. Ich legte den Kristall zurück und ging zum Lager.

Der warme orangefarbene Schein eines Feuers begrüßte mich. Ein riesiger Topf Lammeintopf blubberte über einem offenen Feuer. Ich half den Frauen, das «gebratene Brot» der Navajo vorzubereiten, ein köstliches ungesäuertes Brot, das zum Lammeintopf gereicht wurde. Die Frauen spielten in der traditionellen Gesellschaft der Navajo eine ebenbürtige Rolle. Eine der jungen Frauen erzählte mir, daß ihre Stammeskultur nicht auf einem hierarchischen System gründe. Sie sagte, in ihrer Gesellschaft werde niemand dem anderen vorgezogen und als besser betrachtet. Jeder Mensch könnte ihrer Überzeugung nach zur Kultur als Ganzes etwas beitragen. Deshalb standen oder saßen sie stets im Kreis – niemand stand über den anderen.

Eine der älteren Frauen beklagte das mangelnde Engagement der jungen Leute, ihr fehlendes Interesse an «den alten Wegen». «Wenn wir nicht aufpassen, werden diese Traditionen mit uns sterben», sagte sie. «Die Jungen vergessen, daß die heutige Generation ohne die Weisheit der vorherigen vielleicht nicht überlebt hätte.»

Navajo-Frauen sind häufig spirituelle Führerinnen, und es war eine Frau in den sechzigern, die bei Tagesanbruch «mit den Geistern sprach». Sie trug einen traditionellen langen Rock, hatte ihr Haar zu einem ordentlichen, für Navajos typischen Knoten geschlungen und nahm ihren Platz in der Mitte des Kreises ein. Alle saßen um sie herum, und bunte handgemachte Decken schützten sie vor der morgendlichen Kühle der Wüste. Die Frau in der Mitte saß mit geschlossenen Augen da, fiel in eine Trance und sprach schließlich mit den Geistern der Navajo.

Ich erwartete einige Worte tiefer Weisheit von den Geistern, die jedoch alle Anwesenden ganz einfach und praktisch baten «aufzuräumen». Es wurde deutlich, daß die Geister unglücklich waren über das moderne Wegwerf-Leben, über den Müll, den unser Wegwerfgeschirr verursachte. Anscheinend sahen sie es nicht gerne, daß Dinge nur einmal benutzt und dann fortgeworfen wurden. So unerwartet diese Worte kamen, so streng erinnerten sie uns doch daran, wie leicht es war, sorglos mit unserer Umwelt umzugehen. Plötzlich wurde mir ganz klar, wie unser alltägliches Verhalten zur gedankenlosen Ausnutzung der natürlichen Ressourcen der Erde beiträgt. Es war eine Erinnerung daran, wie wichtig es ist, über die Auswirkung all unserer Taten nachzudenken, ganz gleich, wie klein sie uns vorkommen mögen.

Als die Geister gesprochen hatten, überzogen wir unsere Wangen mit feiner Tonerde. So sollte den Geistern im Canyon gezeigt werden, daß wir im Land der Lebenden wandelten, nicht im Land der Toten. Danach brach jeder von uns einen kleinen Zweig von den umliegenden Sträuchern, und wir begannen schweigend einen langen Marsch über das offene Land zum heiligen Canyon.

Ein sanfter Wind blies die Wolken über den Himmel. Die jüngste Frau ging voran, gefolgt von den älteren in einer Reihe, ebenso hielten es die Männer dahinter. Als Zeichen des Respekts vor den Geistern mußten die Männer alle Stirnbänder tragen und die Frauen lange Kleider und Schmuck aus Türkis. Die Navajo glauben, daß Türkis die Kommunikation mit den Geistern erleichtert.

Ebenso wie andere Indianer, zum Beispiel die Hopi oder die Maya und Azteken aus Mittelamerika, glauben die Navajo, daß eine frühere Welt von einer großen Flut zerstört wurde. Die Überlebenden sollen sich unter die Erde zurückgezogen haben, bis die Wassermassen zurückgingen, und genau in dem Canyon, den wir besuchten, sollen diese ersten Menschen nach der Flut wieder aufgetaucht sein. Daher findet jedes Jahr dieser Marsch statt, um dieses erste Volk zu ehren und all jene, die ihm folgten und hoffentlich folgen werden.

Bevor wir den Canyon betraten, wurden Samen, ein Symbol für Fruchtbarkeit und den Fortbestand des Lebens, als Opfer auf dem Boden verstreut und Dankgebete gesprochen. Tief im Canyon erzählen uralte Gravuren an den Wänden die Geschichte der Navajo. Diese Petroglyphen sind wie Seiten in einem alten Buch, sie erzählen eine Geschichte mit Bildern, die sich auf den Seiten aus Stein entwickelt. In die Oberfläche des Felsens war eine Schöpfungsgeschichte geritzt, die Myriaden von Lebensformen zeigte, Tiere, Vögel, Insekten und etwas, das aussah wie Amöben. Einige der Wesen wirkten vertraut, einige gibt es nicht mehr, während andere halb menschlich, halb etwas anderes waren. Diese sonderbaren, fremdartig aussehenden Wesen hielten die Navajo für Götter (*siehe Bildtafel Nr. 50*).

Petroglyphen sind ein Beispiel dafür, wie man Steine traditionell für die Übermittlung von Botschaften nutzte. Ihre Dauerhaftigkeit war der Grund dafür, daß auf Stein die Zehn Gebote an Mose übermittelt wurden. Ebenso besitzen die Hopi alte, detaillierte Anweisungen, die in Steintafeln gemeißelt wurden. Felsen und Kristalle wurden für Botschaften auserkoren, die über sehr lange Zeit erhalten werden sollten, denn keine andere Substanz ist haltbarer. Während ich die wunderschönen Steinarbeiten der Navajo betrachtete, fragte ich mich, was wir zukünftigen Generationen hinterlassen würden. Die Indianer kennen ein Sprichwort, nach dem man die Folgen beachten sollte, die jede Handlung für die folgenden Generationen hat. Inwieweit sind wir heute auf die Konsequenzen unseres Handelns bedacht?

Wir ließen unsere frischen Zweiglein am Fuße des Canyons als Opfergabe an die Geister der Vorfahren zurück, die zuvor hier gewesen waren, und während wir unter den uralten Petroglyphen standen, wurden auf Navajo Gebete und Segnungen für den Fortbestand des Stammes und die ganze Menschheit auf Erden gesprochen. Als wir in feierlichem Schweigen wieder zurückgingen, erschien ein wundervoller halber Regenbogen am Himmel.

An jenem Abend wurde im Lager ein großes Feuer entzündet, und alle saßen darum herum, müde aber zufrieden nach den Zeremonien. Der Himmel war klar, und die Sterne schienen hell über uns. Wir sahen hinauf in das riesige sternenübersäte Himmelszelt und fragten uns, wer die geheimnisvollen Gestalten waren, die wir auf den Felsritzereien gesehen hatten. Die Navajo hatten sie als Götter des Himmels bezeichnet.

Als die anderen fast alle zur Ruhe gegangen waren, saßen wir immer noch am Feuer. Leon kam zu uns, blickte zu den Sternen auf und sagte:

«Ein Navajo-Wort, daß Sie heute häufig in den Gebeten gehört haben, lautet stchodizin. Es bedeutet Strahlung, die von den Sternen kommt. Es bedeutet, daß alles Leben, alle Wesen von den Sternen kommen. Die Erde rast durch das All wie ein Raumschiff. Und an uns vorbei, manchmal weniger als 50 Lichtjahre entfernt, rasen andere Himmelskörper, die die Erde bei einem Zusammenprall allerdings auch völlig zerstören könnten. Und die einzige Kontrolle, die wir über dieses Schiff haben, sind die Kristallschädel. Sie sind Teil einer kristallenen Matrix, die uns auf dieser Erde mit dem Rest des Universums verbindet.»

Er sagte, die Originalschädel seien von «den Heiligen» gemacht worden. Doch später hätten auch Menschen weitere Schädel hergestellt. Diese Kristallschädel seien unter Verwendung von «menschlichem Haar» gemacht. Die Menschen hätten ihre eigenen Haare benutzt, um die Schädel über die Jahre zu formen und zu polieren. Für sein Volk war dieses Haar heilig:

«Das Haar ist wie eine Antenne zur Seele. Es enthält Informationen. Die ganze Geschichte unsere Lebens wird in unseren Haaren aufgezeichnet. Wenn wir also mit unserem Haar einen Kristallschädel polieren, gelangen diese Informationen in den Schädel und dieser enthält damit die ganze Geschichte und die ganze Weisheit jener, die ihn mit ihrem eigenen Haar geformt und poliert haben.»

Nach dem Verständnis der Navajo waren die Schädel, die von den Heiligen erschaffen worden waren, «wie eine Schablone, ein Prototyp für die ganze Menschheit». Sie enthielten «die Essenz der Menschheit wie einen Plan». Leon sagte, es gebe für alle Dinge einen Plan, «es gibt eine andere Ebene, auf der Dinge existieren, die das bloße Auge nicht sehen kann». Doch auf dieser Ebene seien alle Dinge entstanden. Diese andere Dimension enthalte alle «Dimensionen und Definitionen für alle Dinge, für alle Spezies und sogar für die Menschheit». Und die Schädel repräsentieren offenbar nicht nur den Menschen in seiner mentalen und physischen Form, sondern auch das Ideal – das, was er sein könnte oder sollte. Leon fuhr fort:

«Die Schädel sind wie eine Karte unseres menschlichen Potentials. Sie legen unsere Grenzen fest, sie definieren, was wir sind und was wir werden können. Die Schädel enthalten das ganze Paradigma unserer menschlichen Fähigkeiten.

Solange es die Schädel gibt, wird die Menschheit weiter existieren. Sie helfen der Menschheit, auf dem rechten Kurs zu bleiben, damit Berg Berg, Wasser Wasser, Luft Luft bleibt. Falls die Kristallschädel Veränderungen durchmachen, muß sich auch die Menschheit verändern.

Diese heiligen Objekte existieren neben uns, parallel zu uns und unserer menschlichen Entwicklung. Sie enthalten die ursprünglichen Anweisungen für die gesamte Menschheit.

Die Kristallschädel existieren wie wir im Gedanken des Großen Geistes, den Ihr ‹Gott› nennt. Wir wurden einst ebenso wie die Kristallschädel im Verstand dieser Wesen aus einer anderen Dimension erschaffen. Die Kristallschädel wurden von ihnen als Plan erschaffen, der uns in unserer physischen und materiellen Form enthält. Und daher sind wir alle unsichtbar mit diesem ursprünglichen Schöpfungsakt verbunden, ob es uns gefällt oder nicht.»

Ich sagte, daß ich nicht ganz sicher sei, was er damit meinte. Ich hatte die menschliche Entwicklung stets als Ergebnis unserer DNS und der Evolution begriffen. Doch Leon antwortete leise:

«Schon bald werden Sie es verstehen. Was ich Ihnen sagen kann, bedeutet nicht, daß die DNS und die Evolution nicht auch ihren Anteil haben. Ihr im Westen seht einfach noch nicht das große Ganze, doch das kommt noch.

Die Schädel sind vieles gleichzeitig. Es ist schwer zu erklären. Ihre Funktion ist sowohl ganz subtil als auch lebenswichtig für unser Wohlergehen. Sie haben vom Ruf der Wildnis gehört? Das ist der Ruf der Natur, den nur die Tiere hören können. Es ist ein mächtiger Ruf, der sie zu ihrer wahren Natur zurückführt. Genau das ist der Ruf der Kristallschädel. Wir leben in einem riesigen Meer von Klängen und Schwingungen. Klänge umgeben uns, doch der Ruf der Kristallschädel kann über diesem Meer erklingen. Das Geräusch, das die Schädel machen, ist ein unhörbares Geräusch, ein Geräusch, das man mit dem gewöhnlichen menschlichen Ohr nicht hören kann. Wir können es nur mit unserem ‹inneren Ohr› erfassen. Es ist ein unhörbarer Klang der Schöpfung. Ohne dieses Geräusch könnte nichts leben, denn es haucht allen Wesen Leben ein. Ein Blatt, das sich im Frühling entfaltet, macht dieses Geräusch. Es ist der Laut, der im Augenblick der Empfängnis erklingt, wenn ein neues Leben entsteht. Es ist genau der gleiche Laut, der erklang, als die Erde geschaffen wurde und als wir unsere gegenwärtige menschliche Form bekamen. Es ist derselbe Laut der Schöpfung, der auch in uns ist, und er ist wunderschön.

Wenn man genauer darüber nachdenkt, bestehen wir alle aus diesem Klang. Alles ist nur eine Schwingung, die sich ständig bewegt und verändert. Unser eigener Verstand, unser ganzes Bewußtsein ist Schwingung. Kristall ist eine Schwingung, eine ganz besondere Art der Schwingung, die unseren Geist singen läßt. Sie durchdringt die Stille, und obwohl wir sie mit unseren Ohren nicht hören können, so hören wir sie doch mit unserem Herzen. Deshalb werden die Schädel manchmal auch ‹die singenden Schädel› genannt. Ihr Lied erzählt von der Freude der Schöpfung, vom Wunder des Lebens. Sie erinnern uns daran, daß wir erschaffen wurden, daß wir Teil des Wunders der Schöpfung sind, und dieser Klang kann uns helfen, den rechten Weg durch Zeit und Raum zu nehmen.

Jedes menschliche Wesen hat eine Verbindung zu den Kristallschädeln, denn der unhörbare Laut der Schöpfung schwingt auch von den Kristallschädeln zu unserem eigenen und befindet sich bereits in unseren Gedanken. Er ist Teil einer unsichtbaren Macht, die unser Leben zusammenhält. Es ist eine Schwingung, die in alle Dinge eingewebt ist, ein Ton, der immer bei uns ist. Es ist das Geschenk der Schöpfung, das sich in unserer menschlichen Form zeigt und uns alle mit Wissen, Fertigkeiten und Talenten versieht. Es hat uns Leben gegeben, damit wir es genießen. Der Kristallschädel macht einen bestimmten Ton, so daß man die eigene Resonanz mit dem Klang der Schöpfung erfahren kann. Wir können die Weisheit der Schädel begreifen, wenn wir uns diesem Geheimnis öffnen und den Klang hereinlassen.»

Ich war nicht sicher, ob ich Leon richtig verstanden hatte, aber die Poesie seiner Worte war bewegend. Diese Sicht der Welt schien mir so völlig anders zu sein. Ich blickte in die verglühende Asche des Feuers, das vor der Dunkelheit funkelte, und dachte darüber nach, wie die Kristallschädel uns daran erinnerten, daß die Schöpfung schön und ehrfurchtgebietend ist. Das erschien mir so klar, so inspirierend. Ich dachte zurück an unsere Erkundungen über die Kristallschädel. Wir waren von dem Gedanken besessen gewesen, eine «rationale» und wissenschaftliche Erklärung zu finden. Unerschütterlich hatten wir versucht, die Schädel in einen archäologischen Rahmen zu pressen, hatten uns nur um Herstellungsdatum, Werkzeuge und Herkunftsort gekümmert. Jetzt schien es so, daß ihre Bedeutung niemals unter einem Mikroskop würde ermessen werden können, ganz gleich, wie stark es war. Die Bedeutung der Schädel ging über alles hinaus, was man zur Zeit in einem wissenschaftlichen Labor herausfinden konnte.

Wurde nicht ebenso, wie unser Streben nach der Wahrheit über die Schädel von unserem wissenschaftlichen Hintergrund begrenzt wurde, auch unsere gesamte Weltsicht von der westlichen «rationalen» Art, die Dinge zu sehen, beeinträchtigt? Davon, daß wir die gesamte Schöpfung lediglich als eine Ansammlung von biologischen, chemischen, mechanischen und auf jeden Fall rein physischen Gegenständen und Vorgängen betrachteten? Hatten wir die Schöpfung irgendwie ihres Geheimnisses beraubt, ihrer Poesie und Schönheit? Plötzlich wurde mir klar, daß wir es vielleicht tatsächlich geschafft hatten, uns von den Mysterien des Lebens ganz weit zu entfernen.

Chris bat Leon, ein wenig mehr darüber zu sagen, was er über die Menschheit ausgeführt hatte und wie sie «von Wesen aus anderen Dimensionen» erschaffen worden war. Leon antwortete einfach: «Die Zeit ist noch nicht gekommen, wo Sie mehr wissen dürfen. Jetzt ist Zeit zu schlafen. Wenn die Zeit gekommen ist, werden Sie mehr herausfinden.»

Am nächsten Morgen stellten wir erleichtert fest, daß uns jemand in der Fahrerkabine seines Pick-up mitnehmen konnte und wir so eine bequemere Rückreise zu unserem Auto haben würden. Außerdem begann es, sehr zu Leons Entzücken, zu regnen. Das war die Bestätigung, daß die Zeremonien korrekt durchgeführt worden waren. Und der Regen erinnerte uns deutlich daran, daß wir uns in einer Wüste befanden, die häufig ganz ohne Wasser blieb.

296

Patricio Domínguez führte uns zu seinem Wagen. Er war Anfang 40, trug Sandalen und hatte seine schwarzen Haare zu einem langen Pferdeschwanz gebunden (*siehe Bildtafel Nr. 48*). Patricio war ein ziemlich eigenwilliger Typ. Sich selbst beschrieb er als «spirituellen Berater» seines Volkes, er war jedoch auch Elektroingenieur. Sein Stamm waren die Pueblo-Indianer, ein spanisches Wort, das schlicht «das Volk» bedeutet. Er erzählte uns, er sei tatsächlich ein direkter Nachkomme der «letzten paar Indianer aus drei verschiedenen Stämmen namens Tiwa, Piro und Manso», die in dem Gebiet, das jetzt an die US-Grenze mit Mexiko grenzte, gelebt hatten, bis ihre Vorfahren während der Pueblo-Revolte vor ungefähr 200 Jahren von den Spaniern ausgelöscht wurden.

Patricio lebte mit Frau und Familie in einem Reservat in der Nähe von Albuquerque, doch er hatte, wie er es ausdrückte, «je einen Fuß in beiden Welten». Mit einem Fuß stand er in der Welt der Eingeborenen, da er die Hälfte seiner Zeit damit verbrachte, den Glauben und die Traditionen seines Volkes zu studieren und auszuüben, doch mit dem anderen stand er fest in der modernen Welt, denn er arbeitete als Elektronikingenieur für eine Firma in Albuquerque und entwarf, reparierte und wartete Computer, Fernsehapparate und andere elektronische Geräte. Patricio war sehr klug und sehr unterhaltsam und verfügte über einen lebhaften Sinn für Humor. Er beschrieb sich selbst als «eine Brücke zwischen den Kulturen» oder «Welten» oder nannte sich selbstironisch auch «Techno-Schamane».

Zwar sagte Patricio, die Pueblos hätten selbst keinen Kristallschädel, doch wußte er sehr viel darüber. Auch er hatte von der Legende der 13 Schädel gehört und daß sie eines Tages zusammengebracht würden, um ihr Wissen zu offenbaren. Er erklärte, die Kristallschädel enthielten so viel Wissen auf so wenig Raum, daß sie wie menschliche Zellen oder Computerchips seien, «ganze Büchereien voller Informationen».

Patricio war sich sehr wohl darüber im klaren, daß die Wissenschaftler daran arbeiteten, den Schädeln ihre Informationen zu entreißen. Er sagte, es gebe riesige Ansammlungen von Wissen in den Schädeln, so wie eine dauerhafte Datenbank auf Molekularniveau:

«Stellen Sie sich einmal vor, wie viele Moleküle selbst die winzigsten Stücke Kristall enthalten, dann wird es Ihnen vielleicht klar. Denken

Sie zum Beispiel an die Staubpartikel, die Sie in einem Lichtstrahl sehen. Normalerweise können wir diese Partikel gar nicht sehen. In normalem Licht scheinen sie gar nicht da zu sein, doch sobald man die Tür öffnet und das Licht hereinläßt, sieht man Millionen und Abermillionen dieser winzig kleinen Partikel in der Luft. Wenn Sie sich ein ähnliches Szenario im Kristallschädel vorstellen, daß wir nämlich nichts sehen, bis wir richtig hinschauen, bis wir die Tür des Verstandes öffnen und uns richtig auf einen Strahl mentalen Lichts konzentrieren, und wenn wir uns dann vorstellen, daß jeder dieser winzigen Partikel, die in dem Kristallschädel enthalten sind, ein winziges Stück Wissen ist und daß diese Partikel den gesamten Raum ausfüllen, wie Sterne an einem klaren, sternenübersäten Himmel, dann erkennen wir, wie es in dem Schädel aussieht.

Doch da ist noch mehr, denn die Kristallschädel bestehen aus sehr vielen Facetten, verstehen Sie. Sie müssen sich klar machen, daß die Kristallschädel ein lebendiger Wissensspeicher sind. Zwar bestehen sie aus Kristall, dennoch haben sie ein eigenes Bewußtsein. Sie verfügen über Empfindungsvermögen in sich, und sie wurden auf eine besondere Weise erschaffen, damit sie psychische Kräfte nutzen können. Für uns ist Kristall tote Materie, doch in Wahrheit ist es eher wie lebendes Plasma, das eine direkte Beziehung zu unseren Gedanken hat und, wenn Sie so wollen, zu Gott. Das liegt daran, wie sie geformt wurden. Die Original-Kristallschädel wurden nicht mit dem Meißel oder mit Sandpapier geformt, wie manche Menschen glauben, sondern, wenn Sie so wollen, durch psychische Kräfte ‹geschmolzen›, so daß sie die Gedanken und mentalen Prozesse von uns Menschen beschreiben und definieren. Sie wurden durch das Bewußtsein dieser ersten Menschen geformt, die sie schufen, indem sie ihr eigenes psychisches Potential nutzten.»

Als ich zusammengedrückt zwischen Patricio und Ceri saß und diesen Worten lauschte, fragte ich mich, ob ich da tatsächlich jemandem zuhörte, der «mit einem Fuß fest in der modernen Welt stand». Ich hatte von Patricio eine deutlichere Antwort erwartet, als wir sie soeben von Leon gehört hatten. Daher fragte ich ihn: «Sie glauben also wirklich daran, daß die Schädel, und auch wir Menschen, ‹durch den Verstand von

Wesen aus einer anderen Dimension› erschaffen wurden, wie Leon uns gestern abend erzählte?»

Ich fügte hinzu, daß ich große Schwierigkeiten damit hätte, an die Existenz anderer, nicht-physischer Dimensionen zu glauben, geschweige denn an Wesen aus diesen Dimensionen, die etwas mit dem Ursprung der menschlichen Rasse zu tun haben könnten.

Patricio antwortete ganz einfach:

«Warum nicht? Wenn man genauer darüber nachdenkt, haben wir mit unserem Verstand auch Wesen erschaffen, die in einer anderen Dimension leben. Oder wofür halten Sie Computerviren? Sie wollen mir doch nicht erzählen, daß Computerviren nicht existieren? Wir können sie nicht sehen, wir können sie nicht anfassen, und dennoch ist ihre Wirkung auf unsere Welt sehr real. Nur, weil sie in unserer physischen Welt nicht existieren, sondern in einer parallelen Realität der elektronischen Computerwelt, können sie nichtsdestoweniger in unserer realen, physikalischen menschlichen Welt großen Schaden anrichten. Sie existieren in einer völlig anderen Realität als wir, in der virtuellen Computerwelt, und wie wurden sie erschaffen? In unserem Kopf. Die ganze virtuelle Realität der elektronischen Computerwelt wurde von Wissenschaftlern erdacht und erschaffen, vom menschlichen Verstand in unserer eigenen physikalischen Welt.

Natürlich hat auch die virtuelle Welt der Computer eine Schnittstelle mit unserer realen physikalischen Welt, und zwar in Form der Hardware. Ohne die Hardware würde die Software der Computerprogramme und Viren einfach aufhören zu existieren. Der ‹lebende›, funktionierende Mechanismus der Software, wie die Viren, die sich zufällig selbst reproduzieren und replizieren können und eine ganze Weile ganz gut ohne weitere Hilfe von uns ‹weiterleben› können, mußte dennoch erst einmal erschaffen werden, und das geschah durch den Menschen. Für diese Computerviren sind wir ‹Wesen aus einer anderen Welt, die sie und ihre Welt erschaffen haben›. Ohne unsere Hilfe wären sie einfach nicht entstanden oder hätten schon bald nicht weiter existieren können.

Und so können wir auch die Schädel als Hardware betrachten. Ohne die Hardware der Originalschädel wären wir, als die Software, niemals erschaffen worden. Und ohne die beständige gute Pflege und den guten Willen unserer Schöpfer, würden wir schon bald nicht mehr existieren, ebenso wie die Computerviren in der virtuellen Welt ohne beispielsweise die Energiezufuhr des Stroms nicht existieren können.»

Inzwischen schwirrte mir der Kopf von den vielen neuen Ideen, die aus allen Richtungen auf mich einstürmten. Mir wurde schnell klar, daß die Indianer eine völlig andere Sicht nicht nur der Kristallschädel, sondern auch der ganzen Welt und sogar des Universums hatten, ganz anders, als unsere eigene «normale» oder westliche Sichtweise.

Ich erklärte Patricio, daß ich Schwierigkeiten hätte, seinen Begriff von Realität zu verstehen. Er versuchte mir zu versichern, daß es zwar einige fundamentale Unterschiede zwischen den Weltsichten der Indianer und den Menschen der westlichen Welt gäbe, daß sich aber die Ergebnisse der westlichen Physik der traditionellen Sichtweise der Indianer offenbar allmählich annäherten. Er führte aus, daß die Physiker mittlerweile die traditionelle Sicht, nach der Gegenstände nur aus solider Materie bestehen, zugunsten der Ansicht verwerfen, daß Atome Teil eines riesigen Meers von Energiepartikeln seien. Vermutlich würden die Wissenschaftler auch keine Gegenargumente gegen die Annahme finden, daß die Kristallschädel aus Schwingungen bestehen oder aus Energiewellen, die mit uns kommunizieren können. Er witzelte: «Diese Burschen sind jetzt so nahe hinter uns, daß sie fast an unsere Hintertür klopfen können.»

Doch ich war immer noch ein wenig verwirrt. Und als Patricio uns bei unserem Wagen absetzte, sagte er, er würde uns das alles nur zu gerne ausführlicher erklären, wenn wir Lust hätten, ihn am nächsten Tag in seinem Büro zu besuchen.

20

Das Wissen um die Kristallschädel

Als wir am folgenden Nachmittag in Patricios Büro kamen, hatten wir das Gefühl, das Labor eines zerstreuten Professors zu betreten. Die Wände waren fast vollständig mit Karten, Elektronikbausteinen und verschiedenen technischen Abbildungen bedeckt. Der Raum strotzte geradezu vor technischer und intellektueller Aktivität.

Patricio begrüßte uns, ließ uns bei einer Tasse Kaffee Platz nehmen und versuchte mit seiner freundlichen Art, uns über die Unterschiede zwischen unserer westlichen, materialistischen Weltanschauung, die wir für «normal» halten, und der eingeborener Völker aufzuklären.

Er erklärte uns, daß wir im Westen die Welt und sogar das Universum in der Regel nur als eine Ansammlung materieller Dinge betrachten, die wie die Einzelteile einer Maschine möglichst zusammenwirken sollten. Wir sehen diese Dinge, Planeten und Sterne ebenso wie die einzelnen Menschen, auf eine Weise, daß im Grunde jeder und jedes für sich ist, und daß höchstens physikalische Verbindungen untereinander bestehen. Diese Verbindungen können auch elektrischer oder chemischer Natur sein, und sie sind immer durch Zeit und Raum begrenzt. Wir betrachten alles immer nur in den physischen Grenzen, die für uns sichtbar sind, oder wir führen genauestens Protokoll mit Hilfe technischer Instrumente.

Da wir die Dinge gesondert in Zeit und Raum betrachten, existiert ein Ereignis, das zum Beispiel an einem bestimmten Ort zu einer bestimmten Zeit stattfindet, für uns auch nur an diesem Ort und zu dieser Zeit. Dieses Ereignis kann das, was davor geschehen ist, nicht beeinflussen.

Es kann sich lediglich auf das auswirken, was danach kommt, und zwar durch die zeitliche und räumliche Nähe dieser Geschehnisse zueinander. Patricio erklärte es so:

«Nehmen wir als Beispiel einen Bauern, der vor etwa 4 000 Jahren auf einem Stück Land irgendwo in Mittelamerika eine Ameise zertritt. Nach der traditionellen westlichen Weltanschauung hat dieses Ereignis überhaupt keine Auswirkung auf Dinge, die zuvor geschehen sind. Und auch die Geschehnisse danach werden von diesem Ereignis so gut wie gar nicht berührt. Die Ameise würde sterben, der Bauer würde es wahrscheinlich noch nicht einmal bemerken, und nur dem Land würden einige Milligramm toter Materie zugeführt, die sich im Laufe der Zeit zersetzen und zu einem winzigen Bestandteil des Bodens würde. Die Auswirkungen dieses Ereignisses darüber hinaus wären so geringfügig und unbedeutend, daß man sie im Grunde nur ignorieren kann.»

Er erläuterte, daß demgegenüber in der Weltanschauung der Indianer alles heilig ist. Das gilt für lebende ebenso wie für anorganische Materie. Alles, was existiert, egal, wie groß oder klein es auch ist, bildet einen Teil des Ganzen, einen Teil des Wesentlichen allen Seins. Alles gehört zusammen, alles ist ein Teil der Schöpfung. Existieren Dinge auch in materieller Form, die sie nach unserer Vorstellung von Zeit und Raum als etwas Eigenständiges erscheinen läßt, so ist doch eben diese Vorstellung von physischer Dimension und getrennter Zeit und getrenntem Raum nur eine Illusion:

«Wir betrachten uns gerne losgelöst voneinander und vom Rest der Welt, aber wir sind es nicht. Unsere physische Existenz ist nichts weiter als eine Ebene der höheren Wirklichkeit. Diese hat viele Schichten und Dimensionen, über die alles miteinander verbunden ist und die alles zu einem Teil des großen Ganzen machen. Jede Existenz ist ein Teil des heiligen Aktes der Schöpfung.»

Patricio führte aus, daß wir das normalerweise nicht erkennen können, weil wir in unserer Welt gefangen sind, die wir mit den fünf Sinnen wahr-

302

nehmen. Aber unsere physische Welt ist nur eine von vielen, nur eine der vielen Dimensionen der Schöpfung, nur einer der vielen Fäden, die alle Dinge zusammenhalten.

«Folgt man der Philosophie der Indianer, so sind Zeit und Raum ganz und gar keine getrennten Einheiten. Sie sehen nur so aus, weil wir die Dinge durch eine Linse betrachten, die wir physische oder materielle Welt nennen. Die Kristallschädel sind in gewissem Sinne wie eine andere Art Linse, durch die wir das ganze Wunder der Schöpfung sehen können.

Alle Dinge haben ein Bewußtsein und eine Erinnerung. Alles ist miteinander verbunden, wenn auch nicht auf der physischen Ebene, dann doch zumindest auf dieser anderen, nichtphysischen Ebene, auf der alles wahrhaftig miteinander und mit dem Ganzen verbunden ist.

Daher existieren die Dinge in der Weltanschauung der Indianer nicht nur an einem bestimmten Ort zu einer bestimmten Zeit. Sie existieren nicht nur in der einen physischen Dimension, die wir haben. Es gibt noch weitere Ebenen der Wirklichkeit, weitere Dimensionen, in denen das, was existiert oder geschieht, sich zwar nur geringfügig, aber doch offensichtlich auf andere Dinge und Ereignisse auswirkt. Diese Dinge oder Ereignisse können zeitlich und räumlich sehr weit entfernt sein, oder sie können auch in dieser nichtphysischen, und daher unsichtbaren Dimension existieren oder geschehen.

Aber das, was in dieser anderen Dimension existiert und geschieht, und die möglichen Auswirkungen davon auf unsere physische Welt, gehorchen nicht unbedingt den einfachen Gesetzen unserer physischen Dimension und können deshalb mit unserem beschränkten Wissen nicht erfaßt werden.

In diesem Sinne gibt es, sozusagen wörtlich, noch mehr auf der Welt, im Universum, in der Schöpfung als das, was wir sehen können. Und wir einfachen Geschöpfe, Sterbliche, wenn man so will, können das, was in diesen ‹anderen Welten› oder ‹Geistesdimensionen› geschieht, oft nicht erkennen, geschweige denn verstehen.»

Patricio nahm das Beispiel der zertretenen Ameise noch einmal auf:

«Betrachtet man die Welt mit den Augen der Indianer, dann kann dieses scheinbar unbedeutende Ereignis, das sich weit entfernt von unserer Zeit und unserem Raum ereignet hat, immer noch geringfügige, aber doch offensichtliche Auswirkungen haben. Diese gehen viel weiter als die unwichtigen Auswirkungen des Ereignisses selbst, die sich in den Grenzen unserer einfachen, physischen Welt bemerkbar machen. Wenn wir diese weitergehenden Auswirkungen auch nicht wahrnehmen können, so können die Ereignisse, die sich in anderen geistigen Welten und Dimensionen abspielen, tatsächlich etwas damit zu tun haben, daß die Ameise zertreten wurde. Die Auswirkungen des Zertretenwerdens haben vielleicht Einfluß auf Ereignisse in diesen anderen Welten gehabt, Welten, die wir nicht wahrnehmen können, die aber wiederum durchaus einen Einfluß auf unser heutiges Dasein haben.

Alle Aspekte der Schöpfung zeigen Auswirkungen auf alle anderen Aspekte der Schöpfung, wie unmerklich klein sie auch immer sein mögen. Auf einer bestimmten Ebene haben alle Dinge Bewußtsein und Erinnerung an die Schöpfung; irgendwie enthält jedes kleine Teilchen der Schöpfung auch das Ganze. Mit den Kristallschädeln können wir das besser verstehen.»

Ich machte mir über all das viele Gedanken und fand, daß vieles von der Philosophie der Indianer aus dem Blickwinkel eines Westeuropäers unserer Zeit zunächst gar keinen Sinn ergab. Wir neigen zu dem Glauben, daß unsere ganz persönliche Sicht der Dinge immer die richtige ist. Vielleicht war das einer der Gründe, warum die westliche Welt immer darauf aus war, die Weltanschauungen der Indianer zu unterdrücken oder zu zerstören. Ihre völlig andere Sichtweise wirkte wie eine Bedrohung des Status quo und war damit etwas, das man fürchten oder vernichten muß. Wie wir wissen, hat das mit dem Massaker an Millionen von Indianern vor noch nicht einmal 500 Jahren begonnen, mit der Zwangsbekehrung der Menschen zum Christentum und zur westlichen Weltanschauung. Das Aussterben des indianischen Volkes setzte sich in den indianischen Kriegen in den USA bis zum Ende des 19. Jahrhunderts fort und scheint noch heute in einigen Teilen Süd- und Mittelamerikas mit unverminderter Härte weiterzugehen. Viele Indianer starben an zufällig eingeschleppten Krankheiten, viele wurden aber auch, und das geschieht noch immer, mit dem Schwert und dem Gewehr umgebracht oder durch Krankheiten, die mit der vollen Absicht verbreitet wurden, die Menschen zu töten. Leon hatte uns auch erzählt, daß in den Vereinigten Staaten, dem großen Land der Freiheit, viele religiöse Bräuche und Feiern der Indianer noch bis 1978 gesetzlich verboten waren.

Patricio glaubt jedoch, daß die traditionelle westliche Weltanschauung auf immer unsichereren Füßen steht. Wie er schon am Tag zuvor ausführte, stellen sich mit den neuesten wissenschaftlichen Errungenschaften, besonders im Bereich der Quantenphysik, grundsätzliche Fragen darüber, was es mit der Materie und dem Universum auf sich hat. Diese Fragen lassen sich mit den traditionellen Gesetzen der mechanischen Physik nicht beantworten.

Wie Patricio schon andeutete, scheint die traditionelle Weltanschauung der Indianer wesentlich besser dazu geeignet, diese Fragen zu klären, als die Erkenntnisse Isaac Newtons.

Wir hatten herausgefunden, daß unsere westliche Weltanschauung vor längerer Zeit durch reinen Zufall einen Knacks erlitten hat, nämlich als Wissenschaftler mit moderner Holographiebildtechnik experimentierten und versehentlich eine der holographischen Abbildungen fallenließen, die man mit großem Aufwand vorbereitet hatte. Die Abbildung fiel zu Boden und zerbrach in kleine Stücke. Zuerst waren die Wissenschaftler nur verärgert darüber, daß etwas zu Bruch gegangen war, woran sie so lange gearbeitet hatten und für dessen Technologie so viel Geld investiert worden war. Aber die Entdeckung, die sie in Folge dieses Versehens machten, war letztendlich viel interessanter.

Die Holographiebildtechnik ist eine relativ neue Entwicklung. Ein holographisches Bild ist eine dreidimensionale Abbildung, die in einem Spezialglas «verschlüsselt» wird. Das Bild, das sich daraus ergibt, ist ungewöhnlich, weil es, wenn man es aus dem richtigen Winkel und unter einem Laser betrachtet, für das menschliche Auge dreidimensional wirkt, obwohl es auf eine zweidimensionale Oberfläche aufgebracht wird. Kurioserweise stellte eine der ersten auf diese Weise erzeugten Darstellungen einen menschlichen Schädel dar. Vielleicht ist es auch mehr als ein Zufall, daß viele Menschen behaupten, in den Kristallschädeln selbst dreidimensionale, holographische Darstellungen gesehen zu haben.

Man erhält eine holographische Darstellung, wenn man einen Laser

oder «unidirektionales» Licht verwendet, das im Gegensatz zu normalem multidirektionalem Licht steht, das in viele Richtungen strahlt. In einem Laserstrahl bewegen sich die Photonen, d.h. die einzelnen Lichtteilchen, alle in ein und dieselbe Richtung. Sie werden nicht in alle
möglichen Richtungen verstreut und strahlen auch nicht von Gegenständen zurück, wie es bei Photonen normalerweise der Fall ist. Bei der normalen Fotografie treten diese Teilchen multidirektionalen Lichts von allen Seiten durch eine Linse und konzentrieren sich auf Fotopapier. Das
Papier wird in Chemikalien eingetaucht, die empfindlich auf das Licht
reagieren, mit dem sie in Berührung kommen, und auf diese Weise verändern die Lichtteilchen ihre Farbe oder Schattierung entsprechend. Bei
der Holographietechnik dagegen ist das zu kopierende, oder auch «holo-
graphierende», Objekt von totaler Dunkelheit umgeben, bis es mit einem
Laser beschossen wird. Der Laserstrahl ist gespalten, so daß eine Hälfte
des Strahls von dem Objekt reflektiert wird und die andere Hälfte von einem Spiegel. Die Photonen springen zurück, die eine Hälfte von den
Konturen des Objekts und die andere von der völlig flachen Spiegeloberfläche, so daß alle Teilchen in dem Moment zusammenkommen, in dem
sie auf die holographische Glasplatte treffen, die empfindlich auf Lichtteilchen reagiert. Daraufhin verändern die Moleküle innerhalb des Gla-
ses ihre Schattierung oder Farbe, und das Bild, das dann beim Bestrahlen
mit einem Laser entsteht, ist dreidimensional.

Dieser Vorgang an sich ist schon geheimnisvoll genug, und man
könnte annehmen, daß die Lichtpartikel, die von dem Gegenstand reflektiert werden, irgendwie mit den anderen Partikeln «kommunizieren», die
von der glatten Spiegeloberfläche zurückkommen. Diese Auslegung ist
allerdings strittig, und das Phänomen kann genausogut mit den «normalen» Gesetzen der Physik erklärt werden.

Was die Wissenschaftler aber so sehr überraschte, war das, was passiert, wenn eine Holographieplatte zerbricht. Denn wenn sie in viele
kleine Stücke zerbricht, die man wie ein Puzzle wieder zusammensetzen
muß, um das ganze Bild zu sehen, zeigt jedes einzelne Stückchen, egal,
wie klein es ist, immer noch das ganze Bild.[1] Nach den bekannten Gesetzen der Physik aber ist das nicht möglich. Jedes einzelne Molekül in einem Stückchen Glas müßte sofort seine Erscheinung verändern, ohne
daß es dafür eine physikalische Begründung gibt. Diese Ergebnisse zei-

gen, daß sogar die einfachen, nicht lebenden, anorganischen Moleküle eines Glasstückchens auf einer tieferen, vielleicht nichtphysischen Ebene ihre Rolle «kennen», daß sie einen «Bewußtseinssinn» haben und wissen, wie sie mit dem Ganzen zusammenpassen. Das bedeutet auch, daß es unter den Glasmolekülen eine Art kollektives «Gedächtnis» und ein Mittel der «Kommunikation» gibt. Wie könnten die einzelnen Moleküle sonst wissen, wie sie sich wieder zusammenfügen müssen?

Es gibt noch viele andere Beispiele in der Natur, bei denen die kleinen Bestandteile eines Systems anscheinend das Ganze enthalten – oder zumindest wichtige Informationen über das Ganze haben.

Ein Beispiel hierfür ist die genetische Information. Jede einzelne Zelle des menschlichen Körpers, einer Pflanze oder auch eines Tieres verfügt über DNS-Moleküle, die das Muster, die Kopie oder auch Schablone, wenn man so will, des Ganzen enthalten. Jede winzige, lebende Zelle bekommt irgendwie die genetische Information, wie sie sich entwickeln soll, ob sie zu einem Stückchen Haut am linken großen Zeh werden soll, zu Muskelgewebe im rechten Daumen oder zu einer Gehirnzelle in der äußeren Hirnrinde. Jede lebende Zelle hat das Potential, sich zu dem entwickeln, was sie «will», aber sie muß ihren Platz in dem Ganzen kennen, damit sie zu einem gesunden Teil des Ganzen heranwächst.

Und genau das betrachtet man als Ursache für Krebserkrankungen im Körper. Krebszellen sind diejenigen Zellen, die ihre Bestimmung «vergessen» haben und nicht wissen, zu was sie werden sollen. Es sieht so aus, als hätten sie die wichtigen, arttypischen Informationen in sich, aber aus irgendeinem Grund verwenden sie diese Information nicht erfolgreich, übersetzen oder verstehen sie nicht. Diese Zellen sind an und für sich nicht unbedingt gefährlich, aber weil sie nicht als Teil des Ganzen funktionieren, neigen sie dazu, anderen Teilen des Körpers in die Quere zu kommen, was oft tödlich ist.

Zu unserer Überraschung hatte Leon Secatero die menschliche DNS schon mit den Kristallschädeln verglichen.

«Genau wie die DNS, so sind die Kristallschädel eine Vorgabe, eine Kopie, oder auch Schablone, wenn man so will, für die Rolle, die die Menschen im Universum spielen.
Sie sind nicht nur eine Schablone für unsere Körper, sondern für unser

ganzes Sein. So wie jede einzelne Zelle unseres Körpers DNS enthält, so trägt jeder einzelne von uns Informationen über die gesamte Schöpfung in sich. Die Kristallschädel können uns wie ‹Spiegel unserer eigenen Seele› dabei helfen, diese Informationen zu finden, und sie können uns zeigen, was es heißt, wirklich Mensch zu sein. So wie jede einzelne menschliche Körperzelle physisch betrachtet zu dem werden kann, was sie will, so können auch wir als Individuen auf einer weniger physischen Ebene das werden, was wir wollen. Aber so wie jede menschliche Körperzelle brauchen wir übergreifende Informationen und müssen sie verstehen, damit wir zu einem gesunden Teil des Ganzen ‹heranwachsen› können.

Mit den Kristallschädeln können wir das ganze Bild sehen, unser gesamtes Potential, aber auch unsere Grenzen. So wie die DNS in jeder einzelnen Zelle, informieren uns die Kristallschädel darüber, woher wir kommen und was wir sein sollen. Sie sagen uns, wohin wir gehen, und sie zeigen uns das gesamte Bild dessen, was wir werden können. Wir können uns wie Krebszellen entscheiden, diese Botschaft zu ignorieren, unseren Platz zu verlassen und nicht mehr mit dem Ganzen im Takt zu sein. Aber mit den Kristallschädeln können wir erkennen, wie wir uns auf körperlicher und geistiger Ebene entwickeln sollen, damit wir verstehen, wie wir zum Wohle des guten Ganzen wachsen müssen. Darum können wir das Bild des Ganzen betrachten, das sie uns zeigen, und dann zu einem kompletten und gesunden Teil des Ganzen werden. Kurz und gut, die Kristallschädel zeigen uns, wie wir zu Wesen werden können, die ihre volle Funktion als ein Teil der gesamten Schöpfung ausüben.»

Naturwissenschaftler versuchen auf althergebrachte Art und Weise zu erklären, woher die einzelnen Körperzellen wissen, was sie werden sollen, indem sie nur die kleineren «Bausteine» der DNS-Information jeder Zelle analysieren. Mit dieser mechanischen Betrachtungsweise hat man zumindest herausgefunden, wie genetische Informationen von den Eltern an das Kind weitergegeben werden und auf welche Weise bei der Zellteilung die genetische Information einer ganzen Person an die neue Zelle übergeben wird.

Was Naturwissenschaftler auf traditionelle Art und Weise heute noch nicht erklären können ist, warum jede einzelne menschliche Körperzelle «weiß», wo ihr Platz im Gesamtsystem ist.

Patricio sagte dazu folgendes:

«Bis jetzt können die Naturwissenschaftler auch nicht erklären, wie wir als einzelne Menschen in die gesamte Schöpfung hineinpassen. Sie liefern uns ihre Vorstellung vom Universum als eine Ansammlung von meist leblosen, eigenständigen und rein materiellen ‹Dingen›, die eine rein mechanische und funktionale Beziehung zueinander haben. Das Verhalten der Dinge wird ausschließlich mit Hilfe der grundlegenden Gesetze der Physik und der Chemie erklärt, die man bis jetzt kennt, so wie es sich mit den Einzelteilen einer Maschine verhält. Aber ich glaube, daß wir ganz tief in unserem Herzen wissen, daß das nicht alles ist.»

Die Physik geht davon aus, daß es einerseits Teilchen und andererseits Energiewellen gibt, und daß sich mit dem Wirken beider das Universum erklären läßt. Aber es hat schon immer Phänomene gegeben, die nicht in dieses Muster passen. Das bekannteste Beispiel dafür ist Licht. Das Verhalten von Licht ist manchmal so, als bestünde es aus einzelnen Materiepartikeln. Es kann zum Beispiel die meisten Dinge, auf die es trifft, nicht durchdringen. Aber manchmal verhält es sich wie eine «Welle» aus Energie oder Informationen, die keine eigene materielle Substanz hat. So kann es andere Objekte durchdringen, wenn sie aus transparentem Material sind.[1]

Es gibt ein berühmtes Experiment, das «Single Photon Interference Experiment», demzufolge alle einzelnen Lichtpartikel, auch Photone genannt, sich nicht nur gleichzeitig wie Wellen und einzelne Partikel verhalten, sondern sich durch Zeit und Raum hindurch sogar untereinander «verständigen» können.[2]

Bis man damit begann, die Teilchen genauer zu untersuchen, die kleiner sind als ein Atom, hielt man das Licht für die Ausnahme, die die Regel bestätigt. Wenn es um subatomare Atome geht, verschwindet aber die Grenze zwischen Welle und Partikel regelmäßig. Man kann nicht mehr den genauen Unterschied zwischen dem einen und dem anderen ausmachen, man kann es nur als eine «Einheit, bestehend aus beiden» bezeichnen. In gewissem Sinn *ist* Materie Energie und Energie *ist* Materie,

«Dinge» sind gleichzeitig «Informationswellen». Folglich sind «Informationen» oder «Energie» das Wesentliche aller «Dinge». Zumindest im subatomaren Bereich lassen sich diese Vorstellungen auf keinen Fall voneinander trennen.

Professor David Deutsch von der Oxford University, ein führender Experte auf dem Gebiet der Quantenmechanik glaubt, und viele andere mit ihm, der Grund, daß einzelne Partikel sich verhalten, als seien sie Teil einer Energie- oder Informationswelle, liege darin, daß es «parallele Universen» gibt! Er sagt:

«Was wir tatsächlich sehen, sind nicht gleichzeitig Partikel und Wellen. Die Ergebnisse des ‹Single Photon Interference Experiments› beruhen in Wirklichkeit auf dem Einfluß der Partikel, die es in parallelen Universen gibt. Die Photonen in unserem Experiment wirken mit anderen Photonen in diesen anderen Universen zusammen, die wir schlicht und einfach nicht sehen können.»[3]

Auch wenn die Worte von Professor Deutsch zuerst ein wenig metaphysisch klingen, stimmt seine Auslegung tatsächlich mit der jüngsten Theorie der Quantenphysiker über die Vorgänge im Universum überein.[4]

«Die Quantenmechanik ist im wesentlichen eine Theorie von vielen parallelen Universen. Einige dieser Universen sind dem unseren sehr ähnlich, andere sehen ganz anders aus. Die Universen in der Nähe unterscheiden sich von unserem Universum zum Beispiel nur durch ein Photon, während die anderen Universen, die weiter entfernt sind, weitaus größere Unterschiede aufweisen.»[5]

Jedes Universum hat sozusagen gleiche Chancen auf physische Existenz, aber wir sehen nur ein Universum von den vielen Myriaden, die es gibt. David Deutsch sagt dazu: «In gewissem Sinne existiert jedes Teilchen in seinem eigenen, gesonderten Universum, aber diese Universen vermischen sich mit anderen und bringen ein Muster des Universums hervor, das wir tatsächlich sehen oder wahrnehmen können.» Er schließt daraus: «Die Wirklichkeit besteht nicht nur aus einem einzigen Universum.»[6] Allerdings sind wir auf eine seiner Dimensionen beschränkt.

Es war bemerkenswert, welche Parallelen es zwischen der Weltanschauung der Indianer und den Gedanken über die Kristallschädel gab, von denen uns ihre Hüter und das Channeling erzählt hatten. Die Indianer glauben seit langem, daß wir in nur einer von vielen Dimensionen der Wirklichkeit leben und daß es noch andere, nichtphysische Dimensionen gibt. Sie glauben auch, daß Dinge materiell an einem Ort und in einer Zeit existieren können *und* gleichzeitig woanders Einfluß ausüben, so wie eine Welle. Demnach, so hatten Leon und Patricio es uns erklärt, kann man die Gegenwart der Kristallschädel überall gleichzeitig spüren, und wir können mit Hilfe der Schädel mit den anderen Ebenen der Wirklichkeit kommunizieren, die die Physiker unserer Zeit erst nach und nach entdecken. Wir kamen allmählich zu dem Schluß, daß die Indianer mit ihrem Verständnis vom Wirken des Universums unseren modernen Wissenschaftlern meilenweit voraus sind.

So glauben die Indianer zum Beispiel, daß man sich auf einer bestimmten Ebene mit leblosen Objekten wie den Kristallschädeln verständigen kann.

Kürzlich durchgeführte wissenschaftliche Experimente weisen darauf hin, daß das stimmen könnte. Ein weiteres Experiment aus der Quantenphysik, das noch nicht lange zurückliegt, läßt vermuten, daß der menschliche Verstand tatsächlich direkt mit leblosen Objekten kommunizieren kann, zumindest im Bereich der subatomaren Partikel. Wayne Itano und seine Kollegen führten diesen Versuch 1989 am National Institute of Standards and Technolgy in Boulder, Colorado, durch. In seinem Buch «*Die Physik der Träume*» berichtet Dr. Fred Alan Wolf von diesem Versuch.[7] Die Wissenschaftler beobachteten 5000 Berylliumatome, die in einem Magnetfeld festgehalten und dann Funkenergiewellen ausgesetzt wurden. Um diesen Versuch besser verständlich zu machen, zieht Fred Alan Wolf den Vergleich mit einem Topf voll Wasser heran, das man zum Kochen bringt. Kurz gesagt, mit diesem Versuch wurde das alte Sprichwort bestätigt, daß der Topf nicht kocht, solange man ihn beobachtet. Je häufiger die Wissenschaftler den Prozeß beobachteten, desto länger dauerte es, bis die Berylliumatome «kochten». Man konnte diese Wirkung durch «Beobachten», was mit einem Laserstrahl geschah, nicht erklären, denn mit dem Laserstrahl wurde Energie zugeführt, was die Atome eher erhitzte als abkühlte. Laut Dr. Wolf entstanden diese Ergebnisse aufgrund des «Beobachteraspekts». Der Beobachteraspekt sagt, daß die *Absicht* des Beobachters das Ergebnis des Experiments beeinflußt. Diese These ist heute in der Quantenphysik unbestritten.

Zwischen leblosen Objekten und dem menschlichen Verstand kann also eine Verständigung stattfinden.

Unsere Gedanken können die Dinge um uns herum auf eine Art und Weise beeinflussen, die man mit den traditionellen Gesetzen der Physik nicht erklären kann.

Die Atome selbst scheinen sich irgendwie «bewußt» zu sein, daß sie beobachtet werden, und sie verändern ihren Zustand oder ihr Verhalten entsprechend. Dieses Phänomen läßt vermuten, daß die Teilchen «wahrnehmen», was um sie herum geschieht.

Kommen wir auf die Kristallschädel zurück. Wenn es so ist, daß die Aktionen des menschlichen Verstandes einen erheblichen Einfluß auf das Verhalten und den Zustand lebloser Objekte oder atomarer Teilchen wie zum Beispiel Berylliumatome hat, warum könnte das dann nicht auch im umgekehrten Fall gelten?

Aber die Hüter der Kristallschädel und viele Indianer sind der Meinung, daß eine Verständigung zwischen dem menschlichen Verstand und den Kristallschädeln nicht nur möglich ist, sondern uns Menschen dabei helfen kann, die Grenzen unserer rein physischen Dimension und damit auch die Grenzen von Zeit und Raum zu überschreiten. Darum können wir mit Hilfe der Kristallschädel nicht nur mit der Vergangenheit Kontakt aufnehmen, sondern auch mit der Zukunft. Und wieder lassen die jüngsten Versuche in der Quantenphysik annehmen, daß so etwas wirklich möglich sein könnte. Die Vorstellung, durch die Zeit hindurch zu kommunizieren, könnte sich tatsächlich als mehr erweisen als nur als Science-fiction.

Nach Einsteins Relativitätstheorie gibt es im Universum nichts Schnelleres als die Lichtgeschwindigkeit. Der Grund liegt darin, daß das, was noch schneller wäre, sich in der Zeit rückwärts bewegen würde. Je schneller man sich im Raum bewegt, desto langsamer reist man durch die Zeit. Viele moderne Physiker gehen sogar so weit, daß sie Zeit und Raum inzwischen als unterschiedliche Aspekte ein und derselben Dimension betrachten, die sie «Raum-Zeit-Kontinuum» nennen. Genau das ist es, was die alten Maya glaubten. Interessanterweise entspricht diese Vorstellung dem, was uns als «die Stimme des Schädels» bekannt ist, die durch Carole Wilson gesprochen hat. Physiker sind zu dem Schluß gekommen, daß Zeit und Raum in Beziehung zueinander stehen, denn wenn man sich schnell genug fortbewegt, kann man tatsächlich die Zeit «überspringen».

Auch wenn sich das zuerst befremdlich anhört, ist es doch schon viele Male in einem berühmten Experiment getestet worden. Es ist vielleicht mehr als ein Zufall, daß man bei diesem Experiment einen Quarzkristall verwendet hat. Laut Einstein würde man, wenn man mit Lichtgeschwindigkeit reiste, auf der Stelle stehenbleiben, weil sich im Universum nichts schneller bewegt als das Licht. Man hört oft von dem Beispiel des Astronauten, der mit ungefährer Lichtgeschwindigkeit durch das All fliegt. Einsteins Gesetz zufolge könnte er über einen Zeitraum unterwegs sein, der auf der Erde vielen, vielen Jahren entsprechen würde, aber wenn er wieder zurück käme, wäre er kaum gealtert, und die Zeiger auf der Uhr in seinem Raumschiff hätten sich fast nicht weiter bewegt.

Natürlich kann man Einsteins Theorie auf diese Art und Weise nicht nachvollziehen, aber man hat sie unter anderen Bedingungen überprüft. 1971 stellten Wissenschaftler von Hewlett-Packard zwei Atomuhren, die exakt entsprechend den elektrischen Schwingungen eines Stückchens Quarzkristall funktionierten, auf Null.[9] Eine Uhr blieb im Labor, und die andere flog an Bord eines Jumbo-Jet um die Welt. Natürlich ist die Fluggeschwindigkeit eines Jumbos nichts im Vergleich zur Lichtgeschwindigkeit, aber bessere Möglichkeiten hatte man zu jener Zeit nicht. Man wollte sehen, ob die abgelaufene Zeit auf diesen beiden phänomenal genauen Uhren unterschiedlich war.

Es ist kaum zu glauben, aber als die Uhr, die viele Stunden bei einer Geschwindigkeit von 965 km/h geflogen war, wieder im Labor ankam, zeigte sie weniger Zeit an als die andere Uhr. Der Unterschied war zwar nur winzig, ein Bruchteil einer Sekunde, trotzdem stimmte das Ergebnis mit Einsteins mathematischen Vorhersagen überein. Man hat dieses Experiment noch viele Male und in allen möglichen Variationen durchgeführt, aber die Ergebnisse führen immer dazu, daß die Zeit tatsächlich stehenbleiben würde, wenn man diesen Effekt auf die Lichtgeschwindigkeit hochrechnet.

Aber Einsteins Theorie besagt auch, daß die Zeit zurückzulaufen begänne, wenn man sich schneller fortbewegen könnte als das Licht. Oder, anders ausgedrückt, man würde in der Zeit rückwärts reisen. Bis jetzt ist es zwar noch keinem gelungen, das einem Menschen zu ermöglichen, aber für subatomare Teilchen gilt das nicht mehr. 1995 führte Professor Günter Nimitz an der Universität Köln einen Versuch mit subatomaren Teilchen durch.[10] In diesem Versuch wurde ein Mikrowellensignal in zwei Teile gespalten. Eine Hälfte des Signals wurde durch die Luft geschickt und bewegte sich daher wie alle Mikrowellensignale mit Lichtgeschwindigkeit. Das Signal erreichte sein Ziel exakt zu demselben Zeitpunkt, an dem es gesendet wurde, was typisch für Mikrowellensignale ist. Mit der anderen Hälfte des Signals aber probierte Nimitz etwas anderes aus. Er legte eine sogenannte «Quantenbarriere» über den Weg, den das Signal nehmen sollte. Hierbei handelt es sich um eine elektronische Barriere, die dazu dient, die Übertragung von Teilchen einschließlich Mikrowellensignale zu verhindern. Man wollte verhindern, daß das Signal auf diesem Weg übertragen wurde. Aber es passierte genau das Gegenteil.

Das Mikrowellensignal, das man über die Quantenbarriere gesendet hatte, hatte sich tatsächlich in einer Geschwindigkeit fortbewegt, die 4,7 mal höher war als die Lichtgeschwindigkeit. Es wurde also empfangen, *bevor* es überhaupt gesendet worden war. Der Effekt, den man beobachten konnte, war zwar auf eine so kurze Distanz nur minimal, nur der Bruchteil einer Sekunde, aber die Ergebnisse schlugen trotzdem wie eine Bombe ein. Nimitz selbst drückte es so aus: «Wenn man eine Quantenbarriere errichten könnte, die sich von einer Seite des Universums zur anderen erstreckt, würde jede Nachricht, die man auf diesem Weg versendet, schneller sein als die Lichtgeschwindigkeit und sich somit in der Zeit rückwärts bewegen. Sie würde auf der anderen Seite des Universums ankommen, bevor sie überhaupt abgeschickt worden wäre!»

In Physikerkreisen diskutiert man noch immer heftig über Nimitz' Versuch. Einige bestreiten, daß wirklich «Informationen» gesendet wurden. Bei der «Botschaft» handelte es sich allerdings um Mozarts 40. Symphonie, die, wie ich glaube, die meisten Leute durchaus als «Information» bezeichnen würden. Die Debatte geht zwar noch weiter, aber heute ist es wohl unumstritten, daß *irgend etwas* sich rückwärts in der Zeit bewegen kann.

Den frühen Einwohnern Mesoamerikas wäre diese Vorstellung überhaupt nicht merkwürdig vorgekommen, und auch heute haben viele Indianer kein Problem damit. Für die alten Maya und viele andere Indianerstämme lief die Zeit kreisförmig ab, und die Indianer glauben offensichtlich schon seit langem, daß die Zeit in der Natur zyklisch abläuft und nicht, wie wir im Westen allgemein glauben, linear von der Vergangenheit in die Zukunft. Darum glauben sie auch, daß Verständigung quer durch die Zeit möglich ist. Patricio drückt es passenderweise so aus:

«Bis vor ungefähr 500 Jahren glaubte die westliche Welt, die Erde sei eine Scheibe. Dann entdeckten sie Amerika und stellten fest, daß die Erde rund ist. Es ist eine Schande, daß die westlichen Wissenschaftler anscheinend weitere 500 Jahre brauchen, um zu begreifen, daß die Zeit ebensowenig eine Scheibe ist. Auch die Zeit ist ein großer Kreislauf.»

Wir verstanden nicht ganz, was Patricio damit meinte, aber es schien wieder einmal so, daß unsere modernen Physiker, wenn es um das grundsätzliche Verständnis von Zeit geht, erst beginnen, Wissen zu «entdecken», das den Indianern vielleicht schon seit Tausenden von Jahren bekannt ist.

Und jetzt hörte sich die Vorstellung, daß wir durch die Kristallschädel Nachrichten aus der Zukunft und der Vergangenheit empfangen können, schon wesentlich weniger nach Science Fiction und vielmehr nach Wirklichkeit an.
Aber welche Rolle könnten die Kristallschädel beim Verschicken von Informationen durch Zeit und Raum spielen?
Da es noch niemandem gelungen ist, tiefer als 12 km in die Erdkruste hinein zu bohren, weiß man nicht, woraus das Innerste der Erde wirklich besteht. Vulkanaktivitäten zeigen uns mit großer Sicherheit, daß es unter der festen, äußeren Kruste eine Schicht aus geschmolzenem Fels gibt, die wir bei einem Vulkanausbruch in Form von Lava sehen können. Man war lange Zeit der Auffassung, daß diese flüssige Materie sich bis ins Erdinnere ausdehnt und zur Mitte hin immer heißer und flüssiger wird. Im Jahre 1996 wurde diese Vorstellung in Frage gestellt.

Zwei französische Geologen, die in der Nähe von Paris arbeiten, dachten sich ein Experiment aus, in dem sie die Bedingungen, die man im Erdinneren vorgefunden hatte, reproduzierten, nämlich große Hitze und starken Druck. Die Doktoren Poirier und Le Mouel preßten Lavamaterial in zwei diamantbewehrte Schraubstöcke und erhitzen es mit Hilfe eines Lasers auf die geschätzten 5 000°C, die man im Erdinneren gemessen hatte. Daraus ergab sich ein Kampf der beiden Kräfte Druck und Temperatur. Die dünnere, äußere Kruste verfestigte sich, so wie die Erdkruste, und aufgrund der außerordentlich hohen Temperatur schmolz das darunterliegende Material und verflüssigte sich, so wie die Lava direkt unter der Erdkruste. Aber direkt im Zentrum dieser kochenden Masse verfestigte sich das Material zu einer kristallinen Struktur. Offensichtlich bestand die Lava, aus der sich der Erdkern bildet, aus einer Mischung von Eisen und Silizium. Bei den eisenhaltigen Bestandteilen siegte die Temperatur über den Druck, so daß sie schmolzen und an den Rand des Kerns «trieben». Bei dem Silizium dagegen setzte sich der Druck gegen die Temperatur durch, so daß es sich verfestigte und im Innersten ein sehr hartes, festes Kristall bildete.

Studien, die vor noch nicht langer Zeit durchgeführt wurden, ließen andere Wissenschaftler zu ähnlichen Schlußfolgerungen kommen. Lars Stixrude von der Universität Göttingen und Ronald Cohen von der Carnegie Institution beschäftigen sich mit der Tatsache, daß in den vergangenen zehn Jahren weltweit aufgetretene Erdstöße ein anisotrophisches Verhalten gezeigt haben, genau wie Quarzkristalle. Sie fanden heraus, daß die hohen, recht konstanten Temperaturen und die geringe Erdanziehungskraft im Innersten der Erde ideale Bedingungen für das Wachsen von Kristallen sind. 1995 veröffentlichten sie ihre Theorie, wonach der innerste Erdkern ein sehr großer und sehr fester Kristall mit einem Durchmesser von 1 200 km sein soll![12]

Wenn man davon ausgeht, so Patricio,

«dann heißt das, daß die Erde selbst über genau die Eigenschaften verfügt, die man braucht, um Funkwellen, Mikrowellen oder andere elektronische Informationen von der anderen Seite des Universums zu empfangen, die sich vielleicht sogar rückwärts durch die Zeit bewegen. In gewissem Sinne könnten wir uns die Erde selbst als den größten Radarempfänger der Welt vorstellen, der Nachrichten aus der Vergangenheit und aus der Zukunft empfängt.»

Es gibt keinen Zweifel, daß die Indianer schon lange daran glauben, daß die Kristallschädel ein Teil des natürlichen «Energienetzes» sind, das den gesamten Planeten umspannt und alles miteinander verbindet. Sie glauben, daß dieses Netz lebensnotwendig ist, um das natürliche Gleichgewicht der Erde zu erhalten. Und, so Patricios Gedanke, vielleicht spielt es auch bei der Kommunikation eine Rolle?

Quantenphysiker haben vor noch nicht allzu langer Zeit etwas entdeckt, das sie «Superstrings» nennen, eine alles durchdringende, netzartige Struktur, von der man annimmt, daß sie alles im Universum miteinander auf einer nicht wahrnehmbaren Ebene verbindet. Man vermutet, daß es diese Verbindung von Energie und Materie ist, diese unendlich kleinen, feinen, subatomaren Verbindungen, die dem Ganzen seine Struktur geben.

Zudem waren wir zufällig auf eine wissenschaftliche Studie jüngeren Datums gestoßen, der zufolge das Universum möglicherweise aus einer riesigen, kristallinen Matrix besteht.[13] Eine Gruppe von Wissenschaftlern aus Deutschland, Rußland, Estland, Spanien und den Vereinigten Staaten hatte die Theorie vorgestellt, daß es eine regelmäßige, kristalline Wabe gibt, die aus leeren Räumen und Galaxien besteht. Diese Galaxien finden sich zu einer regelmäßigen, dreidimensionalen Gitterstruktur zusammen, und diese Struktur wiederholt sich alle 391 Millionen Lichtjahre, so wie die tiefer liegende (wenn auch offensichtlich wesentlich kleinere) Grundstruktur eines Stückchens Quarzkristall.

Wir wußten auch, daß Wissenschaftler vor kurzem einen «nie gehörten Klang» entdeckt hatten. Dabei handelt es sich um ein tiefes Hintergrundgeräusch der Strahlung, einen winzigen Impuls strahlender Energie, der vermutlich konstant bleibt, wenn man sich im Universum befindet. Wissenschaftler bezeichnen das als einen Folgeeffekt, sozusagen als Echo des «Urknalls», auf den, so vermutet man, die Schöpfung des Universums zurückgeht. Wir fragten uns, ob es sich hierbei um den geheimnisvollen, «nie gehörten Klang der Schöpfung» handelte, den wir, so Leon, mit Hilfe der Kristallschädel hören können. Wir stellten Patricio diese Fragen, aber er mahnte uns sofort zur Vorsicht:

«Ihr dürft nicht dieselben Fehler machen wie die Physiker. Sie erfahren etwas über ‹das Wissen›, aber sie versuchen nicht, es zu verstehen. Sie sind so intelligent, aber sie hören nur das, was sie hören wollen und erkennen immer noch nicht das Wesentliche. Sie beharren weiter darauf, daß sie losgelöst von allem anderen existieren, daß der Rest der Welt ‹irgendwo da draußen› ist und daß wir ‹da draußen› machen können, was wir wollen, ohne daß es irgendwelche Folgen für uns hat. Die Schädel helfen uns dabei, unser Bewußtsein zu verändern. Sie zeigen uns, daß die Welt, ja sogar das Universum, ein lebendes, fast atmendes, geistiges Wesen ist. Alles hat eine Seele. Die Welt ist nicht nur eine Ansammlung von ‹Superfäden›, mit denen wir manipulieren und steuern können. Das Universum ist ein heiliges, lebendiges, geistiges Geschöpf. Und wir sind ein Teil dieser Schöpfung, ein Teil des Wesentlichen und ein fester Bestandteil dieses lebendigen, heiligen Ganzen. Wir müssen lernen, alles zu respektieren, das, was lebt, und das, was wir für tot halten. Denn schon bald kommt für uns die Zeit, in der wir unsere größeren Aufgaben erfüllen müssen und den Platz im höheren Bewußtsein aller Dinge einnehmen werden, der uns zusteht.»

Alles, was Patricio uns erzählt hatte, zeigte deutlich, daß die Indianer etwas über das Universum wußten, wo unsere modernen Wissenschaftler erst am Anfang standen. Wir fragten uns immer wieder, ob sie dieses Wissen möglicherweise von den Kristallschädeln hatten.

Ich verlor mich tief in den Gedanken über die völlig andere Weltanschauung der Indianer. Patricio unterbrach mich in meinen Überlegungen.
«Ich verrate euch ein Geheimnis», sagte er. «Ich habe eine Einladung zu einer heiligen Zusammenkunft eingeborener Ältester und Hüter der Weisheit, die in ein paar Wochen in Guatemala stattfinden soll.» Er sagte, daß diese Zusammenkunft gemäß den alten Prophezeiungen einberufen worden sei. «Sie werden über das Wissen von den Kristallschädeln sprechen, über den alten Kalender und die anderen, großen Prophezeiungen über die Zukunft.»
Natürlich wollten wir mehr wissen. Patricio sagte, daß auch die anstehende Zusammenkunft im heiligen, weissagenden Kalender der alten Maya vorhergesagt worden war. Die Maya teilten ihre Prophezeiung mit

vielen anderen eingeborenen Stämmen wie den Hopi, den Almara und den Kalaway, Nachkommen der alten Inka aus Peru in Südamerika. Patricio sagte, er kenne die Hopi-Version der Prophezeiung recht gut, und sie besage, wenn die Zeit reif sei, würden «die Völker der Mitte den Adler des Nordens und den Condor des Südens zusammenbringen, und alle Völker werden eins wie die Finger an der Hand.» Das hieß, daß die Maya Mittelamerikas die Völker Nord- und Südamerikas zusammenrufen und vereinen würden und daß alle Völker in Mittelamerika zusammenkommen würden, um sich auf das Wissen vorzubereiten, das am Ende des Zeitalters wieder erweckt würde. Und dieses Wissen, so sagte Patricio mit ruhiger Stimme, stehe in enger Verbindung mit den Kristallschädeln:

«Viele Indianerstämme sehen die Maya nicht nur als ‹Hüter der Schädel›, sondern auch als ‹Hüter der Zeit›. Die Maya sind nicht nur dafür verantwortlich, das Wissen über die Kristallschädel zu bewahren, sondern sie sind auch die ‹Hüter der Tage›. Sie haben die schwere Aufgabe, nach den Schädeln zu suchen, die Tage zu zählen und die Ausrufer für die anderen Stämme zu sein. Es wurde ihnen vor vielen tausend Jahren übertragen, das Vergehen der Tage mitzuverfolgen und die anderen Stämme in Kenntnis zu setzen, wenn die richtige Zeit gekommen ist.

Die Hüter der Tage, die die alten Sitten und Gebräuche pflegen, sagen, daß der Zeitpunkt schnell näher rückt, an dem das Wissen der Schädel in die Welt hinausgehen muß. Und jetzt ist die Zeit gekommen, daß die Völker zusammenkommen und sich auf das Wissen vorbereiten. Darum findet die Zusammenkunft jetzt statt. Die Zusammenkunft findet in Übereinstimmung mit der Prophezeiung unserer Vorfahren statt und mit dem alten Kalender, den die Maya als Hüter der Tage all die Zeit heilig und geheim gehalten haben.»

Laut Patricio hat eine solche Zusammenkunft aller Stämme mehrere tausend Jahre lang nicht stattgefunden, «5 126 Jahre, um genau zu sein». Ein großer Teil des Wissens, über das man sprechen würde, war über 500 Jahre lang von den wenigen Überlebenden der alten Mayazivilisation geheimgehalten worden, die die «heilige Flamme» des Wissens die ganze Zeit hindurch am Leben erhalten hatten. Aber dabei hatten sie sich immer versteckt aus Angst vor Verfolgung und dem daraus resultierenden Verlust ihrer alten Weisheiten und Gebräuche.

Wir wollten unbedingt mehr darüber erfahren. Patricio teilte uns mit, daß die Zusammenkunft von einem Mann namens Don Alejandro Cirilo Oxlay Peres einberufen worden war. Er war ein Mayapriester Ende sechzig und ein direkter Nachkomme der alten Mayapriesterschaft. Als Wahrsager und Schamane, der in einem abgelegenen Dorf im Hochland Guatemalas wohnte, gehörte er zu einer langen Reihe von «Hütern der Tage» der Maya, die ihr Wissen von einer Generation an die nächste weitergegeben hatten. Don Alejandro selbst hatte sich sechs Jahre lang auf die Zusammenkunft vorbereitet. In dieser Zeit war er quer durch Amerika gereist und hatte die Menschen besucht, die an der Zusammenkunft teilnehmen sollten.

Was laut Patricio vielleicht am merkwürdigsten schien, war die Tatsache, daß Don Alejandro, bevor er sich auf die Reise machte, die Teilnehmer der Zusammenkunft in seinen Träumen schon gesehen hatte, in seinen «Träumen» oder auch in den anderen Dimensionen der Traumwelt. Wir konnten das nur schwer begreifen, geschweige denn glauben, aber Patricio erklärte uns, daß er selbst auch auf diese Weise miteinbezogen worden war. Bis vor wenigen Monaten wußte er nichts von der Zusammenkunft, aber eines Tages hatte es bei ihm an der Tür geklopft, und als er öffnete, stand vor ihm ein Mann, Don Alejandro. Patricio kannte ihn nicht und hatte auch noch nie vorher von ihm gehört, aber der alte Mayapriester erzählte ihm von der Zusammenkunft und wie wichtig Patricios Teilnahme sei. Denn Patricio sollte nicht nur teilnehmen, sondern er war dazu ernannt worden, die gesamten Delegationen aus Nordamerika zu organisieren. Am Ende erklärte er sich bereit, beide Aufgaben zu übernehmen, aber er fand trotz intensiver Bemühungen niemanden, der dem alten Mann aus Guatemala die Einzelheiten zu seiner Person hätte mitgeteilt haben können.

Patricio sagte, wenn wir mehr über die Kristallschädel wissen wollten, müßten wir selbst an der Zusammenkunft in Guatemala teilnehmen, aber er müsse erst die Erlaubnis der Ältesten einholen. Das könne einige Zeit dauern, und als wir dann sein kleines Büro verließen, sagten wir ihm ganz genau, wo wir uns die nächsten Tage aufhalten würden, damit er uns mitteilen konnte, ob wir an der großen Zusammenkunft teilnehmen durften.

21

Der Geist der Schädel

Während wir darauf warteten, von Patricio zu hören, fuhren wir nach Santa Fe. Wir wollten die indianische Autorin Jamie Sams besuchen. Jamies Abstammung geht auf die Cherokee und die Seneca wie auch auf schottische und französische Vorfahren zurück. Sie war viele Jahre lang bei einem Medizinmann in Mexiko in der Lehre gewesen, dessen Abstammung eine Mischung aus Maya, Azteken und Yaqui war, sowie bei zwei Großmüttern vom Stamm der Kiowa. Ein Freund hatte uns Jamie empfohlen. Sie hatte den Native American Tribal Traditions Trust gegründet und viele Bücher über die Philosophie und die geistige Welt der Ureinwohner Amerikas geschrieben. Zu diesen zählte auch der Titel *The Thirteen Original Clan Mothers*, das sich auch auf die 13 Kristallschädel bezog.[1]

Ich hatte mich mit Jamie in Verbindung gesetzt und ihr erklärt, was im Britischen Museum geschehen war, und daß Chris und ich nun auf der Suche nach anderen Informationsquellen waren. Jamie sagte, obwohl sie die Kristallschädel in ihrem Buch erwähnt habe, dürfe sie zu diesem Zeitpunkt nicht mehr über diese heiligen Gegenstände sagen. Aber ihre Lehrer hatten von einer Zeit am Ende des Jahrhunderts gesprochen, zu der sie das, was sie erfahren hatte, weitergeben dürfe. Man hatte ihr auch gesagt, daß zwei Leute aus Übersee sie nach den Schädeln fragen würden und daß sie ihnen das sagen durfte, was die Großmütter ihr erzählt hatten. Darum lud sie uns zu sich nach Hause ein.

Jamie wohnte in einem typischen, sandfarbenen Pueblo, das fast mit der Landschaft zu verschmelzen schien. Als wir dort ankamen, stellten wir schon bald fest, daß sie eine wunderbar nüchterne Art an sich hatte und eine tiefe, rauhe Stimme. Wir erzählten ihr, was wir von Leon, Emerson und Patricio wußten und unterhielten uns über die Versuche, die im Britischen Museum durchgeführt worden waren. Jamie sagte dazu: «Das Problem ist, daß Sie die Kristallschädel in bestimmte Schubladen einsortieren wollen, aber Sie werden merken, daß sie in keine Schubladen passen.»

Jamie sprach weiter:

«Das Besondere an den Kristallschädeln liegt darin, daß es für sie keine einfache Erklärung gibt. Sie wirken, funktionieren und existieren gleichzeitig auf vielen verschiedenen Ebenen. Um sie richtig zu verstehen, muß man sich von dem Gedanken verabschieden, daß es nur eine Wahrheit gibt, die eine, einfache, große Antwort und die eine Erklärung. Um die Schädel in neuem Licht zu sehen, muß man seine Sicht der Dinge nicht einschränken, sondern ausdehnen.

Unsere Betrachtungsweise ist nicht die der Bücher und Bibliotheken, der Fachleute oder Spezialisten. Unsere Betrachtungsweise ist eine lebendige Philosophie. Man könnte es Religion nennen, aber es bedeutet mehr als das, mehr als einmal die Woche zur Kirche zu gehen oder zu beten. Es geht vielmehr um eine Lebensauffassung und eine enge Verbindung zur Erde. Bevor ich auch nur eine Ihrer Fragen beantworte, wäre es hilfreich, wenn Sie auch mit Ihrem Herzen ein wenig mehr von den einheimischen Völkern begreifen könnten. Dann kann man auch die Kristallschädel besser verstehen, und das gilt für Sie genauso wie für mich.

Der Westen wird auf der Jagd nach dem, was Sie ‹objektive› Tatsachen und ‹objektives› Wissen nennen, in Versuchung gebracht. Wenn ‹Tatsachen› keinen Zugang zum Herzen haben, kann man sie manipulieren und grausam mißbrauchen. Wir betrachten Wissen nicht als etwas, das man nur mit dem Verstand erfaßt. Wahres Wissen bedeutet für uns nicht, daß man es sich in einem Buch anliest oder es sich von jemandem erzählen läßt, sondern daß man es aus seinen eigenen Erfahrungen gewinnt. Die Wahrheiten, die wir kennenlernen, sind keine ‹objektiven› Tatsachen, sondern sie ergeben sich aus reicher Lebenserfahrung, denn wir verstehen Wahrheiten sowohl mit dem Herzen als auch mit dem Verstand.»

Am nächsten Morgen schlug Jamie vor, aufs Land hinauszufahren, wo wir besser begreifen könnten, was es mit den Schädeln auf sich hatte. Wir fuhren den Freeway entlang Richtung Norden auf Colorado zu, und Jamie erklärte uns, eine der Eigenschaften der Kristallschädel liege darin, daß sie uns etwas über Transformation sagen könnten. Sie stellten die positiven Veränderungen dar, die auf physischer, emotionaler und geistiger Ebene auftreten können. Während wir an gelben Pueblo-Häusern mit langen Reihen leuchtender Chilipflanzen vorbei fuhren, die in der Herbstsonne trockneten, erklärte Jamie, sie wolle uns eine Kirche zeigen, die auf dem Weg lag. Es war eine kleine Kirche aus Sandstein, die Santuario de Chimayo hieß. 1816 hatten reiche spanische Landbesitzer die einheimischen Pueblo-Indianer gezwungen, diese Kirche über ihrer eigenen heiligen Stätte zu erbauen.

In der Kirche war es kühl, und dort stand ein eindrucksvoller Altar, auf dem einheimische Indianer in prächtigen, weichen Farben dargestellt waren. Als wir am Altar hochsahen, fiel mir ein stabiles Holzkreuz in der Mitte auf. Dann sagte Jamie:

«Als Sie damit anfingen, sich mit den Kristallschädeln zu beschäftigen, haben Sie sich auf wissenschaftliche Fakten verlassen. Sie wollten beim Britischen Museum erfahren, welcher der Schädel echt war und welcher gefälscht. Aber wissen Sie, letzten Endes spielt das keine Rolle, genauso wie es keine Rolle spielt, ob das Stück Holz, das wir hier vor uns haben, wirklich ein Teil des echten Kreuzes ist. Es ist ein Symbol. Darauf kommt es an.»

Wir nahmen im Mittelschiff der Kirche Platz. Nach der Hitze, die draußen herrschte, war die Kühle drinnen äußerst angenehm. Jamie fuhr fort:

«Im Gegensatz zum Holzkreuz aber verfügt Quarzkristall über bestimmte, ungewöhnliche Eigenschaften, die man mit dem in Verbindung bringen kann, was in der geistigen Welt geschieht.

Die eingeborenen Völker auf der ganzen Welt glauben schon seit langem, daß man mit Quarzkristall einen Zugang zu dieser geistigen Dimension bekommt. So wie meine eigenen Lehrer, die Schamanen, so können einige Menschen die verschiedenen Dimensionen mit Hilfe der Kristallschädel überschreiten, und zwar von der materiellen in die nichtmaterielle Welt. Sie können Antworten finden, Dinge verändern oder heilen, und dies wiederum kann sich auf unsere normale, materielle Welt auswirken. Jene Welt ist genauso ‹real› wie diese, obwohl die meisten Menschen das nicht merken. Diese geistige Welt bewegt sich direkt neben unserer materiellen Welt, nur mit dem Unterschied, daß alles, was passiert ist, passiert und passieren wird, gleichzeitig abläuft. Das verstehen wir Indianer darunter, wenn wir sagen, daß unsere Vorfahren noch immer bei uns in dieser Welt sind. Es gibt sogar Orte auf dieser Erde, wo die Membran zwischen diesen beiden Welten sehr dünn ist, wie in Guatemala zum Beispiel, wo die sichtbare und die unsichtbare Welt fast aufeinanderprallen.

Meistens können wir Ereignisse und Dinge nur in einer bestimmten Zeit und an einem bestimmten Ort wahrnehmen, innerhalb der gewohnten, strikten Grenzen unserer einfachen, materiellen Welt. Aber in dieser anderen Welt, in der nichtmateriellen Wirklichkeit der geistigen Welt, kann man viele Antworten und Lösungen für die Probleme in der materiellen Welt finden.»

Jamie sagte, die Kristallschädel hätten eine ähnliche Funktion wie das Kreuz bei den Christen. Für mich war das Kreuz immer etwas Negatives gewesen, das ich mit dem Tod in Verbindung brachte, aber Jamie sah das ganz anders:

«Es ist ein Symbol, das der menschlichen Seele in Schmerz, Leid und Dunkelheit nahe ist und dieses Leid verwandeln kann in Liebe und Mitgefühl. Wir haben in unseren Herzen die Kraft, Dunkelheit in Licht zu verwandeln, Grenzen zu überschreiten, uns über die Grenzen unseres eigenen gewöhnlichem, egoistischen Selbst hinaus in das endgültige Dasein zu begeben.
Das Kreuz ist das Symbol für den christlichen Glauben an die Unsterblichkeit, und so sind die Kristallschädel das Symbol der Unsterb-

lichkeit des menschlichen Geistes. Die Schädel stehen für den Glauben der Ureinwohner Amerikas an die unberührbare Kraft, die in allen Religionen Gott oder der Schöpfer genannt wird. Wir nennen es das Große Geheimnis oder den Großen Geist.»

Ein älteres einheimisches Paar, das nahe der Eingangstür der Kirche saß, stand auf, und man hörte das Echo ihrer Schritte, als sie in einen Seitenraum der Kirche gingen. Jamie fuhr fort:

«Wenn man vor dem Kreuz Angst hat, hat man keinen Zugang zu der Kraft, die es als Symbol hat. Dasselbe gilt für Leute, die den Schädel als Symbol des Todes sehen und Angst davor haben. Sie haben zwischen sich selbst und dem Tod einen Abstand geschaffen, und darum sehen sie nicht mehr, daß der Tod ein wesentlicher Teil des Lebens ist. Wenn sie sich hiervon absondern, dann auch von der Erkenntnis, daß wir nur dann das Leben wirklich schätzen können, wenn wir uns des Todes bewußt sind.
Der Kristallschädel ist genau wie das Kreuz ein Symbol des Übergangs. Er ist eine durchsichtige Darstellung des Todes. Er zeigt uns, daß der Tod kein Ort der Dunkelheit und Trauer ist, sondern ein kristallklarer Ort der Erleuchtung.»

«Willst du damit sagen, daß wir gar nicht sterben?» fragte ich.

«Genau. Wir sterben nicht, wir gehen in etwas anderes über. Unser physischer Körper existiert zwar nicht mehr, aber unser geistiger Körper. Er lebt ewig. Der Kristallschädel zeigt uns, daß der Tod nicht das Ende ist, nicht endgültig, und daß wir durch ihn hindurch sehen können wie durch den Schädel selbst. Sterben bedeutet, sich über das physische Dasein hinwegzusetzen und eine neue Art des Daseins anzunehmen. Es ist ein Neubeginn, denn Geburt und Tod sind Teil eines Kontinuums, Teil eines Kreislaufs der Erneuerung und Wiedergeburt. Die Kristallschädel symbolisieren einen Übergang auf vielen Ebenen. Denn der Schädel ist nicht nur das Symbol für einen Übergang, den wir durch den körperlichen Tod erfahren, sondern auch für den Übergang, den wir schon zu Lebzeiten wählen können. Wenn wir verstehen, daß der körperliche Tod nicht das Ende ist, dann verstehen wir auch, daß alles in unserem Leben, das ‹zu Ende geht› und vor dem wir Angst haben, ein neuer Anfang ist. Aus Angst vor dem Tod klammern wir uns an Dinge, die uns ein Gefühl der Sicherheit geben sollen. Wir wollen, daß alles so bleibt, auch wenn unsere Gewohnheiten nicht gut für uns sind. Die Angst vor der Veränderung ist im Grunde Angst vor dem Tod. Wenn wir den Tod nicht mehr fürchten, können wir sehen, daß alle Veränderungen in unserem Leben zu dem großen Kreislauf von Tod und Wiedergeburt gehören. In jedem Augenblick, in dem etwas in uns stirbt, kann etwas anderes wiedergeboren werden. Sieh dir den Raum der Wunder einmal an.»

Ich ging durch einen kleinen Raum am Ende der Kirche. Im flackernden Kerzenlicht lagen Hunderte von Fotografien, Schmuckgegenständen, Glücksbringern, sogar ein altes Paar Krücken. Auch Briefe lagen da, einige getippt, andere handgeschriebenen, und mit der Zeit waren sie schon vergilbt. Das alles kam von Leuten, die dankbar waren, in der «Kirche der Wunder» geheilt worden zu sein. Ich beobachtete das ältere Paar, das auf dem Boden kniete und betete. Im Fundament der Kirche war ein rundes Loch, in dem Sand durchschien. Als die Frau mit dem Beten fertig war, nahm sie ein wenig Sand und tat ihn in einen Beutel. Sie machte das Kreuzzeichen, ihr Mann half ihr auf, und sie verließen den Raum.

Es sah so aus, als sei der wahre Mittelpunkt der Kirche nicht der Altar, obwohl er ziemlich eindrucksvoll war, sondern dieser Seitenraum. Denn hier war der «heilende Sand», auf dem das Gebäude ruhte. Ich bückte mich und ließ einige grobe Körner durch meine Finger rieseln. Es waren winzige Partikel zerbrochener Quarzkristalle. So wie man hier glaubte, daß die Kristallschädel heilende Kräfte hatten, so glaubte man das auch von diesen Quarzstückchen. Diese kleinen Kristallstücke schienen fast das Fundament der Kirche zu durchbrechen.

Ich fragte Jamie, ob sie an die heilende Kraft des Quarzkristalls glaube. Sie sagte, daß ihren Lehrern zufolge die Erde zu 40 Prozent aus Quarzkristall bestehe, und die heilende Kraft des Kristalls darin liege, daß er einem helfen könne, Geist und Körper mit der Erde in Gleichklang zu bringen.

Als wir die Kirche verließen, erklärte Jamie, daß der Boden, auf dem die Kirche stand, eine besondere, heilige Bedeutung für die Menschen hatte, die vor Tausenden von Jahren in dieser Gegend lebten. Sie sagte, es sei bei den ersten christlichen Siedlern üblich gewesen, ihre Kirchen genau auf die heiligen Stätten der Ureinwohner zu bauen. Aber vor dem Bau der Kirche hatten die Menschen in direktem Kontakt mit dem Geist dieses Ortes gestanden:

«Das Problem bei der Kirche liegt darin, daß die Erfahrung mit dem Geist vermittelt wird. Der Priester gilt als der, der den Kontakt zu Gott hat, den wir das Große Geheimnis nennen. Bevor wir Priester hatten, gab es eine direkte Verbindung. Aber mit dem Christentum wurden die Kirche und die Priester ins Spiel gebracht, über die alles lief, und die Priester wurden die Autorität in Sachen Gott und die Fachleute für den Geist. Nur sie wußten, was richtig war. Nur sie konnten offiziell Gottes Wort hören. Jetzt lenken und überwachen sie unsere Verbindung mit dem Geist, während viele Menschen ihre eigene, direkte Verbindung zu dem Großen Geheimnis verloren haben.

Im Laufe der Zeit erfahren immer weniger Menschen die natürliche Verbindung mit dem Geist. Diese Verbindung mit dem Geist, der die Kraft hat, unser Leben zu verändern und bereichern, verschwindet dann einfach. Aber ohne diese lebensnotwendige Verbindung können wir in unserem Leben unglaublich verarmen. Viele Probleme unserer Gesellschaft sind die direkte Folge davon, daß wir uns nicht nur vom Geist getrennt und unsere Verbindung zu ihm gelöst haben, sondern auch von allem anderen, was lebt. Die Menschen betrachten sich getrennt von allem anderen um sie herum. Dieses Getrenntsein ist eine Illusion, und diese Illusion ist die Hauptursache für das Leiden der Menschen.»

«Wo führt uns der Geist der Trennung denn hin?» wollte ich wissen.

Eine der Folgen des Geistes der Trennung ist, daß die Menschen seinetwegen die Natur als etwas da draußen betrachten, das getrennt von ihnen ist. Die Menschen haben den Kontakt zur Erde verloren und vergessen, daß auch sie ein lebendiges Wesen ist und daß wir unser Leben nur deshalb haben, weil sie es uns gegeben hat.»

Während wir spazierengingen erinnerte ich mich an die Legenden, die ich über die Erde gehört hatte. Es gab den Mythos der Azteken, wonach die Welt eine Frau war, die von einem Ungeheuer umgebracht wurde. Aus ihrem Körper flossen Flüsse, die ihr Blut sind, das Gras ist ihre Haut, die Bäume ihr Haar. Die Cherokee sehen die Erde als eine fruchtbare Frau an, deren Brüste Getreide, Bohnen und Saft geben und deren Tränen zu Flüssen mit frischem Wasser wurden. Bei den Kogi in Südamerika gibt es einen ähnlichen Mythos. Für die Ureinwohner ist es Mutter Erde, die uns Leben spendet, uns ernährt und uns Nahrung, Kleidung und Unterkunft gibt. Jamie fuhr fort:

«Man sollte immer daran denken, daß alles Lebende nur eine Mutter hat, Mutter Erde. Wir sind alle mit ihr und miteinander. Die Kristallschädel sind dazu da, unseren Sinn dafür wieder zu erwecken, daß alles Leben miteinander verbunden ist. Der weiße Mann lehrt uns, daß Gott von uns getrennt ist, daß er anders ist und daß man ihn in der Kirche anbeten muß, daß der Kontakt mit Gott nur durch eine organisierte Religion möglich ist, durch die Kirche, die mit Hilfe der Priester vermittelt. Aber für mein Volk ist die Natur Religion. Dieser wunderschöne Ort, an dem wir jetzt sind, ist unsere Kirche. Gott nennen wir das Große Geheimnis. Er ist überall, in jedem Baum, in jedem Blatt, in jedem Berg und in jeder Wolke.»

Jamie nahm einen Kieselstein und gab ihn mir.

«Dieser Stein trägt Geist in sich und wird durch das Bewußtsein des Schöpfers zum Leben erweckt. Er lebt. Den Geist kann man in allem sehen, in jedem singenden Vogel, in jedem Tier, das es auf der Erde gibt und in jedem lachenden Kind. Das Große Geheimnis ist nämlich auch in uns. Es gibt keine Trennung, wir gehören alle zur Schöpfung, wir gehören alle zu Gott. Das ist eine der ersten Lehren der Kristallschädel.»

Ich betrachtete den kleinen, grauen Kieselstein, den ich in der Hand hielt. Bis jetzt hatten Steine in meinem Bewußtsein kaum eine Rolle gespielt. Auf Kristall war ich nur wegen der Schädel aufmerksam geworden. Niemals hatte ich Steinen eine besondere Bedeutung zugemessen. Und doch machte mich die Vorstellung nachdenklich, daß dieses kleine, scheinbar leblose Objekt irgendwie mit geistigem Leben erfüllt sein könnte. Mir wurde alles um mich herum bewußt. Ich erkannte, daß Bäume, Pflanzen und sogar Steine ein Leben haben. Das war eine ganz neue bedeutungsvolle Erfahrung für mich.

Als wir später durch die Stadt zurückfuhren, dachte ich darüber nach, wie leicht es ist, diese Botschaft aus den Augen zu verlieren, wie schnell man von der Natur getrennt wird, wenn man von häßlichen Gebäuden, schmutzigen Straßen und endlosen Reklametafeln umgeben ist. Wo gibt es in unseren lauten, auf Zweckmäßigkeit ausgerichteten Städten Orte, an denen man über die Verbindung zur Natur nachdenken könnte? Ich fragte mich, wieviele Menschen in der heutigen modernen Gesellschaft schon einmal einen Stein aufgehoben und über die Lebenskraft, die in ihm steckt, nachgedacht haben. Wieviele Menschen hatten Zeit, einen Blick auf blühende Blumen zu werfen und auf die Blätter, die von den Bäumen fielen? Wie viele Menschen hatten die Möglichkeit, einem Schmetterling dabei zuzuschauen, wie er seine Flügel streckt, oder einem Vogel beim Singen zuzuhören? In unserem hektischen, modernen Alltag ist zuwenig Zeit, um sich für einen Augenblick mit der Natur zu verbinden.

Die Hopi glauben, daß die Menschen auf der Erde leben, um deren Schönheit zu erkennen und zu reflektieren. Jedesmal, wenn wir die Schönheit einer Blume oder die Pracht eines Baumes bewundern, werden sie dadurch noch schöner. Das ist so einfach, doch wer von uns lebt danach, nach dieser schönen, einfachen Philosophie des Bewunderns und Schätzens?

Ich dachte daran, wie wenig Wertschätzung wir den Tieren zukommen lassen. Man weiß, daß mehr Tier- und Vogelarten in den letzten 100 Jahren ausgestorben sind als in den letzten 10 000 Jahren, seit der letzten Eiszeit. Ehren wir die Geschöpfe, die mit uns leben, indem wir sie vernichten? Ich erinnerte mich an den Satz: «Erst wenn der letzte Baum gefällt, der letzte Fluß vergiftet, der letzte Fisch gefangen wurde, erst dann werdet ihr merken, daß man Geld nicht essen kann.» Vielleicht kann man von unserer gegenwärtigen Weltanschauung, dem «Geist der Trennung», einfach nicht mehr erwarten. Vielleicht lassen wir zu, daß die anderen

Kreaturen aussterben, weil wir sie als von uns getrennt betrachten. Häuptling Seattle hatte vor hundert Jahren gesagt: «Wenn es keine Tiere mehr gäbe, würde der Mensch an großer geistiger Einsamkeit sterben.» Führt der Geist der Trennung uns so weit, daß wir an dem sterben, was wir auf dieser Welt denken und tun, oder werden wir einfach an unserem Wunsch sterben, vom Rest der Welt getrennt zu sein?

Jamie drückte es so aus:

> «Es gibt eine Einsamkeit, die daher rührt, daß man von der Natur abgeschnitten ist, von den Sternen, von den Tieren und den Pflanzen. Diese Trennung bedeutet, daß viele Menschen auch die Freude nicht mehr empfinden, die zur Natur gehört.»

Je mehr ich über diesen Gedanken der Trennung nachdachte, um so mehr begriff ich, daß er alle Bereiche unseres Lebens durchdrang. Viele Menschen, ich gehörte auch dazu, sind getrennt von den Kräften und Zyklen der Natur. Und anscheinend verlieren wir das Bewußtsein für die Natur. Wir sind auch von dem Sinn für Ganzheit in uns selbst getrennt. Wir verlassen uns darauf, daß Beziehungen, Arbeit und Geld uns ein Gefühl der Vollkommenheit vermitteln, dabei versuchen wir, die Lücken in unserem Leben zu schließen, die das Gefühl des Getrenntseins hervorruft. Und doch passiert es so oft, daß nichts genug ist, auch wenn wir bekommen haben, was wir glaubten haben zu wollen, die Arbeit, das Auto oder vielleicht auch die Beziehung.

Während wir den Highway hinunterfuhren, sah ich mir die hellen Lichter der Leuchtreklamen an, ihren Glanz, der uns aufforderte, dieses oder jenes Produkt zu kaufen. Mir fiel auf, daß die Reklame sich ganz und gar auf unser Gefühl der Getrenntheit verließ, auf die Vorstellung, daß in unserem Leben etwas fehlt und daß uns dieses Produkt irgendwie das Gefühl der Ganzheit geben würde. Waren unsere Nachforschungen, die wir über die Kristallschädel anstellten, eine Suche, die uns ein besseres Gefühl für das Ganze vermitteln sollte?

Schließlich kamen wir sehr spät abends wieder zu Hause bei Jamie an. Wir saßen in der Küche, tranken eine letzte Tasse heißen Kakao, bevor wir ins Bett gingen. Während wir aus dem Fenster schauten und beob-

330

achteten, wie der Mond die Konturen der Landschaft sanft erhellte, verließ uns Jamie mit den Worten:

«Die Kristallschädel werden nur dann zusammen zurückkommen, wenn die Familie der Menschen vereint ist, wenn wir uns ohne Feindschaft, Abwehr und Mißtrauen begegnen können, wenn unsere Herzen sich finden können. Das ist möglich. Denkt nur daran, wie oft Menschen anderen zu Hilfe kommen, wenn sie sehen, daß das Leben des anderen in Gefahr ist, ohne dabei an ihre eigene Sicherheit zu denken. Jeder von uns hat diese Eigenschaft in sich. An dem Punkt wird unser persönliches Ego beiseite geschoben, es tritt in den Hintergrund. Es ist Zeit, nach innen zu schauen und diesen Impuls zu suchen, diese Großzügigkeit des Geistes, das tiefe Mitgefühl für andere ans Tageslicht zu bringen.

Denken Sie daran, das Wichtigste, was die Kristallschädel uns beibringen können, ist, daß wir alle geistige Wesen in materiellen Körpern sind. Die Schädel zeigen uns, daß unsere materielle Welt in Wahrheit nicht getrennt zu sehen ist von Dimensionen der geistigen Welt. Denn die Kristallschädel können uns einen Zugang in diese anderen Dimensionen der geistigen Welt verschaffen, wo wir anfangen können, die Verbindungen zu erkennen, die wir zu allem anderen haben. Die Kristallschädel zeigen uns, daß wir dieses Wissen aufwecken müssen, daß wir aufwachen müssen, um die Verbindung zueinander und zu Mutter Erde zu erkennen, die uns am Leben hält, und daß wir anfangen müssen, diese Verbindungen in unserem Leben wiederherzustellen und zu feiern.»

22

Der Hüter der Tage

Am nächsten Tag riefen wir Patricio Domínguez an, weil wir wissen wollten, ob wir der nächsten großen Zusammenkunft in Guatemala würden beiwohnen dürfen, die in weniger als zwei Wochen stattfinden sollte. Er wußte es noch nicht genau, aber er hatte mit Hunbatz Men gesprochen, einem der Priester, Schamanen oder «Hüter der Tage» der Maya. Hunbatz, der auf der Halbinsel Yucatán in der Nähe von Chichen Itzá im Süden Mexikos lebte, war ein Mitglied jener Familien, denen heiliges Wissen anvertraut worden war, als die Spanier zum ersten Mal den Fuß auf den Boden Mittelamerikas gesetzt hatten. Diese Familien mußten dieses Wissen geheimhalten, um dessen Mißbrauch oder Zerstörung zu vermeiden.

Hunbatz Men jedoch, so sagte uns Patricio, war bereit, mit uns zu sprechen, wenn wir ihn innerhalb der nächsten Tage in Mexiko besuchen könnten. «Wer weiß», sagte Patricio, «vielleicht läßt er euch sogar an der Zusammenkunft teilnehmen.»

Diese Gelegenheit durften wir uns nicht entgehen lassen. Wir riefen sofort beim Flughafen an, buchten einen Flug, und schon wenige Tage später standen wir in den alten Mayaruinen in Tulum an der Karibikküste Mexikos, wo wir Hunbatz treffen sollten.

Tulum war wunderschön mit seinen alten Pyramiden und Tempeln, die auf schmalen Klippen aus Kalkstein stehen *(siehe Bildtafel Nr. 22)*. Wir trafen Hunbatz Men am Eingang der Tempelanlage. Der Mayatradition entsprechend war er ganz in Weiß gekleidet, mit einer schmalen roten Schärpe, die er um die Hüften trug. Er war recht klein und ein wenig untersetzt und hatte glatte Haare, die einen Anflug von Grau zeigten. Er erinnerte mich an die alten, in Stein gemeißelten Köpfe der Olmeken, die man in Gräbern entlang der Golfküste gefunden hatte.

Hunbatz sprach ruhig und selbstsicher. Er erklärte, daß nicht einmal Spanisch seine Muttersprache sei und daß es ihm schwerfiele, sich in Englisch verständlich zu machen. Man hatte seiner Familie vor Jahrhunderten die Aufgabe anvertraut, einen kleinen Teil der alten, weisen Tradition zu bewahren, und jetzt sei er derjenige, der diese Linie fortführe, «obwohl ich Sie jetzt an diesen Geheimnissen teilhaben lassen kann, weil die Zeit dafür gekommen ist». Er sagte:

«Die moderne Zivilisation betrachtet immer nur einen kurzen Zeitraum. Für einen Menschen aus der westlichen Zivilisation sind 500 Jahre eine lange Zeit. Aber in den Augen der Maya sind 500 Jahre gar nichts.

Indianische Völker leben in dem festen Glauben, daß die Sonne immer wieder aufgeht. Meine Vorfahren, die Itzás [eine Gruppe von Maya, die auf Yucatán lebten] prophezeiten, daß das Wissen der Maya eines Tages zurückkommen werde.

Die Prophezeiung sagt, daß unsere Kultur wiederauferstehen wird, ihre Künste und Wissenschaften, ihre Mathematik und Religion. Und schon heute können wir erkennen, daß das Wissen zurückkehrt. Schon bald wird unsere erste Zusammenkunft in Guatemala stattfinden, und auch das ist Teil der Prophezeiung – daß die Menschen die Mayazivilisation verstehen lernen werden.

Denn die Menschen von heute sind in Gefahr. Und das, was die Europäer an heutiger Kultur zu uns bringen, ist nicht gut für die Menschen. Wir haben heute keinen Respekt mehr vor vielem, das existiert, wie der Wind, die Wolken, die Flüsse, was auch immer. Wir haben keinen Respekt vor anderen Menschen. Diese Kultur ist nicht gut, denn die Menschen wissen nicht, wie man Respekt zeigt … Respekt vor allem, was existiert. Darum versammeln wir uns.»

Ich wollte Hunbatz fragen, was er über die Kristallschädel wußte, aber er sprach weiter:

«Die Prophezeiung der Itzás sagt, daß die Kristallschädel zurückkommen werden, sie und das Wissen der Itzás, denn es ist kosmisches Wissen. Wir fangen jetzt mit unseren Zeremonien an, aber es werden in der Zukunft noch viel mehr Zeremonien sein, weil die Kristallschädel jetzt zurückkommen, und die Menschen werden sich öffnen und versuchen, die kosmische Kultur der Maya zu verstehen. Dies gehört zu dem, was die Menschen brauchen, und die Schädel werden wieder an ihrem ursprünglichen Ort sein. Und schon bald werden die Maya die Schädel zeigen … weil die Schädel wieder an ihren ursprünglichen Platz zurück müssen. Sie müssen wieder zurück an ihren Platz oben in der Pyramide.

Und die Mayapriester werden wieder beten und mit dem Kristall zusammenarbeiten, denn nur so kann die positive Energie aus der heiligen Stätte wirken. Diese Energie wird sich auf die anderen heiligen Stätten übertragen und dann auf die ganze Welt. Darum müssen die Schädel wieder an ihren ursprünglichen Platz zurück, denn so wird die Arbeit, die für alle Menschen getan wird, leichter.

Die Prophezeiung sagt auch, daß die Schädel sich an verschiedenen Orten bei den Menschen befinden, aber sie werden sie bald an die heiligen Orte zurückbringen, zu diesen Pyramiden, und dann werden sie irgendwann erscheinen.»

Wir hörten Hunbatz fasziniert zu, aber ich wollte noch mehr über die Kristallschädel erfahren. Darum bat ich ihn, noch ein wenig genauer zu erklären, woher die Kristallschädel kamen und was sie wirklich bedeuteten. Hunbatz erklärte:

«Vor langer Zeit, bei den Maya, gab Itzamna uns das Wissen. Itzamna, er gab uns das Wissen, wie wir die Schädel verstehen müssen. Er lehrte uns, mit den Schädeln zu arbeiten, und er zeigte uns, wie man an den heiligen Orten wie Tulum und Chichen Itzá und an anderen Orten, wo die Maya lebten, mit den Schädeln arbeitet. Itzamna zeigte uns, wie man die Schädel versteht. Weil bei den Maya die Kristallschädel eine heilige Verbindung mit Gott haben. Denn für die Maya ist der Name Gottes ein Teil von Hunab Ku. Wir Maya glauben, daß unser Schädel verbunden ist mit den heiligen Proportionen, die Hunab Ku uns gegeben hat. Denn wir müssen begreifen, daß all unsere Proportionen, im Gesicht, in unserem Kopf und in unserem Körper, mit den heiligen Proportionen Gottes verbunden sind. Aber da ist noch etwas, denn bei den Maya heißt der Kristall ‹Lembal›, und das heißt ‹Licht›, ‹Wissen›, und das hat etwas zu tun mit unserer heiligen Verbindung zu Gott.

An vielen Orten, an vielen heiligen Stätten arbeiten wir mit dem Schädel. Das machen wir schon seit vielen, vielen Jahrhunderten. Und Itzamna zeigte uns auch, wie wir uns noch mehr Schädel machen können, denn es wird eine Zeit kommen, in der wir die Schädel nicht nur in den heiligen Stätten der Maya benötigen, sondern auch an vielen anderen heiligen Orten auf der ganzen Welt. Denn jetzt, so wie es vorhergesagt ist, beginnen alle anderen Menschen, sich für die Schädel zu interessieren.

Und so war die Prophezeiung. Die anderen Menschen nahmen die Schädel von unseren heiligen Stätten fort, und dann schliefen sie eine Weile. Aber jetzt ist es richtig, uns die Schädel zurückzugeben, denn wir brauchen die Schädel, um alle heiligen Stätten bei den Maya zu aktivieren. Denn jetzt muß die Menschheit aufwachen. Mögen sie uns die Schädel zurückgeben, so daß wir sie an unsere heiligen Orte bringen können, denn auch das ist Teil der Prophezeiung. Wir brauchen die Schädel wieder, um sie in unsere heiligen Pyramiden zu bringen … und dann kommen die anderen.

Die Kristallschädel werden wieder ‹Lembal› geben, sie werden den Menschen wieder Licht und Wissen geben. Und dann werden die Menschen aufwachen, und nicht nur die Maya, sondern Menschen überall auf der ganzen Welt.»

Noch einmal fragte ich Hunbatz, ob er erklären könne, woher die Kristallschädel eigentlich kämen. Seine Antwort klang ein wenig ungewöhnlich:

«Wir Maya wissen, daß wir von der Erde kommen, aber wir wissen auch, daß ein Teil von uns zum Himmel gehört, ein Teil von uns gehört zum Kosmos, und er untersteht einem anderen Gesetz jenseits dieser wunderschönen Dimension. Denn wir Maya denken, daß wir zwar von der Erde kommen, aber eine größere Familie im Himmel haben. Und diese Familie nennen wir ‹Mishule›. Das heißt Brüder und Schwestern jenseits dieser wunderschönen Erde.

Vor sehr langer Zeit standen wir Maya mit jeder anderen Rasse auf der Welt in Kontakt und auch mit jeder anderen Rasse jenseits dieser Welt. Und darum identifizieren wir Maya uns so sehr mit den Wesen in der Luft. Darum haben wir auch so viele Symbole. Viele Symbole in unseren Inschriften stehen für etwas, das in der Luft lebt, wie das Symbol von Kukulcan oder Quetzalcoatl, das Symbol der fliegenden Schlange.

Wir haben nur wenige Symbole, die den Kosmos erklären. Aber diese wenigen Symbole zeigen normalerweise eine Verbindung, eine Verbindung zwischen einem Symbol der Erde und einem Symbol der Luft oder des Himmels. Und darum wissen wir, daß jede Veränderung an Mutter Erde mit einer Veränderung da oben zusammenhängt, und diese Verbindung besteht, und die Veränderung geht nach oben und kommt wieder herunter. Darum zeigen wir Maya mehr Respekt vor den Erscheinungsformen des Lebens. Weil es eigentlich nicht wichtig ist, woher es kommt, weil wir alle eine Familie sind. Und darum müssen wir manchmal für ‹die Mishule›, unsere Brüder und Schwestern dort oben [er zeigte hoch zum Himmel] beten, denn wir wissen, daß sie auch manchmal für uns beten, und das ist die gute Beziehung, die wir seit langer, langer Zeit mit allen Erscheinungsformen des Lebens haben.»

Ich war ganz gefangen von dem, was Hunbatz als «unsere Brüder und Schwestern jenseits dieser wunderschönen Erde» bezeichnete, aber mehr wollte er dazu nicht sagen. Darum fragte ich ihn, ob er noch mehr über die Schädel und den alten Kalender der Maya berichten könne. Er sagte, die ältesten Vorfahren hätten den Kalender zurückgelassen, «um uns zu helfen, den kosmischen Zeitplan des Universums zu begreifen».

«Wir müssen verstehen, daß uns alle Himmelskörper etwas lehren wollen. Wie die Sonne hat auch Schwester Mond uns etwas Wichtiges zu sagen. Wir müssen die vier Unterteilungen des Mondes und seine vier Gesichter verstehen. Und dann sind da noch andere Planeten wie Venus und Mars, und die Sternbilder, und alle wollen uns etwas lehren. Das ist ein Grund, warum wir Maya unsere siebzehn Kalender geschaffen haben, damit wir mehr über den Himmel erfahren und über die Bewegungen am Himmel.

Aber in diesen modernen Zeiten verstehen sie nicht viel von Zeit, denn sie benutzen ja noch nicht einmal den richtigen Kalender. Sie haben ihren eigenen Kalender gemacht, den sie benutzen. Aber der Kalender der Maya ist der kosmische Kalender. Jeder unserer Kalender steht für etwas, bedeutet etwas. Mit ihnen mißt man die wichtigsten Himmelskörper, und das ist der große Unterschied. Der Kalender und die Astronomie der Maya haben noch immer etwas mit dem ursprünglichen Gedanken von Hunab Ku zu tun, mit den ursprünglichen Kräften des Kosmos.»

Ich bat Hunbatz, noch mehr über die «Zeitzyklen» zu erzählen:

«Einer der großen Kalender der Maya zeigt an, wann es große Veränderungen bei Mutter Erde geben wird. Denn dieses Land war schon viele Male überschwemmt. Und das wird wieder passieren, denn es gehört zum natürlichen Zyklus des Universums.

Genau wie der Mensch hat auch die Erde ihren eigenen, natürlichen Zyklus. Der Lebenszyklus des Menschen von seiner Geburt bis zum Tod dauert normalerweise ungefähr hundert Jahre, oder auch zwei ‹Baktun›. Kein Mensch kann in nur einem Jahr geboren werden, leben, erwachsen werden und sterben. Und er kann auch nicht viel länger leben, als sein natürlicher Zyklus dauert. Der Mensch muß den ganzen Zyklus durchlaufen. Und mit der dauernden Veränderung von Mutter Erde ist es ähnlich, nur daß dieser Zyklus viel genauer eingeteilt ist und länger andauert. Wir Maya wissen, daß der Prozeß der Veränderung von Mutter Erde etwa 26 000 Jahre Eurer Zeitrechnung dauert, 26 000 Umrundungen, die unsere Erde um unsere Sonne macht.

Aber eines der größten Probleme der heutigen Zeit ist, daß die Welt von heute glaubt, von diesem Lauf der Dinge getrennt zu sein. Die Gefahr für uns ist die, daß die Menschen nicht verstehen, daß Mutter Erde nun diese große Veränderung bevorsteht. Die Menschen tun genau das Falsche, um diesen Prozeß zu unterstützen. Sie testen Atombomben, verschmutzen die Luft, fällen die Bäume, holen Öl aus Mutter Erde. Und das ist ein ganz großer Fehler, und überall herrscht Ignoranz, besonders in den reicheren Ländern. Auf diese Weise beschleunigen die Menschen den Prozeß der natürlichen Veränderung von Mutter Erde, aber sie wissen gar nicht, was sie tun.

Und jetzt tun wir Maya etwas, wir fangen jetzt damit an. Wir geben jedem dieses Wissen weiter. Denn das Wissen von den Schädeln kann den Menschen helfen aufzuwachen und die Fehler zu erkennen, die sie auf Mutter Erde begehen. Denn wir brauchen mehr Respekt vor Mutter Erde. Wenn man Respekt hat, kann man langsam anfangen, den Lauf der Dinge von Mutter Erde zu begreifen, die normalen Veränderungen.

Und wir brauchen die Schädel, weil die Menschen jetzt aufwachen müssen. Denn wenn die Menschen nicht aufwachen, werden sie Mutter Erde töten, und dann gibt es keinen Ort mehr, an dem wir leben können. Wir haben nur diesen einen Ort zum Leben. Aber die Menschen in Amerika und Europa sind dabei, den Urwald zu zerstören, sogar in Brasilien. Doch auch wenn Brasilien weit von den Vereinigten Staaten entfernt ist, heißt das nicht, daß diese Veränderungen, die wir beschleunigen, nicht auch Auswirkungen auf die Vereinigten Staaten haben. Und weil sie die Bäume in Brasilien töten, sterben jetzt auch die Bäume im Gebiet der Maya. Denn alle Bäume auf der ganzen Welt können sich untereinander verständigen. Wir Maya sagen, töte keinen Baum, denn wenn du einen Baum tötest, tötest du deine Familie. Wenn du einen Baum tötest, ist das so, als würdest du deinen Bruder oder deine Schwester töten. So glauben wir Maya an die Bäume. Aber die Bäume sind nur ein Teil von Mutter Erde. Für die Maya sind die Bäume die Haut von Mutter Erde, und das Öl ist das Blut, und die Flüsse sind ihr Schweiß. Aber all das Falsche, das heute passiert, beschleunigt den Lebenslauf von Mutter Erde, und das ist nicht gut, denn die große Veränderung kommt.»

Es war beunruhigend, wie sehr mich das alles an die Vorhersage des Mayakalenders erinnerte, demzufolge der gegenwärtige Große Zeitzyklus am 21. Dezember 2012 zu Ende gehen soll. Hunbatz fuhr fort:

«Meine Vorfahren, die Itzás, die Maya-Itzás, brachten die Kristallschädel mit. Und sie errichteten viele große heilige Stätten, wie die in Chichen Itzá und hier in Tulum, Cobá und in Petén. Und die Itzás halfen uns die Schädel zu verstehen und wurden als die großen Maya-Itzás bekannt, und sie erklärten uns alles, was mit den Kristallschädeln zu tun hatte».

«Aber woher kamen die Itzás?» fragte ich.

«Meine Vorfahren, die Itzás, kamen aus Atlantis, und sie zeigten uns, wie man die Schädel verstehen muß. Sie erzählten uns von Itzamna und wie das Universum funktioniert.
Die Itzás berichteten von dem Ort, von dem sie kamen. Sie erklärten, daß sie an diesem Ort, dem Ort des Wassers, das Wissen in sich aufnahmen, das Wissen über die Steine, das Wissen über die Kristalle, das Wissen, das sie in den Kristallschädeln mitbrachten. Und sie sagten, daß man an diesem Ort noch mehr über die Kristalle und die Schädel erfahren kann. In den Schädeln gibt es einen Hinweis auf diese Orte. Und darum glauben wir, daß es an diesem Ort noch viele Kristallschädel gibt, an diesem Ort, den Sie ‹Atlantis› nennen. Denn wie ich es Ihnen schon am Anfang erklärt habe, werden die Kristallschädel an allen heiligen Stätten gebraucht, denn sie sind ein wichtiger Teil dieser Orte, sie sind ein wichtiger Teil der Pyramiden. Die Itzás wissen, daß es noch viel mehr Kristallschädel gibt gleich denen, die sich hier im Gebiet der Maya finden, wo viele heilige Stätten sind. Aber es gibt noch viele andere heilige Stätten auf Mutter Erde.»

Dieser direkte Nachkomme der alten Maya erklärte uns also, daß die Kristallschädel aus Atlantis kamen. Aber dann sagte Hunbatz, daß er nun gehen müsse, da er uns «zu dieser Zeit» nichts mehr zu sagen habe.

23

Der verlorene Kontinent: Atlantis

Wir liefen den weißen Sandstrand in der Nähe von Tulum entlang und beobachteten, wie die ersten Sterne am Nachthimmel auftauchten und die Wellen sich an Land brachen. Während wir auf das Meer im Golf von Mexiko hinausblickten, dachte ich über Atlantis nach. Dieses geheimnisvolle Inselparadies, das – wie ein Edelstein, der vor langer Zeit verloren gegangen war – seit Jahrhunderten in der Vorstellung der Menschen schimmerte.

Seit Mitchell-Hedges in der 20er Jahren die umstrittene Entdeckung gemacht hatte, schien es zwischen den Kristallschädeln und diesem verlorenen Königreich eine Verbindung zu geben. Frederick Mitchell-Hedges selbst hatte viel Zeit auf den Versuch verwendet zu beweisen, daß es Atlantis wirklich einmal gegeben hat. Er hielt es für die Wiege der Zivilisation und glaubte, daß es irgendwo an dieser Küste im Atlantischen Ozean existiert hatte. Und er glaubte, daß sein Kristallschädel ursprünglich aus dieser großen Zivilisation stammte. Sogar der Abbé Brasseur de Bourbourg, der lange vor ihm im siebzehnten Jahrhundert gelebt hatte, war davon überzeugt gewesen, daß dort der eigentliche Ursprung der Maya zu finden sei.

Im allgemeinen hält man Atlantis nur für einen Mythos. Aber jetzt hatte uns Hunbatz Men erzählt, daß nach den mündlich überlieferten Traditionen seines Volkes die frühesten Vorfahren der Maya aus Atlantis gekommen waren und die Kristallschädel mitgebracht hatten. Während Chris und ich den Blick über den nächtlichen Ozean schweifen ließen,

340

machte ich mir Gedanken darüber, ob die Überreste dieser verlorenen Zivilisation vielleicht irgendwo unter diesen Wellen verborgen lagen.

Mir fiel ein Treffen mit einer anderen Indianerin zu Beginn unserer Reise ein. Ihr Name war Paula Gunn-Allen, Professorin für Englisch an der University of California in Los Angeles. Sie zählte zu den weltweit führenden Experten der indianischen Literatur und Mythologie. Professor Gunn-Allen selbst stammt von den Laguna Pueblo und Sioux ab.

Sie ist auch Dichterin, Mystikerin, Romanautorin und Schriftstellerin, «je nachdem, welche Kleider ich gerade trage», wie sie immer sagt. Sie hat einen äußerst scharfen Verstand und einen großartigen Sinn für Humor, und für einen Akademiker ist sie eine Ausnahmeerscheinung, weil sie die Vorstellung von Atlantis äußerst ernst nimmt.

Laut Professor Gunn-Allen spielt Atlantis in der mündlich überlieferten Geschichte der Indianer eine große Rolle. Wie bei den Maya, so gibt es auch bei den Laguna Pueblo viele Legenden über diese verlorene Zivilisation. Dasselbe gilt für die Seneca und viele andere Stämme wie zum Beispiel die Cherokee. Aber, wie Professor Gunn-Allen es ausdrückte:

«Die Menschen glauben nur an das geschriebene Wort. Sie halten mündlich überlieferte Geschichten und Legenden für unzuverlässige Wissensquellen. Aber wenn Geschichten mündlich tradiert werden, legt man immer großen Wert darauf, ihren Wahrheitsgehalt zu erhalten. Diese Erzählungen waren nicht reine Phantasie, sondern sie überlieferten die Geschichte ganzer Völker. Nur weil sie nicht aufgeschrieben wurden, heißt das nicht, daß sie weniger wahr waren.»

Sie erklärte, daß die schriftlichen Überlieferungen im Westen nur bis ins alte Griechenland, Rom, Ägypten und Mesopotamien zurückreichen. Demgegenüber reichen die mündlichen Überlieferungen vieler Urvölker noch viel weiter zurück in die Vergangenheit. In den Legenden der Seneca zum Beispiel ist die Rede von «Geschichten für die ‹Kinder dieser Erde›, von den Welten, die es gab, noch ehe die geschriebene Geschichte der ‹Zweibeiner› überhaupt begann».

Es gibt auch bemerkenswerte Ähnlichkeiten zwischen den Mythologien verschiedener Kontinente. Im allgemeinen findet man in Südamerika Geschichten über Atlantis, aber sogar in den Schriften der alten

Sumerer in Mesopotamien, im Gebiet des heutigen Irak, tauchen diese Erzählungen auf.

Einen anderen schriftlichen Hinweis auf Atlantis gibt es in Europa, nämlich in den Schriften des berühmten griechischen Philosophen Plato aus dem Jahr 350 v. Chr. In seinem Buch «Timaeus» berichtet Plato, daß Solon, der berühmte Gesetzgeber im alten Athen, durch Ägypten gereist war und mit einem Priester namens Sais gesprochen hatte. Laut Aussage dieses Priesters wußten die Griechen im Vergleich zu den Ägyptern nur äußerst wenig über die großen geschichtlichen Ereignisse, die ihre Kultur hervorgebracht hatten:

«Ihr [Griechen aus Athen] erinnert euch nur an eine Flut, aber es gab viele … Du und deine Mitbürger, ihr stammt von den wenigen Überlebenden ab, aber ihr wißt nichts darüber, weil so viele nachfolgende Generationen nichts darüber aufgeschrieben haben.»[1]

Dann erklärte er weiter, daß es mitten im Atlantik einmal einen großen Inselkontinent gegeben habe.

«Gegenüber der Meerenge, die ihr ‹die Säulen des Herkules› [griechischer Name für die Straße von Gibraltar] nennt, gab es einmal eine Insel, die größer war als Libyen und Asien zusammen. Von dieser Insel aus und auch von dem gesamten gegenüberliegenden Kontinent, der das umgibt, was man den Ozean nennt, konnten Reisende die anderen Inseln erreichen.»[2]

Das Unglaubliche an diesem Bericht aus dem alten Griechenland ist der deutliche Hinweis darauf, daß die alten Ägypter offensichtlich den amerikanischen Kontinent kannten. Dabei spielt es keine Rolle, ob es die Zivilisation, auf die der Bericht sich bezieht, tatsächlich gegeben hat. Aber Platos Geschichte geht noch weiter und erklärt, wie mächtig die Zivilisation von Atlantis war:

«Auf der Insel Atlantis war eine mächtige, bemerkenswerte Königsdynastie an die Macht gekommen, die nicht nur die ganze Insel regierte, sondern auch andere Inseln und Teile des Kontinents [also auch

342

Amerika?]; ihr Machtbereich erstreckte sich außerdem über die Meerenge [d.h. in das Mittelmeer hinein], und nach Libyen bis an die Grenzen Ägyptens und Europas nach Tyrrhenia [die italienische Toskana].»[3]

Diese alte Zivilisation schien über ein großes Gebiet geherrscht zu haben, zu dem auch Teile Amerikas und Europas gehörten. Die Einwohner von Atlantis wollten ihren Machtbereich sogar noch weiter nach Osten ausdehnen:

«Wir wissen aus unseren Berichten, wie eure Stadt [Athen] diese Großmacht in Schach hielt, die sich auf arrogante Art und Weise von ihrer Basis im Atlantischen Ozean aufmachte, um Städte in Europa und Asien anzugreifen. Denn in jenen Tagen war der Atlantik befahrbar.»[4]

Und dann war es mit dem großen Feldzug schlagartig vorbei:

«Später gab es außerordentlich heftige Erdbeben und Überschwemmungen, und an einem einzigen schrecklichen Tag und in einer schrecklichen Nacht wurden alle eure [Athens] Kämpfer von der Erde verschluckt, so wie auch die Insel Atlantis von der See verschluckt wurde und verschwand. Aus diesem Grund ist die See in diesem Gebiet bis heute [irgendwann vor 350 v. Chr.] für die Schiffahrt unpassierbar. Die Schiffe werden durch Schlamm nicht weit unter der Meeresoberfläche behindert, und dieser Schlamm ist der Rest der versunkenen Insel.»[5]

Einige Archäologen vermuten, daß sich Platos Berichte auf die minoische Zivilisation beziehen, die auf Kreta lebte. Man geht davon aus, daß es auf dieser Insel ungefähr 1400 v. Chr. eine riesige Flutwelle gegeben hat, die durch einen Vulkanausbruch auf der nahe gelegenen Insel Santorin ausgelöst worden war. Aber Kreta liegt nun einmal mitten im Mittelmeer und nicht im Atlantik «gegenüber der Meerenge, die ihr ‹Säulen des Herkules› nennt».

Zudem wird in einem anderen Buch von Plato mit dem Titel «Critias» ausgeführt, daß seit diesem Ereignis 9 000 Jahre vergangen sind. Wenn das stimmt, dann muß sich das Ganze spätestens um 9500 v. Chr. ereignet haben, lange bevor, wie man heute allgemein annimmt, die griechische oder ägyptische Zivilisation ihren Anfang nahm, von der minoischen Zivilisation auf Kreta ganz zu schweigen. Man geht davon aus, daß selbst das alte Ägypten frühestens im Jahre 3000 oder 4000 v. Chr. etwas Ähnliches wie eine Zivilisation hervorgebracht hat. Und so bleibt es bis heute ein Geheimnis, wo das legendäre Atlantis denn nur wirklich lag.

Es gibt aber andere Bestätigungen für die Existenz von Atlantis oder zumindest einem Kontinent, der einmal irgendwo im Atlantischen Ozean zwischen Europa und Amerika existiert hat. Man hat nämlich mehrere alte Karten gefunden, die nicht nur etwas zeigen, was wie die heutige Küste des amerikanischen Kontinents aussieht und auch wie Afrika und Europa, sondern auch andere Kontinente, die dazwischen liegen.[6]

Die berühmteste dieser Karten, bekannt als die Piri-Reis-Karte, wurde 1929 in der alten Kaiserlichen Bibliothek in Konstantinopel, dem heutigen Istanbul, gefunden. Sie stammt spätestens aus dem Jahr 1513, aber in dazugehörigen Notizen wurde erklärt, daß diese Karte aus vielen anderen Kartenquellen zusammengetragen wurde, von denen einige bis ins «vierte Jahrhundert v. Chr. oder früher» zurückgehen.[7] Man vermutet, daß diese Quellen wiederum auf «noch ältere Quellen» zurückzuführen sind, die möglicherweise aus der Zeit der «frühesten Antike» stammen. Laut Professor Hapgood vom Keene College in New Hampshire, der die Originalkarte studiert hat, gibt es «unwiderlegbare Beweise dafür, daß die Erde vor dem Jahr 4000 v. Chr. von einer bisher unbekannten und unentdeckten Zivilisation kartographisch erfaßt worden ist, die technisch hochstehend war» und deren «genaue Informationen» dann über die Jahre «von Volk zu Volk» weitergegeben wurden.[8] Hapgood sagt dazu:

> «Wir können beweisen, daß [diese Karten] in der großen Bibliothek von Alexandria [im alten Ägypten] gesammelt und studiert wurden [und] … vielleicht von den Minoern und Phöniziern weitergegeben wurden, die mehr als tausend Jahre lang die größten Seefahrer der alten Welt waren.»[9]

Aber wer hatte diese Karten ursprünglich gezeichnet? Wer war die «bisher unbekannte und unentdeckte Zivilisation, die technisch hochstehend war»? Waren es vielleicht die legendären Einwohner von Atlantis, die «genaue» und «umfangreiche» Karten von ihrer Heimat im Atlantischen Ozean gezeichnet hatten?

Das Erstaunliche an der Piri-Reis-Karte ist, daß auf ihr die Küste eines Kontinents im südlichen Atlantik abgebildet ist, der jüngsten Studien zufolge die Untereis-Topographie der heutigen Antarktis darstellt, obwohl dieses Gebiet sich eindeutig Tausende von Meilen nördlich der heutigen Antarktis befindet und der Kontinent völlig eisfrei dargestellt ist.[10] Angesichts der Tatsache, daß die ganze Antarktis, Land und Wasser, eisbedeckt ist, das meiste davon über eine Meile dick, und daß der Kontinent offiziell erst 1818 entdeckt wurde, ist das eine verwirrende Erkenntnis.

Einige Gelehrte, wie auch Hapgood, versuchen es so zu erklären, daß die Piri-Reis-Karte tatsächlich die Antarktis darstellt, daß sich der Kontinent aber seit der Erstellung der Karte Tausende von Meilen nach Süden bewegt hat, was auf eine massive Verschiebung der Erdkruste zurückzuführen wäre. Wenn es so ist, die, die diese Karte erstellt haben, versuchten, die Antarktis darzustellen, aber sich bei ihrer geographischen Lage geirrt haben, gibt es keine Erklärung dafür, daß der Kontinent völlig eisfrei abgebildet ist, es sei denn, daß die globalen Temperaturen in der Zeit vor 4000 v. Chr. wären erheblich höher gewesen als heute. Greenpeace gelang es, mit einem Schiff durch den Kanal zu fahren, der sich als Folge der globalen Erwärmung in der Antarktis aufgetan hat, und vielleicht hat es so etwas in der Vergangenheit auch schon einmal gegeben.

Eine etwas plausiblere Erklärung ist aber vielleicht die, daß der dargestellte Kontinent gar nicht die Antarktis ist, sondern ein anderer Kontinent, den es heute nicht mehr gibt. Wie auch immer, auf dieser geheimnisvollen Landmasse konnten auf jeden Fall Menschen leben, und es könnte sich um das legendäre Atlantis gehandelt haben.

Die Stelle, an der das Land sich befand, paßt allerdings kaum mit Platos Erklärung zusammen, wonach Atlantis gegenüber «den Säulen des Herkules» lag. Es gibt sogar die Ansicht, daß Atlantis vielleicht mitten im Nordatlantik lag und nicht im Südatlantik. Für die meisten Archäologen ist das größte Problem all die Jahre hindurch nicht die Tatsache, daß es keine schriftlichen Aufzeichnungen gibt, sondern daß wir offensichtlich keinen verbindlichen materiellen Beweis haben. Wenn diese Zivilisation wirklich existiert hat und erst 10 000 v. Chr. versunken ist, warum gibt es dann heute keine materiellen Überreste mehr? Es ist sogar so, daß die Mitte des Atlantiks zu den tiefsten Stellen im Meer auf der ganzen Welt gehört.

In seinem Buch *The Secret of Atlantis* versucht der Autor Otto Muck diese Frage zu beantworten.[11] Er weist darauf hin, daß die Ostküste Südamerikas und die Westküste Afrikas wie ein Puzzle fast perfekt zusammenpassen, was die in der Geologie heute allgemein anerkannte Theorie der Kontinentalverschiebung auch besagt. Die Küsten von Nord- und Mittelamerika und Europa dagegen passen überhaupt nicht zusammen. Es scheint ein Stück dazwischen zu fehlen. Laut Muck könnte dies das nicht mehr existierende Atlantis sein, das im Meer versunken ist.

Die meisten Geologen würden darauf hinweisen, daß sich die amerikanischen Kontinentalplatten vor mehreren Millionen Jahren von den afrikanischen und europäischen wegbewegt haben und nicht erst etwa in den letzten 12 000 Jahren. Aber auch hierauf hat Muck eine Antwort. Er sagt, man gehe allgemein davon aus, daß die Gletscher in Europa in der letzten Eiszeit in südlicher Richtung sogar bis nach London vorgedrungen seien. Das wäre nicht möglich gewesen, wenn die gegenwärtige warme Luft und die warmen Meeresströme des Golfstroms ihnen entgegengewirkt hätten, die heute den Atlantik durchqueren. Darum muß irgend etwas den Golfstrom in der letzten Eiszeit aufgehalten haben. Muck vertritt die Auffassung, das sei Atlantis gewesen, das dann als Folge eines katastrophalen Zusammenstoßes von Asteroiden versunken sei, eine Kollision, die den Kontinent erschütterte und das tiefe Loch in der Mitte des Atlantischen Ozeans verursacht hat.

Ob diese Geschichte nun stimmt oder nicht, sie paßt auf jeden Fall besser zu Platos Beschreibung.

Aber vielleicht lag Atlantis in Wirklichkeit gar nicht mitten im Atlantik, ob nun im Nord- oder Südatlantik. Vielleicht lag es viel näher an der Küste Europas oder Amerikas.

Es haben schon einige Autoren Verbindungen zwischen den Einwohnern von Mesoamerika und Atlantis entdeckt. Im neunzehnten Jahrhundert führte der Amerikaner Ignatius Donnelly in seinem Buch *Atlantis the Ante-diluvian World* den detaillierten Nachweis, daß es eine Verbindung zwischen Atlantis und Mittelamerika gegeben hat, indem er Ähnlichkeiten in Wörtern und Sprache analysierte.[12]

«Folgt man den Überlieferungen der Phönizier, dann lagen die Gärten der Hesperiden im äußersten Westen. In diesen Gärten lebte Atlas, der, wie wir wissen, König von Atlantis war … Atlas wurde in der griechischen Mythologie als ein ‹enormer Riese› beschrieben, ‹der an den westlichen Grenzen der Erde stand und den Himmel auf seinen Schultern trug. Das war in einem Gebiet im Westen, wo die Sonne noch schien, nachdem sie in Griechenland bereits untergegangen war› …
Man sehe sich das an! Es gibt ein ‹Atlas›gebirge an der Küste Afrikas, eine ‹Atlan town› an der Küste Amerikas, die ‹Atlantes›, die an der Nord- und Südküste Afrikas leben, und die ‹Azteken› in Mittelamerika. Es gibt das Meer zwischen den zwei Welten, das ‹Atlantik› genannt wird, einen Gott aus der Mythologie namens ‹Atlas›, der die Welt auf den Schultern trägt, und die unsterbliche Tradition einer Insel, die ‹Atlantis› hieß.»[13]

Ich erinnerte mich an das «Gebäude der Atlantes» in der prä-aztekischen Stadt Tula nahe Mexico City, dessen Wände mit in Stein gemeißelten Schädeln verziert sind. Wir wußten auch, daß die Maya, die heute im Hochland Guatemalas leben, ihrem großen See den Namen «Atitlán» gegeben haben. Genau wie Donnelly mußte auch ich mich selbst fragen: Kann das alles Zufall sein?

Oder könnte es sein, wie Hunbatz Men glaubt, daß Atlantis in Wirklichkeit in der Nähe der Küste Mittelamerikas gelegen hatte? Es gibt dort auf jeden Fall eine ganze Menge Inseln in der karibischen See. Schon Frederick Mitchell-Hedges hatte die Bay Islands vor der Küste von Belize und Honduras als mögliche Außenposten des ursprünglichen Atlantis identifiziert, und andere, wie z.B. Gilbert und Cotterell, glauben, daß die Inseln in der Karibik einmal Gipfel, Plateaus und Berge einer größeren Landmasse oder mehrerer größerer Inseln waren. Auf jeden Fall sind viele dieser Inseln wie auch die Ostküste Mittelamerikas heute von sehr flachen Gewässern umgeben, besonders in dem Gebiet, das als Great Bahama Bank bekannt ist und nördlich von Kuba liegt.

Laut Gilbert und Cotterell paßt das Datum, das Plato für die verheerende Katastrophe im Atlantischen Ozean angibt, mit 9500 v. Chr. sehr gut zu dem Zeitpunkt, an dem, wie allgemein angenommen wird, die Eiszeit zu Ende ging.[14] Man geht auch davon aus, daß die Polkappen in der letzten Eiszeit viel höher waren, so daß die Meeresspiegel tiefer lagen. Das meiste Wasser auf der Erde wäre in Form von Eis in Gletschern und Eiskappen gebunden gewesen, und daher wären die Inseln und Küstenregionen zu jener Zeit viel größer gewesen als heute. Als die letzte Eiszeit zu Ende ging, begannen die Polkappen und Gletscher zu schmelzen, und der Meeresspiegel stieg. Die größeren Städte von Atlantis hätten sich wahrscheinlich an der Küste konzentriert und wären die ersten gewesen, die im Meer versanken.

Es gibt die Theorie, daß es Einwohnern von Atlantis gelungen ist, mit dem Boot zu entkommen und sich auf die größeren und höheren Landmassen Mittelamerikas zu retten. Sie brachten ihre Kultur, ihre Bräuche und ihren Glauben mit und vielleicht, wie Hunbatz sagt, auch die Kristallschädel. Einmal in Mesoamerika angekommen, haben sich diese wenigen Überlebenden mit den Einheimischen vermischt, woraus dann die Olmeken, Maya und vielleicht die Teotihuacanos, Tolteken und sogar die Azteken hervorgegangen sind. Darum glauben viele, daß die alten Maya und vielleicht noch viele andere Stämme Mesoamerikas ihre Ursprünge in Atlantis haben, so wie auch Hunbatz es gesagt hat.

Laut Paula Gunn-Allen tauchen in den Mythen und Legenden der amerikanischen Kontinente immer wieder «weise Männer» oder Menschen auf, die von der Östlichen See kamen und fremde Kultur mitbrachten. Viele Stämme Südamerikas, auch die alten Inka aus Peru, sprachen von einer legendären Figur namens «Viracocha», die nach einer großen Flut vom Meer im Osten gekommen war. Diese legendäre, weise Figur hatte erstaunliche Ähnlichkeit mit der Maya-Figur Kukulcan, bei den Azteken Quetzalcoatl, die große «regenbogenfarbene Schlange mit Federn». Obwohl dieser große Lehrer in den Versionen der Maya und der Azteken ursprünglich vom Himmel kam, haben fast alle Versionen gemein, daß diese legendäre Gestalt und ihre Begleiter wieder über die Meere nach Osten segelten, nachdem sie ihr Wissen weitergegeben und berühmte Zivilisationen gegründet hatten. Diese großen Götter mesoamerikanischer Kultur waren Gestalten großen «Lichts», Lernens und

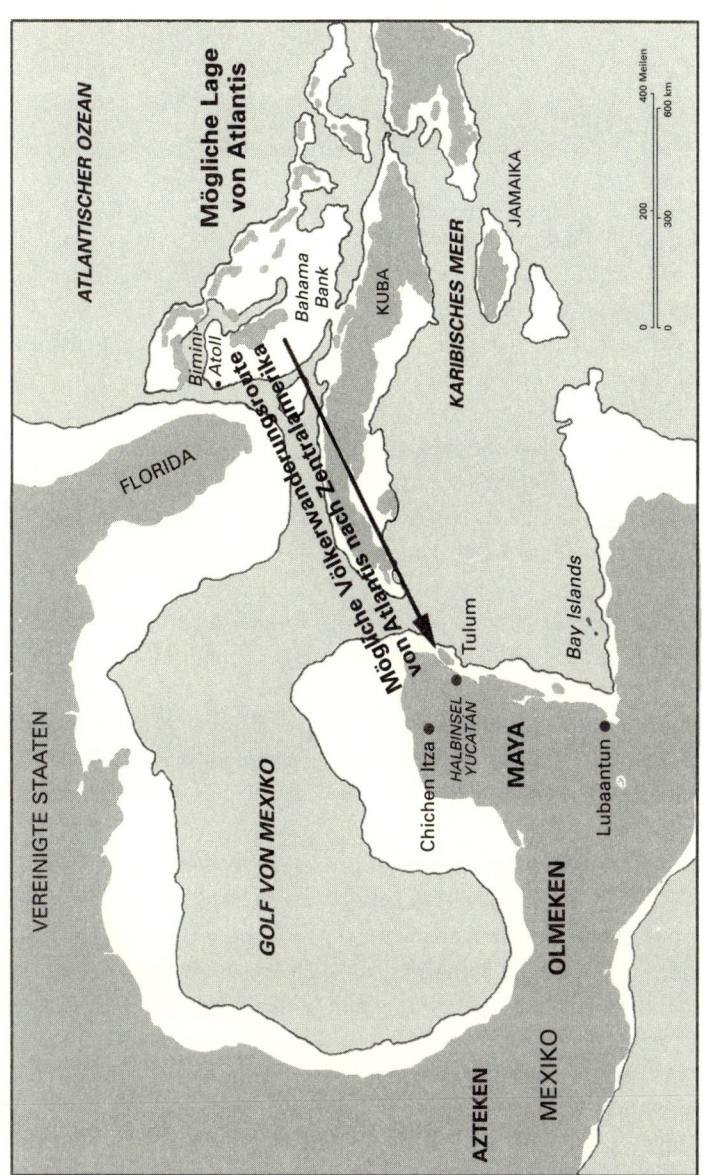

Zeichnung 26: Das Gebiet der flachen Gewässer um die Küste Mittelamerikas und die karibische Küste sowie das Gebiet, in dem Atlantis gelegen haben soll

Wissens, und sie waren göttlichen oder höheren Wesen gleich. Ich fragte mich, ob es vielleicht die Einwohner von Atlantis gewesen sein könnten, die Amerika besucht hatten, bevor oder kurz nachdem ihre eigene, große Zivilisation untergegangen war.

Aber hatten diese Reisenden Kristallschädel mitgebracht? Professor Gunn-Allen glaubte aufgrund ihrer persönlichen Erfahrungen auf jeden Fall fest daran, daß sie aus Atlantis kamen. Sie erzählte uns, daß sie 1987 Informationen aus dem Mitchell-Hedges-Schädel bei Anna Mitchell-Hedges zu Hause in Ontario gechannelt habe. Es überraschte mich ein wenig, daß eine Akademikerin überhaupt Interesse am Channeling fand, geschweige denn es selbst ausprobieren würde, und damals nahm ich das, was sie sagte, nicht allzu ernst. Aber jetzt, angesichts dessen, was wir von Hunbatz gehört hatten, dachte ich wieder daran.

Wie auch Carole Wilson, glaubte Paula Gunn-Allen, daß sie sich über einen tranceähnlichen Zustand mit dem «Geist» des Schädels verständigen und seine Sprache «sprechen» könne. Sie warnte uns: «Wenn man channelt, weiß man nie, ob man sich das ausdenkt oder ob es wirklich so ist», aber trotzdem berichtete sie uns von ihrer Erfahrung:

«Ich channelte den Schädel, der mir sagte, daß sein Name ‹Gentian› – Enzian – sei, der Name einer Blume, einer Heilpflanze, die in den kalten Alpenregionen Westeuropas wächst.»

Mir erschien das besonders passend, denn ich fand immer, daß der Mitchell-Hedges-Schädel etwas «Eisiges» an sich hatte. Wie ich interessanterweise einige Monate später aus einem Zeitungsartikel[15] erfuhr, gehört gerade diese Pflanze zu den weltweit am meisten bedrohten Arten, besonders deshalb, weil die Gletscher um sie herum aufgrund der globalen Erwärmung schmelzen.

Laut Paula Gunn-Allen ist Enzian eine «weibliche» Pflanze:

«Im Gegensatz zu dem, was die meisten Besitzer sagen, sind die Schädel alle weiblich. Sie stellen die weibliche Weisheit dar. Mit ‹weiblicher Weisheit› meine ich nicht etwas, das Männer nicht haben, sondern Eigenschaften, die traditionell in Frauen stärker entwickelt sind,

350

nämlich die Intuition, weniger Hierarchie- und Konkurrenzdenken und entsprechendes Verhalten.»

Ihrer Meinung nach erregen die Schädel jetzt immer mehr Interesse, weil wir in einer Zeit leben, in der wir nach und nach zu einer weiblicheren Art des Denkens zurückkehren. «Es ist die Zeit der Rückkehr der Großmütter. Es ist das Ende des Patriarchats.»

Dann erzählte sie uns, was sie über das «Entstehen» der Schädel erfahren hatte:

«Die Kristallschädel wurden von Frauen gemacht. Ich nenne sie Menschen, obwohl ich glaube, daß es keine Menschen wie wir waren, sondern eine andere Art Menschen. [Gentian] sagte mir, daß sie vor sehr langer Zeit gelebt hatten und daß sie von dem Ort kamen, den die Menschen Atlantis nannten und der untergegangen war. Ich sah sie durch dieses große Gebiet laufen, in dem es keine Pflanzen gibt, noch nicht einmal Flechten, kein Moos, nichts. Ich hatte den Eindruck, es war der Meeresboden. Auf jeden Fall war es kein Land, wie wir es kennen. Schließlich kamen sie einen Abhang hinauf und waren auf der Halbinsel Yucatán in Mexiko, die, wie Sie wissen, nicht weit von dem Ort entfernt ist, wo Mitchell-Hedges in den 20er Jahren den Schädel gefunden hat.»

Gunn-Allen konnte nicht genau sagen, wie viele Schädel so entstanden waren, obwohl sie sich sicher war, daß die Schöpfer der Schädel diese in einer Höhle unter den Bergen zurückgelassen hatten, westlich der Küste des heutigen Belize. Sie hielt die Schädel für «Kommunikationseinrichtungen»:

«Sie sind in Wirklichkeit Sende-Empfangsgeräte. Man kann mit ihrer Hilfe mit den anderen Quadranten der Galaxie sprechen. Man könnte sie sich als Telefone vorstellen, die uns mit der Galaxiszentrale verbinden und durch die wir mit anderen Teilen des Bewußtseins, sozusagen mit anderen Zivilisationen, die jenseits unserer modernen Welt liegen, in Kontakt bleiben können.»

Laut Paula Gunn-Allen wird dieses Wissen von den großen, kosmischen Verbindungen zwischen der Erde und anderen Planeten von «allen eingeborenen Völkern bewahrt».

Daß das große Wissen aus der Vergangenheit vor uns versteckt worden war, war ein Gedanke, dem wir schon begegnet waren, als wir Carole Wilson trafen. Bei ihr hatten wir die «Stimme des Schädels» gehört, die von den großen Entdeckungen sprach, die noch bevorstanden. Auch das hatten wir damals nicht besonders ernst genommen, aber jetzt standen wir dem Ganzen weniger ablehnend gegenüber.

Der «Stimme des Schädels» zufolge speicherte er den «Geist von vielen» in sich, und diese Geister «wurden während des Untergangs von Atlantis in dem Kristallschädel eingeschlossen».

Carole drückte es so aus:

«Es war so, daß die Wesen das Wesentliche ihres Geistes in den Schädel gaben. Sie sahen, daß ihre Heimat bald zerstört werden würde, und sie wollten ihr Wissen für die Zukunft bewahren. Zuerst wollten sie das Wissen nur an einem Ort speichern, aber dann entschieden sie, daß das zu gefährlich war und daß es besser war, das Wissen auf mehrere Gefäße zu verteilen.»

Carole bezeichnete die Kristallschädel als eine Art der Erinnerung an das, was vergessen gewesen, jetzt aber von ganz besonderer Bedeutung war. Sie drängte uns sehr, an einige andere Worte zu denken, die der Schädel gesprochen hatte: «Wegen der Katastrophen auf diesem Planeten werden Sie Ihre wiedergeborenen Erinnerungen brauchen, um eine verrückt gewordene Welt zu heilen, ihr Rat zu geben, sie zu führen und zu lieben.»

Carole glaubt, daß sich einige dieser «wiedergeborenen Erinnerungen» auf Atlantis beziehen und daß wir erfahren müssen, was wirklich passiert ist, damit wir eine erneute Katastrophe dieser Art vermeiden können. Das spiegelt Nick Nocerinos Ansicht wider, daß die Schädel uns an Ereignisse in der Vergangenheit erinnern, damit wir aus unseren Fehlern lernen können und verhindern, daß sie wieder gemacht werden.

Carole hatte uns dringend empfohlen, die Schriften von Edgar Cayce zu lesen, einem Medium mit übersinnlichen Fähigkeiten, denn auch er hatte

Informationen über Atlantis gechannelt. Cayce (1877-1945) war von Beruf Fotograf, aber berühmt wurde er als der «Schlafende Prophet». Er hatte zufällig seine Begabung entdeckt, Krankheiten zu diagnostizieren und das richtige Heilmittel zu finden, als er sich in einem Zustand tiefer Trance befand. Er channelte auch Informationen über die Vergangenheit und die Zukunft. Cayce zufolge hat Atlantis existiert, aber es wurde als Folge einer großen Naturkatastrophe von Wasser überschwemmt und zerstört. Er beschrieb, wie die wenigen Überlebenden weitergezogen waren:

«Als die Zivilisation von Atlantis unterging, verließ Iltar das Land Poseidia mit ungefähr zehn Gefolgsleuten, die zum Hause Atlan gehörten und den EINEN anbeteten. Sie kamen in den Westen in eine Welt, die heute ein Teil von Yucatán ist. Zusammen mit den Menschen dort begann die Entwicklung einer Zivilisation, die genau wie die von Atlantis ihren Aufstieg nahm ...»[16]

Konnte es sich hierbei um die «Itzas» handeln, die Hunbatz erwähnt hatte, die vielleicht von dem berühmten «Itzamna» geführt worden waren, der die Zivilisation der Maya auf der Halbinsel Yucatán mitbegründet hatte?

Laut Cayce brachten diese Überlebenden Aufzeichnungen aus ihrer früheren Geschichte mit, die noch an drei Orten zu finden waren:

«Die Aufzeichnungen ... sind an drei Plätzen der heutigen Welt vergraben: in dem versunkenen Teil von Atlantis, oder auch Poseidia, wo man viele der Tempel im Schlamm unter Wasser heute noch finden kann, und zwar in der Nähe von Bimini vor der Küste Floridas.»

Wir hatten schon gehört, daß die «Stimme des Schädels» Bimini erwähnt hatte. Cayce hatte am 28. Juni 1940 vorausgesagt, man würde die Tempel vor der Küste von Bimini in den Jahren 1968-69 entdecken, aber die Bedeutung dieses Fundes würde man zunächst gar nicht begreifen.

Es überrasche mich, als ich herausfand, daß eine Gruppe Taucher, die von Dr. Manson Valentine angeführt wurde, 1968 in genau diesem Gebiet, in einer Ecke des Bermudadreiecks, etwas völlig Unerwartetes unter Wasser in einer Tiefe von nur 6 bis 9 m entdeckt hatte, und zwar massive Steinblöcke, einige mit einem Durchmesser von 4,5 Metern und einem Gewicht von 25 Tonnen. Noch gibt es wilde Diskussionen darüber, ob es sich hierbei um natürliche Felsformationen handelt, aber das Ungewöhnlichste ist, daß alle Blöcke ungefähr gleich groß sind. Einige sehen so aus, als seien sie vom Wasser abgerundet worden, aber es waren ursprünglich fast perfekte, quadratische Formen mit korrekten rechten Winkeln an jeder Ecke, die regelrecht «modelliert» worden waren. Sie sind anscheinend sorgfältig von Menschenhand zu einer Art Seemauer aufgestellt worden, die die kleine Insel Bimini komplett umgab, so als hätten sie als massives Bollwerk gegen die krachenden Wellen gedient.

Cayce sagte auch, daß man weitere Beweise für die Existenz von Atlantis finden würde, und zwar «in den Tempelaufzeichnungen in Ägypten … auch die Aufzeichnungen, die auf die heutige Halbinsel Yucatán gebracht wurden, in Amerika, wo die Steine (von denen sie so wenig wissen) jetzt sind.»[19] Ich fragte mich, ob mit den «Steinen» die Kristallschädel gemeint sein könnten, vielleicht einige Schädel, die immer noch unentdeckt irgendwo auf der Halbinsel Yucatán lagen?

Aber was war das mit den Tempelaufzeichnungen in Ägypten? Später sprachen wir mit der Britin Ann Walker, die übersinnliche Fähigkeiten besitzt. Sie war kurz zuvor auf der Suche nach diesen Aufzeichnungen nach Ägypten gereist. In ihrem Buch *The Stone of the Plough* bringt sie ihren Glauben daran zum Ausdruck, daß das alte Ägypten wie auch die anderen alten Zivilisationen Mesoamerikas in Wirklichkeit von den Einwohnern von Atlantis gegründet worden waren, die in beiden Fällen beim Entwurf und Bau der Pyramiden beteiligt waren.[20] Zweifellos weisen viele der archäologischen Funde darauf hin, daß das alte Ägypten genau wie die Olmeken und später die Maya und Azteken, sich nicht langsam und mühevoll entwickelt hat, wie es für menschliche Gesellschaften normal ist, sondern daß es rasch und bereits voll entwickelt auftauchte.

Sogar im alten Mesopotamien bei den Sumerern, die eine Zivilisation hervorbrachten, die man für den direkten Vorgänger des alten Ägypten hält, gibt es die Legende von «weisen Wesen», die in früher, vorgeschichtlicher Zeit aus dem Meer gekommen waren. Diese eigenartigen amphibischen Wesen, die aussahen wie eine Kreuzung aus Mensch und Fisch, aber «mit Verstand ausgestattet» waren, hatten den Menschen das nötige Wissen gegeben, um ihre Zivilisation zu gründen. Waren das vielleicht die Einwohner von Atlantis, die nach Ann Walkers Überzeugung die Zivilisation in den Nahen und Mittleren Osten und nach Ägypten gebracht hatten?

Ann glaubt, daß diese Träger der Zivilisation auch Aufzeichnungen über Atlantis bei sich hatten, die dann in einen oder mehrere Kristallschädel eingeschlossen wurden. Sie glaubt, mit Hilfe ihres «Geistführers» genau zu wissen, wo diese Aufzeichnungen aufbewahrt werden. Genau wie Cayce glaubt auch sie, daß sie in einer «Halle der Aufzeichnungen» unter den Pfoten der Sphinx vergraben liegen. Und interessanterweise plant die ägyptische Regierung, an genau dieser Stelle jetzt Ausgrabungen durchführen zu lassen. Ann glaubt, daß man dabei einen Kristallschädel finden wird, der eindeutig die wichtige Rolle aufzeigen wird, die die Kristallschädel für das Schicksal der Menschen auch im Westen spielen. Wir brauchen nur abzuwarten, ob sie recht hat oder nicht.

Aber wenn es Atlantis wirklich gegeben hat, was hat dann schließlich zu seinem Untergang geführt? Nach den Informationen, die Cayce channelte, «brach das Land auseinander, weil die göttlichen Gesetze falsch auf die Dinge in der Natur oder auf der Erde angewendet wurden», und anscheinend spielte dabei Kristall, wenn auch keine Kristallschädel, eine Rolle.

«In dem Haus eines Priesters im Land Atlantis überwachte eine Prinzessin den Stein, auf den das Licht des Himmels fiel zum Wohle der Menschen. Dieser Stein brachte den Menschen die Prophezeiung hinsichtlich ihrer Beziehung zu den göttlichen Kräften, die spürbar werden können.»[22]

Auch wenn Cayce nicht direkt die Kristallschädel erwähnte, fragte ich mich, ob dieser «Stein» ein verdeckter Hinweis auf sie sein könnte. Ich las weiter und stellte fest, daß Kristalle, ob sie nun als Schädel geformt waren oder nicht, in Atlantis eine sehr wichtige Rolle gespielt hatten. Denn Cayce zufolge benutzten die Einwohner von Atlantis Kristalle ursprünglich als ein Mittel zur Verständigung mit Gott. Genau so hatte uns auch Hunbatz die Funktion der Schädel erklärt. Später aber wurden die Kräfte der Kristalle korrumpiert:

«Die großen, reflektierenden Steine, die zuerst Tuaoi-Steine genannt wurden, waren ursprünglich Mittel zur geistigen Verständigung zwischen dem Endlichen und dem Unendlichen. [Aber] später, als man im Laufe der Jahrhunderte die Steine immer besser zu nutzen wußte, wurde daraus ein Erzeuger für Strom und Energie, der die Energie ohne Leitungen über das Land ausstrahlte. Dann wurden die Kristalle zu Feuersteinen oder auch Großen Kristallen.»[23]

Cayce beschrieb ein Volk, das lernte, wie man seine Umgebung manipulierte, indem man die Kraft des Kristalls kontrollierte. In einem Bericht, der wie Science Fiction klingt, fährt er mit der Beschreibung dieses «Großen Kristalls» fort:

«Der Feuerstein stand im Tempel der Sonne in Poseidia und war das zentrale Kraftwerk für das ganze Land … Über dem Stein war eine Kuppel, die man öffnen konnte, um das Sonnenlicht herein zu lassen. Die Sonnenstrahlen wurden durch die vielen Prismen unglaublich intensiv konzentriert und verstärkt. Sie waren so stark, daß man sie regenerieren und wie Funkwellen in unsichtbaren Strahlen quer über das Land senden konnte. Mit ihrer Energie wurden Schiffe auf See betrieben, Flugzeuge und sogar Vergnügungsfahrzeuge. … Große und kleine Städte bezogen ihre Energie aus dieser Quelle.»[24]

Was Cayce sagte, schien das zu bestätigen, was wir von Carole Wilson über eine «geistig hochstehende Zivilisation» gehört hatten. Die Gesellschaft, die Cayce beschrieb, hatte sogar merkwürdige Parallelen zu unserer eigenen. Sein Bericht bestätigte offensichtlich auch das, was Professor Gunn-Allen darüber gesagt hatte, wie die Einwohner von Atlantis ihr eigenes Leben und den eigenen Körper manipulierten:

«Wenn man mit den Strahlen der Kristalle vorsichtig umging, konnte man den menschlichen Körper sogar verjüngen, und das taten die Menschen oft.»[25]

Aber Cayce zufolge säten die Einwohner von Atlantis besonders durch den Mißbrauch der Energie des Quarzkristalls den Samen ihrer eignen Zerstörung:

«Aber wenn man den Feuerstein [oder Kristall] mißbrauchte, hatte er eine zerstörerische Wirkung, [und das] trug zur zweiten Katastrophe bei. Die Strahlen verbanden sich mit anderen elektrischen Kräften und entzündeten viele Feuer im Inneren der Erde, und das Energielager der Natur ließ die Vulkane ausbrechen.»[26]

Er fügte hinzu:

«Das Land zerbrach zum ersten Mal, als man sich dieser Einflüsse, die jetzt wieder entdeckt werden, bediente – diese Einflüsse kann man für Kommunikation, Verkehr usw. positiv nutzen, oder man kann sie zu einer Waffe der Vernichtung machen.»[27]

Cayce hatte dies in den 40er Jahren geschrieben, als man die «Vorteile» von Kristallen in erster Linie für militärische Zwecke erforschte. Aber heute findet man Quarz überall in der Elektronik, und ich fragte mich, konnte es sein, daß es in Atlantis eine viel weiter entwickelte Kristalltechnologie gab?

In der Legende der Seneca-Indianer wird ebenfalls die Zerstörung von Atlantis wegen Mißbrauchs der Kräfte des Quarzkristalls beschrieben. In ihrem Buch *Other Council Fires Were Before Ours* erläutert Twylah Nitsch, eine Großmutter vom Stamm der Seneca, diese Legende.[28] Den Seneca zufolge war Atlantis ursprünglich Teil eines großen Kontinents, der «Schildkröteninsel» hieß. Hierzu gehörten alle Länder der Welt, bevor sie durch einen Prozeß auseinander getrieben wurden, den die Wissenschaftler heute Kontinentalverschiebung nennen. Man geht normalerweise davon aus, daß dieser Prozeß sich sehr langsam über Millionen von Jahre hinzog, aber folgt man der Legende, kann es auch viel schneller gegangen sein, und bei einer dieser großen «Veränderungen der Erde» oder bei den Verschiebungen wurde Atlantis zerstört.

Dem Glauben der Seneca zufolge wohnten in der Zeit der Schildkröteninsel alle fünf Rassen, die es auf der Welt gab, auf derselben Landmasse, jede in ihrem Gebiet. Die weiße Rasse, «Gagan» genannt, bewohnte das damalige Atlantis in Nordosten der Insel. Diese Rasse hatte großes, kreatives Talent. Ihr brillanter Verstand brachte wunderbare Dinge hervor. Sie entdeckten Heilmittel aller Art und wußten, wie sie ihren Körper wieder zu Kräften bringen konnten, indem sie sich der Farben des Lichts von Großvater Sonne bedienten.[29] Es klingt wie eine erstaunliche Parallele zu unserer heutigen Zeit, denn die Weißen «entwickelten merkwürdige Dinge, die sie Maschinen nannten und die ihre Arbeit machen sollten. Die Indianer nannten diese eigenartigen Dinge Macht-Arbeit-für-Zweibeiner-leichter.[30] Anfangs war das für die Erde nicht schädlich. Aber im Laufe der Zeit änderte sich alles. Weil sie ihre Medizin nicht mit den anderen vier Rassen teilten, begannen die Gagan länger zu leben als die anderen, was ihnen ein Gefühl der Überlegenheit gab. Dann beschlossen sie, die anderen Rassen zu Sklaven zu machen.

Die Gagan waren weiß, und folglich brachte man die Farbe Weiß mit neuen Vorstellungen in Verbindung. Die Gagan hielten Weiß für stark und sauber. Sie glaubten, daß das, was nicht weiß und hell war, zerstörend wirkte. Schon bald vernichtete ihre Angst vor Schmutz, Boden und Sand ihr Gefühl, zu Mutter Erde zu gehören. Sie zogen in weiße Siedlungen aus Marmor und Kristall und schufen Pflanzen und Bäume, die ihre Blätter oder Blüten nicht verloren. Ich mußte an Plastikpflanzen denken, die man in modernen Bürohäusern und Einkaufspassagen antrifft. Die Gagan wurden von den anderen Rassen, die nur als Sklaven, Sänger oder Tänzer in den Siedlungen leben durften, um die Gagan an Festtagen zu unterhalten, Aga Oheda, oder «Angst-vor-Schmutz» genannt.

Die Gagan entwickelten eine so große Angst vor Infektionen und vor allem, was nicht weiß war, daß sie begannen, die Erdoberfläche mit einer weißen Substanz zu bedecken, die «Hart-wie-Fels-Schnee» genannt wurde. Dieser «felsenharte weiße Mantel» vernichtete die Pflanzen und Tiere. Gleichzeitig begannen die «Angst vor Schmutz», die Eigenschaften des Kristalls auszunutzen. Die Medizinmänner der «Angst-vor-Schmutz» fanden eine Möglichkeit, Kristall zu schmelzen und mit Erzen zu vermischen, die sie auf Mutter Erde fanden.[31]

Durch das Fördern von Erzen entstanden große Höhlen. Die Ressourcen der Schildkröteninsel wurden hemmungslos ausgebeutet, ohne sich erneuern zu können. Und wieder war ich über die Ähnlichkeit zu dem erstaunt, was in unserer modernen Welt geschieht. Bedienten wir uns nicht bei den Ressourcen von Mutter Natur, fällten die Wälder, bauten Minen und nahmen uns, was wir brauchten? Bedeckten wir den Planeten nicht mit weißem Beton? Wir fragten uns, ob es in dieser Legende wirklich um die Vergangenheit ging, oder ob das vielmehr eine Prophezeiung war, die die gegenwärtige Welt und die unmittelbare Zukunft beschrieb.

Mutter Erde, so heißt es in der Legende, sah tieftraurig zu, welches Schicksal ihre Kinder erwartete. Die Zweibeiner, meine Kinder, sagte sie, haben immer ihren freien Willen gehabt. Sie entschieden sich, die Wurzeln zu zerstören, die sie mit dem Reichtum verband, den die Natur ihnen vererbt hatte. Die Flut der Veränderung wird mit ihren Wellen den Schaden, der angerichtet wurde, wiedergutmachen, aber das Erbe ihrer mutwilligen Zerstörung wird in den kommenden Welten spürbar sein und zum Erbe aller künftigen Generationen gehören.[32]

Und so wurde nach der Legende der Seneca, und wie es auch im Kalender der Maya stand, die Dritte Welt des Wassers durch eine Flut zerstört. Die Seen, die es heute gibt, erinnern daran.

Die Geschichte endet mit folgender Aussage: Jedesmal, wenn die Zweibeiner die heiligen Bande von Leben und Gleichheit zerstören, wird eine Flut über die Schildkröteninsel kommen. Die Zeit ist gekommen, die Medizinsteine zusammenzurufen, denn sie sind die Bewahrer unserer gemeinsamen Geschichte auf dem Weg durch die Zeit. Dort oben, auf dem Heiligen Berg, wird durch die Aufzeichnungen der Steinmenschen den Gläubigen die Wahrheit der zukünftigen Welten mitgeteilt werden.[33]

Und wieder fragte ich mich, ob es sich bei den «Medizinsteinen» wohl um die Kristallschädel handelte, die nicht nur die Aufzeichnungen von Atlantis hüteten, sondern auch die vorheriger Welten. Könnten diese «Medizinsteine» uns wirklich an die schrecklichen Ereignisse der Vergangenheit erinnern, damit wir aus unseren Fehlern lernen konnten? Wenn «jedesmal, wenn die Zweibeiner die heiligen Bande von Leben und Gleichheit zerstören, eine Flut über die Schildkröteninsel kommen wird», war dann nicht wirklich etwas Wahres an dem alten Mayakalender und an dem, was Hunbatz Men über die Möglichkeit gesagt hatte, daß auch unsere Welt schon bald zu Ende gehen könnte?

Es war schon erstaunlich genug gewesen, von Hunbatz und aus anderen Quellen zu hören, daß es Atlantis wirklich gegeben haben könnte und daß zumindest einige Kristallschädel vor dort kommen könnten, aber das war nichts im Vergleich zu dem, was wir bei unserer Rückkehr in die USA erfahren sollten.

24

Die Vorfahren unserer Welt

Am nächsten Tag mußten wir nach Arizona fliegen, weil wir uns mit einem Medizinmann namens Harley Swift Deer vom Stamm der Cherokee, einem «Metis», treffen wollten. Wir wußten, daß dieser Mann für sein großes Wissen über die Kristallschädel bekannt war. Es hieß, daß er zu den wenigen gehöre, die die ursprüngliche Legende ausführlich kannten, und daß sein Wissen weit über das der anderen Indianer hinausginge. Er erklärte uns, daß die Kristallschädel Teil der Weltgeschichte und eines verborgenen Erbes aller Menschen dieser Erde waren, das bisher geheimgehalten worden war. Harley war jetzt jedoch offensichtlich bereit, diese «wahre Begebenheit aus unserer Menschheitsgeschichte» mit «allen Kindern dieser Erde zu teilen».

Wir wußten von diesem Mann nicht mehr, als daß er unter den Indianern höchst umstritten war. Soweit wir es beurteilen konnten, lag das an seiner Entscheidung, die heilige Lehre und Geschichte seines Volkes an die Welt weiterzugeben. Harley war bereit, uns etwas mitzuteilen, was normalerweise nur den Cherokee und den Mitgliedern anderer Stämme vorbehalten war, die sich der «Initiation durch den Schamanen» unterzogen hatten, und denen, die «auf dem heiligen Pfad des wahren Wissens» nach den ursprünglichen Lehren ihrer Urväter lebten.

Uns war bekannt, daß die Indianervölker schon seit langem darüber streiten, ob man heiliges Wissen mit anderen teilen darf. Viele Indianer haben das Empfinden, daß ihnen die Europäer schon sehr viel weggenommen haben und jetzt auch noch den letzten Rest ihrer heiligen Tradition rauben wollen. Über dieses Thema haben sich sogar einige Stammesgemeinschaften tief zerstritten. Einerseits gibt es jene, die alte Tradition und Lehre aus Angst vor Zerstörung und Korrumpierung dieses Wissens für sich behalten wollen. Auf der anderen Seite glauben immer mehr Indianer daran, daß jetzt die Zeit gekommen ist, um ihr heiliges Wissen zu teilen, in der Hoffnung, daß es der ganzen Menschheit diene. Harley gehört zur letzten Gruppe.

Aber man warnte uns: Die Geschichte der Cherokee und einiger anderer Indianerstämme, oder das, was sie als wahre Erzählungen aus der Geschichte betrachteten, enthielten Informationen, die diejenigen sehr beunruhigen könnten, die die Weltanschauung der Indianer nicht kannten, oder die nicht bereit waren zu akzeptieren, daß die Geschichte, die man ihnen beigebracht hatte, sich als falsch erweisen könnte. Denn die «wahre Lehre» enthielt Vorstellungen, die uns unwahrscheinlich oder fremdartig erscheinen konnten. Man sagte uns, daß wir das, was wir kennen und glauben, vergessen müßten, um die Lehre richtig zu verstehen. Wir müßten einen Sprung ins Unbekannte wagen und fremden Boden betreten, wo wir dann feststellen würden, daß vieles, was wir als gegeben hinnahmen, in Wirklichkeit ganz anders war.

Wenn wir es mit dem Wissen um die Kristallschädel ernst nähmen, sollten wir kommen und Harley in seiner «Lehr- und Heilpraxis» in einer Vorstadt von Phoenix in Arizona besuchen.

Als wir dort ankamen, bot sich uns ein unerwarteter Anblick großer, grüner und sorgfältig gemähter Rasenflächen mitten in einer öden Wüstenlandschaft. Das Ganze wirkte wie ein anspruchsvoller Urlaubsort, der allerdings keinen Strand hatte. Als wir durch die Stadt fuhren, fragte ich mich, was für ein Mensch dieser umstrittene Mann wohl sein mochte und noch viel mehr, was genau er uns erzählen würde.

Harley Swift Deer hatte einem Interview und Filmaufnahmen vorab schon zugestimmt. Chris und ich dachten, daß eine Halbprofilaufnahme dieses echten Cherokee-Schamanen vor dem Hintergrund leuchtend roter Felsen mitten in der Wüste einen tollen Effekt haben müßte und der Eindruck von uralter Weisheit ebenso stark sein würde wie die atemberaubende Wüstenlandschaft selbst. Hinter ihm die untergehende Sonne, deren goldene Strahlen die kantigen Züge dieses ehrwürdigen, intelligenten Gesichts streifen würden, seine dunklen Augen mit dem Ausdruck voller Weisheit und Mitgefühl und seine langen, schwarzen Haare, in denen der Wind spielte.

Als wir dann endlich bei Harleys Praxis ankamen, waren wir zuerst einmal von den flachen Bürogebäuden aus Beton überrascht, die eher wie der Hauptsitz einer international tätigen Firma aussahen. Auf jeden Fall war es nicht der Ort, an dem wir einen Ältesten und Schamanen der Indianer erwartet hatten. Die klinische Atmosphäre, das Summen der Klimaanlage und die weiße Innenausstattung der Gebäude paßte meiner Meinung nach eher zu einem modernen Krankenhaus als zu der Arbeitsumgebung eines indianischen Medizinmannes.

Eine von Harleys Assistentinnen, eine Frau in den vierzigern namens Jan, begrüßte uns eher förmlich und bat uns in eines der noblen Büros, um mit uns über den geplanten Film zu sprechen. Sie hatte offensichtlich vergessen, daß wir in der Wüste drehen wollten. «Oh, aber Harley hat sich heute schick gemacht und zur Feier des Tages extra seinen Westernanzug angezogen», sagte sie. Das war nicht gerade das, was wir uns vorgestellt hatten …

Ich wollte den Mann unbedingt kennenlernen, und nun mußten wir in einem Raum auf ihn warten, der so groß war wie eine Turnhalle. Auf dem Boden lagen dicke Teppiche, und an den Wänden hingen viele Urkunden und Fotografien. Auf einer dieser Urkunden las ich gerade, daß Harley Swift Deer Reagan auch Mitglied im örtlichen Schützenklub und Karate-Fachmann war, als Jan unsere Aufmerksamkeit auf «die Arche» richtete. In der Mitte des Raumes lag auf einem leuchtend pinkfarbenen Tuch in einer bunten Ansammlung von Steinen und Kristallen ein lebensgroßer Kristallschädel, der ziemlich rohe Konturen aufwies und dessen Gesichtszüge spitzer waren als die der anderen Schädel, die ich bis jetzt gesehen hatte. Um den Schädel herum waren aus verschiedenen Gegenständen vier Reihen gebildet, die offensichtlich die vier heiligen Himmelsrichtungen darstellen sollten. Es handelte sich um verschiedene Artefakte, Tonwaren und Schnitzereien, anscheinend mesoamerikanischen Ursprungs, die wie die Touristenandenken aussahen, die man überall an den alten Stätten in Mexiko kaufen kann, obwohl es natürlich auch echte Antiquitäten sein konnten. An dem Kristallschädel war ein kleines Kabel befestigt, und als Jan einen Schalter betätigte, wurde das Ganze plötzlich in ein eigenartiges Licht getaucht.

«Das ist ein moderner Schädel, oder?» fragte ich.

«Woher wissen Sie das?» fragte Jan. «Ja, Harley hat einen hervorragenden Kunsthandwerker in Brasilien in der Provinz Minas Gerais aufgetan, wo es viele schöne Kristalle gibt.»

Es war klar, daß Harley den Kristall von Damien Quinn bekommen hatte, von dem Nick Nocerino uns erzählt hatte.

Ich sah auf und bemerkte, daß Harley selbst in den Raum gekommen war und jetzt vor mir stand. «Howdy!» sagte er, streckte seine Hand aus und grinste breit. Er sprach reinsten texanischen Akzent. Es überraschte mich sehr, einen Mann mit blauen Augen, heller Haut und lockigem, grauen Haar vor mir zu sehen, der einen Stetson und Cowboykleidung trug, sogar mit Bolotie und Cowboystiefeln. Ich schätzte ihn auf Ende sechzig. Er war über einsachtzig groß und hatte offensichtlich Vorfahren aus Europa. Ich fragte mich, ob überhaupt etwas indianisches an ihm war.

Es stellte sich heraus, daß «Metis» die Bedeutung von «teilweise Cherokee» hatte und daß Harley zum Teil irischer Abstammung war, was auch das «Reagan» in seinem vollen Namen erklärte. Sein Großvater war ein irischer Siedler, der eine Cherokee zur Frau genommen hatte, und die Geschichte, die er uns jetzt erzählen wollte, hatte ihm seine Cherokee-Großmutter erzählt, als er selbst noch ein kleiner Junge war.

Harley setzte sich, zündete sich eine Zigarette an und erzählte uns Geschichten von seiner Arbeit als Stuntman im Hollywood der 50er Jahre. Es machte ihm offensichtlich Spaß, der Star der «Show» zu sein. Nach kurzer Zeit kamen auch seine Mitarbeiter und seine hübsche junge Frau in den Raum, die bei dem Interview zuschauen wollten. Harley nahm zwischendurch immer wieder einen Schluck von seinem Cola-Getränk, rauchte eine Zigarette nach der anderen und begann uns dann die «wahre Geschichte» von den Kristallschädeln zu erzählen. Er sprach in erstaunlichem Tempo, so daß es uns nicht leicht fiel, ihm aufmerksam zuzuhören:

«Ich bin der Heyoehkah oder auch Kriegshäuptling des Ältestenrates der Twisted Hair Society. Darum spreche ich als einer der Twisted Hair und als Mitglied des Ältestenrates.

Ich will Ihnen jetzt die Legende der Kristallschädel erzählen, die wir ‹singende Schädel› nennen, und der Arche von Osiriaconwiya.

Die Legende beginnt so wie bei den Twisted Hair, denn sie sind die Geschichtenerzähler.»

Bei den Indianern gibt man die heiligen Traditionen und die Geschichte des Volkes über das Geschichtenerzählen von einer Generation an die nächste weiter. Den Cherokee zufolge stehen die Twisted Hair für die uralte Tradition des Geschichtenerzählens, die schon Tausende von Jahren alt ist. Harley sprach weiter:

«Zu den Twisted Hair gehören Mitglieder von über 400 verschiedenen Stämmen aus Nord-, Süd- und Mittelamerika.

Das waren und sind Männer und Frauen, die den ganzen Weg vom äußersten Südamerika bis zur Spitze Nordamerikas reisten, um die heilige Lehre weiterzugeben.

Vor langer Zeit gehörten Nord-, Süd- und Mittelamerika und die Kontinente, die jetzt Neuseeland und Australien heißen, zu einer einzigen Landmasse, die einen Kontinent bildete. Unser Volk nannte ihn ‹Schildkröteninsel›.»

Wie wir wußten, glaubten eigentlich alle Indianerstämme an die Existenz dieses Landes. Harley fuhr fort:

«Die Ältesten der Twisted Hair sagen, daß es ganz zu Anfang zwölf Welten gab, auf denen Menschen lebten. Das sind Planeten, die sich um verschiedene Sonnen drehen, und die Ältesten trafen sich auf einem Planeten namens Osiriaconwiya. Das ist der vierte Planet vom Hundestern, Sirius. Er hat zwei Sonnen und zwei Monde, und dort trafen sie sich, um über das Elend des ‹Planeten der Kinder› zu sprechen – und dort sind wir heute. Dieses ist Großmutter Erde, in unserer Sprache Eheytoma genannt, aber es steht auch für ‹Planet der Kinder›, weil dieser Planet von all denen, auf denen es menschliches Leben gibt, am wenigsten entwickelt ist. Wir gehören also zu einer Familie von zwölf Planeten.

Auf jenen anderen Planeten wurde alles Wissen zusammengefaßt und kodiert in etwas eingespeist, das wir in unseren heutigen Worten am besten mit dem Begriff Holographiebildcomputer bezeichnen können, nämlich in einem Kristallschädel. Diese Kristallschädel sind absolut makellos und perfekt. Die Kiefer dieser Schädel sind beweglich, wie bei unserem menschlichen Schädel auch, und deswegen nannte man sie ‹singende Schädel› und die gesamte Konfiguration ‹Arche von Osiriaconwiya›. Jeder Schädel steht für das Wissen eines bestimmten Planeten. Man kann sich das am besten wie moderne Computer vorstellen, in denen Unmengen von Informationen gespeichert sind, die man abrufen kann. In allen Kristallschädeln sind sehr viele Informationen gespeichert, die man abrufen kann, wenn man weiß, wie.

Jedenfalls nahmen unsere Ältesten aus dem Kosmos die Arche und codierten das ganze Wissen der zwölf Welten mit menschlichem Leben, die man die ‹heiligen zwölf› Planeten oder ‹Großmütter› nennt. Sie brachten sie hierher, begannen mit ihnen zu arbeiten und lehrten die Kinder von Großmutter Erde. Diese Ältesten aus dem Kosmos fanden eine Möglichkeit, sich mit den ‹Zweibeinern› hier auf Großmutter Erde zu verständigen.

Und das war auch das eindrucksvollste und wertvollste Geschenk an die Kinder dieser Erde, denn es war geschenktes Wissen. Es war das größte Geschenk, weil es die Quelle war, aus der sich alles entwickeln konnte, es war der Boden, auf dem wir alle erblühen konnten.

So ist es einmal gewesen, und das war eine Zeit großen Fortschritts. Die Ältesten der anderen Planeten lehrten die Kinder dieser Erde und gaben ihnen das, was man ‹die Lehren der heiligen Schilde› nennt.

Den Ältesten gelang es, sich von ihren eigenen Planeten aus mit den Menschen auf der Erde zu verständigen, und dazu benutzten sie zwei große Kuppeln, eine rote und eine blaue, die unter dem Ozean waren. Und sie halfen den Menschen auf der Erde, vier große Zivilisationen zu gründen, die von Lemuria, Mu, Mieyhun und Atlantis. Sie nutzten das Wissen der Kristallschädel, um berühmte Geheimschulen zu gründen, die Schulen der alten Weisheit und die geheimen medizinischen Gesellschaften. Dann begannen sie, dieses Wissen zu verbreiten. Das Wissen kam vor etwa 750 000 Jahren an und wurde auf Großmutter Erde vor etwa 250 000 bis 300 000 Jahren verbreitet. Um das Lehren zu erleichtern, wurden hier auf der Erde noch mehr Schädel gemacht, aber auch wenn sie lebensgroß sind, sind ihre Kiefer unbeweglich. Von diesen Schädeln gibt es noch viel mehr, und man nennt sie ‹sprechende Schädel›, um sie von den «singenden Schädeln» der großen Arche zu unterscheiden, die für das ganze Wissen aller 12 Welten und für unser eigenes Wissen stehen.»

Wie Harley später erklärte, gehörte die Twisted Hair Society zu den geheimen medizinischen Gesellschaften. Die Legende der Kristallschädel war offensichtlich von Generation zu Generation weitergegeben worden, mußte aber vor Außenstehenden geheimgehalten werden, besonders angesichts der brutalen Unterdrückung, unter der die Indianer gelitten hatten. Aber Sinn und Zweck der Gesellschaft war es immer gewesen, diese Weisheit zu bewahren.

Harley fuhr mit seiner Geschichte fort:

«Die Schädel befanden sich in einer Pyramide, die man die Arche nannte. Die Arche bestand aus den zwölf Schädeln von jedem einzelnen der heiligen Planeten, die kreisförmig angeordnet waren, und aus einem dreizehnten Schädel, dem größten, der in der Mitte dieses Kreises lag. Der dreizehnte Schädel steht für das Gesamtbewußtsein aller Welten. Er verbindet das Wissen aller heiligen Planeten.

Das reisende Volk, das die Arche der singenden Schädel ursprünglich herbrachte, waren die ‹Olmeken›; die Arche ging über in das Erbe der Maya, dann der Azteken, und heute wird das Wissen noch immer von den Twisted Hair bewahrt.»

Laut Harley hatten die Olmeken die Arche irgendwo an der Golfküste versteckt gehalten. Das schien die Erklärung für einige geheimnisvolle Hinweise zu sein, auf die wir in Mittelamerika gestoßen waren – «die Wohnung der Dreizehn», von der Abbé Brasseur de Bourbourg gesprochen hatte und die die geheimnisvollen Gründer von Palenque auf dem Weg nach Mittelamerika besucht hatten.

Harley sagte, die Maya hätten sich dann um die Arche gekümmert, und schließlich hätten «die Azteken die Arche gehabt und die Schädel an einem Ort namens Teotihuacán aufbewahrt.» Während Harley erzählte, erinnerte ich mich an diese geheimnisvolle Stätte ein kleines Stück außerhalb von Mexico City. Dort standen die berühmten Pyramiden, unter denen es eine große, unterirdische Kammer gab, die von riesigen, gemeißelten Steinen beschützt wurde. Die Azteken nannten diese Stadt «den Ort, an dem die Götter die Erde berührten», wo nach ihrem Glauben die Sonne geboren worden war. Die Azteken brachten die Sonne immer mit Wissen in Verbindung, und jetzt begriff ich, daß das vielleicht ein verschlüsselter Hinweis auf die Geburt des Wissens war, die Geburt der Erleuchtung und der Macht, die es dort wegen der Kristallschädel gab.

Und wieder einmal fragte ich mich, ob die Azteken sich mit Hilfe des großen prophetischen Wissens, das sie von den Kristallschädeln bekommen hatten, in weniger als 200 Jahren von einem nomadischen Bauernvolk ohne Land zu einem der größten und mächtigsten Reiche der Welt in der Zeit vor Kolumbus entwickelt hatten.

Aber Harley Swift Deer zufolge müssen die Kristallschädel im Besitz derer sein, die ihre Kräfte zu nutzen wissen, ohne sie zu mißbrauchen. Seiner Meinung nach war der Untergang der Azteken besonders darauf zurückzuführen, daß sie die Kräfte, die die Schädel ihnen gegeben hatten, mißbrauchten, und darum mußten die Schädel voneinander getrennt werden:

«Die Azteken benutzten die Kraft der Schädel, um andere zu beherrschen und sich über andere zu erheben. Sie wurden zu einer so starken und zerstörerischen Macht, daß sie aufgehalten werden mußten. Die einzige Macht, die die Azteken aufhalten konnte, war das Spanische Königreich. Als Cortés in Amerika einfiel, war die Arche noch immer an ihrem Platz in Teotihuacán.»

So wie Harley die Legende kannte, «hörten die Priester, die mit Cortés reisten, von der Arche der Kristallschädel», und so erfuhr es auch der Papst in Rom:

«Und der damalige Papst beschloß: ‹Dieses Wissen müssen wir haben.› Er war an den Schädeln mehr interessiert als an dem Gold und dem anderen Reichtum des Landes. Und obwohl die Arche zu jener Zeit unterirdisch versteckt war, kamen die spanischen Soldaten und schafften es, sich mit Hilfe von Verrätern Zugang zu ihr zu verschaffen.

Aber als die Spanier kurz davor waren, sich die Kristallschädel zu holen, nahmen die Jaguar-Priester und Adler-Krieger die Schädel und flüchteten mit ihnen. Einige gelangten so auf früheres Mayagebiet, andere tiefer hinein nach Südamerika, und wieder andere wurden auf der ganzen Welt verstreut.

So wurden die Kristallschädel zum ersten Mal in ihrer Geschichte hier auf Großmutter Erde voneinander getrennt.»

Harley erzählte, daß die Schädel voneinander getrennt bleiben müßten, bis eine Zeit käme, in der ihre gesamte Kraft nicht mehr mißbraucht würde.

«Die Schädel müssen dort draußen und unterwegs sein, getrennt von den anderen singenden Schädeln, bis die Zeit kommt, in der wir lernen, miteinander zu teilen, füreinander zu sorgen, uns gegenseitig zu lehren und zu heilen und in Frieden und Eintracht mit Großmutter Erde zusammenzuleben.

Aber wie Sie wissen, ist das zur Zeit noch nirgendwo auf Großmutter Erde der Fall, und darum müssen die Schädel noch immer da draußen unterwegs sein.

Aber die Legende sagt, daß sie irgendwann einmal zu ihrer Familie zurückkehren werden, aber nur dann, wenn die Familie bereit ist, erwachsen zu werden und sich der anderen Familie der Planeten in Frieden anzuschließen.

Das ist die Legende, wie sie mir meine Lehrerin und ihr selbst davor ihre Lehrerin erzählt hat, seit ewiger Zeit und in der Tradition der Twisted Hair.»

Mit diesen letzten, einfachen Worten beendete Harley Swift Deer seine außergewöhnliche Erzählung, und wir wußten, daß wir jetzt die ganze Legende der Kristallschädel gehört hatten.

Als wir uns verabschiedeten, erinnerte Harley uns noch einmal daran, daß dieses Wissen den Urvölkern höchst heilig war. Er fügte hinzu, daß diese Legende zwar all die Jahre hindurch geheimgehalten worden sei, jetzt jedoch schnell die Zeit näherkomme, da dieses heilige Wissen enthüllt und in die Welt hinausgetragen werden müsse.

Wir mußten uns vor der langen Rückreise zu Jamie von dieser merkwürdigen Begegnung erst einmal erholen. Mir fiel auf, daß ich mich so sehr mit der Person Harley Swift Deers beschäftigt hatte, daß ich fast gar nicht mehr zugehört hatte, was er sagte. Und Chris mußte zugeben, daß einiges von dem, was er über die alten Mesoamerikaner gesagt hatte, ein paar Rätsel erklärte, auf die wir in Mittelamerika gestoßen waren.

Das ist es, dachte ich auf einmal und erinnerte Chris daran, daß es in der Tradition der Indianer heißt, die großen Lehren würden oft durch einen «Coyoten», weitergegeben, eine clownähnliche Figur, die Dinge oft auf den Kopf stellt. Solche «Schwindler» oder Trickster sind Teil der Stammeskultur und vieler Geschichten der Mythologie. Ich dachte, daß Harley Swift Deer vielleicht eine solche Person war. Als hellhäutiger, blauäugiger, pistolenschwingender, kettenrauchender Witzbold hatte er unsere Erwartungen und Klischees auf jeden Fall ganz schön auf den Kopf gestellt.

Aber hieß das, daß wir seinen Worten überhaupt keine Beachtung schenken sollten oder daß wir alles glauben sollten? Ich dachte über das Wesen der Wahrheit nach. Sollten wir nur das glauben, was wir aus «ernstzunehmenden», zuverlässigen Quellen wußten? Schließlich hatten wir schon festgestellt, daß Akademiker einen Ruf zu verlieren hatten. Wir wußten, daß konventionelle Fachleute und etablierte Institutionen nur wenig Neigung zeigten, sich mit etwas zu beschäftigen, das eine ernsthafte Herausforderung an die vorherrschende Auffassung der Geschichte darstellte. Welche anderen Gründe könnte das Britische Museum dafür gehabt haben, die Ergebnisse der Tests mit den Kristallschädeln nicht bekanntzugeben? Wenn das, was Harley Swift Deer uns über die außerirdischen Besucher erzählt hatte, stimmte, dann waren die Kristallschädel vielleicht wirklich auf eine Art und Weise entstanden, die uns noch gar nicht in den Sinn gekommen war. Vielleicht hatte man sich im Britischen Museum vor dem gefürchtet, was man herausgefunden hatte. Vielleicht hatte es die bestehende Weltanschauung bedroht.

Ich dachte darüber nach, daß ich bis jetzt immer den Experten geglaubt hatte. Wir hatten uns immer einzig und allein auf allgemein anerkanntes Wissen verlassen. Und trotzdem hatten wir einige Male festgestellt, daß man mit dem traditionellen akademischen Ansatz die Antworten einfach nicht geben konnte, die wir suchten.

Auf einmal fand ich es merkwürdig beruhigend, daß Harley Swift Deer keinen besonderen Ruf zu verlieren hatte. Er war kein Akademiker, dem es um die Reputation seines Fachbereichs ging. Sogar in Kreisen der Indianer galt er als Eigenbrötler.

Ich wußte natürlich, daß etablierte Archäologen über das, was er gesagt hatte, entsetzt gewesen wären. Trotzdem war die Möglichkeit, daß die Kristallschädel von Außerirdischen gemacht worden waren, äußerst faszinierend. Ich hatte das Gefühl, daß wir das nicht einfach so abtun konnten. Irgendwie war es wichtig, unvoreingenommen zu bleiben. Letzten Endes schien Harley Swift Deers Geschichte zu erklären, warum man auf dem Mitchell-Hedges-Schädel keine Werkzeugspuren entdeckt hatte und warum das Britische Museum sich nicht zu Max und Sha Na Ra äußern wollte. Außerdem boten seine Worte eine Erklärung für die seltsamen Dinge, auf die wir in Südamerika gestoßen waren.

Auf dem Weg zurück zu Jamie fragte ich mich, ob sie im Zusammenhang mit den Kristallschädeln auch etwas von Außerirdischen gehört hatte. Aus früheren Unterhaltungen mit ihr wußte ich, daß sie daran glaubte, daß die Kristallschädel von denen gemacht worden waren, die ihre Weisheit in Kristall verwandeln wollten, damit sie nicht verloren geht, sondern für immer in diesen Bibliotheken aus Stein enthalten bleibt. Sie hatte auch gesagt, daß die Schädel «nur aus der Kraft des Lichtes, des Klangs und des Gedankens» entstanden waren. Ich hatte das so verstanden, daß es mit irgendeiner modernen Technik zu tun hatte. Aber war es die Technik der Außerirdischen?

Jamie hatte mir auch erzählt, daß die Schädel «Nachweise dafür waren, die erklärten, in welcher Beziehung Mutter Erde zu jedem anderen Himmelskörper in unserem Sonnensystem, in jeder anderen Galaxie und in jedem anderen Universum steht». Damals hatte ich einen himmlischen Ursprung der Schädel für möglich gehalten. Aber was die genaue Herkunft der Schädel anging, war Jamie immer ein wenig ausgewichen. Bei unserem ersten Gespräch am Telefon hatte sie gesagt, «die Zeit sei noch nicht gekommen», um es mir zu sagen. Aber das war vor vielen Monaten gewesen. War jetzt die richtige Zeit gekommen?

Als wir bei Jamie zu Hause ankamen, war ich von unserer Begegnung mit Harley Swift Deer noch immer ganz durcheinander. Hatte er uns wirklich eine alte Wahrheit erzählt oder hatte er uns nur mit unglaublichen Geschichten aufgezogen?

Ich hatte ein merkwürdiges Gefühl, als wir uns an Jamies Küchentisch setzten. Ich wollte unbedingt ihre Meinung dazu hören, ob die Schädel wirklich im Zusammenhang mit Außerirdischen stünden, und bereitete mich darauf vor, sie mit Fragen zu bombardieren, aber ich war nervös, wie sie reagieren würde. Schließlich unterhält man sich nicht jeden Tag über ein solches Thema. Ich fragte mich, ob Jamie mich auslachen würde, weil ich so etwas auch nur in Erwägung gezogen hatte. Aber ich wußte auch, daß man gerade dann, wenn man sich wegen etwas sehr unsicher ist, das Wichtigste erfährt und daß man dann Antworten auf die wichtigsten Fragen bekommt.

Ich begann vorsichtig und fragte Jamie, ob sie davon gehört hatte, daß die Azteken die Hüter der Kristallschädel gewesen waren, wie Harley gesagt hatte.

«Soweit ich weiß, waren sie wirklich einmal die Hüter, aber sie wußten nicht, was es bedeutete, auf die Schädel aufzupassen», antwortete sie.

Ich hakte nach und fragte, wer außer ihnen noch die Schädel gehütet hatte. Sie erklärte:

«Das Volk der Schildkröteninsel hat die Schädel lange gehütet und sehr gut auf sie aufgepaßt.

Die Schädel wurden in einer Hütte aufbewahrt. Die Hütte hatte eine ovale Form und bestand aus Steinen und Zweigen. Sie war halb unter- und halb oberirdisch. Dieser Ort stand für den Treffpunkt von Himmel und Erde, den Treffpunkt der geistigen Welt und der materiellen Welt der einfachen Sterblichen. Wie meine Lehrer sagten, brannten in der Hütte zwei Feuer, eins stand für die materielle Welt und das andere für die geistige Welt. Feuer ist ein Symbol für Erleuchtung, die Erleuchtung, die wir erleben können, wenn der Rauch der Verwirrung sich aus unserem Geist verzieht. Das Feuer verwandelt das, was es berührt, es verbrennt die tote Materie und gibt Licht und Wärme. Es ist eine Metapher für die Verwandlung, der sich die Menschen unterziehen müssen, die unsere Grenzen aufhebt und unsere negativen Gedanken, Zweifel und Ängste verschwinden läßt.

Der Schädel befand sich oberhalb des Feuers, das ihn von unten beleuchtete. So wurde alles um ihn herum in den Farben des Regenbogens erhellt. Es war wie ein Mikrokosmos der Erde, wo das Polarlicht über uns am Nordpol auftaucht. So erscheint auch der Regenbogen über den Schädeln. Aber der Regenbogen ist auch in dem Schädel und um ihn herum. Der Regenbogen gehört zum Ganzen dazu.»

Ich unterbrach Jamie und fragte, was ich schon lange wissen wollte: «Also bewahrten die Indianer die Kristallschädel in Hütten auf, aber haben sie sie auch erschaffen?»

Jamie schwieg einen Augenblick, als hätte ich den Fluß ihrer Gedanken unterbrochen. Sie blickte auf und antwortete dann leise:

«Seit die Europäer hier sind, beobachtet mein Volk den weißen Mann und wie er lebt. Wir mußten schon immer mit dem weißen Mann zurechtkommen und seinen Glauben teilen. Wir beobachten ihn schon lange, aber mein Volk sagt nichts dazu. Man hat uns etwas über Gott und die Kirche erzählt. Man hat uns etwas über den Verlauf der menschlichen Zivilisation und den Fortschritt erzählt. In den Klassenzimmern lehrt man uns die Lebensweise der Trennung und wie der Mensch die Erde beherrscht. Wir leben nicht so, aber mein Volk hat sich das alles schweigend angehört. Denn sie wissen, daß es den Tod bedeutet, wenn man die herrschende Gesellschaft herausfordert. Aber jetzt wissen wir, daß die Zeit gekommen ist. Wir haben schon zu lange geschwiegen, und jetzt ist die Zeit gekommen, sich zu Wort zu melden. Wir wissen, daß jetzt die Zeit für uns gekommen ist, die Trennung zu beenden und die Wahrheit in unseren Herzen zu teilen.»

Ich schaute nach draußen und sah, daß die Landschaft jetzt in weiches Mondlicht getaucht war. Jamie fuhr fort:

«Wie Ihre Wissenschaftler und Akademiker die Welt sehen, ist nur eine Art der Betrachtung der Menschheit und ihrer Geschichte, und es ist eine sehr engstirnige Betrachtung. Aus dieser beschränkten Perspektive können Archäologen das Wunder der Kristallschädel nicht wirklich erklären. Sie können noch nicht einmal versuchen zu erklären, was es mit den Pyramiden von Teotihuacán oder denen des alten Ägypten auf sich hat. Sie können den Hintergrund der großen Steinblöcke nicht erklären, die es im Inkareich in Peru gab. Sie können nicht die Frage beantworten, wie wir einfachen Leute diese riesigen Steine überhaupt bewegt haben. Sie können nicht erklären, wie unser Volk es geschafft hat, diese große technische Genauigkeit zu erreichen, die nötig war, um diese alten Stätten zu bauen. Keiner kann erklären, wie das gemacht wurde und warum zum Beispiel die ältesten Pyramiden diejenigen sind, die mit der größten Präzision und Schönheit gebaut wurden. Sie können nicht erklären, warum aus den alten Ägyptern, den Olmeken, Maya oder Azteken, die ganz einfache Stämme waren, über Nacht Meister der Baukunst wurden.

Ich fürchte, daß man aus dieser beschränkten Perspektive noch nicht einmal anfangen kann, unsere Wahrheiten zu begreifen, aber ich werde sie Ihnen mitteilen, weil der Geist mich dazu aufgefordert hat. Ich werde Ihnen Geheimnisse mitteilen, die vor den Europäern geheimgehalten wurden, seit sie ihren Fuß auf unser Land setzten, aber jetzt ist die Zeit gekommen, und ich werde sie Ihnen anvertrauen.»

Überraschenderweise beantwortete Jamie dann genau die Frage, die ich zu stellen nicht gewagt hatte.

«Wissen Sie, es waren Außerirdische, wie Sie sie nennen, die die Kristallschädel als erste mitbrachten. Aber wir nannten sie ‹Himmelsgötter› oder ‹Himmelsmenschen›. Diese Himmelsmenschen kamen das erste Mal am Ende der Dritten Welt des Wassers auf die Erde. Die Dritte Welt des Wassers existierte vor langer, langer Zeit, noch vor der Kontinentalverschiebung, als die Landmasse auf der Erde ein Ganzes war, das Schildkröteninsel genannt wurde.

Die Himmelsgötter kamen gleich zu Anfang auf die Erde und sind seitdem schon mehrere Male auf der Erde gewesen. Sie sind als große Lehrer bekannt, und man gab ihnen Namen wie Quetzalcoatl in Mittelamerika oder Viracocha in Südamerika. Sie kommen oft zu einer Zeit, wenn die Menschen Schwierigkeiten haben oder wenn wir in unserem Leben gegen Gesetze verstoßen oder uns sonst etwas fehlt. Sie kommen als Helfer, als Lehrer und Heiler, und sie versuchen den Menschen beizubringen, wie man in Frieden lebt. Diese Himmelsgötter halfen den Menschen früher, die Wunder der alten Welt zu erbauen. Aber sie haben uns nicht nur dabei geholfen. Die Menschen verändern

374

sich durch den Kontakt mit diesen Wesen von anderen Planeten in unserer Galaxie. Die Himmelsgötter haben schon immer eine Schlüsselrolle in der Entwicklung der Menschheit gespielt, eine Rolle, die wichtiger ist, als Sie es sich jemals vorgestellt haben.

Aber was ich Ihnen erzählen will, führt uns zu unserer Quelle zurück, zu unseren frühesten Vorfahren. Ich werde Ihnen die wahre Geschichte der Schöpfung erzählen, wie ich sie von meinen Vorfahren kenne. Am Anfang war Frieden auf der Erde. Die Menschen, die damals lebten, waren keine Homo sapiens, wie wir sie heute kennen. Sie waren, was Sie heute als Neandertaler bezeichnen, aber wir nennen sie ‹Erdmenschen›. Es gab ein goldenes Zeitalter, als die Erdmenschen und die Tiere sich miteinander verständigen konnten und einträchtig zusammenlebten. Es gibt auf der ganzen Welt Legenden über dieses goldene Zeitalter. Dasselbe steht in Ihrem Alten Testament, da heißt es Garten Eden. Und jetzt kommt Ihr wissenschaftlicher Beweis, wenn Sie sich damit besser fühlen. Denn sogar Ihre Wissenschaftler haben festgestellt, daß unsere Vorfahren keine aggressiven Fleischfresser waren. Erst vor kurzem haben Wissenschaftler an der John Hopkins University sich wieder einmal die Zähne von alten Schädeln angesehen und herausgefunden, daß unsere frühesten Vorfahren praktisch vegetarisch gelebt und überhaupt keine Tiere getötet haben.

Das Problem lag darin, daß mit der Entwicklung der Erdmenschen ihre Köpfe und damit auch ihr Gehirn immer größer wurde, weil sie in ihren Gehirnen alle genetischen Erinnerungen speicherten, die von Generation zu Generation mehr wurden, und darum wurden auch ihre Köpfe größer. Und als ihre Köpfe immer größer wurden, empfanden die Weibchen ihrer Art es immer schwieriger zu gebären. Im Laufe der Zeit starben immer mehr Frauen während der Geburt, und das Überleben der ganzen Art war bedroht.

Sie haben auch von dem ‹Missing Link› in der Geschichte unserer Entwicklung gehört, das man bis jetzt nicht erklären konnte. Dieser große, plötzliche Sprung nach vorn in unserer menschlichen Entwicklung ist es, der sich nicht erklären läßt. Man hat einfach noch nicht herausfinden können, warum ein so großer Sprung stattgefunden hat und warum so unglaublich schnell. Der Grund ist, daß genau zu jener Zeit, als die Erdbevölkerung in einer Krise steckte, die Himmelsgötter, die

Sie ‹Außerirdische› nennen, von den Plejaden, von Orion und Sirius herunterkamen. Sie suchten hier auf der Erde ein neues Zuhause, auf diesem schönen, blau-grünen Planeten. Die Himmelsgötter kamen also und brachten die Kristallschädel als Geschenk für die Menschen auf der Erde mit. Denn in diesen Kristallschädeln war das ganze Wissen dieser Wesen von den anderen Planeten enthalten. Die Schädel enthielten ihre gesamte Kultur, ihre Mathematik, ihre Wissenschaften, ihre Astronomie und Philosophie, ihre Hoffnungen und Träume. All das war in diesen Schädeln enthalten. Man kann schon sagen, daß sie ein besonderes Geschenk mitbrachten!

Aber die Schädel hatten noch eine andere Funktion. Sie sollten ein Modell für eine neue Art sein. Die Erinnerungen, die wir bis dahin in unserem Gehirn gespeichert hatten, wurden in die DNS übertragen. Unsere Gehirne brauchten nicht mehr zu wachsen. Die Kristallschädel standen für eine neue Form, die wir angenommen hatten, für den Entwurf des Menschen. Auch hierauf wird in Ihrem Buch Genesis hingewiesen, in dem steht, ‹da sahen die Kinder Gottes nach den Töchtern der Menschen, wie sie schön waren.› Wissen sie, als die Außerirdischen hier ankamen, da wußten sie, daß sie in unserer Atmosphäre nicht lange würden leben können. Und darum starben die Himmelsgötter genau so wie die Erdmenschen. Dann gab es einen Austausch. Die außerirdischen ‹Menschen vom Himmel› verbanden ihre Gene mit denen der Erdmenschen, um beiden Arten das Überleben zu ermöglichen, das aber in einer Form, die sich von allen anderen zuvor unterschied.

Auch wenn Sie das vielleicht nicht glauben, können wir so etwas jetzt auch selbst. Schon bald braucht man nur noch eine Zelle von einem Tier, um eine genaue Kopie von ihm zu schaffen, aber schon jetzt können wir die Gene von zwei Tieren miteinander verbinden, um eine ganz neue Art zu schaffen. Darum sind die Menschen jetzt fast in demselben Stadium wie unsere außerirdischen Ur-Vorfahren. Obwohl wir auf vielen Gebieten noch viel lernen müssen, nicht zuletzt was den Respekt angeht, den wir Mutter Erde schuldig sind, und das Verständnis dafür, daß wir mit allem andern verbunden sind, verfügen wir doch schon über das beeindruckende Vermögen, ganz neue Arten zu schaffen. Aber in diesem Stadium waren unsere himmlischen Vorfahren schon vor langer, langer Zeit, und auch sie erschufen eine neue Art, eine neue Lebensform. Aber die Art, die sie schufen, hieß Homo sapiens, oder auch Mensch, wie wir uns selbst nennen. Denn nur so konnten beide leben, unsere außerirdischen und vormenschlichen Vorfahren, und wir fanden einen Weg, auf dieser Erde zusammen zu leben.

Und die Kristallschädel stehen für die ursprüngliche Form dieses neuen Lebens, zu der wir wurden. Sie waren die Originalvorlage für den Menschen. Das ist einer der vielen Gründe, warum die Kristallschädel Wissen über unseren Ursprung und unser Schicksal enthalten.

Darum gibt es auf der ganzen Welt eingeborene Völker, nicht nur in Amerika, die von unserem Ursprung in den Sternen und den alten Himmelsgöttern sprechen. Die Maya, die Sioux, die Cherokee, alle sagen von sich, daß ihr Ursprung in den Sternen liegt. In Afrika gibt es einen Stamm, die Dogon, der immer schon behauptet, daß seine Vorfahren von Sirius kamen, den sie als doppeltes Sternensystem bezeichneten. Keiner glaubte ihnen, bis unsere Teleskope stark genug waren, um zu erkennen, daß es dort wirklich zwei Sterne gibt. Jetzt entdecken wir andere Planeten, die um die Sterne kreisen. Und schon bald werden wir den Beweis für andere Lebensformen haben, die viele der anderen Planeten bewohnen, welche sogar zu unserer Galaxie gehören.

Andere sagen, wir kommen von der Erde. Beides stimmt. Denn wir haben zwei Linien unserer Herkunft und unseres genetischen Gedächtnisses. Darum hat die DNS auch zwei Stränge. Ursprünglich enthielt ein Strang die Erinnerungen von der Erde und der andere die Erinnerungen unserer himmlischen Vorfahren. Die Wissenschaftler werden das schon bald herausfinden.

Und einer der Gründe, warum die Kristallschädel aus Quarz sind, ist der, daß die Himmelsgötter Silizium in unsere genetische Struktur eingebaut haben. Unsere Lebensform basierte völlig auf Kohlenstoff. Aber das Silizium ist jetzt in unserem Blut. Darum tragen wir einen Teil der gesamten kristallinen Matrix in uns, die uns mit dem Rest der Galaxie verbinden kann. Das Netz besteht aus Klang und Farbe. Das ganze Universum hat Struktur und Ordnung und ist mit diesem Netz verbunden, so wie auch die Erde. Und auch das finden Ihre Wissenschaftler jetzt heraus. Darum ziehen die Kristallschädel die Menschen an, weil sie unser inneres Wissen in Gang setzen, das Wissen, daß unsere Struktur Kohlenstoff und Silizium enthält. Wir sehen den Schädel an, und er erinnert uns an die Siliziumstruktur in unserem Gewebe, in uns selbst, das uns mit dem Rest des Universums verbindet.

Mein Volk sagt: ‹Denke an deinen Ursprung. Denke daran, wer du bist und woher du kommst.› Und das ist eine Friedensbotschaft für die ganze Menschheit. Denn es ist das Erbe aller Völker dieser Erde. Wir alle haben diesen gemeinsamen Hintergrund: ob schwarz, weiß, rot, gelb oder braun. Alle Völker dieser Erde verbinden sich an diesem Ursprung, in der Heirat zwischen Himmel und Erde, zwischen den sichtbaren und unsichtbaren Aspekten der Schöpfung.»

Ich war sprachlos. Das war das Ungeheuerlichste, was ich jemals gehört hatte!

Jamie erkannte offensichtlich meinen Unglauben und sagte:

«Sehen Sie, ich erwarte ja gar nicht, daß Sie das alles sofort glauben, denn Sie werden schon bald verstehen. Jedenfalls spielt es zu diesem Zeitpunkt gar keine Rolle, ob Sie es glauben. Die Geschichte ist insofern wichtig, als sie Ihnen zeigt, daß die Vergangenheit der Menschheit ganz und gar nicht so ist wie Sie gedacht haben, und das allein ist schon ein Fortschritt.

Wenn Sie erst einmal verstehen, daß die Geschichte dieses Planeten und Ihrer eigenen Ursprünge nicht so sind, wie Sie immer dachten, wird diese Geschichte Ihnen dabei helfen, mehr über die Vergangenheit nachzudenken, über die Vergangenheit der Menschheit und Ihre eigene. Wenn Sie sich erst einmal diesem Verständnis geöffnet haben, werden Sie sehen, daß Sie einen ganz anderen Platz auf dieser Welt haben, als Sie dachten, und genau dies wird Möglichkeiten eröffnen, die nicht nur die Vergangenheit, sondern auch die Gegenwart und die Zukunft betreffen. Denn wenn unsere Vergangenheit nicht so ist, wie wir immer dachten, dann kann und wird unsere Zukunft vielleicht auch anders sein, als sie uns im Augenblick vor Augen steht. Und das ist in diesem Moment das Allerwichtigste.»

Jamies Geschichte hatte mich sehr nachdenklich gemacht. Schließlich weiß niemand mit Sicherheit, wie Leben entstand – und warum.

Vielleicht war die in den Schädeln verschlüsselte Information tatsächlich die, daß unsere wahren Ursprünge in den Sternen liegen. Ob das die Information war, die wir der Legende nach eines Tages erhalten sollen? Und wenn das stimmte, war jetzt die Zeit gekommen, in der wir diese Information bekommen sollten? Warum war es so wichtig, daß wir diese Information *jetzt* bekamen?

Ursprünglich hatten wir nur etwas mehr über die Kristallschädel herausfinden wollen, aber dabei brachten wir anscheinend nach und nach eine ganz neue Version der Ursprungsgeschichte der Menschheit ans Tageslicht, die so gar nicht zu dem paßte, was wir zuvor erfahren hatten. Vieles von dem, was uns lieb und teuer war, was wir unser Leben lang nicht in Frage gestellt hatten, geriet jetzt ins Wanken. Wir stellten fest, daß wir das, was wir glaubten, einer Prüfung unterziehen mußten. Vielleicht war jetzt die Zeit gekommen, einige der unbequemen Spekulationen zu überdenken, mit deren Hilfe wir glaubten, die Welt und unseren Platz darin zu verstehen. Gab es eine andere «Wahrheit», die all die Jahre vor uns versteckt gehalten worden war? Eine ebenfalls reale, vielleicht noch viel präzisere Version der menschlichen Geschichte?

25

Eine heilige Zusammenkunft

Am nächsten Morgen rief Patricio uns an und sagte, daß wir an der Zusammenkunft in Guatemala teilnehmen könnten. Sie sollte in den kommenden Tagen beginnen, und darum mußten wir uns sofort auf den Weg machen.

Jamie bot sich an, Ceri und mich zum Flughafen zu bringen. Wir fuhren mit halsbrecherischer Geschwindigkeit den Highway hinunter und drängelten uns durch den Verkehr.

«Bei uns nennt man das ‹die Zeit der Beschleunigung›, und es heißt, sie werde gegen Ende der Vierten Welt der Trennung kommen, kurz vor Beginn der Fünften Welt des Friedens und der Erleuchtung.

Wir kommen jetzt in die Zeit der Beschleunigung. Darum wurde es höchste Zeit für mich, Ihnen von den Kristallschädeln und ihrer Verbindung zu unseren Ursprüngen zu erzählen.

Erst wenn das Wissen und die Weisheit der Kristallschädel den Weg in die Herzen der Menschen gefunden haben, wird die Fünfte Welt der Erleuchtung wirklich beginnen.»

Jamie fragte uns, ob uns auch aufgefallen sei, daß zum jetzigen Zeitpunkt der Geschichte alles schneller abzulaufen schien. In genau diesem Moment konnten wir ihr uneingeschränkt zustimmen!

Durch Jamies Bemerkungen fühlte ich mich plötzlich an etwas erinnert, das Leon Secatero uns gesagt hatte, als er unseren Filmaufnahmen zugestimmt hatte. Während wir dabei waren, uns mit unserem Tonband und den Kabeln für das Mikrofon und die Kamera herumzuschlagen, hatte er versucht, uns zu sagen, daß es in den Prophezeiungen seines Volkes auch um eine Zeit ging, in der die Welt fest im Griff der Technik sein werde. Laut der Prophezeiung würden technischer Fortschritt und materielle Entwicklung immer schneller voranschreiten, nämlich schneller, als es gut für uns sei. Leon machte mit den Händen eine kurvenförmige Bewegung, um zu verdeutlichen, was er meinte. Er glaubte, diese Zeit stehe nun kurz bevor. Wir könnten sehen, daß sich die Technik so schnell weiterentwickelt, daß unsere Seele einfach nicht mehr folgen kann. Er sprach davon, wie sich das Internet und die Computerwelt in kürzester Zeit entwickelt hatten, er erwähnte den ständig wachsenden Luft- und Straßenverkehr und daß man jetzt sogar Versuche mit unserer eigenen genetischen Struktur und der von Pflanzen und Tieren durchführte. Leons Meinung nach erreicht die Entwicklung auf materieller Ebene schon fast ihr Ende. Was aber die moralische und geistige Entwicklung angehe, hätten wir noch etliches nachzuholen.

Leon fügte hinzu, daß technische Entwicklungen an und für sich nichts Schlechtes seien, daß wir die Technik aber nicht richtig einzusetzen wüßten. Unser technischer Fortschritt müsse aus der richtigen Richtung kommen, aus einer Weltanschauung, die Respekt vor allem Leben hat und der Erde nichts nimmt, ohne ihr etwas zurückzugeben. «Die Technik muß im Einklang stehen mit dem Bewußtsein für die Erde und für die Liebe und mit dem Respekt für alles, was existiert.» Die Gefahr liege darin, daß das nicht der Fall sei, sondern daß Technik und Wissenschaft sich getrennt von den Werten entwickelten, die unser Leben möglich machten.

Leon warnte auch davor, wenn es so weiterginge, werde die Sklaverei wiederkehren, nur würden dieses Mal wir alle die Sklaven sein. Wir würden letztendlich zu «Sklaven unserer eigenen Maschinen». Während wir dort inmitten unserer Filmausrüstung saßen, hatte ich scherzhaft gesagt, daß das schon der Fall sei, daß unsere Kameras, Mikrophone und Computer uns bereits unser Leben diktierten. Leon sagte dazu mit ernster Miene, daß die Menschheit damit begonnen habe, sich der Technik zu bedienen, um eine völlig neue Lebensform zu schaffen. Er sagte, wir seien schon dabei, dieses neue Wesen zu pflegen und sein Potential weiterzuentwickeln, aber letzten Endes habe es ein Eigenleben. Wenn wir dieses Potential erst einmal auf die Welt losließen, nachdem wir es in Gang gesetzt hätten, werde es außer Kontrolle geraten. Er sagte, es sei wie ein Stein, der einen Berg hinunterrollt – wenn wir es erst einmal in Bewegung gesetzt hätten, würde es immer weiterrollen. Wir wüßten schon, daß es irgendwo anhalten müsse, aber wir könnten nicht voraussehen, wo das sein werde. Seiner Meinung nach wird diese neue «Lebenskraft», dieses Wesen, das die Technik hervorbringt, die wir entwickeln, uns beherrschen. Und schließlich wird es von uns, von unserem Fleisch leben.

Als wir am Flughafen ankamen, verstand ich allmählich, was Leon meinte. Normalerweise hetzen wir durch die Gegend und versuchen verzweifelt, die strengen Zeitpläne einzuhalten, die die moderne Welt so oft für uns bereithält. Wir sahen Leute, die zum Terminal fuhren, in der einen Hand das Lenkrad, in der anderen das Telefon. Andere waren zu Fuß auf dem Weg dorthin, das Handy am Ohr, und versuchten verzweifelt, gegen den Flugzeuglärm der Person am anderen Ende der Leitung zu versichern, daß alles noch im Zeitplan sei. Und im Terminal saßen ganze Horden von Leuten hinter den Schaltern der Autovermietungen und Wechselstuben, hinter den Gepäck- und Check-in-Schaltern, die Köpfe gesenkt mit Blick auf den Computer. Pausenlos gaben sie Zahlen und Angaben zu Kreditkarten ein, um ihrem neuen elektronischen Herrn zu dienen. Plötzlich sah es so aus, als wäre die ganze Welt verrückt dabei geworden, diesem Ansturm der Technik, die wir ironischerweise selbst entwickelt haben, Herr zu werden.

Wir waren so aufgeregt darüber, daß wir an der Zusammenkunft teilnehmen durften, daß wir uns gar keine Gedanken darüber machten, wohin die Reise ging. Erst als wir im Flugzeug nach Guatemala saßen, wurde uns klar, daß wir uns dieses Mal nicht auf ausgetretenen Touristenpfaden bewegen würden, sondern daß wir auf dem Weg in eins der unsichersten Gebiete in einem der gefährlichsten Länder der Welt waren. Seit 30 Jahren tobt in Guatemala ein Bürgerkrieg zwischen der von den USA unterstützten Diktatur und den Ureinwohnern. In den sechziger Jahren hatte die United Fruit Company den CIA aufgefordert, die nicht gewählte Regierung Guatemalas mit Geld, militärischer Ausrüstung und Kampftraining zu unterstützen, um die zu unterdrücken, die kein Land besaßen. In dem Land waren zahllose Massaker an Ureinwohnern geschehen, und «Subversive» waren «verschwunden», wie auch einige ausländische Touristen. Wir waren jetzt unterwegs in eine der entlegensten Regionen dieses unruhigen Landes, und bei uns war eine Gruppe von Leuten, die wir fast gar nicht kannten und von denen nur sehr wenige Englisch sprachen. Wir hatten nichts dabei außer einem Tonband, einer einfachen Videokamera und einem wackligen Stativ.

In Guatemala City war Wahlnacht. Auf den Straßen war viel Betrieb, und die Atmosphäre war angespannt. Unser Taxi bahnte sich seinen Weg durch Straßen vorbei an Wellblechhütten, und das Neonlicht der Straßenlampen glühte blaßrot in den Rinnsteinen. Jedes zweite Auto, an dem wir vorbeifuhren, schien ein Militärfahrzeug zu sein, von denen einige mit bedrohlich wirkenden Geschützrohren ausgerüstet waren. Wir waren erleichtert, als wir heil in unserem Hotel ankamen. Wir gingen sofort zu Bett und schliefen erschöpft ein. Aber bald wurden wir unsanft durch Gewehrschüsse geweckt, und diese Geräusche schienen die ganze Nacht hindurch anzudauern. In der Nacht unserer Ankunft fand unweit unseres Hotels ein Militärputsch statt.

Als wir am nächsten Morgen die Treppe hinunterschlichen, trafen wir auf Patricio Domínguez, der in der Stille des Hotelfoyers in aller Ruhe seinen Morgenkaffee trank. Er fand es lustig, daß wir ihn fragten, wie er in einer so beängstigenden Situation so ruhig bleiben könne, und wir kamen uns doch recht albern vor, als er erklärte, daß die Geräusche, die wir nachts gehört hatten, nur von einem Feuerwerk gekommen waren, mit dem das Ende der ersten Runde neuer demokratischer Wahlen gefeiert worden war.

Wir nahmen uns vor, unsere Ängste beiseite zu schieben und zu versuchen, uns an unsere neue Umgebung zu gewöhnen. Die Eröffnungsfeier der Zusammenkunft sollte am nächsten Morgen in Tikal stattfinden. Als wir uns auf den Weg zum Flughafen machten, um nach Flores zu fliegen, dem Flughafen, der Tikal am nächsten liegt, erklärte Patricio uns die Bedeutung der Zusammenkunft ein wenig näher.

Wir wußten schon von ihm, daß die Maya als «die Hüter der Zeit» bekannt waren und daß der alte Kalender, den sie aufbewahrten, dazu diente, «die Ereignisse der Zeit» vorauszusagen. Er fügte jetzt hinzu, daß man die Maya oft auch als «Zeitmacher» oder «Zeitschöpfer» bezeichnete, weil es ihre Aufgabe war, die richtigen Energien hervorzubringen, die man zur Schaffung einer neuen Zeit braucht. Sie gaben jedem neuen Kreislauf seine Kontinuität, seine Struktur und sein Wesen, alles was man brauchte, um den nächsten Zyklus von 5126 Jahren durchzustehen. Sie waren auch dafür verantwortlich sicherzustellen, daß das Wissen aus den Großen Zyklen an die verschiedenen Stämme weitergegeben wurde, die zusammenkommen und das Wissen und die Weisheit teilen mußten, das für die Schaffung einer neuen Ära zum richtigen Zeitpunkt erforderlich war.

Diese Zusammenkunft der Völker Amerikas war nicht nur in den Prophezeiungen der Maya vorhergesagt worden, sondern auch in denen anderer Indianerstämme, wie bei den Kalawaya in Südamerika, den Hopi und sechs anderen Stämme aus dem Norden. Die Zusammenkunft fand jetzt statt, weil nach dem Mayakalender der gegenwärtige Große Zyklus zu Ende gehen und eine neue Ära beginnen wird. Patricio erklärte es so:

«Die Maya haben uns zusammengerufen, weil uns nur noch wenige Jahre bleiben. Sie haben uns zusammengerufen, damit wir das Wissen teilen, das wir brauchen, damit der neue Zyklus beginnen kann. Es heißt, daß all die Völker, die am Beginn dieses Zyklus dabei waren, auch jetzt am Ende wiederkommen müssen, damit sie ihr spezielles Wissen untereinander austauschen können.»

Wir befänden uns jetzt in einer einzigartigen kosmologischen Periode, im Übergang von der alten zur neuen Ära. Diese Periode sei sehr wichtig. Offensichtlich bringt der Übergang von der alten Welt in die neue eine Zeit der Unsicherheit mit sich, und obwohl eine neue Ära kommen wird, weiß man noch nicht genau, wie sie aussehen und ob es dann auch weiterhin menschliches Leben geben wird.

Laut Patricio ist die Veränderung unserer Umwelt ein Zeichen dafür, daß wir uns in dieser Übergangsphase befinden.

«Andere nennen die Zeit, in die wir jetzt eintreten, ‹die Zeit der Beschleunigung›. Das ist eine andere Bezeichnung für die Übergangsphase, in der wir uns jetzt befinden.

Aber die Zeit ist nicht getrennt von uns, unseren Gedanken und Taten und unserem Verhalten auf dieser Erde. Und darum müssen wir in dieser Übergangsphase einige schwierige und wichtige Entscheidungen treffen.

Die Menschheit kann entscheiden, welchen Weg sie gehen will. In diesem Augenblick gabelt sich der Weg, auf dem wir gehen. Im Laufe der jüngeren Geschichte der Menschheit haben wir uns immer für die falsche Richtung entschieden und haben uns verlaufen, aber jetzt haben wir noch einmal die Wahl, welchen Weg wir gehen wollen. Wir können uns entscheiden, so weiterzumachen wie bisher, oder wir können einen neuen Weg gehen, indem wir die Rolle, die wir hier auf Mutter Erde spielen, neu überdenken. Wenn wir nichts verändern, wird das sehr ernste Folgen haben. Die meisten Menschen wissen gar nicht, daß wir nur noch bis 2012 Zeit haben, um alles in Ordnung zu bringen.

Diejenigen, die sich bei dieser Zusammenkunft treffen, werden versuchen dafür zu sorgen, daß die Menschen den richtigen Weg wählen und daß am Ende der Übergangsphase eine neue Ära stehen wird, die wir uns wünschen. Wenn wir das schaffen, werden wir dazu beitragen, daß das Ende der Welt der Trennung zu einem Anfang einer neuen Welt der Gemeinsamkeit und des Friedens führen wird. Das ist unsere Absicht.»

Laut Patricio war diese Zusammenkunft der erste Schritt in dem Bemühen, die Kristallschädel wieder zusammenzubringen.

«Für alles gibt es eine kosmologische Zeit. Für die Schädel gibt es einen vorbestimmten Zeitpunkt, an dem sie wieder zusammenkommen, und diesen Zeitpunkt kennen die Hüter der Tage bei den Maya. Aber ob das Wissen, das dann von den Schädeln kommt, der Menschheit guttun oder sie endgültig zerstören wird, hängt davon ab, ob die Menschen sich gut vorbereitet haben.

Das wiederum hängt von Zusammenkünften wie dieser hier ab. Wenn die Menschheit sich verändert, und das muß sie, und Mutter Erde richtig behandelt, dann werden wir alle vom Wissen der Schädel profitieren.»

Patricio fügte hinzu, daß die Auswirkungen dieser Zusammenkunft und des Wissens, das wir und die anderen mitnehmen, sich hoffentlich in ganz Amerika bemerkbar machen würden und schließlich auch auf der ganzen Welt. Er hoffte auch, daß die Zusammenkünfte, die noch stattfinden werden, ausreichen, um die menschliche Rasse auf das Wissen der Schädel vorzubereiten.

Voller Erwartung kamen wir in Tikal an. Am nächsten Morgen, noch bevor die Sonne aufging, brachen wir in den Urwald auf zu den Ruinen der Stätte, wo die Zusammenkunft stattfinden sollte. Uns kam das alles sehr bekannt vor, denn wir waren tatsächlich genau dort, wo wir ein Jahr zuvor gewesen waren und das erste Mal die Legende über die Kristallschädel gehört hatten.

Der Große Platz wirkte merkwürdig verlassen. Langsam ging die Sonne auf, aber sonst passierte nichts. Es kamen nur einige Touristen, die ein wenig verloren wirkten. Wir fragten uns allmählich, ob hier überhaupt irgendeine Zusammenkunft stattfinden würde, von der großen Zusammenkunft aller Stämme, wie sie in der Prophezeiung beschrieben war, ganz zu schweigen. Patricio wollte uns aufmuntern:

«Denken Sie daran, für alles, was passieren wird, steht der Zeitpunkt schon fest. Es gibt also keinen Grund zur Eile. Wir können uns vielleicht vormachen, daß ein bestimmtes Ereignis zu einem bestimmten Zeitpunkt stattfindet, weil wir es so entschieden haben, aber wir sind nur ein Teil der Geschichte. Das Ereignis muß auch wollen, daß es stattfindet, bevor wir es zwingen können, Gestalt anzunehmen. Wie jedes andere Ereignis, so zieht eine heilige Zeremonie die Menschen zur richtigen Zeit und auf ihre Weise an.»

Nachdem wir mehrere Stunden, wie uns schien ziellos, verbracht hatten, langweilte uns das Warten, und wir gingen los, um an der archäologischen Stätte einige Fotos zu machen.

Etwas später fanden wir den Steinschädel, den wir bei unserem ersten Besuch gesehen hatten. Wie wir erst jetzt bemerkten, lag er etwa eine Viertelmeile von dem Großen Platz entfernt in der Ecke eines Spielfeldes. Wir schauten uns den alten, moosbedeckten Schädel gerade etwas näher an, als wir über den Baumwipfeln einen wunderschönen Klang hörten. Der Klang schien von dem Großen Platz zu kommen, und wir rannten durch den Dschungel zurück. Als wir näherkamen, stellten wir fest, daß jemand sehr laut in ein Tritonshorn blies und dabei zwei einfache Töne erzeugte, einen hohen und einen tiefen. Wir kamen näher und hörten Trommelgeräusche, wie ein Herzschlag, und schöne hohe Töne aus einfachen Flöten.

Als wir auf die Lichtung kamen, bot sich uns ein wunderbarer Anblick. Oben auf der Treppe, die auf die Große Pyramide führt, standen Eingeborene. Sie knieten und beteten, spielten auf ihren Instrumenten und schlugen ihre Trommeln. Sie trugen herrliche, ganz unterschiedliche Kostüme. Da waren alte Frauen, die sich in bunte Schals gehüllt hatten, junge Männer ganz in Weiß gekleidet mit roten Schärpen, die sie um die Hüften trugen, junge Frauen in Lederhosen und alte Männer, die nur Lendenschurze und wunderschönen bunten Federkopfschmuck trugen. Es war auch eine kleine Gruppe von Leuten da, die Jeans, T-Shirts und Turnschuhe anhatten. In der Mitte stand ein sehr alter, kleiner Mann, fast völlig in ein Jaguarfell gekleidet, der einen Federschmuck trug. Überall sah man dichte Wolken von Weihrauch, die im Sonnenlicht glitzerten, und ihr süßlicher Duft hing schwer in der Luft des Urwalds.

Der alte Mann, der in der Mitte stand, war Don Alejandro Cirilo Oxlaj Peres (*siehe Bildtafel Nr. 27*). Er kniete nieder und küßte die erste Stufe. Dann drehten sich alle um, die um ihn herum standen, und zogen unter Trommelschlägen und Federschwenken in einer Prozession auf die andere Seite des Platzes. Am Fuß der Treppe zur Großen Jaguarpyramide hielten sie an. Und wieder, angeführt von dem alten Mann, knieten sie nieder und küßten den Boden. Dann begannen sie den steilen Anstieg die 52 Stufen hinauf zum Tempel, der sich oben auf der Pyramide befand. Ich folgte ihnen die Stufen hinauf, und als mein Atem heftiger ging und mein Herz immer schneller schlug, spürte ich etwas Merkwürdiges, so als sähe ich die Rückblenden in einem Film.

Als die Gruppe oben auf der Treppe angekommen war und sich umdrehte, um über den Platz zur Großen Tempelpyramide der Maya auf der anderen Seite zu schauen, wurde mir auf einmal bewußt, daß ich schon einmal hier gewesen war. Vor einem Jahr hatte ich genau an dieser Stelle gestanden, als die Sonne über den alten Ruinen unterging, und hatte mir all diese Menschen um mich herum in diesen wundervollen Kostümen vorgestellt, die genau diese Zeremonie feierten, wie sie es wohl schon viele Male zuvor getan hatten. Ich hatte das Gefühl, daß die Vergangenheit, die Gegenwart und die Zukunft sich zu einem Ganzen vereinten. Ich fühlte mich eins mit dem, was um mich herum geschah, physisch im Raum und auch zeitlich «um mich herum». Die Zeit schien stehenzubleiben.

Und dann begann Don Alejandro in gebrochenem Spanisch zu sprechen:

«Jetzt ist die Zeit, in der sich erfüllt, was in der Prophezeiung geschrieben steht. Deswegen bin ich hier bei euch. Wir bringen die Botschaft. Aber wir sind nicht die ersten Boten. Die ersten Boten sind die Kristallschädel, die Mütter und Väter der Wissenschaft. Wie der Balam sagt, die Propheten der Maya kamen und sagten: ‹Wir sind die aus dem Gestern und die aus dem Heute, und wir werden die aus dem Morgen sein.›

Unsere Vorfahren wußten nicht, wie sie sich regieren sollten, und deswegen sandte unser Schöpfer die vier Propheten, die ‹Mia›. Die Propheten kamen vor langer Zeit. Sie schrieben große Gesetze und lehrten die berühmte Wissenschaft, die das ‹Mayalicht› genannt wird. Diese vier Herren brachten ihre Mission zu Ende und hinterließen diese großen Aufbewahrungsorte auf Mutter Erde. Und als sie alt waren, waren sie berühmte Älteste und sagten: ‹Wir gehen dahin zurück, wo wir herkommen, jetzt, wo unsere Zeit zu Ende geht und unser Licht langsam verlöscht.› Aber bevor sie gingen, sagten sie: ‹Kinder, vergeßt nicht unsere Erinnerungen. Wir hinterlassen euch Vernunft und weisen Rat. Wir hinterlassen euch heiliges Wissen. Eines Tages werden wir zurückkommen und unsere Mission zu Ende führen.›

Und die Kinder sagten: ‹Woher kommt ihr und wohin geht ihr?›

Sie antworteten: ‹Kinder, wir gehen dorthin, wo die Handvoll Sterne sind›, und dann gingen sie. ‹Und ihr müßt die Erde bedecken›, sagten sie, ‹ihr müßt sie mit Liebe bedecken, Liebe füreinander und Liebe für alle Dinge, damit wir, wenn wir zurückkommen, zusammenleben können wie die Farben des Regenbogens, wie die Finger einer Hand.›

Sie wickelten sich in Schals ein und sangen ein Lied. Und ab da war es ruhig, und sie schliefen. Und alle Menschen, die dabei waren, sagten: ‹Laßt die Großväter schlafen.› Aber es vergingen viele Stunden, und sie standen nicht auf. Dann sahen die Menschen einen Lichtstrahl und gingen zu der Stelle, wo die Großväter gewesen waren, aber sie waren verschwunden. Sie waren auf einem Lichtstrahl in den Himmel aufgestiegen, aber sie hatten ein Zeichen ihrer Existenz hinterlassen. Sie hatten ihre weisen Worte und ihre heilige Weisheit in einem Bündel geschnürt zurückgelassen. Und die Weisheit wurde sicher aufbewahrt, bis die Spanier kamen und uns das heilige Bündel und vieles andere mehr raubten.

Aber die Prophezeiung sagt, daß die Ältesten zurückkommen werden. Sie sagt, daß jetzt die Zeit des Erwachens ist. Das ist jetzt eure Aufgabe: aufzuwecken. Das Tal der Neun Höllen ist jetzt durchschritten, und die Zeit der Warnung ist gekommen. Die Zeit ist gekommen, um sich auf das Zeitalter der Dreizehn Himmel vorzubereiten. Die Zeit der 12 Baktun und der 13 Ahau kommt schnell näher, und sie werden hier bei euch sein, um Mutter Erde zu verteidigen. Die Prophezeiung sagt: ‹Laßt die Dämmerung kommen. Alle Menschen und alle anderen Geschöpfe sollen in Frieden leben, alles soll glücklich leben.› Denn nicht nur unter den Menschen muß Liebe sein, sondern unter allem, was lebt. Sie sagten: ‹Wir sind die Kinder der Sonne, wir sind die Kinder der Zeit, und wir sind Reisende im Raum. Alle Lieder und Tänzer sollen erwachen. Alle Menschen und alle Dinge sollen in Frieden leben. Denn ihr seid die Berge und die Täler, ihr seid die Bäume und die Luft, die ihr atmet.›

Und darum, Brüder und Schwestern, bin ich nicht hier, um euch Gold zu geben. Ich bin nicht hier, um euch Schätze zu geben. Ich bin hier, um euch diese Worte zu sagen, die nicht von mir kommen. Es sind die Worte unserer Großmütter und Großväter, der Zeitreisenden, unserer Vorfahren von den Sternen. ‹Wir alle sind eins.› Wir essen weiße, gelbe und dunkle Nahrung, weil das die Farben unserer Mütter und Väter im Himmel sind. Wir alle sind eins wie die Farben des Regenbogens. Wir alle leben von der Luft, vom Regen, von Großvater Sonne. Mensch, Tier, Vogel und Baum, wir alle sind eins.

Jetzt ist die Zeit der Rückkehr der Großmütter und Großväter gekommen. Jetzt ist die Zeit der Rückkehr der Ältesten. Jetzt ist die Zeit der

Rückkehr der Weisen. Und die Weisen seid ihr. Jetzt ist die Zeit, in die Welt hinaus zu gehen und das Licht zu verbreiten. Für diesen Zweck wurde die heilige Flamme bewahrt, und jetzt kommt die Zeit, in der ihr alle Dinge lieben sollt, eine Welt, die verrückt geworden ist. Ihr sollt Himmel und Erde wieder in Gleichklang bringen. Denn die Zeit der Warnung wird bald vorbei sein, und die Regenbogenkämpfer werden jetzt geboren. Das Tal der Tränen, der Neun Höllen, ist durchschritten, und es ist Zeit, sich auf die Dreizehn Himmel vorzubereiten. Die Vorfahren kommen zurück, meine Brüder und Schwestern, und wir haben nicht mehr viel Zeit. Jetzt ist es soweit, daß die Prophezeiung sich erfüllt.

Mögen alle auferstehen. Mögen alle auferstehen. Keine einzige Gruppe wird zurückgelassen.»

Und mit diesen Worten hob Don Alejandro die Arme zum Himmel und zeigte wieder auf den Boden. Alle um ihn herum schienen zwei einfache Noten zu singen, eine hohe und eine tiefe. Mitglieder anderer Stämme traten vor und hielten Reden, aber wir konnten sie nicht alle übersetzen. Jede Rede wurde durch den schönen, sanften Gesang begleitet, Kerzen wurden angezündet und Weihrauch aus Kopalharz wurde durch die Luft geschwenkt. Dann, als die Zeremonie sich dem Ende zuneigte, grüßte eine Gruppe ehrfürchtig in die «vier Richtungen», nämlich die vier Himmelsrichtungen. Alle wandten sich nacheinander in jede Richtung und hoben die Arme, und jedesmal wurde laut auf einem Tritonshorn geblasen.

Dann gingen sie die Treppe der Pyramide hinunter, bildeten auf dem Platz einen Kreis und grüßten die Pyramiden, die auf der anderen Seite standen. Ich schaute in die Gesichter derer, die in dem Kreis standen. Es waren Menschen aus dem hohen Norden Kanadas, aus den Ebenen der USA, aus den Wüsten Neu Mexikos und aus den Urwäldern Brasiliens, Ecuadors und Perus. Ich dachte an die Bemerkung von Jamie Sams, daß die Kristallschädel «das Wissen von Mutter Erde enthalten». Ich hatte den Eindruck, daß jeder der hier Anwesenden für dieses Wissen stand. Ihre Erfahrung, ob sie nun unter freiem Himmel in der Wüste oder unter dem Blätterdach des Urwalds in Worte gefaßt worden war, stand für die ungebrochene Tradition einer Verbindung mit der natürlichen Umge-

bung und dem Wissen, wie man harmonisch mit dieser Umgebung zu-
sammenlebt. Dieses Wissen hatten wir im Westen verloren.

Wir hatten auf der Suche nach Wissen immer nach außen geschaut.
Jetzt sah ich ein, daß es *in* uns unzählige Möglichkeiten gab, die wir noch
nicht ausprobiert hatten. Welch ein Potential stellten nicht nur diese
Menschen hier da, sondern alle Menschen, jeder auf unterschiedliche
Weise, geprägt durch seine Umgebung, seinen Hintergrund und seine
Kultur, jeder einzigartig. Aber alle hier Anwesenden teilten das Wissen,
daß sie Teil einer größeren Wahrheit sind, Teil dieser außergewöhnli-
chen, vielfältigen menschlichen Familie.

Als die Zeremonie zu Ende war, fragten wir Don Alejandro, ob er uns
das, was er in seiner Rede gesagt hatte, ein wenig näher erklären könne.
Wir saßen neben ihm auf der oberen Treppe der größten Pyramide in der
Stadt, der Pyramide der Verlorenen Welt. Gleich neben ihr lag der Steinschädel, über den wir damals gestolpert waren, als die Abendsonne alles
in goldenes Licht getaucht hatte. Don Alejandro begann damit, daß er
sagte, Don Alejandro Cirilo Oxlaj Peres sei gar nicht sein richtiger
Name, sondern nur eine spanische Übersetzung. Sein richtiger Mayaname war Job Keme, oder auch Job Cizin, was «Lebenstod» bedeutet.
Wie alle Maya hatte er diesen Namen aufgrund des Tages bekommen, an
dem er geboren worden war. Nach unserer Rechnung war das der 2. Februar 1929. Er sagte, wer an diesem Tag geboren würde, könne sich mit
der Welt der Lebenden und der Toten verständigen.

Don Alejandros Vorväter waren mindestens sieben Generationen lang
Medizinmänner gewesen, und er war jetzt der Hohepriester des Rates der
Ältesten der Quiché-Maya, der 21 Mayagebiete vertritt. Er sagte, seine
Aufgabe sei es, Krankheiten zu diagnostizieren und Traumbilder zu deu-
ten. Außerdem war er der oberste «Hüter der Tage» oder «Hüter der
Weisheit» des heiligen Mayakalenders.

Wir wollten mehr darüber wissen, wo die Kristallschädel ursprünglich
herkamen und wer die vier Propheten waren, die zu den Sternen zurückgekehrt waren. Ich fragte Don Alejandro, wie alt die Schädel seien und
wie sie erschaffen wurden. Er sagte, keiner wisse das so genau. Wir müßten einfach begreifen, daß sie nicht von Menschen gemacht worden
seien, sondern von Wesen aus einer anderen Dimension, von einem ande-

ren Planeten, von den Sternen. Diese Wesen, die vier Propheten der Legende der Maya, seien vor langer Zeit von den Plejaden gekommen:

«Zu Beginn dieses Zeitalters vor vielen tausend Jahren kamen sie und ließen die Kristallschädel zurück. Sie brachten uns dieses Wissen, um uns in einer Zeit großer Not zu helfen, in der Zeit der Warnung, die zwischen den Zeitaltern zwischen der alten und der neuen Welt kommt. In den Schädeln ist großes Wissen und viel Weisheit, um uns in der Zeit zu helfen, die uns jetzt bevorsteht.»

Aber warum sollten die Schädel uns helfen? Don Alejandro erklärte, wir müßten begreifen, daß «alles miteinander verbunden ist»:

«Wir dürfen nicht getrennt sein, denn wir sind alle eins. Wir müssen zusammengehen, ohne nach Hautfarbe, Klasse oder Glauben zu unterscheiden, vereint wie die Farben des Regenbogens. Wir müssen erkennen, daß wir alle Brüder und Schwestern sind. Wir müssen Mutter Erde respektieren und wertschätzen und alle Väter im Himmel, Großvater Sonne, Großmutter Mond und alle anderen Planeten im All. Wir alle sind Kinder des Vaters. Das ist meine Botschaft an Sie.
Aber ich spreche nicht meine eigenen Worte. Dies sind die Worte des Volkes der Maya und die Worte der Schädel. Die Schädel sind Botschafter des Volkes der Maya. Darum bin nicht ich es allein, der zu Ihnen spricht. Die Schädel sprechen zu uns allen, und sie sprechen besser Englisch oder Spanisch als ich. Die Botschaft der Maya besagt, daß jetzt die Zeit für die Erfüllung der Prophezeiung gekommen ist.»

Don Alejandro erklärte, daß es mehr als 13 Kristallschädel gegeben habe. Die Maya besaßen ursprünglich 13, aber es gibt noch mehr, die sich bei eingeborenen Völkern auf der ganzen Welt befinden. Gemäß den Lehren, die der Rat weitergab, gab es einmal 52 Schädel in den verschiedensten heiligen Stätten auf der ganzen Welt, viele bei Indianerstämmen und sogar einige in Tibet und bei den Aborigines in Australien. Er sagte, nur die Väter wüßten, warum es 52 seien, aber diese Zahl sei genau wie die 13 seinem Volk sehr heilig und spiele im Mayakalender eine wichtige Rolle. Er fügte hinzu, daß die Schädel den eingeborenen Völkern dabei geholfen hätten, ihre Tradition und Kultur in schwierigen Zeiten in der Vergangenheit zu bewahren, und das täten sie auch heute noch.

Ich fragte ihn, ob er selbst oder einer seiner Kollegen einen Kristallschädel besitze. Er sagte, diese Frage könne er nicht beantworten, aber er könne uns eine Geschichte erzählen, die in der Vergangenheit passiert sei. In den 50er Jahren hätten einige von seinem Volk einem katholischen Priester in dem Dorf Santiago im Hochland von Guatemala nahe dem See Atitlán ihren Kristallschädel gezeigt. Der Priester sagte, der Schädel sei ein Werk des Teufels, und zerbrach ihn in tausend Stücke. «So werden die Schädel mißbraucht, und so ging es auch dem Volk der Maya», sagte er traurig.

Im Laufe der Zusammenkunft hatten uns verschiedene Leute erzählt, daß Don Alejandro und der Rat der Ältesten mindestens einen Schädel hätten, der in einer Höhle «unter den Bergen» aufbewahrt wurde. Wenn sie zu ihm gingen, hielten sie es immer geheim. Man erzählte uns ausführlich, daß diese Schädel als so heilig galten, daß uns niemand sagen würde, wo sie waren, besonders weil so viele Schädel in der Vergangenheit verschwunden und mißbraucht worden seien. Außerdem würde man nicht wollen, daß wir andere dazu anregten, die Schädel zu suchen.

«Die Fremden nahmen die Werte und Erfahrungen der Maya und verkauften sie in den USA und anderswo. So waren es nicht nur die eingeborenen Völker, die gequält wurden und Verluste erlitten. Die große Wissenschaft der Maya war der Welt verlorengegangen. Sogar sie wurde während der Zeit der Neun Höllen verkauft.

Aber der Rat der Ältesten betrachtet die Schädel als Mütter und Väter der Wissenschaft. Sie sind die ersten Botschafter der Liebe und des Friedens auf der ganzen Welt. Mit diesen Schädeln kann man alles über die Astronomie und viel anderes Wissenswertes erfahren – Archäologie, Anthropologie und Naturwissenschaft.»

Das paßte genau zu dem, was wir als erstes über die Legende gehört hatten, und was wir von den vielen Indianern wußten, mit denen wir seitdem gesprochen hatten. Aber ich weiß immer noch nicht, wieso Don Alejandro ausgerechnet die vier Dinge erwähnte, die mich am meisten interessierten. Er fügte hinzu: «Diese Schädel enthalten das Wissen und die gesamte Weisheit der ganzen Welt und des Universums. Die Schädel verfügen über große Kräfte, zu denen auch die Kraft der Telepathie und des Heilens gehört. Sie können sogar psychische Krankheiten heilen.»

Aber, so seine Worte, dieses Wissen steht nicht jedem zu jeder Zeit zur Verfügung. Der einzelne kann es nur empfangen, wenn er sich richtig darauf vorbereitet, und auch nur dann, wenn Motivation und Zeitpunkt stimmen:

«Das Wissen erhält man über das Unterbewußtsein. Die Schädel geben das Wissen weiter, ob man an sie denkt oder nicht. Sie haben die Fähigkeit, sich über den Geist mitzuteilen. Man kann in einer ruhigen Minute an die Schädel denken oder auch schlafen, Geist und Seele sind im Raum unterwegs und wissen, was dort oben geschieht. Wenn man die Schädel nach all dem befragt, was die Meister gesagt haben, wird man es am übernächsten Tag erfahren. So wird das Wissen immer größer, und das ist der Grund, warum die Maya sich jetzt zu Wort melden. Wir erhalten unser Wissen durch Visionen, Enthüllungen, kosmische Visionen. Das verstehen nur wenige. Ich habe schon mit vielen Menschen darüber gesprochen, aber sie wissen nicht, was eine Vision, eine Enthüllung oder eine kosmische Vision ist. Sie verstehen den Kosmos nicht, obwohl sie sagen, daß sie Kinder der Wissenschaft seien.

Aber es gibt zwei Wege. Wenn man mit Hilfe der Schädel aus reinem Selbstzweck zu Größe gelangen will und nicht daran interessiert ist, sich für die Erde einzusetzen, wenn man nur seinen eigenen Vorteil sucht, dann nutzt man die Energie seines Verstandes für ein negatives Ziel. Die Schädel werden nicht zu diesem Menschen sprechen und ihm auch nicht zu Größe verhelfen. Aber wenn man sich ihnen im Glauben nähert, wenn auch nur in Gedanken, und wenn man sie um das heilige Wissen bittet, um diesem Planeten zu helfen und ihn zu heilen, wenn man wirklich an dem heiligen Wissen der Schädel interessiert ist, dann wird es gutgehen, weil die Motivation aus dem Herzen und dem Glauben kommt. Die Schädel verhelfen nur dem zu Größe, der heilen will. Sie geben ihr Wissen nur dann weiter, wenn es Mutter Erde dient und nicht dem persönlichen Vorteil eines Menschen.

Aber die Zeit, in der immer mehr an dem Wissen teilhaben werden, rückt schnell näher. Die Prophezeiung sagt, daß die Zeit der Dreizehn Himmel kurz bevor steht. Die Propheten der Maya haben die Zeit der Neun Höllen vorhergesagt, genau wie eine lange Zeit der Dunkelheit, und fast 500 Jahre lebten wir im Tal der Tränen. Als die Spanier kamen und uns in ihrer unersättlichen Gier nach Gold die westliche Lebensweise aufzwangen, wurden viele Menschen getötet.»

Er erklärte, daß zu jener Zeit die meisten seiner Vorfahren am Rio Xequijel in der Nähe von Quetzaltenango abgeschlachtet worden seien und daß der Fluß heute *Rio Se Tino de Sangre* genannt werde nach dem Tag, an dem der Fluß rot vor Blut war.

«Und jetzt sind sie hier und suchen nach dem ‹schwarzen Gold›, dem Öl, dem Gas und den Mineralien unserer Mutter Erde. Und schon wieder wird viel getötet. Dieses Mal töten sie alles Lebende, indem sie die Umwelt verschmutzen, die Flüsse und die Ströme. Sie töten alle Menschen und Lebewesen auf Mutter Erde, Tiere, Insekten, Vögel und Bäume.

Aber die Propheten sagten, daß die Neun Höllen zwischen 1863022 und 1863023 der Langen Zählung enden würden, nach Ihrer Rechnung zwischen dem 16. und 17. August 1987. Die Zeit der Warnung werde vorbeigehen, und nun sei die Zeit gekommen, um sich auf die Dreizehn Himmel vorzubereiten. Die Dreizehn Himmel werden nach Sonnenuntergang am 21. Dezember 2012 beginnen. Der darauffolgende Tag heißt in unserem Kalender der Langen Zählung 130000. Diese Zahl in unserem heiligen Kalender steht für eine neue Form des Verstehens, eine neue Regierungsform, eine neue Form gegenseitigen Verständnisses, so daß wir uns nicht mehr mit Gleichgültigkeit begegnen und einander auf dieser Erde schlecht behandeln. Dieses Datum steht für den Beginn der Dreizehn Himmel, für den Anfang einer neuen Welt. Es ist der Beginn einer neuen Zeit, der 13 Baktun. So steht es im Buch von Chilam Balam. Und die Schädel, so die Prophezeiung, sind da, um uns auf diese Zeit vorzubereiten. Der großen Legende nach kommen die Schädel zurück für die Zeit der Warnung, denn jetzt ist die Zeit, in der sich erfüllen muß, was geschrieben steht.

Darum trifft sich jetzt der Ältestenrat, geführt von den Prophezeiungen und der Weisheit der Schädel, denn jetzt ist die Zeit, die Welt aufzuwecken. Es ist soweit, daß die Menschen zusammenkommen sollen. Der Rat spricht jetzt offen, nachdem wir uns 500 Jahre lang versteckt haben. Als die Spanier kamen, sind wir in die Berge geflüchtet. Wir verpflichteten uns, 500 Jahre lang zu schweigen. Das war in der Zeit des Leidens, die wir die Neun Höllen nennen. Nur wir wußten, was passieren würde. Aber jetzt treten wir vor, und die Regierung wird uns nicht umbringen, weil dies die Erfüllung der Prophezeiung ist. Sie werden begreifen, daß wir in Frieden kommen. Für alle Regierungen und alle Völker ist jetzt die Zeit gekommen, Frieden zu schließen.

Wir haben kein Land, keine Häuser, keine Krankenhäuser und keine Schulen, aber wir haben die Weisheit, die die Welt jetzt braucht. Als wir vor über 20 Jahren das Bündel öffneten, waren es da nicht wir, die das Loch sahen in dem, was Sie die ‹Ozonschicht› nennen? Aber damals hat uns niemand zugehört. Aber jetzt sagt der Kalender, daß wir unser Wissen mit der Welt teilen müssen, weil die Zeit des Erwachens bevorsteht. Die Schädel sind jetzt hier, um unser Bewußtsein aufzuwecken, um uns dabei zu helfen, alle Dinge lieben zu lernen. Im Kalender steht, daß die Welt jetzt zuhören wird und daß sie jetzt den Herzschlag von Mutter Erde hört.

Und die Schädel geben uns eine Botschaft für alle Menschen. Die Botschaft heißt, unsere Mutter nicht zu verschmutzen, keine Auseinandersetzungen zu haben und sich hier auf der Erde gegenseitig gut zu behandeln. Die Schädel sagen uns, daß wir unseren Schöpfer respektieren müssen und uns gegenseitig lieben sollen. Wir müssen unsere Mutter Erde schätzen, die Tiere, die unsere Brüder und Schwestern sind, die Bäume, die unsere Ältesten sind. Wir dürfen unsere Flüsse, Seen und Meere nicht vergiften, damit dieser Planet wieder bewohnt werden kann und wir irgendwann wieder atmen können. Wir dürfen diesen Palast nicht in unseren Besitz bringen, wir dürfen die Erde nicht besitzen, weil sie uns nicht gehört. Sie ist unsere Mutter und unser Vater, und wir alle sind Brüder und Schwestern, die Felsen, Pflanzen und Tiere, der Wind und der Regen. Wir dürfen uns davon nicht trennen, denn wir alle sind eins. Wir alle sind Lebewesen, und wir haben alle ein gemeinsames Bewußtsein.»

Während Don Alejandro diese Worte sprach, passierte etwas äußerst Merkwürdiges. In einem wunderbaren, fast magisch anmutenden Augenblick tauchte aus dem Nichts ein Schwarm Libellen auf. Sie flogen um ihn herum, schwirrten in alle Richtungen, und ihre zarten Flügel fingen die letzten schwachen Strahlen der Abendsonne ein. Ihre schnellen Bewegungen schienen genau den Rhythmus seiner Worte wiederzugeben, als würden sie zu seinen Worten tanzen, und als wollten sie ihm zustimmen. Um den Rest unserer kleinen Gruppe, die auf der Treppe der Pyramide saß, kümmerten sie sich überhaupt nicht. Statt dessen schienen sie fast mit Don Alejandro zu verschmelzen, und, als wären sie ein Teil von ihm, bildeten sie einen Heiligenschein aus goldenen Flügeln um ihn herum. Später erfuhren wir, daß die Libelle bei den Maya eins der Symbole für Kukulcan oder Quetzalcoatl ist, dessen Geist mit der Erfüllung des Kalenders in Verbindung stehen soll. Als Don Alejandro weitersprechen wollte, verschwanden die Libellen fast so schnell, wie sie gekommen waren.

«Wir müssen die Verschmutzung stoppen, auch die Verschmutzung durch negative Gedanken und durch Angst. Wenn wir mit negativen Gefühlen denken, wenn wir Angst haben und nur an uns selbst denken, wenn wir nicht mehr lieben, dann verschmutzen wir den Planeten und die Luft, die wir atmen. Wir bringen die Dreizehn Himmel und den nächsten Großen Zeitzyklus in Gefahr. Die Schädel bringen uns die Botschaft, daß die Erde nicht uns gehört, daß wir sie nicht mißbrauchen und zerstören dürfen. Auch die mächtigsten Herrscher müssen bald begreifen, daß die Macht nicht ihnen gehört. Sie gehört auch nicht den Menschen. Sie gehört den Kindern, die vom Vater regiert werden. Die Menschen haben die Pflicht, ihre Regierung zu respektieren, aber die Regierung muß auch alle Kinder der Erde respektieren. Unsere Führer müssen erkennen, daß sie die Aufgabe haben, die Macht nur zu verwalten, denn sie gehört ihnen nicht. Sie sollen sich um die Kinder kümmern und sie nicht vernichten. Die Erde gehört uns nur, solange wir leben, aber wenn wir sterben, ist sie für unsere Kinder da. Wenn wir so weitermachen wie bisher, werden sie kein Zuhause haben.

Die Schädel sagen uns, daß wir einen anderen Weg gehen müssen, und es steht geschrieben, daß die eingeborenen Völker diesen neuen Weg weisen müssen, damit es Frieden gibt. Die eingeborenen Völker können zeigen, wie man die Welt in Frieden und Eintracht mit allem Lebenden regiert. Die Prophezeiung sagt, daß die Menschen sich ihre natürlichen Rechte zurückholen werden und daß die Regenbogenkämpfer wiederkommen. Wir müssen gleichberechtigt und freundschaftlich mit uns selbst und allen anderen Lebewesen auf Mutter Erde zusammenleben. Die Schädel zeigen uns, daß es möglich ist, daß alle genug zu essen haben, reich sein und mit allen anderen Lebewesen auf der Erde im Überfluß leben können.

Sie im Westen haben uns die großartige Wissenschaft gegeben, aber wir haben eine andere Wissenschaft, und die brauchen Sie jetzt. Wir haben die geistigen Fähigkeiten, die man braucht, um von den Schädeln zu lernen. Die Schädel zeigen uns eine Vision davon, wie alles sein könnte. Sie zeigen uns, daß es ein gerechtes, natürliches Gesetz gibt. Sie werden schon bald verstehen, daß die Technik zerstörerisch ist, wenn man den Schöpfer nicht versteht. Aber wenn man Wissen hat und den Schöpfer begreift, gibt es keine Grenzen. Die Schädel zeigen uns die Macht der Schöpfung, die in uns allen ist. Sie zeigen uns, daß alle unsere Seelen in Beziehung zueinander stehen. Wir sind alle miteinander verbunden durch den einen, durch den wir geboren sind. Wir können auf dieser Erde nicht länger voneinander getrennt sein. Wir müssen zusammengehen, ohne Unterschied von Hautfarbe, Rasse oder Glauben. Wir müssen zum Wohle aller mit den anderen zusammengehen.»

Don Alejandro forderte uns auf, dabei mitzuhelfen, diese Botschaft an alle Menschen weiterzugeben, da jetzt für uns alle die Zeit gekommen sei, aufzuwachen:

«Hören Sie auf Ihr Herz. Mutter Erde ruft Sie. Durch die Schädel ruft sie jeden von uns. Sie fordert jeden von uns auf, sie zu heilen und uns damit selbst zu heilen. Jetzt ist die Zeit, um Mutter Erde zuzuhören und umzudenken und unsere Lebensweise zu ändern, bevor es zu spät ist.
Wir brauchen die Hilfe aller Menschen, aller Kulturen, Religionen und Nationen. Wir müssen das Morden an unseren Brüdern und

Schwestern auf diesem Planeten stoppen, bevor es zu spät ist. Wenn wir weitermachen wie vorher, wird der jetzige Zeitzyklus einfach zu Ende gehen. Im Jahr 2012 wird die Abenddämmerung kommen, und es wird keinen neuen Tag geben. Denn wenn Mutter Erde stirbt, bedeutet das auch für uns alle den Tod.

Nichts auf dieser Welt und in diesem Universum ist ewig. Alles hat seine Zeit. Ein Menschenleben hat seine Zeit. Jeder einzelne von uns lebt nur eine bestimmte Zeit. Irgendwann müssen wir alle einmal sterben. Mit den Zivilisationen ist es genauso. Sie wachsen aus dem Nichts, reifen heran, erblühen, und dann müssen sie sterben. Die Reste dieser Zivilisation kann man auf der ganzen Erde finden. Wo man auch hinsieht, ihre Skelette bleiben zurück.»

Das Traurige daran war, daß Don Alejandro hinzufügte, mit der menschlichen Rasse sei es genauso. Wir haben nur eine bestimmte Zeit zur Verfügung. Er sagte, daß das Ende dieser Welt komme, wenn eine Art nicht mehr mit der Natur im Einklang sei. «Das ist das göttliche und natürliche Gesetz.»

Während Don Alejandro diese letzten Worte sprach, verschwand die Sonne langsam hinter dem fernen Horizont. Wir gingen zurück durch die Ruinen der Stadt. Es machte mich traurig, über das nachzudenken, was Don Alejandro gesagt hatte. Seit ich mit den Schädeln in Kontakt gekommen war, hatte ich viel mehr über die Bedeutung des Todes nachgedacht, aber ich hatte dabei nie den Tod der ganzen Menschheit im Sinn gehabt. Es war mir nie der Gedanke gekommen, daß das Leben der anderen hier auf der Erde nicht weitergehen könnte, wenn ich auch eines Tages sterben würde. Den Gedanken, daß die Menschheit aussterben könnte, fand ich niederschmetternd. Aber wenn alles zu dem Kreislauf von Tod und Wiedergeburt gehörte, hatte Don Alejandro sicher recht – auch die Menschheit würde eines Tages sterben. Besonders beunruhigten mich seine Worte über das «göttliche und natürliche Gesetz», demzufolge die Menschheit sterben wird, wenn wir nicht mehr mit der Natur in Einklang stehen. War das nicht schon längst der Fall?

Später am Abend, als wir auf dem Balkon unseres Hotels saßen, griff Ruben, ein Ältester vom Stamm der Lakota-Sioux, dieses Thema auf:

«Viele Menschen, die in den Städten wohnen, können nicht sehen, was mit der Erde passiert. Die Menschen, die im Alltag noch immer mit der Natur verbunden sind, sehen die Veränderung des Landes. Der weiße Mann hat der Natur den Krieg erklärt. Die Natur ist zum Feind geworden. Umweltverschmutzung und Gift sind die Waffen, die ganze Arten von Tieren, Vögeln und Pflanzen vernichten. Diejenigen, die hier zusammengekommen sind, sehen diese Zerstörung jeden Tag, aber viele betrachten es als einen Krieg, der in einem anderen Land stattfindet – es ist traurig, aber sie kümmern sich nicht darum. Nun, das wird sich bald ändern.»

Patricio fügte hinzu:

«Wie ich es Ihnen schon gesagt habe, wir als Art stehen jetzt an einem Scheideweg. Wenn wir den richtigen Weg gehen, ist es in Ordnung. Aber wenn wir uns für den falschen Weg entscheiden, wird das für uns alle fürchterliche Folgen haben. Das ist der Sinn und Zweck der Zeit des Übergangs. Es ist die Zeit für uns, in der wir uns Gedanken über den Weg machen sollen, den wir gehen wollen.
Wenn die Menschen sich dazu entschließen, alles beim Alten zu belassen, dann wird die Erde, wie wir sie kennen, allmählich verschwinden. Es hat ja schon angefangen. Die Menschen bemerken langsam, daß sich das Wetter verändert. Die ‹Veränderungen der Erde›, wie sie vorhergesagt wurden, finden schon statt. Wenn wir uns nicht verändern, werden die Wetterverhältnisse noch viel heftiger gestört. Das wird dann zum Teil direkt auf die Verschwendung der natürlichen Ressourcen der Erde zurückzuführen sein, die zu einer, wie die Wissenschaftler sagen, ‹globalen Erwärmung› führt. Es wird Dürre- und Flutkatastrophen geben, die Weltwirtschaft wird zusammenbrechen, es wird Hunger, Erdbeben und überall Verwüstung geben. Schließlich könnte man sagen, daß wir als Rasse unserer eigenen Gier zum Opfer fallen werden. Wenn das Streben nach materiellem Reichtum so unvermindert weitergeht, wird es uns am Ende zerstören.»

Wie die Maya, so glauben auch die Hopi, daß die Welt zuvor schon mehrere Male geschaffen und zerstört worden sei. Bei den Hopi gab es auch

400

die Prophezeiung, daß «eine Kürbisflasche voller Asche über die Erde ausgeschüttet wird». Eine Kürbisflasche hat dieselbe Form wie der Atompilz bei einer Explosion, und man glaubt, daß diese Prophezeiung sich auf den Abwurf der ersten Atombombe auf Hiroshima 1945 bezieht. Bei den Hopi heißt es außerdem, daß die Erde krank werden würde und daß sie dann «den weißen Bruder im Mika-Haus besuchen sollten, das im Osten des Kontinents erbaut worden ist». Diese Prophezeiung erfüllte sich 1991, als die Ältesten der Hopi das Gebäude der Vereinten Nationen in New York besuchten, um sich dafür einzusetzen, daß Mutter Erde nicht mehr länger mißbraucht wird. Das Gebäude der Vereinten Nationen steht «im Osten des Kontinents», und seine Fassade ist mit dem Material Mika verkleidet. Die Hopi erhielten auch die Prophezeiung, daß die Maya die Stämme Nord- und Südamerikas zu genau dieser Zusammenkunft rufen würden, wenn die Zeit gekommen wäre.

«Und wenn die Menschen sich richtig entscheiden», so Patricio, «werden die eingeborenen Völker die Welt zu einer neuen Lebensweise führen, in der sie wieder harmonisch mit der Natur zusammenleben.»

«Hoffentlich ändert sich etwas», sagte ich.

«Das liegt an jedem einzelnen von uns», erwiderte Patricio.

Wie Patricio erklärte, wurden verschiedenen Stämmen verschiedene Teile der «ursprünglichen Lehre» anvertraut, und darum hatte die Zusammenkunft auch den Zweck, die Prophezeiungen aller Stämme zu verbinden.

Am nächsten Morgen hörten wir, wie die Ältesten von Indianerstämmen aus Südamerika berichteten, daß die Kolonialisierung jetzt auch ihr Land erreicht hatte und daß Firmen der petrochemischen Industrie und Viehzüchter sich dort niederließen und so die schnelle Zerstörung des Regenwaldes noch beschleunigt wurde. Wir erfuhren, daß Tiere, Vögel und Wälder vernichtet wurden. Ein Stammesmitglied der Kalaway, die am Amazonas leben, sagte, daß nach einer der Prophezeiungen seines Volkes eine Zeit kommen werde, in der die Vögel vom Himmel fielen, und eine andere Zeit, in der die ganze Welt die Hilfe seines Volkes benötige. Genau das passierte jetzt. Eine bestimmte Vogelart, «die über dem Regenwald am höchsten fliegt», fiel nun einfach vom Himmel. Und das, obwohl die Kalaway Hunderte von Meilen entfernt von den nächsten größeren Städten leben.

Der Tod der Vögel, die einst in den Regenwäldern lebten, war eine Warnung für uns alle.

Dann stiegen wir in die Busse, die für die nächsten Tage, die die Zusammenkunft noch andauerte, unser Zuhause sein sollten. Wir setzten unsere Reise fort, die uns über Hunderte von Meilen schlechter Straßen und Wege führte. Schließlich verließen wir die feuchten Ebenen und begannen den Aufstieg in das Hochland Guatemalas. Ich fragte Patricio, ob er uns ein wenig mehr darüber erzählen könne, inwiefern die Kristallschädel mit dem Übergang in diese neue Zeit in Verbindung stünden. Er antwortete, daß die Zeit des Übergangs immer eine schwierige Zeit sei, in der die Gefahr bestehe, daß diese neue Zeit überhaupt nicht anbreche.

«Es liegt an den Menschen, wieder eine neue Zeit zu schaffen, und dafür braucht man eine neue Art von Verständnis. Nach dem heiligen Mayakalender brauchen wir ein neues Bewußtsein, damit der Planet den nächsten Großen Zyklus, die nächsten 13 Baktun, die nächsten 5126 Jahre übersteht. Und da kommen die Kristallschädel ins Spiel. Sie können uns dabei helfen, das richtige Bewußtsein aufzuwecken.»

Ich wollte mehr über dieses «neue Bewußtsein» wissen. Patricio sagte:

«Wir nennen es ein ‹neues› Bewußtsein, aber tatsächlich ist es ein sehr altes. Es bedeutet, daß die Menschen sich wieder ihrer Verbindung mit der Erde bewußt werden. Die Menschen werden die Tatsache erkennen, daß auch wir sterben, wenn die Erde stirbt. Aber es geht auch um die Art und Weise, wie wir zueinander stehen.

Den alten Mayapriestern zufolge wird schon bald eine Zeit kommen, in der die Menschen bereit sind für das Wissen, das von den Schädeln kommt. Aber noch ist diese Zeit nicht da. Die Maya wissen, wann die richtige Zeit gekommen ist, daß die Schädel wieder zusammenkommen. Es ist eine ganz bestimmte Zeit, die in ihrem alten Kalender steht. Aber die Schädel können nur dann zusammenkommen, wenn die Arbeit vorher getan ist und alle Menschen richtig vorbereitet sind. Wenn die richtige Zeit da ist, werden all die alten Schädel, von denen wir wissen, und die, die noch nicht aufgetaucht sind, zusammengerufen, und sie werden an einem zentralen Ort hier in Mittelamerika zusammenkommen, und ihr Wissen wird offenbart.

Wissen Sie, die Kristallschädel sind komplette Wissensspeicher, und jeder Schädel enthält Informationen zu einem bestimmten Bereich – wie eine Bibliothek. Und nur die Menschen, die künftig in der Lage sind, die Kristallschädel zu ‹lesen›, werden es verstehen, das Wissen aus den Schädeln abzurufen, wenn sie denn erst einmal alle beisammen sind. Aber das wird kein Problem sein. Denn weil die Schädel selbst auch Empfindungen verspüren, enthalten sie nicht nur ein bestimmtes Wissen, sondern sie wissen auch, wo die anderen Schädel sind.

Und wenn dann die richtige Zeit gekommen ist, wird das ganze große Wissen wieder an die Menschen zurückgegeben und wird ein integraler Bestandteil der Menschheit, nachdem es eine Zeitlang nicht da war. Denn in der dazwischenliegenden Zeit war die menschliche Rasse einfach nicht fähig, mit dem Wissen zu arbeiten und es zu bewahren. In der Zeit, die die Maya die Neun Höllen nennen, reichte unser menschliches Bewußtsein, unser moralischer Charakter, wenn Sie so wollen, einfach nicht aus, um mit diesem hochentwickelten Wissen umzugehen. Darum haben die Wesen, die dieses Wissen ursprünglich mitgebracht haben, es überhaupt in diesen Schädeln untergebracht. Sie konnten in die Zukunft sehen und erkannten, daß eine «dunkle Zeit» kommen würde, in der das Wissen versteckt werden muß. Sie hätten es auf Steinplatten schreiben können, aber so hätte es sich jeder zu jeder Zeit nehmen können. Darum speicherten sie es in der besonderen Form der Kristallschädel, damit die Informationen nur zur richtigen Zeit würden abgerufen werden können und nicht vorher.

Selbstverständlich können wir uns das Wissen, das von einem Schädel kommt, mit unserem Verstand gar nicht vorstellen. Aber es steht schon fest, daß es auf jeden Fall zu einer bestimmten Zeit offenbart wird. So steht es in der Prophezeiung. Aber ob wir Menschen das Wissen für einen guten Zweck oder für unsere eigene Vernichtung nutzen, hängt nur davon ab, wie wir vorbereitet sind, und von solchen Zusammenkünften wie dieser hier.

Was jetzt hier stattfindet, ist wunderbar, und ich kann nur hoffen, daß wir uns genügend vorbereiten, um der Menschheit zu helfen. Wir haben in der Vergangenheit Fehler gemacht und machen noch immer sehr viele. Aber unsere unmittelbare Zukunft hängt davon ab, ob wir in der Vorbereitung unser Bewußtsein für das Wissen steigern können, das uns offenbart wird als Erfüllung der Prophezeiung.»

In den nächsten Tagen besuchten wir viele alte Stätten, auch die heiligen Ruinen von Saq Ulew in der Nähe von Huehuetenango, die die United Fruit Company «restauriert» hatte, indem sie sie mit Beton ausgegossen hatte! Nachdem wir dann eine schlaflose Nacht im Bus verbracht hatten, kamen wir endlich mittags in Quetzaltenango an, einer großen Stadt im Hochland von Guatemala.

Als unser Bus einen Berg über der Stadt hochfuhr, sahen wir mit Entsetzen, daß die Straße voll war mit gepanzerten Fahrzeugen und Mannschaftswagen, in denen viele Soldaten saßen und ihre Maschinengewehre schwenkten. Patricio erklärte uns, daß dies eine der Städte war, in denen vor noch nicht langer Zeit Massaker von Regierungstruppen an Ureinwohnern verübt worden waren. Genau aus diesem Grund hatte man diesen Ort für die Zeremonie ausgewählt, an der wir teilnehmen sollten. Es war eine Zeremonie für den Frieden, in der eine mit alten Hieroglyphen verzierte Stele errichtet werden sollte, die den Beginn einer neuen Ära markierte. Dieser aufrecht stehende Stein sollte ein Zeichen für die beginnende Zeit der Warnung und des Erwachens sein, die jetzt bevorstand.

Wir schlossen uns den Hunderten von Stammesmitgliedern an, die mit uns den ganzen Weg von Tikal hierher gekommen waren. Sie bildeten einen großen Kreis um die Stele, die auf einem dünn bewaldeten Berg stand. Don Alejandro, der sein rituelles Jaguarfell trug, führte die Zeremonie an. Ihm folgten andere Älteste der Maya und Vertreter vieler anderer Stämme, die ihre Gebete und Segen sprachen (*siehe Bildtafel Nr. 28*). Nachdem alle gesprochen hatten, wurde die Stele vorsichtig aufgerichtet, und in der Mitte des Kreises unter dem aufgerichteten Stein wurde feierlich ein Feuer entzündet. Diese Zeremonie sollte nämlich auch «den Beginn der neuen Feuer» markieren.

In dem Feuer wurden alte Blätter verbrannt, und es wurde viel Weihrauch entzündet. Man erklärte uns, daß die Maya in dieser Zeremonie den Augenblick nachstellten, in dem ihre Vorfahren auf den Sonnenaufgang gewartet hatten. Es war ein Symbol des Kreislaufs von Leben und Tod, von Tod und Wiedergeburt und Transformation. Dieses wurde von den Blättern symbolisiert – sie waren tot, aber indem sie verbrannt wurden, gaben sie neues Leben, sie wurden verwandelt und gaben in einem neuen Feuer Licht und Wärme.

Als wir vor den lodernden Flammen standen, traten viele Maya vor, die heilige Bündel in den Händen hielten. Nacheinander hielten sie die Bündel in den Qualm, der von dem Feuer aufstieg, und schwenkten sie über den Flammen hin und her. Man konnte nicht sehen, was in diesen Bündeln war. Sie hatten alle möglichen Größen und Formen, waren aber sorgsam in mehreren Schichten eingepackt, die wie alte Tücher oder Leder aussahen.

Dann sahen wir plötzlich, wie sich eine Reihe Gewehre direkt auf uns zu richten schien. Wir bemerkten, daß sich um den Kreis friedlicher Menschen, die nur Federn und Trommeln bei sich hatten, ein weiterer Kreis bildete, der wie eine ganze Armee aussah. Wohin wir auch sahen, überall waren Soldaten mit Gewehren, hinter ihnen gepanzerte Fahrzeuge und hier sogar ein Panzer, dessen Geschützrohr direkt auf uns gerichtet schien.

Wir konnten nicht glauben, was wir sahen. Die Vision des Alptraums eines schrecklichen Gemetzels, die wir uns in der Nacht unserer Ankunft vorgestellt hatten, schien sich plötzlich zu bewahrheiten, und dieses Mal waren wir mitten drin. Offensichtlich hatte die Regierung entschieden, daß es sich hier um eine subversive Versammlung handelte, die sie auf die Art und Weise auflösen wollte, die sie am besten beherrschte: mit Waffengewalt.

Aus den Reihen der Soldaten traten zwei Weiße vor und gingen direkt auf den kleinen Don Alejandro zu. Einer trug offensichtlich eine Offiziersuniform, der andere einen teuren Anzug und darüber einen Mantel. Beide machten den Eindruck, als fühlten sie sich äußerst unwohl. Der eine war der oberste Militär Guatemalas und der andere der Vizepräsident des Landes.

Es war still. Die Spannung, die in der Luft lag, war deutlich spürbar. Alle Augen waren auf Don Alejandro gerichtet. Er breitete die Arme aus und begann zu sprechen:

«Wir wollen den Individualismus und den Groll vergessen, der uns auseinandergebracht und vernichtet hat. Eine neue Ära des Erwachens steht bevor. Ich fordere eine neue Zeit, in der wir zusammengehen können wie Brüder und Schwestern. Die Prophezeiung sagt, das es eine Zeit geben wird, in der die Menschen wieder zusammenkommen und einander lieben. Diese Zeit ist jetzt gekommen.»

Mit diesen Worten trat Don Alejandro vor und umarmte den Offizier. Die Atmosphäre war geladen. Es war ein außergewöhnlicher Moment. Denn hier stand genau dieselbe Armee, die den brutalen und systematischen Völkermord an den Ureinwohnern verübt hatte.

Nachdem er den Offizier umarmt hatte, ging Don Alejandro auf den Vizepräsidenten von Guatemala zu und nahm ihn ebenfalls in die Arme. Die anderen Ältesten drehten sich um und umarmten die Soldaten, die um uns herumstanden, und gaben ihnen die Hand. Da wußte ich, daß wir einen historischen Augenblick erlebten.

Die 13 Tage der Zusammenkunft waren wirklich eine der bewegendsten Erfahrungen, die wir jemals gemacht hatten. Die magische Atmosphäre dieser Ereignisse hielt uns gefangen, die Schönheit des Landes und die Stärke, Integrität, Weisheit und Wärme der Menschen, denen wir begegneten. Was wir erlebten und die weisen Worte, die wir hörten, beeindruckte uns tief.

Plötzlich hörte man den Klang von Flöten, und Getrommel setzte ein, alle umarmten sich, gaben einander die Hand, lachten und machten freundliche Gesichter. Später erfuhren wir, daß die beiden Männer und die ganze Armee da waren, weil sie ausdrücklich zu der Zusammenkunft eingeladen worden waren.

Dann standen wir um die Stelle herum. Es herrschte eine ausgelassene Atmosphäre. Aber ich konnte noch immer nicht begreifen, wie Don Alejandro sich hatte überwinden können, die Menschen zu umarmen, die den Maya solches Leid zugefügt hatten. Wir sahen zu, wie unsere Begleiter vielleicht genau diejenigen umarmten, die einige ihrer Freunde und Verwandten umgebracht hatten. Ich hätte das nicht gekonnt, und ich weiß, daß es Chris genauso ging. Wie konnten diese Menschen soviel Bereitschaft zur Vergebung zeigen?

Als wir wieder unterwegs waren, saßen wir neben Hunbatz Men, der zu den Ältesten gehörte, die den obersten Militär umarmt hatten. Wir fragten ihn, wie er sich dazu hatte durchringen können. Hunbatz erklärte, daß wir aus Angst so reagierten, und genau diese Angst sei es, die den Frieden verhindere. Er sagte, das habe auch mit den Kristallschädeln zu tun:

«Die Kristallschädel lehren uns, unser Bewußtsein zu vergrößern und mehr von dem wahrzunehmen, was um uns herum ist. Wenn das Bewußtsein wächst, entwickelt man mehr Gefühle für sich selbst und andere. Angst, Haß und Schmerz verhindern, daß man die Menschheit als Ganzes sieht, die Lebenskraft und den Geist, der in uns allen ist. Denken Sie an die Kristallschädel und an das, was Sie in Guatemala gesehen haben, und dann wissen Sie, daß jeder von uns die Größe zeigen kann und dieses tiefe Mitgefühl für alle Menschen und alle Dinge. Beweisen Sie es sich, indem Sie für sich selbst immer den höchsten Standard anlegen. Seien Sie wie die Flamme einer Kerze oder die heiligen Flammen der Sonne, teilen Sie Ihr Licht und Ihre Wärme mit anderen. Sie haben hier erlebt, was Mitgefühl ist. Wir teilen dieses Erbe. Das gilt für alle Menschen. So wie die Schädel, so ist auch die Liebe ein Geschenk an die Welt. Bewahren Sie das immer in Ihrem Herzen, denn schon sehr bald werden diese Eigenschaften nötiger sein als je zuvor.»

Abends kamen wir zum Atitlán-See, der unterhalb hoher Vulkangipfel liegt. Wie Hunbatz sagte, war dieser Ort für die alten Maya einmal eine Stätte des Lernens gewesen; sie waren hierher gekommen, um die Astronomie zu erlernen.

Am nächsten Morgen trafen wir Patricio beim Frühstück. Er war äußerst zufrieden mit dem Verlauf der Zeremonien. Er erklärte, daß der Besuch alter, heiliger Stätten und das Abhalten traditioneller Zeremonien dazu diene, diese alten Stätten wiederzubeleben, so daß die richtigen Energien in die Welt hinausgehen konnten. Wenn wir unser Bewußtsein in die richtige Richtung lenken könnten, würden wir am Anfang der neuen Ära neue Formen der Wissenschaft kennenlernen, neue Formen des Heilens, das Ende von Krankheiten und vielen Problemen, die wir haben. Er fügte hinzu:

«Die Prophezeiungen sagen, daß am Ende dieses Zyklus und kurz vor Beginn des nächsten das alte Wissen zurückkehren wird und daß Menschen mit besonderen Begabungen geboren werden. In dieser Zeit wird die Welt von besonderen seherischen Fähigkeiten erfahren.

Aber nicht nur die mit diesen besonderen Fähigkeiten sind für die neue Ära verantwortlich, sondern wir alle. Jeder von uns muß sich aktiv daran beteiligen, daß auch wirklich der richtige Weg eingeschlagen wird.»

Die Zusammenkunft sollte nicht nur ermöglichen, daß das Wissen der Vorfahren zurückkehren könne, sondern auch die Vorfahren selbst:

«Unsere Gebete und Zeremonien verfolgen genau diesen Zweck. Wir rufen jetzt besondere Wesen in diese Welt, die die Fähigkeit haben, auch in der geistigen Welt zu wirken. Wir müssen die Geister der Vorfahren nur daran erinnern, auf diese Erde zurückzukommen. Wir müssen sie daran erinnern, daß die Zeit gekommen ist, zurückzukehren.

Wir rufen sie schon seit einiger Zeit, und jetzt rufen wir sie wieder. Man kann sie schon sehen, und man wird künftig noch mehr von ihnen sehen. Denn sie werden in unsere physische Welt wieder hineingeboren, um die neue Arbeit zu verrichten, die sie jetzt, wo wir hier auf der Erde in eine neue Ära eintreten, tun müssen.»

Während der restlichen Zusammenkunft hörten wir, wie Vertreter vieler verschiedener Stämme über die Vorfahren und ihre prophezeite Rückkehr sprachen. Nach einer der Zeremonien trat ein Mitglied des Stammes der Achuar aus Südamerika vor und erklärte, daß die Herkunft seines Volkes der der Maya ähnle. Bei ihnen hieß es, wenn für die Vorfahren die Zeit gekommen sei zu gehen, führen sie auf einem Floß den Fluß hinter, bis sie den Himmel erreichten, wo sie zu den Sternen des Orion und zu den Plejaden aufstiegen. Darum hätten die Achuar ihren Kalender nach den Bewegungen dieser Planeten erstellt, und nach diesem Kalender organisierten sie noch immer ihren Alltag, während sie die angekündigte Rückkehr der Vorfahren erwarteten.

Ein Mitglied vom Stamm der Yaqui, die in der Wüste im Norden Mexikos lebten, trat ebenfalls vor. Seine Vorfahren seien schon zu ihrer

Rückkehr aufgebrochen, so wie es in der Prophezeiung heiße. Er erzählte, er sei eines Tages allein durch die Wüste gewandert. Plötzlich sei ein «Raumschiff vom Himmel heruntergekommen» und habe ihn auf einem Flug mitgenommen und ihm gezeigt, daß die Erde im Sterben liege.

Das erinnerte uns an Mexico City, wo man ständig davon hörte, daß UFOs gesichtet worden seien, die die Mexikaner *Ovnis* nannten. Anscheinend haben die meisten Leute sie schon gesehen. In den letzten Jahren wurde in Mexiko ständig in den Nachrichten darüber berichtet, daß viele Menschen UFOs gesehen hätten. Als wir einmal auf dem Weg nach Mexico City waren, besuchten wir eine Professorin der Geologie an der National-Universität von Mexiko, um sie zu fragen, wo ihrer Meinung nach die Kristallschädel herkämen. Obwohl sie anonym bleiben wollte, erzählte uns sogar diese anerkannte Akademikerin, daß sie UFOs über Mexiko gesehen habe, und daß sie eine mögliche Verbindung zu den Kristallschädeln nicht ausschließen wolle.

Bei einer anderen Zeremonie erklärte ein Stammesmitglied der Lakota-Sioux aus dem Norden der USA, daß laut einer seiner Stammeslegenden der Große Geist zu Beginn der neuen Ära auf der Erde, wenn es endlich Frieden für die Menschen und alle anderen Kreaturen gebe, seinem Volk eine weißes Büffelkalb als Zeichen senden werde. Man hielt das rezessive Gen, daß man für einen weißen Büffel braucht, seit der Zeit, in der man die Büffel in Massen getötet hatte, für ausgestorben. Aber in eben jenem Jahr war auf einer Farm bei Chicago offensichtlich als Erfüllung der Prophezeiung ein weißes Büffelkalb zur Welt gekommen.

Die Abschlußzeremonie fand bei Tagesanbruch unterhalb eines der majestätischen Vulkane statt, die sich an den Ufern des ruhigen, blauen Atitlán-Sees erheben. Die Sterne verblaßten langsam, als wir uns zu dieser Zeremonie auf den Weg an den See machten. Die Silhouetten der Vulkane am weit entfernten anderen Ufer zeichneten sich gegen den Himmel ab, und ihre alten Gipfel erhoben sich wie Pyramiden.

Don Alejandro, um ihn herum die anderen Mitglieder des Ältestenrates der Quiché-Maya und Vertreter vieler anderer Stämme, trat vor. Und wieder sah es so aus, als würden sich die Farben des Regenbogens in ihrer Kleidung spiegeln. Die Seneca aus Nordamerika wurden vertreten durch Jimmy Sun Wolf, die Pueblo durch Patricio Domínguez und einen Mann namens Cloud Eagle, die Lakota-Sioux durch Ruben. Hunbatz Men vertrat die Yucateca und Maya, und viele andere vertraten die Stämme Südamerikas wie die Almara, Kalaway und Achuar, um nur einige zu nennen.

Als die Sonne aufging, begrüßten alle die vier Himmelsrichtungen, und dann begann Don Alejandro zu sprechen. Er erklärte, die Sonnenzeremonie bedeute, daß «die Sonne auch in den Herzen aller Menschen aufgehen möge, damit wir lernen, auf dieser Erde in Frieden und Eintracht mit uns und allem anderen zusammenzuleben».

Patricio sprach von der Legende der Kristallschädel und der der Regenbogenkämpfer. Die Legende von den Schädeln sei am lebendigsten bei den Maya in Mittelamerika und die der Regenbogenkämpfer bei den Cree-Indianern Nordamerikas, aber in irgendeiner Form werde sie von allen Stämmen geteilt und brächte eine der wichtigsten Lehren hervor, die die allerersten Menschen auf diesem Planeten hinterlassen hätten.

Patricio erläuterte auch die Legende von den Regenbogenkämpfern:

«Die Vorfahren sagten, daß Menschen mit heller Haut in großen Kanus, die von riesigen, weißen Flügeln angetrieben würden, wie große weiße Vögel aus der See im Osten kommen würden. Die Menschen, die aus diesen Booten aussteigen würden, sähen aus wie riesige, weiße Vögel, aber sie hätten zwei unterschiedliche Füße. Ein Fuß sähe aus wie der einer Taube, der andere wie der eines Adlers. Der Fuß der Taube stünde für eine schöne, neue Religion der Liebe und Freundlichkeit, während der Fuß des Adlers für materielle Gier, technische Größe und Kriegsfähigkeit stünde.

Viele Jahre lang würde der starke Fuß des Adlers vorherrschen, denn obwohl diese neuen Menschen viel von der neuen Religion sprächen, lebten nicht alle Hellhäutigen danach. Statt dessen griffen sie mit ihren Klauen nach den rothäutigen Menschen und töteten sie, nutzten sie aus und machten sie zu Sklaven.

Nachdem die Indianer sich dieser Umklammerung auf verschiedene Art und Weise widersetzt hätten, würden sie sich zu kleinen, schwachen Enklaven zusammentreiben lassen. So würde es viele Jahre lang bleiben. Aber dann käme eine Zeit, in der die Erde sehr krank würde. Wegen der gnadenlosen Gier der neuen Kultur würde die Erde mit todbringenden Flüssigkeiten und Metallen angefüllt, die Luft würde mit Rauch und Asche verseucht, und sogar der Regen, der die Erde säubern solle, würde in giftigen Tropfen herunterfallen. Vögel, Fische und ganze Wälder begännen zu sterben.

Aber dann komme ein Licht aus dem Osten, und die Indianer fänden ihre Kraft wieder, ihren Stolz und ihre Weisheit. Der Legende nach würden sich ihnen viele ihrer hellhäutigen Brüder und Schwester anschließen, die in Wirklichkeit die wiedergeborenen Seelen der Indianer seien, die von den ersten hellhäutigen Siedlern getötet und versklavt worden waren. Es heißt, daß die toten Seelen dieser ersten Menschen in allen möglichen Körpern verschiedener Hautfarbe zurückkämen: rot, weiß, gelb und schwarz. Vereint wie die Farben des Regenbogens würden diese Menschen allen anderen Menschen auf der Welt beibringen, wie man Mutter Erde liebt und verehrt, aus deren ureigener Materie auch wir Menschen gemacht seien.

Unter dem Symbol des Regenbogens schlössen sich dann alle Rassen und Religionen der Welt zusammen, um die große Weisheit vom Leben in Harmonie miteinander und mit allen Lebewesen der Erde zu verbreiten. Jene, die diese Lehren verbreiteten, würden als ‹Regenbogenkämpfer› bekannt. Obwohl sie Kämpfer seien, trügen sie den Geist ihrer Vorfahren in sich, und sie hätten das Licht des Wissens in ihren Köpfen und Herzen. Und sie fügten keinem anderen Lebewesen Schaden zu. Der Legende zufolge werden diese Regenbogenkämpfer nach einem langen Kampf, den sie nur mit der Kraft der Liebe führen, die Zerstörung und Entweihung von Mutter Erde beenden. Dann würden in einer langen, glücklichen und friedvollen, goldenen Zeit Friede und Überfluß auf Mutter Erde herrschen.»

Diese Geschichte bewegte uns sehr, um so mehr, als Patricio hinzufügte, daß diese Legende ebenso wichtig sei wie die von den Kristallschädeln. Er sagte, die beiden Legenden hätten «dieselben Wurzeln in dem ursprünglichen Wissen, das die Vorfahren allen Menschen für immer hinterlassen haben». Die Legende der Regenbogenkämpfer müsse in Erfüllung gehen, bevor die Kristallschädel noch mehr großes Wissen und

Weisheit offenbaren könnten. Denn nur dann könne das Wissen zum Wohle der Schöpfung genutzt werden.

Don Alejandro beendete die Abschlußzeremonie mit einer kurzen Botschaft an alle Anwesenden, sich an diese alten Prophezeiungen zu erinnern. Er sagte, es sei «nicht mehr wichtig, sondern lebenswichtig», daß alle Anwesenden das, was sie bei der Zusammenkunft erfahren hätten, mitnähmen, weil «nun die Zeit gekommen ist, diese alten Lehren auf der ganzen Welt zu verbreiten».

Als wir uns von Don Alejandro und den anderen Ältesten verabschiedeten, bevor wir in den Bus zurück nach Guatemala City einstiegen, richtete Don Alejandro einige persönliche Abschiedsworte an uns. Er sagte einfach: «Sie haben jetzt die Schlüssel zur Zukunft, und Sie werden alles veröffentlichen, damit die Welt es erfährt.» Zu dem Zeitpunkt hatten wir gar nicht vor, dieses Buch zu schreiben, aber genau das waren seine Worte.

Als sich unser Buskonvoi zum letzten Mal in Bewegung setzte, tauchte am Himmel ein perfekter, wunderschöner Regenbogen auf, der sich vor uns über das ganze Tal spannte, so, als wolle er uns den Weg erleuchten. Wir sahen Patricio erstaunt an. Er blinzelte uns nur zu.

26

Unsere Zukunft

Nach unserer Rückkehr aus Mittelamerika dachten wir über all das nach, was wir über die Kristallschädel in Erfahrung gebracht hatten. Auf der Suche nach der Wahrheit über die Schädel hatten sich uns neue Erkenntnisse erschlossen, neue Horizonte und Gebiete. Die Schädel hatten das, was wir über die Welt zu wissen glaubten, in vielerlei Hinsicht verändert.

Die Substanz, aus der die Schädel bestehen, hatte uns das in Frage stellen lassen, was wir über die Welt der Physik wußten. Die Schädel hatten uns veranlaßt, die Beziehung zwischen uns und allem um uns herum zu überdenken und in Betracht zu ziehen, daß alles über Geist und Lebenskraft verfügt – sogar «leblose» Gegenstände.

Die Kristallschädel hatten uns dazu eingeladen, unsere eigene Denkweise zu hinterfragen, um dann festzustellen, daß wir nur eine einzige Art und Weise kennen, die Welt wahrzunehmen. Die Schädel hatten mit ihrer Aussage, daß das Unsichtbare direkt mit uns in Verbindung steht, sogar unsere alltägliche Vorstellung von Wirklichkeit herausgefordert.

Sie hatten uns zu den Ältesten der Indianer geführt, die uns an ihren heiligen Lehren teilhaben ließen, nach denen die Schädel aus Atlantis stammten. Die Ältesten dieser Ureinwohner sprachen von außerirdischen Vorfahren und der Zerstörung früherer Welten. Diese Erkenntnisse forderten alles heraus, was wir bisher über die Geschichte unserer Zivilisation wußten und boten uns eine völlig andere Perspektive im Hinblick auf unsere eigenen menschlichen Wurzeln und unser Schicksal.

413

Als wir nach der Zusammenkunft in Guatemala wieder zu Hause ankamen, sahen wir alles in einem völlig neuen Licht. Es war, als hätten wir für eine kurze Zeit unsere Gesellschaft verlassen und könnten sie jetzt so klar sehen wie nie zuvor. Diese Erkenntnis traf uns wie ein Schlag. Wir begriffen, was viele Menschen schon spüren. Unsere Kultur weiß nicht mehr, wohin es geht. Wissenschaft, Technik und unser allgemeines Verständnis von «Fortschritt» können uns keine Antwort mehr darauf geben, wie wir leben sollen. Unsere westliche Zivilisation füllt ihren Platz in dem ganzen Gefüge nicht mehr aus.

Schon jetzt lügt sich unsere Kultur selbst etwas vor. Kurzfristig gesehen ist es leicht, die Probleme aus unseren Köpfen zu verdrängen. Oberflächlich betrachtet scheint alles doch noch in Ordnung zu sein. Wir fahren noch immer mit unseren Autos und fliegen mit dem Flugzeug überall hin. Wir können noch immer unter endlos vielen Produkten wählen, und es gibt noch immer Hochglanzanzeigen, die uns drängen, noch mehr zu kaufen. Aber jedesmal, wenn sich die Räder unserer Zivilisation drehen, verschwindet eine Pflanzen- oder Tierart aus unserer Welt. Letztendlich wird die Jagd des Einzelnen und der Gemeinschaft nach materiellem Reichtum uns umbringen, weil unsere Art zu leben das Ökosystem Erde zerstört.

Die Kristallschädel stellen uns vor die Frage, was für eine Welt wir für unsere Kinder und Enkel schaffen. Was wird passieren, wenn die Welt sich immer mehr erwärmt und immer mehr vergiftet wird? Werden wir dann immer noch saubere Luft zum Atmen haben? Wird es noch genug zu essen geben? Wie sind unsere Chancen auf ein gutes Leben?

Ob wir die Schädel nun für alt oder modern halten, ob wir wie die Indianer glauben, daß die Schädel von Außerirdischen auf die Erde gebracht wurden, um den Menschen in einer Zeit großer Not zu helfen, und ob wir wie die Maya glauben, daß der letzte Große Zeitzyklus genau am 21. Dezember 2012 zu Ende geht: Tatsache ist, wenn wir so weitermachen wie bisher, wird es mit der Welt, zumindest aber mit der Menschheit, bald zu Ende gehen.

Aber wir haben die Wahl. Es ist noch nicht zu spät, doch wir müssen jetzt handeln. Die Schädel zeigen uns, daß wir eine Art zu leben entwickeln müssen, die mit der Erde in Einklang steht und mit den Naturkräften des Universums. Jeden Tag, an dem wir unserem Alltag nachgehen, müssen wir an die Konsequenzen denken, die unser Handeln hat. Denn, wie Don Alejandro es ausdrückte, «die Vergiftung da draußen ist auch eine Vergiftung hier drinnen». Wir müssen uns von dem Streß und den Ängsten des modernen Daseins befreien, die unser Leben vergiften und uns von unserem wahren Wesen und dem Reichtum der Natur abschneiden.

Jeder einzelne von uns ist viel stärker, als er denkt, und wir müssen unsere Stärke aufwecken und sie mit Verantwortung nutzen, um eine bessere Welt zu schaffen. Eine Welt ohne Hunger, Armut und Verzweiflung, eine Welt, in der das Materielle nicht wichtiger ist als das Geistige und in der alle Menschen ihren Platz im Kreislauf des Lebens einnehmen.

Die Kristallschädel fordern uns auf aufzuwachen. Sie erinnern uns an die Vergangenheit und daran, die Zukunft zu schaffen. Sie zeigen uns das Leben, das wir im Universum führen, das Leben in den Bäumen und Pflanzen, sogar in den Felsen und Steinen. Sie erinnern uns an das Geschenk des Lebens, das Mutter Erde all ihren Kindern gemacht hat. Wir alle sind Teil des großen Geheimnisses Schöpfung.

Wie die Cherokee sagen, haben wir alle Farben der Menschheit in uns, das Weiß unserer Knochen, das Gelb des Knochenmarks, das Schwarz unserer Pupillen. Unsere Knochen sind von der derselben weichen Haut bedeckt, dasselbe warme Blut fließt durch unsere Adern, unsere Herzen schlagen im selben Rhythmus. Wir sind alle gleich, haben denselben Schädel, unabhängig von Alter, Rasse oder Hintergrund.

Und doch erinnern uns mehr als alles andere die Kristallschädel daran, daß wir geistige Wesen in physischen Körpern sind und daß wir eng mit allen anderen Dingen verbunden sind. Die Kristallschädel zeigen uns, daß wir den Geist in uns und den Geist in allem um uns herum ehren müssen. Nur dann können wir Frieden in uns selbst finden und unsere Verbindung mit allen anderen Wesen feiern.

Gleichgültig woher die Kristallschädel auch kommen, sie bergen eine Botschaft: Noch haben wir vielleicht Zeit, unseren richtigen Platz im Universum zu finden. Noch haben wir vielleicht Zeit, uns und unseren Planeten zu retten, bevor es zu spät ist. Vielleicht hören wir nicht auf diese Botschaft. Dann wird unsere Zeit um sein, und von der menschlichen Rasse wird auch nur noch ein Schädel übrigbleiben. Vielleicht hören wir die Botschaft der Schädel aber doch und schaffen es, daß das Göttliche sich in uns manifestiert. Vielleicht werden sich Himmel und Erde dann doch bei den Menschen treffen.

Danksagungen

Wir wollen nicht nur allen danken, die im Buch erwähnt werden, sondern auch den folgenden Personen und Organisationen, ohne deren Hilfe dieses Buch nicht hätte geschrieben werden können:

Wir danken unseren Herausgebern beim Religious Programme Department der BBC, die sich immer neuen Ideen verpflichtet fühlen, und der gesamten hart arbeitenden Filmcrew sowie der Produktionsmannschaft. Außerdem danken wir Hewlett-Packard, dem Britischen Museum, der Smithsonian Institution und dem Instituto Nacional de Archaeologica y Historia in Mexiko. In Guatemala danken wir Roland Urutia und allen, die bei der Versammlung der Indigenous Elders of America zusammengekommen sind. Für die Unterstützung in Mexiko danken wir Bertina Olmedo, Arturo Oliveros und Michelle Vetter. In den USA haben uns außerdem die Archäologen Dr. Karl Taube und Dr. John Pohl mit ihrem Rat zur Seite gestanden. In Großbritannien gilt unser Dank Simon Buxton vom Sacred Trust, dem Autor Kenneth Meadows und unserer Übersetzerin Georgina Ochoa de Blausten. Ein ganz besonderes Dankeschön geht an Leo Rutherford, weil er uns ermutigt hat, unseren Traum wahrzumachen.

Außerdem danken wir den Angestellten von HarperCollins, ganz besonders Michelle Pilley, unserer Herausgeberin, die uns unermüdlich begeistert unterstützt hat, und Lizzie Hutchins, unserer Lektorin, für ihr Können und ihre Geduld.

Und zum Schluß ein ganz dickes Dankeschön an unsere Freunde, Verwandten, Brüder und Schwestern, weil sie uns mit lebenswichtiger Ermutigung und Feedback versorgt haben – ganz besonders unsere Eltern Marion und Andrew Morton, Madeleine und Peter Thomas und Ceris Großmutter Joan Hallett für ihre unschätzbare Unterstützung.

Anmerkungen

Motto: «Es gibt mehr Ding'...» Shakespeare, *Hamlet.* Übertr. v. August Wilhelm von Schlegel. Reclam Verlag, Stuttgart.

Kapitel 2: Die Entdeckung

F. A. Mitchell-Hedges, *Danger, My Ally*, Elek Books Ltd, London, 1954; Little, Brown & Co., Boston, 1955; Neuausgabe Mitchell-Hedges & Honey, St Catharines, Ontario, 1995

1 Ebd., S. 183
2 Ebd.
3 Ebd.
4 Ebd., S. 243
5 Ebd.
6 Frank Dorlund, *Holy Ice: A Bridge to the Subconscious,* Galde Press Inc., St Paul, Minn., 1992, S. 4 und 27 f.
7 Sibley S. Morrill und Ambrose Bierce, *F. A. Mitchell-Hedges and the Crystal Skull*, Cadleon Press, London, 1972, S. 13
8 Ebd.
9 Ebd.
10 Ebd.
11 Ebd.

Kapitel 4: Das Geheimnis

Adrian G. Gilbert und Maurice M. Cotterell, *The Mayan Prophecies*, Element Books, Shaftesbury, 1995, S. 199

1 Zitiert in F. A. Mitchell-Hedges, *op. cit.* S. 9

2 Ebd., Bildteil

3 Ebd., S. 243

4 Ebd.

5 Ebd., S. 247

6 Morrill und Bierce, *op. cit.*

7 Ebd., S. 28 f.

8 Zitiert in Simon Welfare und John Fairley, *Arthur C Clarke's Mysterious World*, Book Club Associates, London, 1981, S. 53

9 G. M. Morant, «A morphological comparison of two crystal skulls», *Man* XXXVI, 142-78 (Juli 1936), S. 105 ff.; Adrian Digby, «Comments on the morphological comparison of two crystal skulls», ebd., S. 107 ff.

10 Digby, S. 108

11 Joe Nickell und John E. Fischer, «Crystal skull of death», *Fate* magazine, Juli 1984 (Teil 1), S. 48 ff.

12 Zitiert in Welfare und Fairley, op. cit., S. 53

13 Mitchell-Hedges, op. cit., S. 174

14 Zitiert ebd., Bildteil

15 Welfare und Fairley, op. cit., S. 53; mit weiteren Einzelheiten von Nickell und Fischer, op. cit., und August 1984 (Teil 2), S. 81 ff.

Kapitel 5: Die Wissenschaftler

1 «History or hokum?» *Measure,* Februar 1971, S. 10

2 Mitchell-Hedges, op. cit., S. 243

3 Digby, op. cit., S. 108

Kapitel 6: Der antike Computer

1 Joseph Alioto, Einführung zu Frank Dorland, *op. cit.,* S. xii

2 Zur Zeit der Drucklegung waren Professor Brindleys Forschungsergebnisse noch nicht veröffentlicht

3 Dorland, op. cit., S. 17

4 Ebd., S. 115

5 Ebd., S. 115
6 Ebd., S. 134
7 Ebd., S. 134 f.
8 Ebd., S. 117
9 Ebd., S. 104
10 Ebd., S. 112

Kapitel 7: Der Schädel spricht

Brian Hadley-James, Hrsg., *The Skull Speaks through Carole Davis*, AMHREA Publishing, Ontario, 1985

1 Lou Bergeron, «When North flies South», *New Scientist 2023*, 30. März 1996, S. 24 ff., und «Quakes shift North Pole», *The Guardian*, 21. März 1997, S. 9

Kapitel 8: Der Fluch des Schädels

1 Jane MacLaren Walsh, «Crystal skulls and other problems or ‹Don't look it in the eye›» in *Exhibiting Dilemmas: Issues of Representation at the Smithsonian*, Amy Henderson und Adrienne L. Kaeppler, Hrsg., Smithsonian Institution Press, Washington, D.C., 1997

2 Ebd., S. 134

Kapitel 9: Der heilende Schädel

1 Star nannte als Quelle J. J. Hurtak, *The Keys of Enoch*, Academy for Future Science, Kalifornien, 1977

Kapitel 11: Die Boban-Connection

1 Sandra Bowen, F. R. «Nick» Nocerino und Joshua Shapiro, *Mysteries of the Crystal Skulls Revealed*, J & S Aquarian Networking, 1988

2 Zitiert in Jane MacLaren Walsh, op. cit., S. 123 und 125

3 Ebd., S. 129

4 Ebd.

5 Zitiert ebd., S. 127

6 Ebd., S. 129

7 George Frederick Kunz, *The Precious Stones of Mexico*, Imprenta y Fototipia de la Secretaria de Fomento, Mexiko, 1907, zitiert ebd., S. 121

8 Ebd.

9 Ebd., S. 131

10 Zitiert ebd., S. 127

11 Ebd.

12 Ebd., S. 133

Kapitel 12: Die Azteken und der Kristallschädel

1 De Sahagún, *A History of Ancient Mexico*, zitiert in Miguel Léon-Portilla, *Aztec Image of Self & Society*, University of Utah Press, 1992, S. 200

2 Ebd., S. 29

3 Diego Durán, *The History of the Indies of New Spain*, 1581, zitiert in Serge Gruzinski, *The Aztecs: Rise and fall of an empire*, Thames & Hudson, 1992, S. 19 und 21

4 Ebd., S. 76

5 Gruzinski, *op. cit.,* S. 60

6 De Sahagún, zitiert ebd., S. 74

7 Gruzinski, *op. cit.,* S. 75

8 Durán, zitiert ebd., S. 162 f.

9 Michael D. Coe, *Mexico,* Thames & Hudson, London, S. 176

10 Durán, zitiert in Gruzinski, op. cit., S. 163 f.

11 Ebd.

12 Ebd., S. 76 und 82

13 Bernal Díaz, zitiert in Coe, op. cit., S. 158

14 Warwick Bray, *Everyday Life of the Aztecs*, B T Batsford Ltd, London, 1968

15 Gruzinski, op. cit., S. 40

16 Bruder Diego de Landa, *Yucatan before und after the Conquest*, Übers. William Gates, Producción Editorial Dante, Merida, Mexiko, 1990, zitiert in Graham Hancock, *Fingerprints of the Gods*, Mandarin, London 1995, S. 105

17 Ebd.

18 Zitiert in Coe, op. cit., S. 1 G8

19 Gruzinski, op. cit., S. 97

20 Bruder Diego de Landa, zitiert in Hancock, op. cit, S. 121

21 Ebd.

22 Vater Burgoa, zitiert in Lewis Spence, *The Magic and Mystery of Mexico*, Rider, London, 1922, S. 228 f.
23 Ebd.
24 Zitiert in Miguel Léon-Portilla, *Aztec Thought and Culture*, University of Oklahoma Press, 1963; auch in Gruzinski, op. cit., S. 130-1
25 Ebd.
26 Ebd.
27 Ebd., S. 132
28 Ebd., S. 132 f.
29 Ebd., S. 133
30 Adela Fernández, *Pre-hispanic Gods of Mexico*, Panorama Editorial, Mexiko, 1992, zitiert in Hancock, op. cit., S. 108
31 Zitiert in Gruzinski, op. cit., S. 130
32 Hancock, op. cit., S. 185 und 187
33 George E. Stuart, «The Timeless Vision of Teotihuacán», *National Geographic 188,* Nr. 6, Dezember 1995, S. 22
34 Hancock, op. cit., S. 191 ff.
35 Stuart, op. cit., S. 30
36 Hancock, op. cit., S. 190
37 Zitiert ebd., S. 180 f.
38 Stuart, op. cit., S. 12 und 15
39 *Mexico: Rough Guide,* Harrao-Columhus, London, 1989, S. 217, zitiert in Hancock, op. cit., S. 189 f.
40 Stuart, op. cit., S. 15
41 Ebd.
42 Nigel Davis, *The Ancient Kingdoms of Mexico*, Penguin, London, 1990, S. 67, zitiert in Hancock, op. cit., S. 178
43 Stuart, op. cit., S. 22
44 Ebd.
45 Hancock, op. cit., S. 195
46 Zitiert in Stuart, op. cit., S. 22
47 Hancock., op. cit., S. 188 f.
48 Zitiert in Stuart, op. cit., S. 22
49 Ebd.

Kapitel 14: Die Maya und der Kristallschädel

1 Gilbert und Cotterell, *op. cit.*, S. 17 f.
2 Ebd., S. 19
3 Ebd., S. 145
4 Ebd., S. 19
5 Erich von Däniken, *Erinnerungen an die Zukunft*, Ullstein 1988. S. 100
6 Ebd., S. 100
7 Linda Schele und Mary Ellen Miller, *The Blood of Kings: Dynasty and Ritual in Mayan Art*, Thames & Hudson, London, 1992, S. 268 f.
8 Gilbert und Cotterell, op. cit., S. 72 ff.
9 *Popol Vuh*, Diederichs 1995, S. 25
10 Ebd., S. 62
11 Ebd., S. 63
12 Ebd., S. 104 und 154
13 Ebd., S. 105
14 Wilbert E. Garrett, «La Ruta Maya», *National Geographic*, Oktober 1989
15 Colin McEwan, *Ancient Mexico in the British Museum*, British Museum Press, London 1994, S. 45

Kapitel 15: Der Schädel und der alte Kalender

1 Erich von Däniken, op. cit., S. 101
2 Jose Arguïlles, *The Mayan Factor: Path beyond Technology*, Bear & Co., Santa Fe, Neu Mexiko, 1987, S. 19
3 Gilbert und Cotterell, op. cit., S. 141 f.
4 Diego de Landa, *The Relacion*, zitiert ebd., S. 132
5 J. Eric S. Thompson, *The Rise and Fall of the Maya Civilisation*, The University of Oklahoma Press, 1954, Pimlico, London 1993
6 *Popol Vuh*, op. cit., S. 121
7 Zitiert bei *Guardian Online*, 19. Dezember 1996

Kapitel 16: Die Tests im Britischen Museum

1 Jane MacLaren Walsh, op. cit., S. 134

Kapitel 17: Forensische Untersuchungen

1 Frank Dorland, op. cit., S. 44

Kapitel 18: Das kristallene Wesen

1 C. Norman Shealy, *Miracles Do Happen*, Element Books, Shaftesbury, 1988

Kapitel 20: Das Wissen um die Kristallschädel

1 Dr. Stanislav Grof, MD, *Die Welt der Psyche*, Kösel 1993
2 Ebd.
3 David Deutsch, zitiert in *Time Lords*, BBC Horizon Programme, gesendet am 2. Dezember 1996
4 Ebd.
5 Ebd.
6 Ebd.
7 Dr. Fred Alan Wolf, *Die Physik der Träume*, Byblos 1995
9 *Time Lords*, op. cit.
10 Ebd.
11 *Le Point* 1256, 12. Oktober 1996
12 *New Scientist*, 9. Dezember 1995
13 «Universe may be honeycomb of huge voids», *The Guardian*,
Februar 1996

Kapitel 21: Der Geist der Schädel

1 Jamie Sams, *The Thirteen Original Clan Mothers*, HarperSanFran-
cisco, 1994

Kapitel 23: Der verlorene Kontinent: Atlantis

1 Plato, *Timaeus*, Penguin, London, 1965, S. 36
2 Ebd., S. 37 f.
3 Ebd.
4 Ebd.
6 Hancock, op. cit., S. 5
7 Ebd., S. 5 und 9
8 Ebd.
9 Ebd., S. 9

10 Ebd., S. 13

11 Otto Muck, *The Secret of Atlantis*, Collins, 1976

12 Ignatius Donnelly, *Atlantis: The Ante-diluvian World*, Sidgwick & Jackson, 1950

13 Ebd., S. 132 ff.

14 Gilbert und Cotterell, op. cit.

15 «Meltdown», *Guardian Weekend*, 6. Juli 1996, S. 30 ff.

16 *Edgar Cayce on Atlantis*, Warner Books, 1968, S. 114

17 *Atlantis: Fact or Fiction?* Association for Research und Enlightenment Press, Virginia Beach, Virg., 1962, S. 24

18 *Lost Cities of North und Central America*, Adventures Unlimited Press, Stelle, Ill., 1992

19 *Atlantis: Fact or Fiction?* op. cit., S. 24

20 Ann Walker, *The Stone of the Plough*, Element Books, Shaftesbury, 1997

21 *Atlantis: Fact or Fiction?* op. cit., S. 27

22 Ebd., S. 15

23 Zitiert in Murry Hope, *Atlantis: Myth or Reality?* Arkana, 1991, S. 298

24 Ebd.

25 Ebd.

26 Ebd., S. 298 f.

27 *Atlantis: Fact or Fiction?* op. cit., S. 17

28 Jamie Sams und Twylah Nitsch, *Other Council Fires Were Here Before Ours*, HarperSan Francisco, 1991

29 Ebd., S. 68 f.

30 Ebd., S. 69

31 Ebd., S. 72 f.

32 Ebd., S. 76 ff.

33 Ebd., S. 78

Kontaktadressen

England

The Sacred Trust
Informationen und Kurse

PO Box 603
GB-Bath, BA1 2ZU

Tel: 0044 1225 85621, Fax: 0044 1225 858961
E-Mail: SacredTrust@compuserve.com

Amerika

The Society for Crystal Skulls International
Forschung und Erziehung
Direktor: F. R. Nick Nocerino

PO Box 302
USA-Pinole, California 94564

Website: www.crystalskullsociety.org
E-Mail: Ldyhwk13@aol.com

Confederation of Indigenous Elders and Priests of America
Die Konföderation hat es sich zur Aufgabe gemacht, die Freundschaft, das Vertrauen und die Zusammenarbeit zwischen den Völkern zu stärken, und sie setzt sich für ein friedliches Zusammenleben von Mensch, Tier und Natur ein. Weitere Informationen:

PO Box 12340
USA-Albuquerque, Neu Mexiko 87195

Tel: 001 505 877 7618
E-Mail: elders.guides@juno.com

JoAnn Parks and Max
Po Box 751261
USA-Houston, Texas 77275-1261

Tel: 001 713 991 4545, Fax: 001 713 991 5679

Joshua Shapiro
V. J. Enterprises
USA-Des Plaines, Illinois 60016

Tel: 001 847 699 8240, Fax: 001 847 699 9701
Website: http://www.execpc.com/vjentpr/
E-Mail: rshapiro@interaccess.com

Bild- und Quellennachweis